左傳注疏

四部備要

經部

上海中華書局據阮刻本

校刊

桐鄉　陸費逵總勘

杭縣　高時顯
　　　吳汝霖輯校

杭縣　丁輔之監造

杜氏注　孔穎達疏

經十有三年春叔弓帥師圍費不書南蒯以費叛不以告廟○費音祕疏注不書至告廟○正義曰定八年傳云陽虎入于讙陽關以叛注云叛不書略家臣則此亦爲略家臣故不告廟也以不告廟故史不得書二注互相備○夏四月楚公子比自晉歸于楚弒其君虔于乾谿比去晉而不送書歸者依陳蔡以入言陳蔡猶列國也比歸而靈王死故書弒其君靈王無道而弒稱臣比非首謀而反書弒比雖脅立猶以罪加也靈王死在五月又不在乾谿楚人生失靈王故本其始禍以赴之○谿苦兮反疏注比去至赴之○正義曰傳稱依陳蔡人以國許復其國而藉其力故書爲歸言是陳蔡納之釋例曰韓魏有耦國之彊陳蔡有復國之端故晉趙鞅楚公子比皆稱歸從諸侯納之例言非晉楚之所能制是其義也計靈王無道於國其弒不應稱臣又比爲觀從所誑迫脅而立非是弒君首謀而反書比弒君者比歸而王死故書比弒其君比雖被脅而立靈王爲比而死雖非比弒猶以弒君之罪加比哀六年注云楚比劫立陳乞流涕子家憚老皆疑於免罪故春秋明而書之以爲弒主釋例曰若鄭之歸生齊之陳乞楚公子比雖本無其心春秋之義亦同大罪是以君子慎所以立也其意以爲弒君之惡惡之大者雖則本無其心君實由之而死若舍而不責則下無所忌故書其名成其罪所以示來世勵後人爲教之遠防也靈王見弒實由無道但欲見比罪故稱臣名非言靈王爲有道猶如宣二年晉趙盾弒其君夷皐釋例曰傳言靈公不君又以明於例此弒宜稱君也弒非趙盾而經不變文者以示良史之意深責執政之臣彼爲章盾之罪稱臣名此亦爲章比之罪稱臣名非言靈王不合弒稱君也又傳稱五月王縊于芊尹申亥氏他年申亥以王柩告則靈王死在五月其死又不在乾谿而經書四月比弒

其君虔于乾谿者楚人生失靈王告時未知死否但以乾谿之地失王以爲王必死矣本其始禍故以四月弒君赴也劉炫云比以四月歸既歸而王死故以
云云同 楚公子棄疾殺公子比比雖爲君而未列於諸侯故不稱爵殺不稱人罪棄疾 疏 注比雖至棄疾○正義曰釋例曰諸
侯不受先君之命而簒立得與諸侯會者則以成君書之齊商人蔡侯般之屬是也若未得接於諸侯則不稱爵楚公子棄疾殺公子比蔡人殺陳佗齊人殺
無知衛人殺州吁公子瑕之屬是也諸侯簒立雖以會諸侯爲正此列國之制也至於國內策名委質即君臣之分已定故諸殺不稱君亦與成君同義也傳
曰會。于。州以定公位又云若有罪則君列諸會矣此以會爲斷也衛州吁齊無知皆弒君自立其死稱人以殺此比亦弒君而立不稱人以殺而云棄疾殺者
棄疾利比之位而殺之其意不得爲討賊不稱人所以罪棄疾也釋例云比既得國國人驚亂棄疾從而扇之比懼自殺皆棄疾之由故書公子棄疾殺公子
比是言不稱弒其君又說罪棄疾之意也 ○秋公會劉子晉侯齊侯宋公衛侯鄭伯曹伯莒子邾子
滕子薛伯杞伯小邾子于平丘平丘在陳留長垣縣西南○垣音袁 八月甲戌同盟于平丘書同齊服
故 公不與盟魯不堪晉求讒慝弘多公不與盟非國惡故不諱○與音預注同慝他得反 疏 注魯不至不諱○正義曰宣七年公會晉侯云
云于黑壤傳曰晉侯之立也公不朝焉又不使大夫聘晉人止公于會盟于黃父公不與盟以賂免故黑壤之盟不書諱之也彼公不與盟諱而不書此書之
者彼不相朝聘公實有罪諱國之惡故不書其盟此時公實無罪非是國惡故書而不諱襄三十二年傳曰晉公室卑政在侈家韓宣子爲政不能圖諸侯魯
不堪晉求讒慝弘多是以有平丘之會此年傳云邾人莒人愬于晉曰魯朝夕伐我幾亡矣注云自昭公即位邾魯同好又不朝夕伐莒無故怨愬晉人信之
所謂讒慝弘多是言晉受讒言公無罪非國惡故不諱也 晉人執季孫意如以歸公至自會無傳 ○蔡侯廬歸

于蔡〇廬音盧又力居反陳侯吳歸于陳陳蔡皆受封于楚故稱爵諸侯納之曰歸疏注陳蔡至曰歸〇正義曰公羊傳曰此皆滅國也其言歸何不與諸侯專封也其意言諸侯不得專封不與楚封陳蔡。使。若。陳蔡之君自有國而歸之然以是故稱爵言歸若言各自有爵非由楚也杜以傳言平王封陳蔡又二君之歸再言禮也則與滅繼絕是為得禮無有不與楚封之事也二者皆是舊國立君紹其先祀襲其封爵爵是先世之爵非楚今始立之故。言陳蔡皆受封于楚已立為侯故稱爵以歸國非入國始為君也禮諸侯不生名二君皆書名者稱爵以其受封于楚書名以其未成為君稱名稱爵兩見之也諸侯納之曰歸成十八年傳例〇冬十月葬蔡靈公蔡復而後以君禮葬之〇公如晉至河乃復晉人辭公〇吳滅州來州來楚邑用大師焉曰滅疏注州來至曰滅〇正義曰州來楚邑不繫楚者大都以名通者例皆不繫國用大師焉曰滅襄十三年傳例

傳十三年春叔弓圍費弗克敗焉為費人所敗不書諱之平子怒令見費人執之以為囚俘冶區夫曰非也區夫魯大夫〇俘芳夫反冶音也區烏侯反一音丘于反疏。非也〇正義曰非三代服叛之道也若見費人寒者衣之飢。者食之為之令主而共其乏困費來如歸南氏亡矣民將叛之誰與居邑若憚之以威懼之以怒民疾而叛為之聚也若諸侯皆然費人無。歸不親南氏將焉入矣平。子從之費人叛南氏費叛南氏在明年傳善區夫之謀終言其效〇衣於既反食音嗣共音恭憚待旦反為之聚也于偽反焉于虔反效戶孝反疏民疾至聚也〇正義曰季氏既執費人人皆憎疾季氏而叛之為南氏之積聚也〇楚子

之爲令尹也殺大司馬薳掩而取其室（在襄三十年○薳于委反掩於檢反）及卽位奪薳居田（居掩之族言薳氏所以怨）遷許而質許圍（遷許在九年圍許大夫○質音致）蔡洧有寵於王王之滅蔡也其父死焉（楚滅蔡在十一年洧仕楚其父在國故死○洧于軌反）王使與於守而行（使洧守國。王行至乾谿○與音預守手又反）【疏】楚子至而行○正義曰易稱善不積不足以成名惡不積不足以滅身小人以小善爲無益而弗爲以小惡爲無傷而弗去也故惡積而不可揜罪大而不可解至於滅身也申之會越大夫戮焉（申會在四年）【疏】申之至戮焉正義曰王肅云越大夫常壽過也申之會經書淮夷而不書越者以常壽過有罪不得列會故不書越也戮者陳其罪惡以徇諸軍言將殺之終亦不殺過至今在楚故怨而作亂王奪鬭韋龜中犨（韋龜令尹子文玄孫中犨邑名○犨尺州反）又奪成然邑而使爲郊尹（成然韋龜子郊尹治郊竟大夫○竟音境）蔓成然故事蔡公（蔡公棄疾也故猶舊也韋龜以棄疾有當。璧之命故使成然事之○蔓音萬）故薳氏之族及薳居許圍蔡洧蔓成然皆王所不禮也因羣喪職之族啓越大夫常壽過作亂（常壽過申會所戮者○喪息浪反過古禾反）【疏】故薳至成然○正義曰言族者以掩既被殺唯有族存故言族也韋龜成然皆被奪邑所以不數韋龜而獨數成然者以是時韋龜已死故不言之上言奪邑者積王之惡見成然怨恨之深。猶父子被奪故也圍固城克息舟城而居之（息。舟楚邑城之堅固者）【疏】圍固至居之○正義曰圍固城城之固者克息舟息舟卽是其。一也以圍時有所毀故更城而居之觀起之死也其子從在蔡事朝吳（觀起死在襄二十二年朝吳故蔡大夫聲子之子○從如字朝如字）【疏】注故蔡。大。夫。聲。子之子○正義曰言故蔡大夫者此時蔡滅見爲楚縣吳今在蔡其父先爲蔡國大夫故云故蔡大夫聲子之子也曰今不封蔡蔡不封矣我請試之觀從以父死怨楚故欲試作亂以蔡公之命召子干子晳。二子皆靈王弟元年子干奔晉子晳奔鄭○晳星曆反及郊而告之情告以蔡公不知謀強與之盟入襲蔡蔡公將食見之而逃不知其故驚起辟之○強其丈反【疏】強與之盟○正義曰二子。聞非蔡公之命欲還故觀從強與之盟遂入襲蔡觀從使子干食坎用牲加書而速行使子干居蔡公之牒食蔡公之食並僞與蔡公盟之徵驗以示衆己徇於蔡己觀從也○己音紀徇似俊反曰蔡公召二子將納之與之盟而遣之矣將師而從之詐言蔡公將以師助二子蔡人聚將執之執觀從辭曰失賊成軍而殺余何益乃釋之賊謂子干子晳也言蔡公已成軍殺己不解罪朝吳曰二三子若能死亡則如違之以待所濟言若能爲靈王死亡則可違蔡公之命以待成敗。所。在○爲于僞反若求安定則如與之以濟所欲言與蔡公則可得安定且違上何適而可言不可違上也上謂蔡公衆曰與之乃奉蔡公召二子而盟于鄧潁川召陵縣西南有鄧城二子子干子晳依陳蔡人以國國陳蔡依之【疏】依陳蔡人以國正義曰。二子更無。兵衆唯依倚陳蔡人耳以國者許爲復其國以此招慰之楚公子比子干公子黑肱子晳○肱古弘反公子棄疾蔡公蔓成然蔡朝吳帥陳蔡不羹許葉之師因四族之徒四族。薳氏許圍蔡洧蔓成然○羹音郎葉始涉反以入楚及郊陳蔡欲爲名故請爲武軍欲築。壘。壁以示後人爲復讎之名○壘力軌反壁本亦作辟音璧蔡公知之曰欲速且役病

矣請藩而已乃藩爲軍藩。籬也○藩方元反注同離也依字應作籬今作離假借也力知反疏蔡公至而已○正義曰蔡公知之知

陳蔡人之情也蔡公楚之公子猶尚吝惜本國恥有報讎之名築壘以示後世故請藩而已蔡公使須務牟與史猈先入因

正僕人殺大子祿及公子罷敵須務牟史猈楚大夫蔡公之黨也正僕大子之近官○牟亡侯反猈皮皆反徐扶蟹反又扶移

反或扶瞻反本或作貏音同罷音皮徐甫綺反一音蒲買反疏正僕人○正義曰大僕也周禮下大夫二人公子比爲王公子黑

肱爲令尹次于魚陂。竟陵縣城西北有甘魚陂○陂彼宜反公子弃疾爲司馬先除王宮使觀從

從師于乾谿而遂告之從乾谿之師告使叛靈王且曰先歸復所後者劓劓截鼻○劓魚器反截鼻之刑師

及訾梁而潰靈王還至訾梁而衆散○訾子斯反注同潰戶內反王聞羣公子之死也自投于車下曰人

之愛其子也亦如余乎侍者曰甚焉小人老而無子知擠。于溝壑矣擠隊也○擠子細反

說文云排也一音子禮反壑許各反隊直類反王曰余殺人子多矣能無及此乎右尹子革曰請待于

郊以聽國人聽國人之所與王曰衆怒不可犯也曰若入於大都而乞師於諸侯王曰

皆叛矣曰若亡於諸侯以聽大國之圖君也王曰大福不再祇。取辱焉然丹乃

歸于楚然丹子革弃王。而歸。楚○祇音支王沿。夏將欲入鄢夏漢別名順流爲沿順漢水南至鄢○沿以全反夏戶雅反漢水也

鄢徐於建反一音於晚反入本又作至芋尹無宇之子申亥曰吾父再奸王命謂斷。王旌執人於章華宮○芋于付

反徐又音羽奸音干斷丁管反王弗誅惠孰大焉君不可忍惠不可弃吾其從王乃求王遇諸
棘闈。以歸棘里名闈門也○棘闈音韋孔晁云棘楚邑闈巷門【疏】注棘里名闈門也○正義曰吳語云昔楚靈王不君其臣箴諫不入其民不忍
飢勞之殃三軍叛王於乾谿王獨行屏營彷徨於山林之中三日乃見其涓人疇王呼之曰余不食三日矣疇趨而進王枕其股以寢於地王寐疇枕王以塊
而去之王覺而無見也乃匍匐將入於棘闈棘闈不納乃入芋尹申亥氏焉孔晁曰棘楚邑闈門也案襄二十六年傳言吳伐楚克棘四年傳言吳伐楚入棘
以棘爲邑或是也夏五月癸亥王縊于芋尹申亥氏癸亥五月二十六日。皆在乙卯丙辰後傳終言之經書四月誤○縊
於豉反【疏】注癸亥至月誤○正義曰此癸亥之日實在乙卯丙辰之後傳先言之者因申亥求王遂言王縊是傳終言之也既以五月統癸亥之日而乙
卯丙辰亦是五月之日雖則言有顛倒即令蒙此五月之文也劉炫云杜此注經書四月誤案上經注云靈王實以五月死楚人生失靈王本其始禍以赴兩
注不同以爲杜非今知不然者以其生失靈王不知死在五月遂以四月始禍言靈王之死是其錯誤之事於文似異義實一也劉以爲二。注文異而規杜氏
非也申亥以其二女殉而葬之觀從謂子干曰。○殉似俊反謂子干本或作謂子干曰不殺弃疾雖
得國猶受禍也子干曰余不忍也子玉曰人將忍子子玉觀從吾不忍俟也乃行國
每夜駭曰王入矣相恐以靈王也○駭戶揩反恐丘勇反下同乙卯夜弃疾使周走而呼曰王至矣
周徧也乙卯十八日○呼好故反下同徧音遍國人大驚使蔓成然走告子干子皙曰王至矣國人殺
君司馬將來矣司馬謂弃疾也言司馬見殺以恐子干君若早自圖也可以無辱衆怒如水火焉

不可爲謀又有呼而走至者曰衆至矣二子皆自殺不書弒君位未定也○弒申志反丙辰弃疾即位名曰熊居葬子干于訾實訾敖不成君無號謚者楚皆謂之敖○熊音雄疏注不成至之敖○正義曰郟敖與此訾敖皆不成君無號謚也元年傳云葬王于郟謂之郟敖此云葬子干于訾實訾敖並以地名冠敖未知其故又世家楚之先君有若敖。宵敖皆在位多年亦稱爲敖不知敖是何義殺因衣之王服而流諸漢乃取而葬之以靖國人使子旗爲令尹子旗蔓成然○衣於既反旗音其楚師還自徐前年圍徐之師疏。楚師還自徐○正義曰上云師及訾梁而潰此又云楚師還自徐者上所云者是乾谿援師此謂蕩侯等五子伐徐師故杜云前年圍徐之師吳人敗諸豫章獲其五帥定二年楚人伐吳師于豫章吳人見舟于豫章而潛師于巢以軍楚師於豫章又柏舉之役吳人舍舟于淮汭而自豫章與楚夾漢此皆當在江北淮水南蓋後徙在江南豫章○五帥所類反謂蕩侯潘子司馬督囂尹午陵尹喜五人見賢遍反汭如銳反平王封陳蔡復遷邑復九年所遷邑疏。注復九年所遷邑○正義曰成十五年許遷于葉九年傳云遷城父人於陳遷方城外人於許今復遷邑則許還復葉方城外與城父人各復其本致羣賂始舉事時所貨賂○賂音路施舍寬民宥罪舉職舉職脩廢官○宥音又召觀從王曰唯爾所欲觀從教子干殺弃疾。今召用之明在君爲君之義○爲于僞反對曰臣之先佐開卜乃使爲卜尹佐卜人開龜兆使枝如子躬聘于鄭且致犨櫟之田犨櫟本鄭邑楚中取之平王新立故還以賂鄭○櫟力狄反事畢弗致。知鄭自說服不復須賂故○說音悅復扶又反下將復使同鄭人請曰聞諸道路將命寡君以犨櫟敢請命對曰臣未聞命既復王

問犨櫟降服而對。降。服如今解冠也謝違命曰臣過失命未之致也王執其手曰子毋。勤姑

歸不穀有事其告子也王善其有權有事將復使之○毋音無疏臣過至致也○正義曰言臣罪過漏失君命遺忘之未之致與

也○子毋勤○正義曰言子毋以見使爲勤勞他年芋尹申亥以王柩告乃改葬之初靈王卜曰余尚

得天下尚庶幾○柩其久反疏。尚得天下○正義曰謂得爲天子也不吉投龜詬天而呼曰是區區者而不

余畀區區小天下○詬本又作詢呼豆反徐許后反呼火故反畀必利反徐甫至反與也余必自取之民患王之無厭也

故從亂如歸初共王無冢適冢大也○厭於鹽反共音恭適丁歷反下無適音同有寵子五人無適立焉

乃大有事于羣望羣望星辰山川疏注羣望星辰山川○正義曰楚語云天子徧祀羣神諸侯祀天地三辰及其土之山川孔晁云三。辰

日月星也祀天地謂二王後也非二王後祭分野山川而已又元年傳云辰爲商星參爲晉星是諸侯得祭分野之星知此羣望是星辰山川也於十二次鶉

尾爲楚當祀翼軫之星及其國內山川哀六年傳曰江漢雎漳楚之望也其山蓋荊山衡山之類而祈曰請神擇於五人者使

主社稷乃徧以璧見於羣望曰當璧而拜者神所立也誰敢違之既乃與巴姬

密埋璧於大室之庭巴姬共王妾大室祖廟○偏音遍見賢遍反下注微見同巴必加反埋亡皆反大室音泰疏偏以璧○正義曰謂

以一璧偏見諸神。若神各一璧。乃多明無不當其上○注巴姬共王妾○正義曰知者襄十二年傳云楚司馬子庚聘于秦爲夫人寧禮也彼秦女是夫人明

巴姬是妾使五人齊。而長入拜從長幼以次拜○齊側皆反本又作齋長丁丈反注及下同康王跨之過其上也○跨苦化

反

靈王肘加焉子干子皙皆遠之平王弱抱而入再拜皆厭紐微見璧紐以爲審識○肘中九反遠于萬反厭於甲反徐又於輒反紐女九反識申志反又如字鬬韋龜屬成然焉知其將立故託其子○屬音燭且曰弃禮違。命楚其危哉弃立長之禮違當璧之命終致靈王之亂

子干歸韓宣子問於叔向曰子干其濟乎對曰難宣子曰同惡相求如市賈焉何難宣子謂弃疾親特子干共同好惡故言如市賈同利以相求○賈音古好惡並如字又上呼報反下烏路反下皆倣此對曰無與同好誰與同惡言弃疾本不與子干同好則亦不得同惡取國有五難有寵而無人一也寵須賢人而固有人而無主二也雖有賢人當須內主爲應○應應對之應有主而無謀三也謀策謀也有謀而無民四也民衆有民而無德五也。四者既備當以德成子干在晉十三年矣晉楚之從不聞達者可謂無人晉楚之士從子干游皆非達人族盡親叛可謂無主無親族在楚無釁而動可謂無謀召子干時楚未有大釁○釁許靳反爲羇終世可謂無民終身羇客在晉是無民亡無愛徵可謂無德楚人無愛念之者疏。亡無愛徵○正義曰子干之亡楚人無愛念之徵驗也王虐而不忌靈王暴虐無所畏忌將自亡楚君子干涉五難以弒舊君誰能濟之言楚借君子干以弒靈王終無能成有楚國者其弃疾乎。君陳蔡城外屬焉城方城也時穿封戌既死弃疾幷領陳事苛慝不作盜賊伏隱私欲不違不以私欲違民。事○苛音何本或作荷音同下同慝他得反民無怨心先神命之先神謂羣望疏○先神命之○正義曰

楚國既封即有三望三望起於先代故曰先神國民信之芊。姓有亂必季實立楚之常也獲神一也當璧
拜〇芊彌爾反有民二也民信之令德三也無苛慝寵貴四也貴妃子居常五也弃疾季有五利
以去五難誰能害之子干之官則右尹也數其貴寵則庶子也以神所命則又
遠之其貴亡矣位不尊〇去起呂反數所主反遠于萬反亡矣音無又如字其寵弃矣父既没故疏其貴至棄矣〇正義曰亡
無也其貴位則無矣其寵愛之者又棄矣然則父死棄疾寵亦棄獨言子干者以子干母賤唯恃父寵寵又棄矣則無恃託故專屬子。干民無懷焉
非令德國無與焉無內主將何以立宣子曰齊桓晉文不亦是乎皆庶賤對曰齊桓衞
姬之子也有寵於僖。衞姬齊僖公妾有鮑叔牙賓須無隰朋以爲輔佐有莒衞以爲外
主齊桓出奔莒衞有舅氏之助有國高以爲內主國氏高氏齊上卿疏注國氏高氏〇正義曰僖十二年傳管仲云有天子之二
守國高在是也從善如流言其疾也下善齊肅齊嚴也肅敬也〇下遐嫁反齊側皆反注同不藏賄清也〇賄呼罪反不
從欲儉也〇從子用反施舍不倦施舍猶言布恩德求善不厭是以有國不亦宜乎我先君文
公狐季姬之子也有寵於獻好學而不貳言篤志〇厭於豔反好呼報反生十七年有士五人
狐偃趙衰顛頡魏武子司空季子五士從出〇衰初危反頡戶結反從才用反有先大夫子餘子犯以爲腹心子餘趙衰子犯
狐偃有魏犫賈佗以爲股肱魏犫魏武子也稱五人而說四。士賈佗又不在本數蓋叔向所賢〇佗徒何反疏注魏犫至所賢〇正

義曰上言五人直舉其數下說四士獨據有賢也五人內不數賈佗者佗以公族從文公不在五人之數也蓋叔向言之意所將爲賢卽言之有齊宋

秦楚以爲外主齊妻以女宋贈以馬楚王享之秦伯納之○妻七計反有欒郤狐先以爲內主謂欒枝郤縠狐突先

軫也○欒魯官反郤夫逆反縠戶木反亡十九年守志彌篤惠懷弃民惠公懷公不恤民也民從而與之獻

無異親民無異望獻公之子九人唯文公在天方相晉將何以代文此二君者異於子干。共

有寵子國有奧主謂弃疾也○相息亮反下同共音恭奧烏報反【疏】國有奧主○正義曰室內西南隅謂之奧奧是內之義奧主國內之

主故謂弃疾也無施於民無援於外去晉而不送歸楚而不逆何以冀國傳言子。干所以蒙弑君之

名弃疾所以得國○施式豉反○晉成虒祁在八年虒音斯○諸侯朝而歸者皆有貳心賤其奢也爲取郠

故取郠在十年○爲于僞反郠亡杏反晉將以諸侯來討叔向曰諸侯不可以不示威知晉德薄欲以威服

之乃並徵會告于吳秋晉侯會吳子于良下邳有良。城縣○邳皮悲反水道不可吳子辭乃

還辭不會【疏】水道不可○正義曰吳地水行故謂水道不可謂水路不通吳子既辭晉侯乃還向平丘之會七月丙寅治兵于邾

南甲車四千乘三十萬人○乘繩證反下及注皆同羊舌鮒攝司馬鮒叔向弟也攝兼官。○鮒音附遂合諸侯于

平丘子產大叔相鄭伯以會子產以幄幕九張行幄幕軍旅之帳○幄於角反幕音莫四合象宮室曰

幄在上曰幕【疏】幄幕九張○正義曰周禮幕人掌帷幕幄帟綬之事鄭玄云王出宮則有是事在旁曰帷在上曰幕皆以布爲之四合象宮室曰幄王所

居之帳也帟。王在幕若幄中坐上承塵幄帟皆以繒爲之凡四物者以綬連繫焉然則幕與幄異幕大而幄小幄在幕下張之幄幕九張蓋九幄九幕也子
大叔以四十既而悔之每舍損焉及會亦如之亦九張也傳言子產之適宜大叔之從奢次于衞地
叔鮒求貨於衞淫芻蕘者欲使衞患之而致貨○芻初俱反說文云刈草也蕘如遙反飼牲曰芻草薪曰蕘疏芻蕘○正義曰
周禮充人掌繫祭祀之牲牷祀五帝則繫。于牢芻之三月說文云蕘薪也從艸然則芻者飼牛馬之草也蕘者共燃火之草也衞人使屠伯饋
叔向羹與一篋錦屠伯衞大夫○屠音徒饋其位反篋苦協反曰諸侯事晉未敢攜貳況衞在君之
宇下屋宇之下喻近也而敢有異志芻蕘者異於他日敢請之請止之叔向受羹反錦受羹
示不逆其意且非貨曰晉有羊舌鮒者瀆貨無厭瀆數也○瀆徒木反厭於鹽反數音朔亦將及矣將及爲禍
此役也役事也○爲如字或于僞反疏爲此役○正義曰言叔鮒爲此淫芻蕘之事也子若以君命賜之其已客從
之未退而禁之禁芻蕘者晉人將尋盟齊人不可有貳心故晉侯使叔向告劉獻公獻公王卿
士劉子曰抑齊人不盟若之何對曰盟以厎信。厎致也○厎音旨君苟有信諸侯不貳何
患焉告之以文辭董之以武師雖齊不許君庸多矣董督也庸功也討之有辭故功多也疏董督。至多
也○正義曰釋詁云董督正也是董爲督也又云庸勞勞亦功也討之有辭則前敵易克故功多也天子之老請帥王賦元戎十
乘以先啓行天子大夫稱老元戎戎車在前者啓開也行道也疏天子之老○正義曰上注云獻公王卿士此注云天子大夫稱老老者是

大夫。之總名詩云方叔元老毛傳云方叔卿士命而爲將是卿士稱老也曲禮云五官之長曰伯自稱於諸侯曰天子之老彼謂三公也如彼文則三公乃得稱天子之老卿亦得稱老者彼說三公之事言三公之自稱耳不言卿之自稱不得同三公也曲禮又云諸侯使人於諸侯使者曰寡君之老諸侯之使尙得稱老明知天子之卿得稱天子之老也○元戎至啓行○正義曰詩小雅六月之篇也元大也大戎戎車之大在軍前者也啓開行道常訓耳遲速唯君欲佐晉討齊叔向告于齊曰諸侯求盟已在此矣今君弗利寡君以爲請對曰諸侯討貳則有尋盟若皆用命何盟之尋託用命以拒晉叔向曰國家之敗有事而無業事則不經業貢賦之業有業而無禮經則不序須禮而有次序有禮而無威序則不共禮須威嚴而後共有威而不昭共則不明威須昭告神明而後信義著不明弃共百事不終所由傾覆也信義不明則弃威不威弃禮無禮無經無經無業故百事不成○弃覆芳服反是故明王之制使諸侯歲聘以志業志識也歲聘以脩其職業間朝以講禮三年而一朝正班爵之義率長幼○間間廁之間長丁丈反再朝而會以示威六年而一會以訓上下之則制財用之節再會而盟以顯昭明十二年而一盟所以昭信義也凡。八聘四朝再會王一巡守盟于。方嶽之下○聘守手又反嶽音岳志業於好聘也○好呼報反下注同好同講禮於等朝也示威於衆會也昭明於神盟也自古以來未之。或失也存亡之道恆由是興晉禮主盟依先王先公舊禮主諸侯盟懼有不治奉承齊犧齊盟之犧牲○治直吏反舊如字犧許宜反而布諸君求終事也終竟也君曰余必廢之何齊之有唯君圖之寡君聞命矣齊人懼對曰小國言之大國制之敢不聽從既聞命矣敬共以往遲速唯君叔向曰諸侯有間矣間隙也疏叔向至命矣○正義曰叔向此言論聘朝會盟四事意在言盟幷說會朝聘爲次序耳國家之所以敗也有交好之事而無貢賦之業交好之事不得常矣有貢賦之常而無上下之禮事雖有常則不次序矣有上下之禮而無可畏之威雖有次序則不共敬矣有可畏之威而不昭告神明雖爲共敬則不明著矣信義不明棄共敬也承事不共敬棄次序也班位不序棄常度也徵命不常棄事宜也事既棄矣則百事不終國家所由傾覆只爲此也聖人知其不可是故明王之制使諸侯每歲令大夫一聘天子以志識貢賦之業間一歲諸侯親自入朝以講習上下之禮天子於諸侯再朝而一大會以示可畏之威再會而一爲盟誓以顯諸侯之昭明者也志識貢賦之業在於交好故使聘也講習上下之禮在於等差故使朝也示可畏之威在於衆聚故爲會也昭明德之信在於告神故爲盟也自古以來遵行此法未之有失也國家存亡之道恆由是興爲之則存廢之則亡存亡起於此也今晉以先王之禮主諸侯之盟懼諸侯之事有不治理者奉承齊盟所用之犧牲以來至此而布諸齊君求終竟盟約之事也君言曰今余必廢之何齊盟之有必如此語唯君自圖謀之寡君聞君之命矣言晉知齊必背盟卽欲與之戰○注業貢賦之業○正義曰下句覆述此事云歲聘以志業每年聘者所以共貢賦耳知此業者是貢賦之業也下又云志業於好說聘事而謂之好則好謂交好諸侯天子雖尊卑不同亦是交好然則有事者謂有交好之事也不經者經訓常也謂交好不常也或聘不以時或貢賦不充是不常也○注威須至義著○正義曰昭亦明也昭爲昭告神祇明謂信義明著言會雖示威威猶未著必須昭告神明以要束其心而後天子信義始得明著於天下矣○注信義至不成○正義曰杜以信義不明威無可畏則是棄威也不畏威則禮不行是棄禮也無禮則無經無經則無業故百事所以不成劉炫以此傳四文皆緣上事而致下事

其上則事業禮威所致則經序共明傳既言不明棄共自然當云不共棄序不序棄經不經棄事今杜云不明則棄威不威棄禮無禮無無經無經無業以杜違背傳文而規杜失今知劉義非者杜以不明棄共不共棄序不序棄經不經棄事自是傳文分明但傳云百事不終明知非徒棄共棄序其威禮亦棄也杜與傳共爲表裏非是違傳劉不解杜意妄爲規過謬矣○注志識至職業○正義曰志是記識故爲識識也歲歲不使於天子所以獻其貢賦令諸國各自記其職貢是脩其職業也○注三年至之序○正義曰間朝者據聘爲言也既云歲聘因從聘歲爲始更間一年乃朝故知間朝是三年而一朝也朝以正班爵之義率長幼之序與下注會以訓上下之則制財用之節皆莊二十三年傳文也○注十二至之下○正義曰顯昭明三字皆爲明也十二年而爲一盟者大明黜陟之法諸侯之有明德者表顯升進之於此盟以光顯諸侯有昭明之德者告誓神明所以昭明王之信義以示黜陟必有信也計此十二年間凡八聘四朝再會一盟方嶽之下也尚書周官曰六年五服一朝又六年王乃時巡考制度于四岳諸侯各朝于方岳大明黜陟如彼文六年五服諸侯一時朝王即此再朝而會是也此傳之文與尚書正合杜言巡守盟于方嶽闇與彼義符同明此是周典之舊法也而周禮之文不載此法大行人云侯服歲壹見其貢祀物甸服二歲壹見其貢嬪物男服三歲壹見其貢器物采服四歲壹見其貢服物衛服五歲壹見其貢材物要服六歲壹見其貢貨物先儒說周禮者皆以彼爲六服諸侯各以服數來朝與此傳文無由得合先達通儒未有解者古書亡滅不可備知然則尚書周官是成王號令之辭尚書之言定是正法左氏復與彼合不言必不虛周禮又是明文不得不信蓋周公成王之時即自有此二法也又周禮每歲壹見唯言貢物何必見者即是親朝各計道路短長或當遣使貢耳先儒謂彼爲朝未有明據大行人又云十有二歲王巡守殷國巡守之歲周禮同於尚書六年一朝尚書何以違禮又大宗伯云時見曰會殷見曰同鄭玄以爲時見無常期也諸侯有不順服者王將有征討之事合諸侯而命事焉十二歲王如不巡守則六服盡朝謂之殷見鄭以時見無常期者出自鄭之意耳非有明

文可據也殷見是此再會而盟時見當此再朝而會未必卽如鄭說時見爲無常期也蓋此傳及尚書是正禮也大行人歲壹見者是遣使貢物非親朝也今此上聘朝會雖以爲諸侯於天子之禮然諸侯相朝亦當然也故云志業於好講禮於等示威於衆其昭明於神雖天子於諸侯之禮然王官之伯及霸主亦得。與諸侯爲盟故晉爲盟主以此告齊令齊受盟也必知此朝聘文兼諸侯者以釋例引明王之制入聘四朝云文襄之制因而簡之三歲而聘五歲而朝以諸侯爲文明歲聘間朝兼諸侯相朝也知盟年朝會俱行者以傳云再朝而會云云故知盟年朝會不廢也又云歲聘以志業不言再聘以行朝故知朝年不行聘禮但以朝聘君臣不等盟會敵。禮相當故朝年不行聘盟年得有朝會知有盟者傳云同盟至故也○小國言之○正義曰申上不用尋盟之意也其意是小國言之可不可則大國制之也大國謂其須盟言己不敢違也

不可以不示衆八月辛未治兵習戰建而不旆建立旌旗不曳其旆旆游也○旆步貝反【疏】注建立至游也○正義曰釋天云緇廣充幅長尋曰旐繼旐曰旆郭璞曰帛續旐。末爲燕尾者然則旐謂旆身旆謂旐尾旆綴於旐旐本是相連之物非別體也而不曳其旆當纏。繼於干頭蓋如禮記所云德車結旌也釋天又云練旒九周禮所請九游七游游卽是旆故云旆游也然郭氏既云旆繼於旐今之燕尾卽旆是旐末然天子十有二游弁屬於一幅之廣於理不可蓋游數多者旁綴於縿如今之旗是也其軍前之旆如郭璞之說

壬申復旆之諸侯畏之軍將戰則旆故曳旆以恐之○復扶又反恐丘勇反下並同【疏】注軍將至恐之○正義曰本作旆者爲舒而曳之以爲容飾結之爲非常曳之爲得常復旆之者曳之爲復常也軍法戰則舒旆晉人舒旆似其將戰故曳旆以恐之諸侯見其曳旆而皆畏之

邾人莒人愬于晉曰魯朝夕伐我幾亡矣自昭公卽位邾魯同好又不朝夕伐莒無故怨愬晉人信之所譖讒慝弘多○愬音素朝夕如字注同幾音祈【疏】注自昭至伐莒○正義曰三年傳穆子云曹滕二邾實不忘我好又無相伐之事是昭公卽位邾魯同好

也不朝夕伐莒者案元年十年再伐莒耳是不朝夕伐也我之不共魯故之以不共晉貢以魯故也○共音恭注及下注同晉侯
不見公使叔向來辭曰諸侯將以甲戌盟寡君知不得事君矣請君無勤託謙辭以
絕魯子服惠伯對曰君信蠻夷之訴蠻夷謂邾莒以絕兄弟之國棄周公之後亦惟君
寡君聞命矣叔向曰寡君有甲車四千乘在雖以無道行之必可畏也況其率
道其何敵之有牛雖瘠僨於豚上其畏不死僨仆也○瘠在亦反僨方問反仆音付一音蒲北反疏注僨仆也
○正義曰前覆曰仆言牛倒豚上豚必死也言牛雖瘠者謂魯以晉為無德輕之故以瘦牛自喻南蒯子仲之憂其庸可棄乎
棄猶忘也若奉晉之衆用諸侯之師因邾莒杞鄫之怒四國近魯數以小事相忿鄫已滅其民猶存故并以恐魯
○鄫才陵反近附近之近數音朔以討魯罪間其二憂因南蒯子仲二憂為間隙何求而弗克魯人懼聽命
不敢與盟○與音預下文不與同甲戌同盟于平丘齊服也經所稱同以令諸侯日中造于除除地為壇
盟會處○造七報反壇本或作墠音善處昌慮反癸酉退朝先盟朝晉○先悉薦反子產命外僕速張於除張幄幕
子大叔止之使待明日及夕子產聞其未張也使速往乃無所張矣地已滿也傳言子產
每事敏於大叔及盟子產爭承承貢賦之次疏注承貢賦之次○正義曰承者奉上之語後承前下承上故以承為次爭貢賦之次言所
出貢賦多少之次當承何國之下故言爭承也鄭衆云爭所為承次貢賦之輕曰昔天子班貢輕重以列列位也列尊貢

重周之制也公侯地廣故所貢者多疏注公侯至者多○正義曰周禮大司徒云公地方五百里其食者半侯地方四百里伯地方三百里其食者參之一子地方二百里男地方百里其食者四之一鄭康成注云食者必足其國禮俗喪紀祭祀之用乃貢其餘上公之地以一易侯伯之地以再易子男之地以三易是上公優饒其半以為荒萊之地侯伯優饒其三分之二子男優饒其四分之三是大國優饒少而出貢多小國優饒多而出貢少假令大國小國其地美惡一種則地多者貢多地少者貢少故杜云公侯地廣所貢者多是也卑而貢重者甸服也甸服謂天子畿內共職貢者疏注甸服至貢者○正義曰禹貢云五百里甸服孔安國云規方千里之內謂之甸服服為天子服治田去王城面五百里王制云千里之內曰甸鄭玄云服治田出穀稅是甸服謂天子畿內也畿內於京師路近令其共正職貢故貢重也言卑而貢重者畿內有公卿大夫之采邑公八命卿六命大夫四命其列位卑於畿外公侯伯子男也周禮小司徒鄭注云井田之法備於一同今止於都者采地食者皆四之一其制三等百里之國凡四都一都之田稅入於王五十里之國凡四縣一縣之田稅入於王二十五里之國凡四甸一甸之田稅入於王食采者卑與尊同故云卑而貢重也畿外之國則卑者貢輕尊者貢重

鄭伯男也而使從公侯之貢言鄭國在甸服外爵列伯子男不應出公侯之貢疏注言鄭至之貢○正義曰鄭伯男也舊有多說鄭衆服虔云鄭伯爵在男服也周禮男服在三距王城千五百里鄭去京師不容此數賈逵云男當作南南謂南面之君也子產爭國小貢重輒言鄭伯為南面之君復何所益南面君者豈貢得輕乎鄭志云男謂子男也周之舊俗雖為侯伯皆食子男之地鄭之此言不知所出鄭食子男之地不知復在何時武公既遷東鄭并十邑為國不得食子男之地若西鄭之時食子男之地則今為大國自當貢重子產不得遠言上世國小以距今之貢重晉之朝士焉肯受屈而自日中以爭至于昏乎原此諸說悉皆不通周語云鄭伯男也王而卑之是不尊貴也王肅注此與彼皆云鄭伯爵而連男言之猶言曰公侯足句辭也杜

用王說言鄭國在甸服之外其爵列於伯子男言己爵卑國小不應出公侯之貢也今使從公侯之貢懼弗給也諸侯地有五等命有三等伯居五等之中與侯同受七命據地小大分為三等則侯同於公伯同子男僖九年在喪之例云公侯曰子言不及伯是不得同於侯也僖二十九年大夫會國君之例云在禮卿不會公侯會伯子男可也是伯國下同子男也子產自言其君爵卑下引子男為例故云鄭伯男也懼弗給也敢以為請諸侯靖兵好以為事靖息也○好呼報反行理之命。行理使人通聘問者○使所吏反無月不至貢之無藝藝法制【疏】行理至不至○正義曰言晉國使人來責貢賦之命無月不至於鄭每月皆來也○注藝法制○正義曰服虔云藝極也一曰常也二者並非正訓杜以藝為經藝故為法制也貢有法制定數徵求無限則不可共也小國有闕所以得罪也諸侯脩盟存小國也貢獻無極亡可待也存亡之制將在今矣自日中以爭至于昏晉人許之既盟子大叔咎之曰諸侯若討其可瀆乎瀆易也○咎其九反易以豉反【疏】貢獻無極○正義曰極謂限極無極謂無已時○諸侯至瀆乎○正義曰言諸侯若來討鄭其可不由子輕易晉乎子產曰晉政多門。政不出一家貳偷之不暇何暇討貳不壹偷苟且【疏】貳偷至暇討○正義曰政出多門則其情不一情既不一則各懷苟且各自苟且免於目前無人為國遠慮也為此二心為此苟且不有閑暇何暇來討鄭乎國不競亦陵何國之為不競爭則為人所侵陵不成為國○爭爭鬬之爭下爭競同公不與盟信郲莒之訴欲討魯故晉人執季孫意如以幕蒙之蒙裹也○裹音果使狄人守之司鐸射魯大夫○鐸待洛反射食亦反又食夜反【疏】使狄人守之○正義曰有北狄之人從晉師來會故使狄人守。囚猶如長岸之戰楚使隨人守舟懷錦奉壺

飲冰以蒲。伏。焉守者御之乃與之錦而入蒲伏竊往飲季孫冰篰簞蓋可以取飲○奉芳勇反蒲本又作匍同步都
反又音扶本亦作扶伏本又作匐同蒲北反又音服守手又反又如字御魚呂反飲於鴆反篰音童又音勇疏注蒲伏至取飲○正義曰蒲伏即匍匐也
說文。匍手行也匐伏地也詩陳后稷之初生云誕寘匍匐今司鐸射竊往飲季孫之所似小兒伏地而手行。冰是篰簞之蓋相傳爲然本作此器以蓋篰簞脫
而用之可以取飲此以壺盛飲用此冰以飲之晉人以平子歸子服湫。從湫子服惠伯從至晉○湫子小反徐音椒又子鳥反案子
服湫又作子服椒止一人耳從才用反注同子產歸未至聞子皮卒哭且曰吾已已猶決竟無爲爲善矣
唯夫子知我言子皮知己之善疏無爲爲善矣○正義曰子產言我此日行善唯子皮知之今子皮既卒無人知我之善故云無爲更須爲
善矣仲尼謂子產於是行也足以爲國基矣詩曰。樂只。君子邦家之基詩小雅言樂。與君子
爲治乃國家之基。本○治直吏反子產君子之求樂者也且曰合諸侯藝貢事禮也嫌爭競不順故以禮
明之疏詩。曰至禮也○正義曰此詩小雅南山有臺之篇詩云樂只君子以其能爲邦家之基也今子產是君子之人所求樂者也仲尼且復言曰盟主會
合諸侯限藝貢賦之事使貢賦有常是爲禮也盟主制定貢賦是爲得禮則子產爭之不爲有失嫌爭競無禮故以禮明之○鮮虞人聞晉
師之悉起也五年傳曰遺守四千今甲車四千乘故爲悉起而不警邊且不脩備言夷狄無謀○警音景晉荀吳
自著雍以上軍侵鮮虞及中人驅衝競中山望都縣西北有中人城驅衝車與狄爭逐疏。晉荀至鮮虞○正義曰上
云悉起得有上軍在者晉侯從平丘會還行至著雍聞鮮虞不警遂使荀吳侵之非從本國而去故云自著雍以上軍侵鮮虞也大獲而歸爲十

五年晉伐鮮虞起○楚之滅蔡也靈王遷許胡沈道房申於荊焉平王即位既封陳蔡而皆復之禮也滅蔡在十一年許胡沈小國也道房申皆故諸侯楚滅以爲邑荊荊山也傳言平王得安民之禮汝南有吳。防縣卽防國

疏。注得安民之禮○正義曰此乃遷動而云安者以狐死首丘人生戀舊往彼靈王偪徙元情悉眷故居平王今復從其所欲民心獲安故云得安民之禮也

隱大子之子廬歸于蔡禮也隱大子大子有也廬蔡平侯。悼大子之子吳歸于陳禮也悼大子偃師也吳陳惠公○冬十月葬蔡靈公禮也國復成禮以葬也此陳蔡事傳皆言禮嫌楚所封不得比諸侯故明之○公如晉荀吳謂韓宣子曰諸侯相朝講舊好也執其卿而朝其君有不好焉不如辭之乃使士景伯辭公于河景伯士文伯之子彌牟也○舊好呼報反○吳滅州來令尹子期請伐吳王弗許曰吾未撫民人未事鬼神未脩守備未定國家而用民力敗不可悔州來在吳猶在楚也子姑待之傳言平王所以能有國○守手又反○季孫猶在晉子服惠伯私於中行穆子私與之語曰魯事晉何以不如夷之小國魯兄弟也土地猶大所命能具若爲夷弃之使事齊楚其何瘳於晉瘳差也○爲于僞反下爲夷將爲同瘳勑留反差初賣反親親與大賞共罰否所以爲盟主也子其圖之諺曰臣一主二言一臣必有二主道不合得去事他國○諺音彥吾豈無大國言非獨晉可事穆子告韓宣子且曰楚滅陳蔡不能救而爲夷執親將焉用

之乃歸季孫惠伯曰寡君未知其罪合諸侯而執其老[老尊。卿稱○爲於虔反稱尺證反]若猶有罪死命可也[死晉命也]若曰無罪而惠免之諸侯不聞是逃命也何免之爲請從君惠於會[欲得盟會見遣不欲私去]宣子患之謂叔向曰子能歸季孫乎對曰不能鮒也能[鮒叔魚]乃使叔魚叔魚見季孫曰昔鮒也得罪於晉君自歸於魯君[蓋襄二十一年坐叔虎與欒氏黨幷得罪○坐才臥反]微武子之賜不至於今[武子季平子祖父]雖獲歸骨於晉猶子則肉之敢不盡情歸子而不歸鮒也聞諸吏將爲子除館於西河[西使近河○近附近之近]其若之何且泣[泣以信其言]平子懼先歸惠伯待禮[待見遣之禮]

附釋音春秋左傳注疏卷第四十六

春秋左傳注疏卷四十六校勘記

阮元撰盧宣旬摘錄

附釋音春秋左傳注疏卷第四十六昭十三年宋本春秋正義卷第二十九石經春秋經傳集解昭四第廿三淳熙本纂圖本岳本昭下有公字並盡十七年

〈經十三年〉

比去晉而不送諸本作去此本誤云今改正宋本岳本纂圖本監本毛本亦作送淳熙本誤选閩本作還

韓魏有耦國之彊監本彊作疆

猶如宣二年閩本監本毛本脫如字

會于州以定公位諸本州上有平字此本脫閩本監本毛本脫于字

使若陳蔡之君宋本脫使若陳蔡四字

故言陳蔡毛本言誤其

〈傳十三年〉

非也宋本以下正義二節總入注文終言其效之下

飢者食之纂圖本監本毛本飢作饑非也

賚人無歸毛本無誤南

平子從之自平字以上宋殘本缺

王行至乾谿宋本宋殘本淳熙本岳本纂圖本監本毛本作王此本及閩本作三今改正

楚子至而行宋本以下正義十二節總入使子旗爲令尹注下

故惡積而不可揜毛本揜作掩按說文作掩又云自關以東謂取曰揜一曰覆也从手弇聲

韋龜以棄疾有當璧之命淳熙本璧誤壁宋殘本作辱謬

猶父子被奪故也監本毛本猶作由

息舟楚邑城之堅固者纂圖本毛本舟作州

即是其○也閩本監本毛本○作邑亦非宋本作一是也○今從宋本

注故蔡大夫聲子之子毛本大夫聲子四字改作至字

子晳石經宋本宋殘本晳作晢釋文同

二子聞非蔡公之命宋本聞作閑

並僞與蔡公盟之徵驗以示衆毛本徵作懲非也

以待成敗所在岳本纂圖本閩本監本毛本所在作如何非是

二子更無兵衆閩本監本毛本兵作賓非宋本二誤三

蘧氏淳熙本蘧誤遷

欲築壘壁釋文壁本辟云本亦作壁宋本壘誤悬

藩籬也釋文籬作離云依字應作籬今作離假借也案說文無籬字當作離後人據陸氏加竹非也

須務牟諸本作牟石經作牟

次于魚陂毛本于誤干

靈王還至訾梁而衆散淳熙本還誤遠

知擠于溝壑矣諸本作擠書微子篇正義引傳作隮按說文擠排也躋登也躋亦作隮訓登亦訓墜義之相反而相成者也此傳宜依尚書正義作隮

祇取辱焉宋殘本淳熙本祇作柢石經作祗是也

弃王而歸楚宋本宋殘本淳熙本岳本無而楚二字是也足利本楚字亦無

王沿夏諸本作沿案說文沿字注引傳作沿

謂斷王旌足利本王作其非也

遇諸棘圍以歸石經宋殘本宋本岳本圍作闈是也釋文同

其民不忍飢勞之殃監本飢作饑非也

皆在乙卯丙辰後淳熙本纂圖本皆作歲非也

劉以爲二注文異注字據宋本補此本空缺閩本監本毛本亦脫

觀從謂子干曰石經曰字後人旁增釋文云謂子干本或作謂子干曰

有若敖𧫒敖宋本𧫒作𧫓按世家作霄○今從宋本

楚師還自徐宋本此節正義在獲其五帥注下

注復九年所還邑宋本以下正義三節入乃改葬之句下

今召用之宋本宋殘本岳本足利本今上重弃疾二字是也

知鄭自說服纂圖本知誤如

降服如今解冠也纂圖本毛本服誤復宋殘本冠作疑亦非

未之致也淳熙本未作末非也

子毋勤淳熙本纂圖本閩本監本毛本毋作母釋文亦作母音無宋本正義同案正義本當作毋釋文本當作母故云音無釋文必不爲毋字作音也

尙得天下宋本以下正義四節入楚其危哉注下

三辰日月星辰也毛本作三星誤也

若神各一璧乃多監本若誤君宋本乃上有其璧二字

使五人齊而長入拜釋文云齊本又作齋案史記作召五公子齋而入

且曰弃禮違命毛本違作韋非也

民衆陳樹華云史記正義引杜注有也字

當以德成淳熙本作土入德戎誤史記正義引注成下有之字亦以意增也

終身羈客在晉淳熙本纂圖本毛本羈作羇非

亡無愛徵宋本以下正義六節總入何以冀國注下

君陳蔡李善注文選阮嗣宗爲鄭沖勸晉王牋引作君居陳蔡非也

苛慝不作案惠棟云古苛字本作荷檀弓泰山婦人曰無苛政釋文曰苛本亦作荷毛詩序云哀刑政之荷今本作苛漢張表碑亦以荷爲苛陳樹華云師古注漢書酈食其傳亦云荷與苛同

不以私欲違民事纂圖本事誤命

芊姓有亂淳熙本芊誤芉

故專屬子干諸本作于此本誤二今訂正

衞姬齊僖公妾毛本僖誤桓

稱五人而說四士淳熙本士誤土

異於子干宋殘本干誤于

傳言子干監本干誤于

下邳有良城縣纂圖本城作成

水道不可宋本以下正義四節總入未退而禁之注下

攝兼官也宋本宋殘本淳熙本岳本纂圖本足利本無也字此本此句下有鮒音附三字乃釋文而誤入注者○今訂正

帟王在幕浦鏜正誤王作主乃依今俗本注疏改之非也

則繫于牢毛本于作干非也

獻公主鄉士劉子宋本宋殘本淳熙本岳本纂圖本閩本監本毛本主作王是也○今訂正

盟以底信 石經宋本宋殘本淳熙本岳本底作厎是也說詳宣三年○今訂正

董督至多也 宋本上有注字自此以下正義至詩云至禮也止總入注文故以禮明之句下

是大夫之總名 宋本夫下有公卿二字

凡八聘四朝再會 重脩監本八誤入

盟于方嶽之下 此本方字空缺據宋本岳本閩本監本毛本補

末之或失也 毛本之誤知

以示可畏之威 重脩監本威誤成

下又云 宋本毛本又作文

昭為昭告神祇 閩本監本祇作祗非

是脩其職業也 毛本是作自非

左氏復與彼合 毛本氏作傳

不得不信 監本上不字誤來

各計道路短長 閩本監本毛本短長誤倒

未必卽如鄭說 監本毛本卽誤旣

亦得與諸侯爲盟 監本毛本與誤於

盟會敵禮相當 盧文弨校本禮作體

帛續旒末爲燕尾者 閩本毛本末誤未下旒末此本亦誤旒未

當纏繼於干頭 段玉裁校本繼作結

寡君知不得事君矣 淳熙本事下衍見字

亦惟君 石經宋本宋殘本淳熙本岳本足利本惟作唯

鄫已滅其民猶存 宋本存作在案在卽存也

故幷以恐魯 淳熙本幷誤弃

經所以稱同 山井鼎云宋板足利本同下後人補足盟字恐非

子產命外僕速張於除 監本僕速二字誤倒

傳言子產每事敏於大叔 諸本作每宋殘本誤毋

子產爭承 諸本作承陳華樹曰禮記經解正義引作丞

爭所爲承次貢賦之輕宋本作爭所當奉承貢賦之輕重

其食者參之一毛本參作三

令其共正職貢宋本正作王

今止於都者諸本作今此本誤令今改正

食采者卑與尊同諸本作采此本誤宋今訂正

鄭伯男也正義引賈逵云男當作南謂南面之君也又周語曰鄭伯南也

舊有多說閩本監本毛本有作自非

焉肯受屈監本毛本肯作有非也

周語云鄭伯男也按今周語男作南王肅注伯男猶言公侯亦見家語注

王肅注毛本注誤至

故云鄭伯男也宋本閩本監本毛本作男也此本男字上有○今刪正

行理使人通聘問者淳熙本者誤行

政不出一家監本一誤二

不競爭則爲人所侵陵 淳熙本所誤川

故使狄人守因 閩本監本毛本因作之亦誤宋本作囚是也○今從宋本

以蒲伏焉 釋文云蒲伏本又作匍匐案正義曰蒲伏卽匍匐也

說文匍手行也 宋本文下有云字

以小兒伏地而手行 宋本行下有也字

子服湫從 釋文云湫徐音椒又作子服椒止一人耳案惠棟云湫本與椒同音說文湫从水秋聲荀子引詩曰鳳皇秋秋其翼若干其聲若簫秋與簫協韻明秋亦有椒音惠伯名椒獨此作湫者聲之誤也晉以來唯徐仙民識古音諸儒皆不及也按惠說誤古音椒如擎簫如修

詩曰樂只君子 宋殘本宋本曰作云石經此處殘缺宋本岳本只作旨案王氏詩攷引亦作旨淳熙本亦作旨

言樂與君子爲治 纂圖本閩本監本毛本與誤只

乃國家之基本 監本毛本本字誤入音義

詩曰至禮也 宋本曰作云

晉荀至鮮虞 宋本此節正義在大獲而歸注下

汝南有吳防縣卽防國 段玉裁校本云前後漢志及晉志皆作吳房案防與房古通用宣防亦作宣房其明徵也

得安民之禮宋本此節正義在冬十月注下

隱大子之子廬歸于蔡禮也顧炎武云石經廬誤盧案石經廬字完善炎武非也

悼大子之吳歸于陳禮也石經宋殘本宋本淳熙本岳本纂圖本閩本監本毛本之下有子字是也○今據補正

令尹子期請伐吳石經宋本宋殘本淳熙本岳本足利本期作旗淳熙本伐誤我

老尊卿稱纂圖本閩本監本毛本卿作鄉誤也

春秋左傳注疏卷四十六校勘記

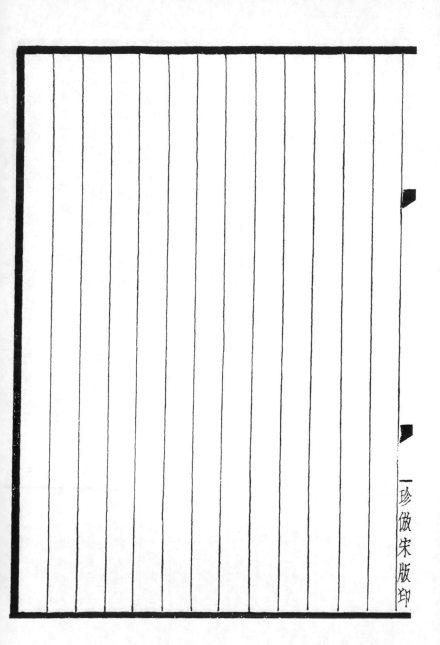

附釋音春秋左傳注疏卷第四十七 昭十四年盡十六年

杜氏注　孔穎達疏

經十有四年春意如至自晉書至者喜得免○三月曹伯滕卒無傳四同盟疏注四同盟○正義曰曹伯負芻以襄十八年冬十月卒則武公立十九年盟于祝柯二十年于澶淵二十五年于重丘二十七年于宋皆魯曹俱在是四同盟也○夏四月無傳○秋葬曹武公無傳○八月莒子去疾卒未同盟○去起呂反○冬莒殺其公子意恢以禍亂告不必繫於爲卿故雖公子亦書意恢與亂君爲黨故書名惡之○恢苦回反惡烏路反疏注以禍至惡之○正義曰莒是小國其卿多不備禮唯莊僖之世有莒慶見經爾來唯牟夷以竊地故書此外更無見者今意恢非卿亦書故解其意云云釋例曰禍莫大於享國有家禍莫甚於骨肉相殘故公子取國及爲亂見殺者亦皆書之不必繫於爲卿故公子糾意恢以公子見書於經是解非卿而書之意也諸公子大夫被殺而書名皆是惡之之文意恢與亂君爲黨故書名惡之

傳十四年春意如至自晉尊晉罪己也以舍族爲尊晉罪己○舍音捨疏傳注以舍至罪己○正義曰一命大夫經書爲人以卿之貴得備名氏若有罪過宜貶黜者他國之卿則稱某人魯卿不得自稱魯人有罪則貶去其族族去則非卿此舍意如之族是爲罪己也季孫本實伐莒晉人討而執之放令歸魯荷晉恩德罪己亦以尊晉故云尊晉罪己也文二年晉人宋人陳人鄭人伐秦稱晉先且居宋公子成陳袁選鄭公子歸生伐秦卿不書爲穆公故尊秦也謂之崇德注云秦穆悔過終用孟明故貶四國大夫以尊秦也此貶意如以尊晉其事與彼同也此意如至自晉傳言尊晉

罪己二十四年婼至自晉傳直云尊晉不言罪己俱是去族傳文不同者釋例曰意如至自晉傳言尊晉罪己婼至自晉傳復重發但言尊晉者意如以罪見執宜在罪己婼本使人不應見執故尊晉而己內大夫行還皆不書至異於公也今此二人執而見釋更以書至見義也若然季孫見執爲魯有罪矣而往年公不與盟注云非國惡故不諱者魯實伐莒取鄆若以伐莒責魯魯則無辭而兼受邾人之訴妄稱朝夕伐我爲此不與公盟故言非國之惡其執季孫不是無罪也子服惠伯云寡君未知其罪而執其老者拒晉之怨辭耳尊晉罪己禮也禮修己而不責人○南蒯之將叛也盟費人司徒老祁慮癸二人南蒯家臣○祁巨夷反字林音上尺反【疏】注二人南蒯家臣○正義曰世族譜司徒老祁爲一人盧癸爲一人服虔云司徒姓也老祁字也慮癸亦姓字也二子季氏家臣也杜以下句請於南蒯曰臣願受盟知是南蒯家臣僞廢疾使請於南蒯曰臣願受盟而疾興若以君靈不死請待間而盟間差也○差音初賣反許之二子因民之欲叛也請朝衆而盟欲因合衆以作亂遂劫南蒯曰羣臣不忘其君君謂季氏○劫居業反【疏】注君謂季氏○正義曰費是季氏之邑南蒯已是季氏家臣此南蒯之下羣臣還欲歸邑季氏知君謂季氏畏子以及今三年聽命矣子若弗圖費人不忍其君將不能畏子矣不能復畏子○畏子以及今絕句復扶又反子何所不逞欲請送子送使出奔請期五日南蒯請期冀有變遂奔齊侍飲酒於景公公曰叛夫戲之對曰臣欲張公室也張強也子韓晳曰齊大夫○晳音星歷反家臣而欲張公室罪莫大焉言越職司徒老祁慮癸來歸費歸魯齊侯使鮑文子致之南蒯雖叛費人不從未專屬齊二子逐蒯而復

其舊故經不書。歸費齊使文子致邑欲以假好非事實也○好呼報反疏○注南蒯至。非。事實也○正義曰經書叔弓圍費則歸費亦應書經經不書歸故解其意也南蒯雖以費叛降齊費人不從未專屬齊叔弓圍費齊人不救是。其未專屬齊也二子逐蒯而費復其舊便是本未去魯故經不書歸費是二子自以費歸非齊人來歸也齊人因其自歸而使文子致邑施恩於魯欲以假好非事實也

○夏楚子使然丹簡。上國之兵於宗。丘且撫其民上國在。國。都之西西方居上流故謂之上國宗丘楚地

分貧振窮分與也振救也○長分如字徐甫問反長孤幼養老疾收介特介特單身民也收。聚不使流散○長丁丈反收介音界又古賀反注同單音丹救災患宥孤寡寬其賦稅○宥音又稅始銳反赦罪戾詰姦慝詰責問也○戾力計反詰起吉反慝他得反舉淹滯淹滯有才德而未敘者禮新敘舊新。羈旅也祿勳合親勳功也親九族任良物官物事也

疏○夏楚子至物官○正義曰周禮司兵掌五兵鄭衆云五兵者戈殳戟酋矛夷矛鄭玄云步卒之五兵則無夷矛而有弓矢然則兵者戰器之名戰必令人執兵因即名人爲兵也此簡上國之兵謂料簡人丁之彊弱於宗丘之地集而簡之且即慰撫其民也大體貧窮相類細言窮困於貧貧者家少貨財窮謂全無生業分財貨以與貧者授生業以救窮者孤弱幼少無父母有賜與以長成之老疾。乏於藥膳有饋餼以養育之孤介特獨者收斂之不使流散有水火。災寇盜之患者救助之孤子寡妻寬其賦稅雖有罪戾原情可恕者赦放之姦邪慝惡爲民害者詰治之賢才淹滯未蒙任用者舉用之外人新來者禮待之舊人未用者進敘之施祿於功勳使有功必得祿也和合其親戚使宗族皆相親也任賢良以職事使野無遺賢準事能以任官皆令才職相當不使違方易務此皆撫民之事也○注上國至楚地○正義曰下云簡東國之兵亦如之知此是簡西國之兵也西國東國皆是楚人在國之東西者以水皆東流西方居上流。故謂之上國西爲上則東爲下下言東則此是西互相見也○注分與

也振救也○正義曰分減富者之財以與貧者則○分爲施與之名故分爲與也窮者全無生業或授之田宅賜之器物以救濟之○注介特至流散○正義曰
傳稱一介行李逢澤有介麋焉則介亦特之義也介特謂單身特立無兄弟妻子者無所附著或將轉移收聚之令有附依不使流散○注寬其賦稅○正義
曰服虔以宥爲寬赦其罪杜以下云赦罪戾則此宥非寬罪故以爲寬其賦稅也王制云少而無父謂之孤老而無子謂之獨老而無妻謂之矜老而無夫謂
之寡此四者天民之窮而無告者也皆有常餼然則孤寡常有餼賜本無賦稅而云寬賦稅者正以不責賦稅即是寬之也孤寡之貧者有餼賜能自給者免
賦稅文雖不言鰥獨宥與孤寡必同○注物事也○正義曰任良謂選賢而任之也物官謂量事而官之也賈逵云物官量能授官也鄭衆云物官相其才之
所宜而官之是也 使屈罷簡東國之兵於召陵兵在國都之東者罷音皮召上照反 ○亦如之如然丹 好於
邊疆結好四鄰○好呼報反注同疆居良反 息民五年而後用師禮也○秋八月莒著丘公卒郊
公不慼郊公著丘公子○著直居反徐直據反【疏】○息民五年正義曰謂從此簡兵之後息民不征既滿五年而後用師征伐是爲禮也即十九年
城州來以挑吳是也案十七年與吳戰于長岸未滿五年而云息民五年者平王之意息民五年長岸之戰吳來伐楚被伐不可不戰雖戰非王本。心也 國
人弗順欲立著丘公之弟庚與。庚與莒共公○與音餘本亦作與下同共音恭 蒲餘侯惡公子意恢而
善於庚與蒲餘侯莒大夫茲夫也意恢莒羣公子○惡烏路反下同 郊公惡公子鐸而善於意恢鐸亦羣公子○鐸待
洛反 公子鐸因蒲餘侯而與之謀曰爾殺意恢我出君而納庚與許之爲下冬殺意恢傳
○楚令尹子旗有德於王不知度有佐立之德 與養氏比。而求無厭養。氏。子旗之黨養由基之後○

比䚡志反厭於鹽反本又作饜下注同王患之九月甲午楚子殺鬬成然而滅養氏之族使鬬辛居鄖以無忘舊勳辛子旗之子鄖公辛○鄖音云○冬十二月蒲餘侯茲夫殺莒公子意恢郊公奔齊公子鐸逆庚與於齊齊隰黨公子鉏送之有賂田莒賂齊以田○鉏仕居反○晉邢侯與雍子爭鄐田邢侯楚申公巫臣之子也雍子亦故楚人○鄐許六反又超六反疏注邢侯至楚人正義曰巫。人雍子皆故楚人也襄二十六年傳稱巫臣奔晉晉人與之邢。雍。奔晉晉人與之鄐則鄐是雍子久之田也邢侯巫臣之子而得與之爭鄐者孔晁注晉語云邢與鄐比爭疆界而無成士景伯如楚士景伯晉理官叔魚攝理攝代景伯疏叔魚攝理○正義曰晉語云士景伯如楚叔魚爲贊理孔晁云景伯晉理官叔魚佐之景伯聘楚叔魚專斷韓宣子命斷舊獄罪在雍子雍子納其女於叔魚叔魚蔽罪邢侯蔽。斷也○命斷丁亂反注同蔽必世反注同徐甫世反士補弟反疏注蔽斷也○正義曰周禮大司寇云凡庶民之獄訟以邦成蔽之鄭衆云蔽之斷其獄訟也尚書康誥云服念五六日至于旬時丕蔽要囚孔安國云服膺思念五六日至於十日至于三月乃大斷之皆以蔽爲斷是相傳爲說邢侯怒殺叔魚與雍子於朝宣子問其罪於叔向叔向曰三人同罪施生戮死可也施行罪也雍子自知其罪而賂以買直鮒也鬻獄邢侯專殺其罪一也己惡而掠美爲昏掠取也昏亂也○鬻羊六反賣也掠音亮貪以敗官爲墨墨不絜之稱○敗必邁反又如字稱尺證反殺人不忌爲賊忌畏也夏書曰昏墨賊殺逸書三者皆死刑皋陶之刑也請從之乃施邢侯而尸雍子與叔魚於市仲尼曰叔向古之遺直也 言叔向之直有古人遺風○陶音遙乃施如字服云施罪於邢侯也孔晁注國語云廢也尸氏反 【疏】乃施至於市○正義曰晉語說此事云叔向既對宣子邢侯聞之而逃遂施邢侯氏孔晁云廢其族也則國語讀爲弛訓之爲廢家語說此事亦爲弛王肅注云弛宜爲施施行也服虔云施罪於邢侯施猶劾也邢侯亡故劾之杜無注當從施也成十七年晉殺三郤皆尸於朝此尸於市者以其賤故也

治國制刑不隱於親 謂國之大問己所荅當也至於他事則宜有隱○當丁浪反

三數叔魚之惡不爲末減 末薄也減輕也。以正言之○數色主反又色具反下同爲于僞反末武葛反 【疏】三數至末減○正義曰三度數叔魚之惡不爲薄輕言皆重厚極言之也三者卽下。云數其賄也稱其詐也言其貪也是也服虔讀減爲咸下屬爲句不爲末者不爲末殺隱蔽之也咸曰義也言人皆曰叔向是義妄也

曰。義也夫可謂直矣 於義未安直則有之○夫舊音扶一讀芳于反下同

平丘之會數其賄也 謂言賣貨無厭

以寬衞國晉不爲暴歸魯季孫稱其詐也 謂言鮒也能

以寬魯國晉不爲虐

邢侯之獄言其貪也以正刑書晉不爲頗三言而除三惡加三利 三惡暴虐頗也三惡除則三利加○頗普何反 【疏】注三惡暴虐頗○正義曰尚書武王數紂之罪泰誓云敢行暴虐牧誓云俾暴虐于百姓武成云暴殄天物害虐烝民然則暴是亂下之稱虐是殺害之名大同而小異

殺親益榮 榮名益己

猶義也夫。 三罪唯荅宣子問不可以不正其餘則以直傷義故重疑之○重直用反 【疏】注三罪至疑之○正義曰杜讀此文言猶義也夫言不是義也故言以直傷義謂叔向非是義也劉炫云直則是義而規杜氏今知不然者義者於事合宜所爲得理直者唯無阿曲未能圓通故書云直而溫若直而無溫則非德非義是義之與直二者不同故上傳云義也夫此傳云猶義也夫於義之下

並云夫夫是疑怪之辭故杜以為非義裁可謂之直矣故仲尼云叔向古之遺直不云遺義是直與義別劉以直義為一而規杜氏非也

經十有五年春王正月吳子夷末卒無傳未同盟○二月癸酉有事于武宮籥入叔弓卒去樂卒事略書有事為叔弓卒起也武宮魯武公廟成六年復立之○籥羊略反去起呂反為于僞反復扶又反

疏有事至卒事○正義曰有事謂有祭事于武公之宮廟也祭必有樂樂有文舞武舞文執羽籥武執干鍼其入廟也必先文而後武當籥始入叔弓暴卒故於是去樂不用而終卒祭事也叔弓之卒當籥入之時故舉籥入也及其去之則諸樂皆去故云去樂鐘鼓管磬悉皆去之非獨去籥舞也祭禮鼎俎既陳籩豆既設然後舞樂始入緣先祖之心以大臣之卒必聞樂不樂又孝子之心不忍徹已設之饌故去樂卒事○注略書至立之○正義曰閔二年吉禘于莊公僖八年禘于大廟彼皆書禘此傳言禘于武公則亦是禘不書為禘而言有事者此經所書不論禘祭是非略書有祭事者本為叔弓卒起也止為叔弓之卒須道當祭之時所書不為禘也釋例曰三年之禘自國之常常事不書故唯書此數事祭雖得常亦記仲遂叔弓之非常也是言叔弓之卒非常故書之也釋例又云凡三年喪畢然後禘於是遂以三年為節當仍計除喪即吉之月卜日而後行事無復常月也是以經書禘及大事傳唯見莊公之速他無非時之譏也即如例言三年一禘若計襄公之薨則禘當在二年五年八年十一年十四年此年非禘年也若計齊歸之薨則禘當在十三年十六年此年亦非禘年也而云祭雖得常者釋例曰禘于大廟禮之常也各于其宮時之為也雖非三年大祭而書禘用禘禮也昭二十五年傳曰將禘於襄公亦其義也是言于武宮者時之所為實非禘禘年用禘禮此實非常但經之所書唯譏莊公之速其餘不復譏耳既不以為譏即是得常故云祭雖得常叔弓為非常也武宮者魯武公廟毀已久矣成六年復立之遂即不毀明堂位云魯公之廟文世室也武公之廟武世室也鄭玄云此二廟象周有文武之廟也世室者不毀之名是魯以武公為不毀之廟故

禘于其宮不于大廟亦非常也〇夏蔡朝吳出奔鄭朝吳不遠讒人所以見逐而書名〇遠于萬反〇六月丁巳朔日有食之無傳〇秋晉荀吳帥師伐鮮虞〇冬公如晉

傳十五年春將禘于武公戒百官。齊戒〇禘大計反齊側皆反【疏】戒百官〇正義曰周禮大宰祀五帝前期十日帥執事而卜日遂戒享先王亦如之鄭玄云前期前所諏之日也十日容散齊七日致齊三日也執事宗伯大卜之屬既卜又戒百官以始齊此戒百官亦謂戒之令齊故杜云齊戒言是齊之戒也祭統云及時將祭君子乃齊齊之爲言齊也齊不齊以致齊也是故君子之齊也專致其精明之德也故散齊七日以定之致齊三日以齊之定之之謂齊齊者精明之至也是將祭必齊祭前豫戒之也梓慎曰禘之日。其有咎乎吾見赤黑之祲非祭祥也喪氛也祲妖氛也蓋見於宗廟故以爲非祭祥也氛惡氣也〇咎其九反祲子鴆反氛芳云反徐侯云反蓋見賢遍反〇【疏】注祲妖至氣也〇正義曰周禮有眡祲之官鄭玄云祲陰陽氣相侵漸成祥者其職掌十煇之法一曰祲二曰象鄭衆云煇爲日光氣也然則祲是陰陽之氣相。侵之名日光之氣有名爲祲祲之所見非獨見於日光故直云祲妖氛也梓慎唯言見祲不言祲之所在爲祭而言故疑云蓋見於宗廟故以爲非祭祥也月令云氛霧冥冥則氛亦氣也以言喪氛故以氛爲惡氣也見赤黑之祲以其爲喪氛則赤黑是喪象梓慎有以知之服虔云水黑火赤水火相遇云云在涖事乎涖臨也〇涖音利【疏】其在涖事乎〇正義曰既見喪氛又言喪之所在其在涖事之人乎意疑涖事者當其咎也二月癸酉禘叔弓涖事籥入而卒去樂卒事禮也大臣卒故爲之去樂〇去起呂反注及下同爲于僞反〇楚費無極。害朝吳之在蔡也朝吳蔡大夫有功於楚平王故無極恐其有寵疾害之〇費扶味反欲去之乃謂之曰王唯信子故處子於蔡子亦長矣而在下位辱必求之吾助子請請求上位○長丁丈反疏在下位辱○正義曰言在下位可恥辱也服虔以辱從下讀訓之爲欲欲必求之吾助子請妄也又謂其上之人蔡人在上位者曰王唯信吳故處諸蔡二三子莫之如也而在其上不亦難乎弗圖必及於難夏蔡人逐朝吳朝吳出奔鄭王怒曰余唯信吳故寘諸蔡且微吳吾不及此女何故去之無極對曰臣豈不欲吳非不欲善吳○於難乃旦反寘之豉反女音汝疏二三子莫之如也○正義曰言二三子無如吳之見信然而前知其爲人之異也言其多權謀疏然而至異也○正義曰然此朝吳於事必豫前知其爲人之有異於餘人也吳在蔡蔡必速飛去吳所以翦其翼也以鳥喻也言吳在蔡必能使蔡速強而背楚○背音佩○六月乙丑王大子壽卒周景王子○秋八月戊寅王穆后崩大子壽之母也傳爲晉荀躒如周葬穆后起○晉荀吳帥師伐鮮虞圍鼓鼓白狄之別鉅鹿下曲陽縣有鼓聚○聚才喻反鼓人或請以城叛穆子弗許左右曰師徒不勤而可以獲城何故不爲穆子曰吾聞諸叔向曰好惡不愆民知所適事無不濟愆過也適歸也○好呼報反惡烏路反或並依字讀下及注皆同愆起虔反疏好惡至所適○正義曰所好必善所惡必惡在上者所好所惡不有愆過則下民知所適歸言皆知歸於善也或以吾城叛吾所甚惡也人以城來吾獨何好焉賞所甚惡若所好何無以復加所好○復扶又反若其弗賞是失信也何以庇民力

能則進否則退量力而行吾不可以欲城而邇姦所喪滋多使鼓人殺叛人而
繕守備圍鼓三月鼓人或請降使其民見曰猶有食色姑脩而城軍吏曰獲城
而弗取勤民而頓兵何以事君穆子曰吾以事君也獲一邑而教民怠將焉用
邑邑以賈怠不如完舊完猶保守○庇必利反又音祕喪息浪反繕市戰反守手又反降戶江反見賢遍反焉於虔反賈音古下同
疏獲一邑而教民怠○正義曰若不受其降民皆一心事其本國不敢怠惰以叛其主今若受其降人便是許其叛主則是教我國人令其外叛是雖獲一邑而教民怠惰不守死事君是所得少所失多
賈怠無卒卒終也弃舊不祥鼓人能事其君我亦能事吾
君率義不爽爽差也疏鼓人至吾君○正義曰言今不聽降叛使鼓人能事其君也教民不怠是我亦能事吾君也好惡不愆
城可獲而民知義所知義所在也荀吳必其能獲故因以示義疏注知義至示義○正義曰知義所在在於事君不怠惰不苟求生也十七年荀吳詐祭于雒以滅陸渾二十二年負甲偽糴以入昔陽而此時獨得降而不納者此時荀吳自度己力必其能獲故因以示義有死命而
無二心不亦可乎鼓人告食竭力盡而後取之克鼓而反不戮一人以鼓子鳶
鞮歸鳶鞮鼓君名○鳶本又作鳶悅全反鞮丁兮反○冬公如晉平丘之會故也平丘會公不與盟季孫見執今既得免故往謝之○與音預
○十二月晉荀躒如周葬穆后籍談為介既葬除喪以文伯宴樽以
魯壺文伯荀躒也魯壺魯所獻壺樽○躒力狄反本又作櫟同介音界樽本或作尊又作罇並同疏注魯壺魯所獻壺樽○正義曰周禮司尊彝云

秋嘗冬烝其饋獻用兩壺罇鄭玄云壺者以壺爲尊燕禮云司宮尊于東楹之西兩方壺左玄酒是禮法有以壺爲樽王曰伯氏諸侯皆有以鎮撫王室晉獨無有何也感魯壺而言也鎮撫王室謂貢獻之物文伯揖籍談文伯無辭揖籍談使對對曰諸侯之封也皆受明器於王室謂明德之分器○分扶問反年內同以鎮撫其社稷故能薦彝器於王薦獻也彝常也謂可常寶之器若魯壺之屬○彝以之反晉居深山戎狄之與鄰而遠於王室王靈不及拜戎不暇言王寵靈不見及故數爲戎所加陵○遠于萬反又如字數音朔【疏】拜戎不暇○正義曰數爲戎所侵陵拜謝戎師不有閑暇其何以獻器王曰叔氏而忘諸乎叔籍談字叔父唐叔成王之母弟也其反無分乎密須之鼓與其大路文所以大蒐也密須姞姓國也在安定陰密縣文王伐之得其鼓路以蒐○蒐所求反姞其吉反又其乙反闕鞏之甲武所以克商也闕鞏國所出鎧○鞏九勇反鎧開代反唐叔受之以處參虛匡有戎狄參虛實沈之次晉之分野○參所金反注同【疏】注參虛至分野○正義曰實沈之次晉之分野上繫參之虛域故云參虛其後襄之二路周襄王所賜晉文公大路戎路鏚鉞秬鬯鏚斧也鉞金鉞秬黑黍鬯香酒○鏚音戚鉞音越秬音巨鬯音暢【疏】注鏚斧至香酒○正義曰廣雅云鏚鉞斧也俱是斧也蓋鉞大而斧小大公六韜云大柯斧重八斤一名天鉞是鉞大於斧也尚書牧誓云武王左杖黃鉞孔安國云以黃金飾斧是鉞以金飾也秬黑黍釋草文也周禮有鬯人之官鄭玄云鬯釀秬爲酒芬香條暢於上下也是鬯爲香酒也賜之鏚鉞者使之專殺戮也賜之秬鬯者使之祭先祖也王制云諸侯賜弓矢然後征賜鈇鉞然後殺賜圭瓚然後爲鬯詩陳宣王賜召穆公云秬鬯一卣告于文人是也彤弓虎賁

文公受之以有南陽之田事在僖二十八年彤徒冬反賁音奔○撫征東夏非分而何夫有勳而
不廢加重賞○夏戶雅反【疏】撫征東夏○正義曰服者撫之叛者征之晉於諸夏夏國差近西故。令主東夏有績而載書功於策奉之
以土田有。南陽撫之以彝器弓鉞之屬旌之以車服襄之二路明之以文章旌旗子孫不忘所
謂福也福祚之不登叔父焉在言福祚不在叔父當在誰邪○福祚之不登叔父絕句焉於虔反下將焉用之同【疏】福祚
至焉在○正義曰言福祚之不在叔父此福祚更焉所在乎言其不在他也登陟即是在之義也且昔而高祖孫伯黶司晉之
典籍以為大政故曰籍氏孫伯黶晉正卿籍談九世祖○黶以斬反【疏】注孫伯至世祖○正義曰孫伯黶為晉之正卿世掌典籍
有功故曰籍氏是籍談九世祖也其九世之次世本云黶生司空頡頡生南里叔子子生叔正官伯伯生司徒公公生曲沃正少襄襄生司。功大伯伯生。候季
子子生籍游游生談談生秦是也九世之祖稱高祖者言是高遠之祖也鄭子以少皞為高祖意與此同及辛有之二子董之晉於
是乎有董史辛有周人也其二子適晉為大史籍黶與之共董督晉典因為董氏董狐其後【疏】注辛有至其後○正義曰傳二十二年傳曰平
王之東遷也辛有適伊川則辛有平王時人也此王因籍說董言晉國唯有籍董二族世掌典籍女司典之後也何故忘之籍
談不能對賓出王曰籍父其無後乎數典而忘其祖。忘祖業○女音汝數色主反【疏】籍父其無後乎
○正義曰定十四年晉人敗范中行氏之師於潞獲籍秦秦即談之子是無後籍談歸以告叔向叔向曰王其不終乎
吾聞之所樂必卒焉今王樂憂若卒以憂不可謂終王一歲而有三年之喪二

焉天子絕期唯服三年故后雖期通謂之三年喪○樂音洛下文注皆同期居其反下同【疏】王其至謂終○正義曰言王其不得以壽終乎言將夭命
而橫死也吾聞之心之所樂必卒於此焉今王在憂而樂是爲樂憂也亦既樂憂必以憂卒若性命之卒以憂而死不可謂之終也言以憂死是不終其天年
也○注天子至年喪○正義曰喪服斬衰三年章內有父爲長子傳曰何以三年也正體於上又乃將所傳重也齊衰杖期章內有夫爲妻傳曰爲妻何以期
也妻至親也服問曰君所主夫人妻大子適婦鄭玄云言妻見大夫以下亦爲此三人爲喪主記言君者主謂諸侯而天子亦與妻爲喪主也然則妻服齊衰
期耳而傳以后蒯大子卒爲三年之喪二者喪服杖期章內有父在爲母傳曰何以期屈也至尊在不敢申其私親也父必三年然後娶達子之志也父以其
子有三年之戚爲之三年不娶則夫之於妻有三年之義故可通謂之三年之喪於是乎以喪賓宴。又求彝器樂憂甚
矣且非禮也彝。器之來。嘉功之由非由喪也三年之喪雖貴遂服禮也天子諸侯除喪
當在卒哭今王既葬而除故譏其不遂王雖弗遂宴。樂以早亦非禮也言今雖不能遂服猶當靜嘿而便宴樂又失禮也○靜
嘿亡北反本或作默同【疏】於是至喪也○正義曰弔喪送葬之賓不合與之宴樂王於是乎以喪賓共宴樂又求常寶之器在憂而爲此樂其爲樂憂甚
矣且求器又非禮也諸侯有常器之來獻王者乃爲嘉功之由諸侯自有善功乃作常器以獻其功獻非由喪也言王不可責喪賓獻器也○三年至非禮○
正義曰遂由申也竟也其意言三年之喪雖貴爲天子由當申遂其服使終日月乃是禮也除喪大遠是非禮也王雖不能遂竟其服猶當靜嘿而已不宜宴
樂而宴樂以早亦非禮也○注天子至不遂○正義曰禮葬日爲虞既虞之後乃爲卒哭之祭喪服傳稱成服之後晝夜哭無時既虞之後朝夕各一哭而已
卒哭者謂卒此無時之哭故鄭玄士喪禮注云卒哭虞後祭名始者朝夕之閒哀至即哭至此祭止唯朝夕哭而已傳稱既葬除喪譏王不遂其服知天子諸

侯除喪當在卒哭今王既葬而除故譏其不遂也杜云卒止也止哭與鄭不同若如此言除喪當在卒哭而上下杜注多云既葬除喪者以葬日即虞虞即卒
哭卒哭去葬相去不遠共在一月葬是大禮事書於經故成君以否皆舉葬言之○注言今至禮也○正義曰王不能遂服乃與喪賓宴又失禮也以其喪服
將終早除猶可宴事必不可也襄十六年葬晉悼公平公即位會于溴梁與諸侯宴于溫又九年八月葬我小君穆姜其年十二月晉侯以公宴于河上傳皆
無譏則卒哭之後得宴樂禮王之大經也一動而失二禮無大經矣失二禮謂既不遂服又設宴樂【疏】禮王之大
經○正義曰經者綱紀之言也傳稱經國家經德義詩序云經夫婦中庸云凡爲天下國家有九經言禮是王之大經紀也服虔曰經常也常所當行也言
以考典考成也典以志經忘經而多言舉典將焉用之爲二十二年王室亂傳【疏】言以至用之○正義
曰人之出言所以成典法也典法所以記禮經也注一動而失二禮忘己大經矣而多爲言語舉先王分器之典將焉用之
經十有六年春齊侯伐徐○楚子誘戎蠻子殺之○誘音酉【疏】楚子至殺之○正義曰四夷之名在西曰
戎春秋之時錯居中國杜言河南新城縣東南有蠻城則是內地之戎在楚北也戎是種號蠻是國名子爵也十一年楚子虔誘蔡侯般殺之彼書楚子之名
此不書楚子名者彼注云蔡大夫深怨故以楚子名告此非蠻人所告蓋楚人不以其君名告故不得書其名也公羊傳曰楚子何以不名夷狄相誘君子不
疾也曷爲不疾若不疾乃疾之也言其不足疾更是深責之也賈逵云楚子不名以立其子二說異於杜也蔡侯般書名蠻子不名者釋例曰諸見執者已在
罪賤之地書名與否非例所加或名不名從所赴之文○夏公至自晉○秋八月己亥晉侯夷卒未同盟○
九月大雩○雩音于○季孫意如如晉○冬十月葬晉昭公三月而葬速

傳十六年春王正月公在晉晉人止公不書諱之也猶以取。鄭故也公爲晉人所執止故諱不書疏公在至之也○正義曰禮君不在國則守國之臣每月告廟云公在某處釋君不得親自朝廟之意若於歲首不在則或史書之於策襄二十九年春王正月公在楚傳曰釋不朝正於廟是也此年正月公在晉計亦應告廟書策但爲晉人執止公不以被執告廟故史不書諱之○齊侯伐徐楚子聞蠻氏之亂也與蠻子之無質也質信也○質之實反或音致使然丹誘戎蠻子嘉殺之遂取蠻氏既而復立其子焉禮也詐之非也立其子禮也河南新城縣東南有蠻城○復扶又反疏。齊侯伐徐○正義曰虛舉經文者經在楚誘戎蠻上傳依經文故先舉之下有徐人行成之事非虛舉但行成在誘蠻後故先依次舉經於上爲下徐人行成起本也不下此經文就徐人者出自史意○楚子至禮也○正義曰蠻子雖與楚舊交元無誠信故云與蠻子之無信也誘而殺之誠爲不可楚能復立其子大勝遂滅其國嫌其殺父立子猶爲非禮故禮之也大舜之刑也鯀殛而禹興周公之誅也放蔡叔而立蔡仲是立子爲得禮二月丙申齊師至于蒲隧蒲隧徐地下邳取慮縣東有。蒲。如陂○隧音遂邳普悲反取慮上音秋下力居反如淳取音陬訾之陬慮音郲婁之婁如陂彼皮反徐人行成徐子及郯人莒人會齊侯盟于蒲隧賂以甲父之鼎甲父古國名高平昌邑縣東南有甲父亭徐人得甲父鼎以賂齊○郯音談父音甫叔孫昭子曰諸侯之無伯害哉爲。小國害齊君之無道也興師而伐遠方會之有成而還莫之亢也無亢禦○亢苦浪反無伯也夫詩曰宗周既滅靡所止戾正大夫離居莫知我肄詩小雅戾定也肄勞也言周舊爲天下宗今乃衰滅亂無息定執政大夫離居異心無有念民勞者。也○也夫音扶肄以

制反徐又以自反下同其是之謂乎傳言晉之衰[疏]詩曰至謂乎○正義曰詩小雅雨無正之篇也周家舊為天下所宗今既衰滅矣其
亂無所止定也執政大夫離散其居處人各異心無有知我民之勞苦者其是此事之謂乎言今晉衰微不能止亂晉之諸卿異心不憂民之勞苦如詩人之
所云○二月晉韓起聘于鄭鄭伯享之子產戒曰苟有位於朝無有不共恪孔張
後至立於客間孔張子孔之孫○恪苦各反執政禦之執政掌位列者禦止也○禦魚呂反注及下同適客後又禦
之適縣間縣樂肆○縣音玄注同縣[疏]。孔張至縣間○正義曰諸侯享賓之禮亡唯有公食大夫禮存耳其禮云大夫納賓賓入門左鄭玄云左
西方賓位也又云及廟門公揖入賓入三揖至于階三讓公升二等賓升大夫立于東夾南。面北上士立于門東北面西上鄭玄云自卿大夫至此不先即位
從君而入者明助君饗食賓自無事也饗食事俱在廟鄭玄饗食並言則享位亦當然也孔張後至蓋賓入廟門乃始來至當從大夫適東夾之南西面位也
張乃立於客間賓入未升階立于西方孔張入客行間也執政禦之適客後張乃移立于客之西也又禦之適縣間適。鐘磬樂肆之間也大射禮者亦諸侯之
禮也樂人宿縣于阼階東笙磬西面其南笙。鐘其南鑮皆南陳西階之西頌磬東面其南。鐘其南鑮皆南陳張初立客間已在西方被禦適客後又益西也又
被禦適縣間蓋又復益西入於頌磬。鐘鑮之間也客從而笑之事畢富子諫富子鄭大夫諫子產也曰夫大國之
人不可不慎也幾為之笑而不陵我言數見笑則。心陵侮我○幾居豈反服音機近也數音朔侮亡甫反[疏]幾為至陵
我○正義曰幾度。之。為笑而不於我加陵言數被笑必陵侮我也服虔云幾近也孔張失位近為所笑近者未至之辭客已笑訖何言近也我皆有
禮夫猶鄙我鄙賤也夫音扶○國而無禮何以求榮孔張失位吾子之恥也子產怒曰

發命之不衷衷當也○衷丁仲反又音忠當丁浪反或如字出令之不信刑之頗類緣事類以成偏頗○頗普多反類如
字一音力對反徐又力猥反疏注緣事至偏頗○正義曰事有相類真僞難明緣此事類以致偏頗雖非故心亦爲罪也服虔讀類爲纇解云頗偏也類
不平也獄之放紛放縱也紛亂也○紛音芳云反縱子用反會朝之不敬謂國無禮敬之心疏會朝之不敬○正義曰此
孔張失位則是於朝不敬而子產不以爲恥者此謂出外會朝大國非謂在本國故注云謂無禮敬大國之心使命之不聽下不從上命疏
使命之不聽○正義曰謂若伯有使子皙如楚不肯行是也取陵於大國罷民而無功罪及而弗知僑之恥
也孔張君之昆孫子孔之後也昆兄也子孔鄭襄公兄孔張之祖父○罷音皮執政之嗣也子孔嘗執鄭國之政
疏注子孔嘗執鄭國之政○正義曰襄十年盜殺鄭公子騑公子發公孫輒傳曰子孔當國至十九年鄭殺子孔爲嗣大夫承命以使
周於諸侯國人所尊諸侯所知立於朝而祀於家卿得自立廟於家○使音所吏反下以使同疏注卿
得自立廟於家○正義曰士以上皆得立廟則孔張雖是大夫亦得立廟而云卿得立廟者以子孔是卿故以卿言之服虔云祀其所自出之君於家以爲大
祖案禮記郊特牲曰諸侯不敢祖天子大夫不敢祖諸侯而公廟之設於私家非禮也安得祀所出之君爲大祖乎有祿於國受祿邑有賦
於軍軍出卿賦百乘○乘繩證反喪祭有職有所主受脤歸脤受脤謂君祭以肉賜大夫歸脤謂大夫祭歸肉於公皆社之戎
祭也○脤市軫反疏注受脤謂君祭以肉賜大夫至祭也○正義曰周禮掌蜃云祭祀共蜃器之蜃鄭玄云蜃大蛤飾祭器之屬也蜃之器以蜃飾因名
焉鄭衆云蜃可以白器令色白是蜃爲器名祭肉盛之脤器以獻遺人因名祭肉爲脤孔張是大夫也而云受脤歸故知受脤爲君祭以肉賜大夫歸脤謂大

夫祭以肉歸於公也故周禮祭僕凡祭祀致福者展而受之是在下之祭有歸脤之義又傳有成子受脤于社前代諸儒皆以脤爲祭社之肉故云皆社之戎祭也劉炫故違傳證以破先儒以爲脤亦祭廟之肉以規杜氏文無所出其義非也然大夫不得私自出軍自祭私社而得歸脤於公者謂大夫奉君命以戎事攝祭於社故社直言祭歸肉於公亦不謂家祭也**其祭在廟已。有著位在位數世世守其業而忘其所僑焉得恥之**其祭在廟謂助君祭○數色主反焉於虔反下焉用同【疏】注其祭至君祭○正義曰謂鄭伯其祭在先君之廟孔張有助祭著位在廟中以有事爲業言其所掌有常也服虔以爲其祭在廟謂孔張先祖配廟食案周禮司勳云凡有功者銘書於王之大常祭於大烝司勳詔之則配廟食者皆是有功之臣子孔作亂而死公孫洩因妖鬼而立不得有配食在廟**辟邪之人而皆及執政是先王無刑罰也**言爲過謬者自應用刑罰○辟匹亦反邪似嗟反**子寧以他規我也**規正**宣子有環其一在鄭商**玉環同工共。朴自共爲雙○朴普角反【疏】注玉環至爲雙○正義曰下云韓子奉命以使而求玉焉知環是玉環也釋器云肉倍好謂之瑗肉好若一謂之環李巡云好孔也肉倍好邊肉大其孔小也好倍肉其孔大邊肉小也肉好若一其孔及邊肉大小適等曰環是環亦璧之類也言其一在鄭商則其一在韓子知其同工共朴相與爲雙故韓子欲得而雙之**宣子謁諸鄭伯**謁請也**子產弗與曰非官府之守器也寡君不知子大叔子羽謂子產曰韓子亦無幾求**言所求少○守手又反幾居豈反**晉國亦未可以貳晉國韓子不可偷也**偷薄也○偷他侯反**若屬有讒人交鬭其間鬼神而助之以興其凶怒悔之何及吾子何愛於一環其以取憎於大國也盍求而與之子產曰吾**

非偷晉而有二心將終事之是以弗與忠信故也僑聞君子非無賄之難立而無令名之患僑聞爲國非不能事大字小之難無禮以定其位之患夫大國之人令於小國而皆獲其求將何以給之一共一否爲罪滋大滋益也○屬音燭盍戶臘反難乃旦反下同又如字共音恭下而共無藝同

疏僑聞至之患○正義曰僑聞君子非無賄之難家貧無賄不爲難立於職位而無善名是爲身之大患言韓子當患無令名不宜患家無賄也僑聞爲國家者非不能事大字小之難事大國愛小國不爲難也無禮以定其位是國之大患言鄭當患位不定不宜患事晉之難也下句自大國之人至則失位矣此覆無禮定位也自若韓子至獨非罪乎此覆無令名也此辭一爲韓子一爲鄭國故再言僑聞服虔斷字小之難以下爲義解云字養也言事大國易養小國難然則鄭人豈憂養小國乎尙未能離經。辨句復何須注述大典且字爲愛不爲養也

大國之求無禮以斥之何饜之有吾且爲鄙邑則失位矣不復成國○饜於鹽反復扶又反下不敢復幷注同

疏吾。且。至位矣○正義曰若晉之大夫求無不。得則鄭國乃爲晉之邊鄙之邑不復成國謂失國君之位矣

若韓子奉命以使而求玉焉貪淫甚矣獨非罪乎出一玉以起二罪吾又失位韓子成貪將焉用之且吾以玉賈罪不亦銳乎銳細小也○賈音古下無強賈同銳悅歲反

疏出一玉以起二罪○正義曰一共一否爲鄭國之罪也貪淫爲韓子之罪也○注銳細小○正義曰。銳是鋒芒不得爲折

韓子買諸賈人既成賈矣商人曰必告君大夫韓子請諸子產曰日起請夫環執政弗義弗敢復也復重求也○成賈音嫁本或作價請夫音扶重直用反今買

諸商人商人曰必以聞敢以爲請子產對曰昔我先君桓公與商人皆出自周鄭本在周畿內桓公東遷幷與商人俱【疏】買諸至商人○正義曰買人卽商人也行曰商坐曰買對文雖別散則不殊故商買並言之○注鄭本至人俱○正義曰世本云鄭桓公封棫林卽漢之京兆鄭縣是也本在周之西都畿內也鄭語稱史伯爲桓公謀使桓公寄帑與賄於虢鄶之國桓公從之其子武公遂滅虢。鄶而國之當桓公東遷帑賄之時幷與商人俱來也庸次比耦庸用也用次更相從耦耕○比毗志反更音庚以艾殺此地斬之蓬蒿藜藋而共處之世有盟誓以相信也曰爾無我叛我無強賈無強市其物○艾魚廢反蓬蒲東反蒿呼高反藜力兮反藋徒弔反強其丈反下強奪同又其良反注放此毋或匄奪爾有利市寶賄我勿與知恃此質誓故能相保以至于今今吾子以好來辱而謂敝邑強奪商人是教敝邑背盟誓也毋乃不可乎吾子得玉而失諸侯必不爲也若大國令而共無藝藝法也○毋音無下同匄古害反又姑末反乞也賄呼罪反或作貨與音預好呼報反下及注並同背音佩【疏】毋或匄奪○正義曰六年傳稱楚公子棄疾之過鄭也不強匄則匄是乞也乞則可也唯不得強耳此言毋或匄奪亦謂不得強匄乞奪取也乞之與。乞一字也取則入聲與則去聲也此匄亦有取與此傳言匄謂取也詔書稱租調匄民謂與民○強奪商人○正義曰上云買諸買人則是和買而子產謂之強奪者韓子以威偪之其買必賤故商人欲得告君大夫子產知其非和買故云然也鄭鄙邑也亦弗爲也不欲爲鄙邑之事僑若獻玉不知所成敢私布之布陳也韓子辭玉曰起不敏敢求玉以徼二罪敢辭之傳言子產知禮宣子能改過○徼古

堯反【疏】徼二罪○正義曰謂晉失諸侯鄭爲邊邑○夏四月鄭六卿餞宣子於郊餞送行飲酒○餞賤淺反字林子扇反

【疏】注餞送行飲酒○正義曰詩云飲餞于禰毛傳云祖而舍軷飲酒於其側曰餞宣子曰二三君子請皆賦起亦以知

鄭志詩言志也子齹。賦野有蔓草子齹子皮之子嬰齊也野有蔓草詩鄭風取其邂逅相遇適我願兮○齹才何反字林才可反又士

知反說文作齹云齒差跌也在河千多二反蔓音萬邂戶賣反逅戶豆反【疏】野有蔓草○正義曰野有蔓草思遇時也君之澤不下流民窮於兵革男女失

時思不期而會焉其詩云野有蔓草零露。漙兮有美一人清揚婉兮邂逅相遇適我願兮注云青揚眉目之間婉然美好邂逅不期而會適其時願宣子

曰孺子善哉吾有望矣君子相顧己所望也○孺如住反子產賦鄭之羔裘言鄭別於唐羔裘也取其彼己之子

舍命不渝邦之彥兮以美韓子○別彼列反己音記舍音赦又音捨渝羊朱反【疏】注言鄭至韓子○正義曰羔裘刺朝也言古之君子以風其朝焉釋訓云

之子者是子也斥韓子也鄭玄云已語辭也舍猶處也渝變也處命不變謂守死善道見危授命之類也釋訓云美士爲彥言一邦之美士以美韓子也宣

子曰起不堪也不堪國之司直子大叔賦褰裳褰裳詩曰子惠思我褰裳涉溱子不我思豈無他人言宣子思己將有褰裳之

志如不我思亦豈無他人○褰起虔反溱側巾反【疏】褰裳至他人○正義曰褰裳思見正也狂童恣行國人思大國之正己也其詩云子惠思我褰裳涉

溱注云子者斥大國之正卿子若愛而思我我國有突簒國之事而可征而正之我則揭衣涉溱水往告難也又云子不思我我豈無他人注云言他人者先鄉

齊晉宋衛後。之荊楚宣子曰起在此敢勤子至於他人乎言己今崇好在此不復令子適他人○復扶又反令力呈反下

同子大叔拜謝宣子之有鄭宣子曰善哉子之言是是褰裳【疏】注是褰裳○正義曰是繼此也子之言此褰裳之詩

也不有是告他人之事其能終相善乎不有是事其能終乎韓起不欲令鄭求他人子大叔拜以荅之所以晉鄭終善子游賦
風雨子游駟帶之子駟偃也風雨詩取其既見君子云胡不夷【疏】風雨○正義曰風雨思君子也亂世則思君子不改其度焉其詩云風雨淒淒雞鳴
喈喈注云風且雨淒淒然雞猶守時而鳴喈喈然喻君子雖居亂世不變改其節度又云既見君子云胡不夷注云胡何也夷說也思而見之云何而心不說
子旗賦有女同車子旗公孫段之子豐施也有女同車取其洵美且都愛樂宣子之志○樂音洛又五孝反【疏】注洵美且都○正義曰詢
信也都閑也言信美好且閑習於威儀是愛樂宣子之志子柳賦蘀兮子柳印段之子印癸也蘀兮詩取其倡予和女言宣子倡己將和從之○
蘀他洛反印一刃反倡昌亮反本或作唱同和戶臥反下注同女音汝【疏】蘀兮○正義曰蘀兮刺忽也君弱臣強不倡而和也其詩云蘀兮蘀兮風其吹
女注云蘀槁也槁謂木葉也木葉槁待風乃落喻君有政教臣乃行之言此者刺今不然又云叔兮伯兮倡予和女注云叔伯言羣臣長幼也羣臣無其君而
行自以強弱相服女倡矣我則將和之言此者刺其自專也宣子喜曰鄭其庶乎庶幾於興盛二三君子以君命
貺起賦不出鄭志六詩皆鄭風故曰不出鄭志○貺音況皆昵燕好也昵親也賦不出其國以示親好○昵女乙反二
三君子數世之主也可以無懼矣宣子皆獻馬焉而賦我將我將詩頌取其日靖四方我其夙夜
畏天之威言志在靖亂畏懼天威○數色主反【疏】我將○正義曰我將祀文王於明堂也云儀式刑文王之典日靖四方我其夙夜畏天之威于時保之注
云早夜敬天於是得安文王之道子產拜使五卿皆拜曰吾子靖亂敢不拜德宣子私覲於子
產以玉與馬曰子命起舍夫玉是賜我玉而免吾死也敢藉手以拜以玉藉手拜謝○子產

○覲其靳反舍音捨夫音扶藉在夜反注同○公至自晉晉人聽公得歸子服昭伯語季平子昭伯惠伯之子子服回也隨公從晉還○語魚據反曰晉之公室其將遂卑矣君幼弱六卿彊而奢傲將因是以習習實爲常能無卑乎平子曰爾幼惡識國昭伯尙少平子不信其言○傲五報反惡烏路反少詩照反【疏】將因至卑乎○正義曰言將因是君幼弱以習奢傲之事既習奢傲實以爲常常行輕君之禮能無卑乎○秋八月晉昭公卒爲下平子如晉葬起○九月大雩旱也鄭大旱使屠擊祝款豎柎有事於桑山三子鄭大夫有事祭也○屠音徒柎音附又方于反斬其木不雨子產曰有事於山蓺山林也蓺養護令繁殖○蓺音藝令力呈反而斬其木其罪大矣奪之官邑○冬十月季平子如晉葬昭公平子曰子服回之言猶信自往見之乃信回言子服氏有子哉有賢子也

附釋音春秋左傳注疏卷第四十七

春秋左傳注疏卷四十七校勘記

阮元撰盧宣旬摘錄

附釋音春秋左傳注疏卷第四十七 昭十四年盡十六年

（經十四年）

以襄十八年冬十月卒 監本八誤人

（傳十四年）

注以舍至罪己 宋本此節正義在注文禮脩己而不責人下

稱晉先且居宋公子成陳袁選鄭公子歸生伐秦 監本袁作轅與文二年傳合宋本稱上有傳字是也

注二人南蒯家臣 宋本以下正義三節總入齊侯使鮑文子致之注下

僑廢疾 宋本宋殘本淳熙本岳本廢作癈與石經合

遂劫南蒯曰 淳熙本劫改刼非

張強也 纂圖本閩本監本毛本強作彊

子韓皙曰 石經宋本岳本皙作晳與釋文合

言越職淳熙本職誤反

司徒老祁慮癸來歸費閩本監本祁作祁非也

歸魯淳熙本歸作在非也

故經不書歸費淳熙本歸誤以

注南蒯至非事實也閩本注字空闕宋本無非事二字

是其未專屬齊也閩本監本毛本其作費

夏楚子使然丹簡上國之兵於宗丘宋本宋殘本岳本簡作簡與石經合石經宗誤宋

上國在國都之西淳熙本國誤同纂圖本都誤郡

收聚不使流散岳本聚作養非也

新羈旅也宋本宋殘本岳本羈作羇不誤淳熙本作敘非也

夏楚子至物官宋本以下正義七節總入息民五年節下

老疾乏於藥膳閩本監本毛本乏誤之

有水火災宋本毛本火下有之字監本初刻亦脫後擠刊

故謂之上國閩本監本故作皆非

老而無妻謂之矜監本毛本矜作鰥

息民五年也正義之後閩本監本毛本此節正義在息民五年節之下宋本在注物事也正義之後

雖戰非王本心也重脩監本心作尢非也

欲立著丘公之弟庚與宋本宋殘本淳熙本纂圖本閩本監本足利本與作輿下及注同石經此處殘缺下文皆作輿北宋刻釋文同云本亦作與此本作與乃釋文亦作之字案漢書古今人表正作輿是也

與養氏比諸本作比此本誤北今改正

養氏子旗之黨監本脫養氏子三字

公子鐸逆庚與於齊石經初刻與誤餘後改正

注邢侯至楚人毛本邢誤刑宋本以下正義七節總入猶義也夫注下

巫人雍子宋本作巫臣山井鼎亦云巫人當作巫臣

雍奔晉正德本閩本雍誤壅宋本雍下有子字是也

蔽斷也淳熙本斷作乱非

乃施邢侯 纂圖本毛本邢誤刑

以正言之 宋本宋殘本淳熙本岳本足利本以上有皆字是也

卽下云數其賄也 閩本監本毛本云作文

曰義也夫也 王引之云曰當爲由字之脫誤下文猶義也夫猶讀爲由字之假借

其餘則以直傷義 宋殘本餘作除非也

〔經十五年〕

武執干鍼 宋本監本毛本作干此本誤于閩本同今改正監本鍼字模糊 閩本誤鍼毛本誤鉞

鐘鼓管磬 監本鐘作鍾

釋例亦云 宋本亦作又是也

〔傳十五年〕

齊戒 足利本齊作齋

戒百官 宋本以下正義三節總入二月癸酉注下

禘之日其有咎乎 宋殘本日誤月

相侵之名 宋本侵作祲非

費無極 史記楚世家極作忌索隱曰左傳作無極極忌聲相近伍子胥傳同

故處子於蔡子亦長矣而在下位辱必求之吾助子請 請求上位 又謂其上之人 蔡人在上位者 曰王唯信吳故處諸蔡二三子莫之如也 淳熙本此處誤倒作故處子請求上位又謂其上之人蔡人在上位者曰王唯信吳故處諸於蔡子亦長矣而在下位辱必求之吾助子請蔡二三子莫之如也

在下位辱 宋本以下正義二節總入吳在蔡節注下

周禮有鬯人之官 閩本監本毛本官誤宮

故令主東夏 閩本監本令作今非也

有南陽 淳熙本南誤尙

襄生司功大伯 宋本功作次

伯生候季子 閩本監本毛本候作侯

忘祖業 宋殘本忘誤亡

於是乎以喪賓宴 漢書五行志引宴作燕下宴樂同

彞器之來〔石經宋本淳熙本岳本纂圖本毛本彞作彝是也宋殘本來誤求○案彞俗彝字今訂正〕

（經十六年）

春齊侯伐徐〔監本齊作晉非也〕

猶以取鄭故也〔宋本淳熙本岳本纂圖本閩本監本毛本鄭作鄭不誤宋殘本作鄖亦非○今訂正〕

（傳十六年）

齊侯伐徐〔閩本監本毛本此節正義在齊侯伐徐句下〕

下邳取慮縣東有蒲如陂〔監本閩本蒲作滿非也諸本作蒲如釋文亦作如劉昭續漢書郡國志作蒲姑注引杜說同〕

爲小國害〔纂圖本小誤人〕

無有念民勞者也〔宋本宋殘本足利本無也字〕

孔張至縣閒下〔宋本自此節以下正義至我將節止總入敢不藉手以拜注〕

面北上〔宋本面上有西字〕

適鐘磬樂肆之閑也〔閩本監本鐘作鍾下同〕

則心陵侮我〔纂圖本閩本監本毛本心誤必〕

幾度之爲笑 宋本之爲作爲之是也

刑之頗類 顧炎武云類當作類案正義引服虔讀爲類解云頗偏也類不平也是經假類爲類也

謂國無禮敬之心 正義作謂無禮敬大國之心

注子孔嘗執鄭國之政 宋本嘗執鄭國作至字

立於朝而祀於家 諸本作立於此本誤立于今改正山井鼎云足利本後人記云朝異本作廟非也

注卿得自立廟於家 宋本自立廟作至字

安得祀所出之君爲大祖乎 宋本乎作也

注受脤謂君祭以肉賜大夫至祭也 宋本作受脤至祭也

而云受脤歸 宋本歸下有脤字是也

已有著位 諸本作已宋本作己爲長

公孫泄因妖鬼而立 閩本監本毛本泄作洩

玉環也工共朴 宋本宋殘本淳熙本岳本纂圖本監本毛本也作同是也按朴當作樸俗作璞

肉倍好謂之瑗 宋本毛本謂之下有璧好倍肉謂之六字監本初刻亦脫後擠刊

好倍肉其孔大邊肉小也監本下肉字誤內

尚未能離經辨句閩本監本毛本辨作辯

吾有至位矣毛本作有吾亦非宋本作吾且不誤

求無不得宋本得作獲

正義曰銳是鋒芒諸本作銳此本誤說今改正宋本正義曰下有說文云銳芒也鋒芒尖故爲細小言得利小也服虔云銳折也共廿四字今各本脫

謀使桓公寄帑與賄於虢鄶之國毛本鄶作鄫非也下同

乞之與乞一字也毛本下乞字作匃甚誤

子齹諸本作齹案說文齹字下云春秋傳曰鄭有子齹

零露漙兮閩本監本毛本漙誤溥

後之荆楚監本毛本之誤至

云胡不夷岳本胡作乎非也

風且雨淒淒然監本毛本淒作凄非也下同

雞猶守時而鳴監本雞作鷄

取其洵美且都宋本宋殘本淳熙本足利本洵作詢正義同

都閑也毛本閑作閒字按當爲嫺

予柳賦蘀兮淳熙本賦誤則

不倡而和也閩本監本毛本倡作唱下倡予同

叔兮伯兮毛本伯亦作叔非也

庶幾於興盛足利本庶上有言鄭二字以意改也

早夜敬天閩本監本毛本早作蚤

敢藉手以拜石經宋本宋殘本淳熙本岳本纂圖本毛本敢下有不字是也監本初刻亦脫後擠刊

以玉藉手拜謝子產宋本宋殘本淳熙本岳本纂圖本毛本玉下有馬字是也監本初刻亦脫後擠刊手字模糊淳熙本手誤作乎

宋殘本藉誤籍岳本脫子產二字

晉人聽公得歸岳本脫人字得字

六卿彊而奢傲監本彊作疆非也

昭伯尚少閩本監本毛本少作幼

豎柎石經宋本宋殘本岳本豎作豎釋文亦作豎是也

埶山林也宋本岳本埶作蓺釋文同石經初刻作藝後刊去云字

自往見之宋本自作身

春秋左傳注疏卷四十七校勘記

附釋音春秋左傳注疏卷第四十八 昭十七年盡十九年

杜氏注　孔穎達疏

經十有七年春小邾子來朝○夏六月甲戌朔日有食之○秋郯子來朝○八月晉荀吳帥師滅陸渾之戎○渾戶門反○冬有星孛于大辰大辰房心尾也妖變非常故書○孛音佩一音勃【疏】注大辰至故書○正義曰釋天云大辰房心尾也大火謂之大辰李巡云大辰蒼龍宿之體最為明故曰房心尾也大火蒼龍宿心以候四時故曰辰孫炎曰龍星明者以為時候故曰大辰大火也。心在中最明故時候主焉公羊傳曰孛者何彗星也彗為篲也言其狀似掃篲光芒孛孛然妖變之星非常所有故書之傳稱孛于大辰西經直書于大辰者雖在其星之西仍在大辰分度之內故直云于大辰○楚人及吳戰于長岸吳。楚兩敗莫肯告負故但書戰而不書敗也長岸楚地○岸五旦反【疏】注吳楚至楚地○正義曰傳稱大敗吳師又云大敗楚師是兩皆大敗也縱使兩皆來告無肯自云負敗者故但書戰而不書敗也傳稱令尹陽匄則是楚之貴臣而云楚人者楚人恥其敗以賤者告也

傳十七年春小邾穆公來朝公與之燕季平子賦采叔采叔詩小雅取其君子來朝何錫與之以穆公喻君子【疏】。采叔○正義曰采叔刺幽王慢諸侯也云采叔采叔筐之筥之君子來朝何錫予之雖無予之路車乘馬注云賜諸侯以車馬言雖無子之尚以為薄穆公賦菁菁者莪菁菁者莪亦詩小雅取其既見君子樂且有儀以答采叔○菁子丁反莪五河反樂音洛【疏】菁菁者莪○正義曰菁菁者莪云既見君子樂且有儀既見君子者官爵之而得見也見則心既喜樂又以禮儀見接昭子曰不有以國其能久

乎嘉其能荅賦言其賢故能久有國疏不有至久乎○正義曰言不有學問之人以治其國。能長久乎○夏六月甲戌朔日有
食之祝史請所用幣禮。正陽之月日食當用幣於社故請之疏。注禮正至請之○正義曰陰陽之氣運行於天一消一息周而復始十一月建子爲陽始五月建午爲陰始以易爻卦言之從建子之後每月一陽息一陰消至四月建巳六陰消盡六陽並盛是爲純乾之卦正陽之月也從建午之後每月一陰息一陽消至十月建亥六陽消盡六陰並盛是爲純坤之卦正陰之月也此年六月日食是夏之四月正陽之月也禮正陽之月日食諸侯當用幣於社故魯之祝史依禮法請所用之幣昭子曰日有食之天子不舉不舉盛饌饌仕眷反○伐鼓於社責羣陰諸侯用幣於社請上公伐鼓於朝退自責禮也平子禦之禦禁也○禦之魚呂反注同曰止也
唯正月朔慝未作日有食之於是乎有伐鼓用幣禮也其餘則否大史曰在此月也正月謂建巳正陽之月也於周爲六月於夏爲四月慝陰氣也四月純陽用事陰氣未動而侵陽災重故有伐鼓用幣之禮也平子以爲六月非正月故大史荅言在此月也○正音政慝他得反夏戶雅反下文當夏注當夏並同疏昭子至禮也○正義曰昭子雖不言正月而云日食之禮明此月即是正月也文十五年傳與此昭子之言正同是正法有此禮也殺牲盛饌曰舉故天子不舉謂去盛饌也郊特牲云社所以神地之道也祭土而主陰氣也則社是羣陰所聚論語云鳴鼓而攻之伐鼓者是攻責之事故爲責羣陰亦以責上公也二十九年傳曰封爲上公祀爲貴神社稷五祀是尊是奉是社爲上公責之神尊於諸侯故諸侯用幣於社請上公亦所以請羣陰請令勿侵陽也然伐鼓於社云責羣陰用幣於社云請上公社文是一二注不同者以天子之尊無所不責故云責羣陰也諸侯南面之君於諸侯之內唯請上公故云請上公也○平子至則否○正義曰平子聞有此禮而不知正月是周之六月故止其請

幣仍說正禮慝惡也人。情愛陽而惡陰故謂陰爲慝五月陰始生故四月陰未作也平子亦不識慝爲陰義故語雖得禮而心不肯從平子蓋以正月爲歲首之月故云其餘則否○大史曰在此月也○正義曰大史以平子不識正月故爲辨之所言慝未作所以行伐鼓用幣之禮正當在此月也因爲說日食之禮引夏書以證之日過分而未至過春分而未夏至三辰有災三辰日月星也日月相侵又犯是宿故三辰皆爲災○宿音秀於是乎百官降物降物素服疏注降物素服○正義曰降物謂減其物采也昏義曰日食則天子素服知百官降物亦素服也古之素服禮無明文蓋象朝服而用素爲之如今之單衣也近世儀注日食則擊鼓於大社天子單衣介幘辟正殿坐東西堂百官白服坐本司大常率官屬繞大廟過時乃罷君不舉辟移時辟正寢過日食時樂奏鼓伐鼓疏樂奏鼓○正義曰樂奏鼓與下瞽奏鼓一也樂謂作樂之人即瞽矇也奏訓進也孔安國尚書傳云瞽樂官樂官進鼓則伐之故杜云伐鼓也其日食王或有至社親伐鼓之時故周禮大僕云凡軍旅田役贊王鼓救日月食亦如之鄭玄云王通鼓佐擊其餘面則日食王有親鼓之時也祝用幣用幣於社史用辭用辭自責以故夏書曰辰不集于房逸書也集安也房舍也日月不安其舍則食瞽奏鼓瞽樂師瞽音古○嗇夫馳庶人走車馬曰馳步曰走爲救日食備也○嗇音色疏故夏至人走○正義曰此尚書胤征文也彼云乃季秋月朔辰弗集于房彼季秋日食亦以此禮救之傳言唯正月朔日食乃有伐鼓用幣餘月則否引夏書而與夏書違者蓋先代尚質凡有日食皆用鼓幣周禮極文周家禮法見事有差降唯正陽之月特用鼓幣餘月則否○注逸書至則食○正義曰杜以爲止謂之集故訓集爲安也○孔安國云房所舍之次集合也不合則日食可知與杜少異○注車馬至備也○正義曰杜以馳是馬疾行故云車馬曰馳步曰走孔安國云嗇夫主幣之官馳取幣禮天神嗇夫於周禮無文鄭注觀禮云嗇夫蓋司空之屬也則官屬司空庶人在官若胥徒之屬使之取幣而

禮天神也衆人走共救日食之百役也嗇夫取幣未必馳車蓋馳走相對變其文耳言禮天神者謂天子。禮傳無天子禮天神之事文不具此月朔
之謂也當夏四月是謂孟夏言此六月當夏家之四月平子弗從昭子退曰夫子將有異志
不君君。矣安君之災故曰有異志疏不君君矣○正義曰日食陰侵陽臣侵君之象救日食所以助君抑臣也平子不肯救日食乃是不君事
其事也劉炫云乃是不復以君爲君矣○秋郯子來朝公與之宴昭子問焉曰少皞氏鳥名官何
故也少皞金天氏黃帝之子已姓之祖也問何故以鳥名官○少詩照反皞胡老反已音紀又音祀疏。注少皞至名官○正義曰帝系云黃帝生玄囂
也史記云黃帝正妃生二子其後皆有天下其一曰玄囂是爲青陽降居江水言降居江水謂不爲帝也此傳言其以鳥名官則是爲帝明矣故世本及春秋
緯皆言青陽即是少皞黃帝之子代黃帝而有天下號曰金天氏少皞氏身號金天氏代號也晉語稱青陽與黃帝同德故爲姬姓黃帝之子十四人爲十二
姓其十二有姬有已青陽既爲姬姓則已姓非青陽之後而世本已姓出自少皞非青陽也事遠書亡不可委悉耳郯子曰吾祖也我知
之昔者黃帝氏以雲紀故爲雲師而雲名黃帝軒轅氏姬姓之祖也黃帝受命有雲瑞故以雲紀事百官師長皆以
雲爲名號縉雲氏蓋其一官也○長丁丈反縉音進疏注黃帝至官也○正義曰史記云黃帝者少典之子名曰軒轅爲天子代神農氏是爲黃帝晉語云
黃帝以姬水成爲姬姓是姬姓之祖也以少皞。之立有鳳鳥之瑞而以鳥紀事黃帝以雲紀事明其初受天命有雲瑞也雲之爲瑞未能審也史記天官書曰
若煙非煙若雲非雲郁郁紛紛蕭索輪囷是謂卿雲或作慶雲或作景雲孝經援神契曰德至山陵則景雲出服虔云黃帝受命得景雲之瑞故以雲紀事黃
帝雲瑞或當是景雲也百官師長皆以雲爲名號即是以雲紀綱諸事也雲爲官名更無所出唯文十八年傳云縉雲氏有不才子疑是黃帝時官故云縉雲

氏蓋其一官也炎帝氏以火紀故爲火師而火名炎帝神農氏姜姓之祖也亦有火瑞以火紀事名百官【疏】注炎帝至百官○正義曰帝系世本皆爲炎帝卽神農氏炎帝身號神農代號也譙周考古史以爲炎帝與神農各爲一人非杜義晉語云炎帝以姜水成爲姜姓是爲姜姓之祖也火之爲瑞亦未審也共工氏以水紀故爲水師而水名共工以諸侯霸有九州者在神農前大皞後亦受水瑞以水名官○共音恭大音泰下大皞同【疏】注共工至名官○正義曰共工氏霸有九州祭法文也此傳從黃帝向上逆陳之知共工在神農前大皞後也水之爲瑞亦未審也大皞氏以龍紀故爲龍師而龍名大皞伏羲氏風姓之祖也有龍瑞故以龍命官【疏】注大皞至命官○正義曰月令孟春云其帝大皞易下繫云包犧氏之王天下也卽大皞身號伏羲代號也僖二十一年傳云任宿須句風姓也實司大皞知大皞是風姓之祖也龍之爲瑞亦未審也此黃帝以上四代用雲火水龍紀事其官之名必用雲火水龍爲之但書典散亡更無文紀其名不可復知故杜不須委說唯有縉雲見傳疑是黃帝官耳服虔云黃帝以雲名官蓋春官爲青雲氏夏官爲縉雲氏秋官爲白雲氏冬官爲黑雲氏中官爲黃雲氏炎帝以火名官春官爲大火夏官爲鶉火秋官爲西火冬官爲北火中官爲中火共工以水名官春官爲東水夏官爲南水秋官爲西水冬官爲北水中官爲中水大皞以龍名官春官爲青龍氏夏官爲赤龍氏秋官爲白龍氏冬官爲黑龍氏中官爲黃龍氏此皆事無所見苟出肺腸少皞鳥紀不以五方名官焉知彼四代者皆以四時五方名官乎以縉爲赤色則云夏官爲縉雲焉知餘方不更爲之目而直指青黃爲名也以天文有大火鶉火卽云春爲大火夏爲鶉火其餘何故直以西北名火也此皆虛而不經故不可采用我高祖少皞摯之立也鳳鳥適至故紀於鳥爲鳥師而鳥名鳳鳥氏曆正也鳳鳥知天時故以名曆正之官○摯音至【疏】注鳳鳥至之官○正義曰釋鳥云鶠鳳其雌皇則此鳥雄曰鳳雌曰皇說文云鳳神

鳥也山海經云丹穴之山有鳥焉其狀如鶴五采而文名曰鳳皇見則天下大安寧運斗樞云天樞德見則鳳皇翔中候握河紀云堯即政七十年鳳皇止庭伯禹拜曰昔帝軒提象鳳巢阿閣白虎通云黃帝時鳳皇蔽日而至止於東園終身不去諸書皆言君有聖德鳳皇乃來是鳳皇知天時也曆正主治曆數正天時之官故名其官為鳳鳥氏也當時名官直為鳥名而已其所職掌與後代名官所司事同所言曆正以下及司徒司寇工農之屬皆以後代之官所掌之事託言之言爾時鳥名如今之此官也

玄鳥氏司分者也玄鳥燕也以春分來秋分去○燕於見反

疏注玄鳥至分去○正義曰說文云燕玄鳥也釋鳥云燕燕鳦郭璞曰詩云燕燕于飛一名玄鳥齊人呼鳦詩云天命玄鳥月令云玄鳥至之日是一名玄鳥也或單呼為燕或重名燕燕異方語也此鳥以春分來秋分去故以名官使之主二分

伯趙氏司至者也伯趙伯勞也以夏至鳴冬至止

疏注伯趙至至止○正義曰釋鳥云鶪伯勞也樊光曰春秋云伯趙氏司至伯趙鶪也以夏至來冬至去郭璞曰似鶷鶡而大此鳥以夏至來冬至止去故以名官使之主二至也月令仲夏之月鶪始鳴蔡邕云鶪伯勞也一曰伯趙應時而鳴為陰候也詩云七月鳴鶪者鄭玄云豳地晚寒鳥物之候從其氣焉王肅云七當為五古文五字似七故誤

青鳥氏司啓者也青鳥鶬鴳也以立春鳴立夏止○鶬音倉鴳亦作鷃於諫反

疏注青鳥至夏止○正義曰青鳥鶬鷃爾雅無文先儒相說耳立春立夏謂之啓此鳥以立春鳴立夏止故以名官使之主立春立夏

丹鳥氏司閉者也丹鳥鷩雉也以立秋來立冬去入大水為蜃上四鳥皆曆正之屬官○鷩必滅反蜃市軫反

疏注丹鳥至屬官○正義曰釋鳥雉之類有鷩雉樊光曰丹雉也少皞氏以鳥名官丹鳥氏司閉以立秋來立冬去入水為蜃周禮王享先公服鷩冕郭璞曰似山雞而小冠背毛黃腹下赤項綠色鮮明是解丹鳥為鷩雉也立秋立冬謂之閉此鳥以秋來冬去故以名官使之主立秋立冬也分至啓閉立四官使主之鳳皇氏為之長故云四鳥皆曆正之屬官也

祝鳩氏司徒也祝鳩鷦鳩也鷦鳩孝

故爲司徒主教民○鷦音焦本又作焦本或作鷦子遙反又子堯反【疏】注祝鳩至教民○正義曰釋鳥云隹其鳺鴀舍人云隹一名夫不今楚鳩也樊光曰
春秋云祝鳩氏司徒祝鳩即隹其夫不孝故爲司徒郭璞曰今鵓鳩也詩云翩翩者隹毛傳云鵻夫不也一宿之鳥鄭玄云一宿者一意於其所宿之木又云
夫不鳥之慤謹者人皆愛之則此是謹慤孝順之鳥故名司徒之官教人使之孝也鴡鳩氏司馬也鴡鳩王鴡也鷙而有別故爲司馬主法制
○鴡本又作雎七徐反鷙音至本亦作摯下同別彼列反【疏】注鴡鳩至法制○正義曰釋鳥云鴡鳩王鴡李巡云王鴡一名鴡鳩郭璞云鵰類今江東呼之
爲鵰好在江渚山邊食魚毛詩傳曰鳥鷙而有別則鴡鳩是鷙擊之鳥又能雄雌有別也司馬主兵又主法制擊伐又當法制分明故以此鳥名官使主司馬
之職鳲鳩氏司空也鳲鳩鵠鵴也鳲鳩平均故爲司空平水土○鵠本亦作秸鞠八反又音吉鵴本亦作鞠居六反【疏】注鳲鳩至水土正義
曰釋鳥云鳲鳩鵠鵴樊光曰春秋云鳲鳩氏司空心平均故爲司空郭璞曰今之布穀也孫炎曰方言云鳲鳩自關而東謂之戴勝陸機毛詩義疏云今梁宋
之間謂布穀爲鵠鵴則布穀是鳲鳩明矣而揚雄云鳲鳩是戴勝也今戴勝自生穴中不巢生雄言非也詩云鳲鳩在桑其子七兮毛傳云鳲鳩之養其子朝
從上下莫從下上平均如一是鳲鳩平均故爲司空尚書舜典云伯禹作司空帝曰禹汝平水土惟時懋哉是司空主平水土也爽鳩氏司寇
也爽鳩鷹也鷙故爲司寇主盜賊○爽所丈反【疏】注爽鳩至盜賊○正義曰釋鳥云鷹鶆鳩樊光曰來鳩爽鳩也春秋曰爽鳩氏司寇鷹鷙故爲司寇
郭璞曰鶆當爲爽字之誤耳左傳作爽鳩是也鷹是鷙擊之鳥司寇主擊盜賊故爲司寇鶻鳩氏司事也鶻鳩鶻鵃也春來冬去故爲司事○
鵃陟交反又陟留反又音彫【疏】注鶻鳩至司事○正義曰釋鳥云鶌鳩鶻鵃舍人曰鶌鳩一名鶻鵃今之班鳩也樊光曰春秋云鶻鳩氏司事春來冬去
孫炎曰鶌鳩一名鳴鳩月令云鳴鳩拂其羽郭璞云今江東亦呼爲鶻鵃似山鵲而小短尾青黑色多聲即是此也舊說及廣雅皆云班鳩非也所論班鳩鳴

鳩雖有異同其言春來冬去舊有此說國家營事繕治器物一年之間無時暫止故以此鳥名司事之官也司事謂營造之事於六官皆屬司空此司空司事各爲一官者古今代異猶如舜典司空與共工各爲一官也

五鳩鳩民者也鳩聚也治民上聚故以鳩爲名

疏注鳩聚至爲民○正義曰鳩聚釋詁文也治民尚其集聚惡其流散故以鳩爲官名欲其聚斂民也

五雉爲五工正五雉雉有五種西方曰鷷雉東方曰鶅雉南方曰翟雉北方曰鵗雉伊洛之南曰翬雉○種章勇反下同鷷音存又音遵本或作蹲鶅側其反翟音狄又音濁鵗本又作希如字一音丁里反翬許韋反

疏注五雉至翬雉○正義曰釋鳥雉之屬十有四其說四方之雉西方曰鷷東方曰鶅南方曰翟北方曰鵗舍人曰釋四方之雉名也杜言四方之雉唯南方不同也釋鳥又云鸐山雉樊光曰其羽可持而舞詩云右手秉翟郭璞云長尾者爾雅之文翟與鸐別而賈逵亦云南方曰翟雉則先儒相傳爲說杜從之也釋鳥又云伊洛而南素質五采皆備成章曰翬李巡曰素質五采備具文章鮮明曰翬孫炎曰翬雉白質五采爲文也傳言五雉必取五方伊洛土之中區明其取翬雉與四方之雉爲五也賈逵云西方曰鷷雉攻木之工也東方曰鶅雉搏埴之工也南方曰翬雉攻金之工也北方曰鵗雉攻皮之工也伊洛而南曰翬雉設五色之工也樊光注爾雅四方之雉配工亦與賈同唯翬雉不配工耳案賈樊所言之工出於考工記耳而考工記更有刮摩之工凡有六工非唯五也且記是後世之書少皞時工未必如記所說又以工配雉無所憑據不可采用故杜不言

利器用正度量夷民者也夷平也量音亮○

疏利器至民者○正義曰雉聲近夷雉訓夷夷爲平故以雉名工正之官使其利便民之器用正丈尺之度斗斛之量所以平均下民也樊光服虔云雉者夷也夷平也使度量器用平也

九扈爲九農正扈有九種也春扈鳻鶞夏扈竊玄秋扈竊藍冬扈竊黃棘扈竊丹行扈唶唶宵扈嘖嘖桑扈竊脂老扈鷃鷃以九扈爲九農之號各隨其宜以教民事○扈音戶鳻扶云反又如字鶞勑倫反唶側百反又子夜反又助額反嘖音責又音賾

疏注扈有至

民事○正義曰釋鳥自春。鳸鳻鶞至。宵。鳸嘖嘖凡七。鳸其文相次與此注正同李巡總釋之云諸鳸別春夏秋冬四時之名唶唶嘖嘖鳥聲貌也郭璞曰諸鳸皆因其毛色音聲以爲名竊藍青色釋鳥又云鶨鵙老鳸鴳桑鳸竊脂注爾雅者舍人李巡孫炎郭璞皆斷老上屬鳸下屬解云鶨一名鵙老鴳一名鳸鳸雀也唯樊光斷鶨鵙爲句以老下屬注云春秋云九鳸爲九農正九鳸者春鳸夏鳸秋鳸冬鳸棘鳸行鳸宵鳸桑鳸老鳸是以老爲下屬唯鶨不重耳李巡云竊脂一名桑鳸郭璞曰俗謂之青雀觜。曲食肉好盜脂膏因名云鄭玄詩箋云竊脂肉食陸。機毛詩義疏云竊脂青雀也好竊人脯肉及筩中膏故以名竊脂也諸儒說竊脂皆謂盜人脂膏也即如此言竊玄竊黃者豈復盜竊玄黃乎。爾雅釋獸云虎竊毛謂之虦猫魋如小熊竊毛而黃竊毛皆謂淺毛竊即古之淺字但此鳥其色不純竊玄淺黑也竊藍淺青也竊黃淺黃也竊丹淺赤也四色皆具則竊脂爲淺白也其唶唶嘖嘖則聲音爲之名矣其春鳸鳻鶞樊光云鳻鶞言分循也春鳸分循五土之宜乃以人事名鳥其義未必然也爾雅老鳸鴳字不重賈服皆云鳻鶞亦聲音爲名也賈逵云春鳸分循相五土之宜趣民耕種者也夏鳸竊玄趣民耘苗者也秋鳸竊藍趣民收斂者也冬鳸竊黃趣民蓋藏者也棘鳸竊。爲果驅鳥者也行鳸唶唶。晝爲民驅鳥者也宵鳸嘖嘖夜爲農驅獸者也桑鳸竊脂爲蠶驅雀者也老鳸鷃鷃趣民收麥令不得晏起者也舍人樊光注爾雅其言亦與賈同其意皆謂以鳸爲官還令依此諸鳸而動作也然則趣民耕耘及收斂蓋藏其事可得召民使聚而總號令之其爲果驅鳥爲蠶驅雀豈得多置官方使之就果樹入蠶室爲民驅之哉又晝驅鳥夜驅獸不。可竟日通宵常在田野溥天之下何以可周且其言不經難可據信也杜云以九鳸爲九農之號各隨其宜以教民事以舊說不可采用又不能知其職掌故末言之

鳸民無淫者也鳸止也止民使不淫放

自顓頊以來不能紀遠乃紀於近爲民師而命以民事則不能故也顓頊氏代少皞者德不能致遠瑞而以民事命官○顓音專頊許玉反

疏自顓至故也○正義曰傳言少皞摯

之立也鳳鳥適至則鳳鳥以初立時至也因其初立而有此瑞爲遂即以爲紀事雲火水龍亦以初立而有此瑞用之以紀庶事自顓頊以來初立之時既無遠瑞不能紀於遠而乃紀於近天瑞遠民事近爲民之師長而命其官以民事則爲不能致遠瑞故仲尼聞之見於郯子而學之於是仲尼年二十八疏注年二十八○正義曰沈文何云襄三十一年注云仲尼年十歲計至此年二十七今云二十八誤既而告人曰吾聞之天子失官學在四夷猶信失官官不脩其職也傳言聖人無常師疏失官學在四夷○正義曰王肅云郯中國也故吳伐郯季文子歎曰中國不振旅蠻夷入伐吾亡無日矣孔子稱學在四夷疾時學廢也郯少皞之後以其後則遠以其國則小矣魯周公之後以其世則近以其國則大矣然其禮不如郯故孔子發此言也失官爲所居之官不脩其職也仲尼學樂於萇弘問官於郯子是聖人無常師○晉侯使屠蒯如周請有事於雒與三塗屠蒯晉侯之膳宰也以忠諫見進雒雒水也三塗山名在陸渾南○蒯苦怪反雒音洛萇弘謂劉子曰客容猛非祭也其伐戎乎陸渾氏甚睦於楚必是故也君其備之乃警戎備警戒以備戎也欲因晉以合勢○警音景九月丁卯晉荀吳帥師涉自棘津河岸名使祭史先用牲于雒陸渾人弗知師從之庚午遂滅陸渾數之以其貳於楚也陸渾子奔楚其衆奔甘鹿甘鹿周地周大獲先警戎備故獲宣子夢文公攜荀吳而授之陸渾故使穆子帥師獻俘于文宮。欲以應夢○俘芳夫反應應對之應○冬有星孛于大辰西及漢夏之八月辰星見在天漢西今孛星出辰西光芒東及天漢○夏戶雅反下文同見賢遍反疏注夏之至天漢○正義曰星孛文在冬下經傳皆無其月但冬以十月爲初故以夏之八月解之也月令仲秋之月日在角昏牽牛中大辰是房心尾也其星處於東方之時在角星之北故以八月之昏角星與日俱沒大辰見於西方也
天漢在箕斗之間於是時天漢西南東北。邪列於天大辰之星見在天漢之西也今孛星又出於大辰之西而尾東指光芒歷辰星而東及天漢也申須
曰彗所以除舊布新也申須魯大夫○彗似銳反又音息遂反【疏】彗所至新也○正義曰彗埽篲也其形似彗故名焉篲所以。埽
去塵彗星象之故所以除舊布新也言此星見必有除舊之事天事恆象天道恆以象類告示人今除於火火出必布焉
諸侯其有火災乎今火向伏故知當須火出乃布散爲災○向許亮反又作嚮梓愼曰往年吾見之是其徵
也徵始有形象而微也火出而見前年火出時○見賢遍反下及注並同今茲火出而章必火。入而伏隨火沒也
【疏】今茲至而伏○正義曰梓愼云往年吾見之是其徵也當時火出之時而彗星已見是隨火而行也今年火星之出而彗星章明是彗漸益長未郎消滅
必當火入之時與火俱伏也服虔注本火出而章必火火入而伏重火別句孫毓云賈氏舊文無重火字其居火也久矣歷二年其與
不然乎言必然也○與如字又音預火出於夏爲三月謂昏見於商爲四月於周爲五月夏數
得天得天正【疏】注得天正○正義曰斗柄所指一歲十二月分爲四時夏以建寅爲正則斗柄東指爲春南指爲夏是爲得天四時之正也若殷周
之正則不得正若火作其四國當之在。宋衛陳鄭。乎宋大辰之虛也大辰大火宋分野○虛起居反下同
分扶問反【疏】宋大辰之虛○正義曰虛者舊居之處也陳爲大皞之虛鄭爲祝融之虛衛爲顓頊之虛皆先王先公嘗居此地謂之虛可矣大辰星名非人
居也而亦謂之虛者以天之十二次地之十二域大辰爲大火之次是宋之區域故謂宋爲大辰之虛猶謂晉地爲參虛陳大皞之虛也大皞

居陳。木火所自出 鄭祝融之虛也 祝融高辛氏之火正居鄭 皆火房也 房舍也 星孛天。漢漢水祥也 天漢水也 衞顓頊之虛也故爲帝丘 衞今濮陽縣昔帝顓頊居之其城內有顓頊冢○濮音卜 其星爲大水 衞星營室營室水也 水火之牡也 牡雄也○牡茂后反 【疏】水火之牡○正義曰獸曰牝牡是雄也陰陽之書有五行嫁娶之法火畏水故以丁爲壬妃是水爲火之雄 其以丙子若壬午作乎水火所以合也 丙午火壬子水水火合而相薄水少而火多故水不勝火○薄本又作摶音博 【疏】注丙午至勝火○正義曰丙是火日午是火位壬是水日子是水位故丙午爲火壬子爲水水火合而相薄則是夫妻合而相親親則將行其意或水從火或火從水但彗在大辰爲多及漢爲少水少而火多故水不勝火火行其意水必助之故此丙子壬午之日當有火災 若火入而伏必以壬午 尙。未知今。孛星當復隨火星俱伏。不故言若○復扶又反 【疏】若火至壬午○正義曰劉炫云丙子壬午雖俱是水火合日但二字之內先言。彊若火入而伏則連秋至春歷大陰水用事雖同其欲水當先火故疑不火入而伏則必以壬午也劉炫雖爲此釋杜既無注其壬午之事理則未詳 過其見之月 火見周之五月 鄭裨竈言於子產曰宋衞陳鄭將同日火若我用瓘斝玉瓚鄭必不火 瓘珪也斝玉爵也瓚勺也欲以禳火○裨婢支反瓘古亂反斝古雅反瓚才旦反勺上若反禳本亦作攘如羊反下同○ 【疏】注瓘珪至禳火○正義曰瓘是玉名此傳所云皆是成就之器故知瓘是珪也斝是爵名玉字在斝瓚之間知斝亦以玉爲之故云斝玉爵也周禮典瑞云。祼圭有瓚鄭司農云於圭頭爲器可以挹鬯祼祭謂之瓚國語謂之鬯瓚鄭玄云漢禮瓚槃大五升口徑八寸下有槃口徑一尺考工記玉人云祼圭尺有二寸有瓚以祀廟鄭玄云瓚如槃其柄用圭有流前注鄭玄詩箋云圭瓚之狀以圭爲柄黃金爲勺青金爲外朱中央是瓚爲勺共祭祀之器也裨竈欲用此三物以禳

火子產弗與以為天災流行非禳所息故也為明年宋衞陳鄭災傳○吳伐楚陽匄為令尹卜戰不吉陽匄
穆王曾孫令尹子瑕○匄古害反【疏】。卜戰不吉○正義曰陽匄心不決死戰必殺將將死是不吉也司馬子魚志在必死不以將死為凶故卜之得吉敗
吳之後吳人敗之終是不吉○注穆王曾孫○正義曰依世本穆王生王子揚揚生尹尹生令尹匄司馬子魚曰我得上流何故
不吉子魚公子魴也順江而下易用勝敵○魴音房易以豉反且楚故司馬令龜我請改卜令曰魴也以其
屬死之楚師繼之尚大克之吉得吉兆戰于長岸子魚先死楚師繼之大敗吳師
獲其乘舟餘皇。餘皇舟名○乘如字又繩證反下同使隨人與後至者守之環而塹之及泉環周也○
環如字又音患塹七豔反盈其隧炭陳以待命隧出入道○隧音遂下同炭吐旦反【疏】注隧出入道○正義曰守舟者雖環而塹之塹
猶不合有出入之路故滿路置火以防吳人也吳公子光光諸樊子闔廬○闔戶臘反廬力居反請於其衆曰喪先王之
乘舟豈唯光之罪衆亦有焉請藉取之以救死藉衆之力以取舟○喪息浪反衆許之使長鬣
者三人長鬣多髭。鬚與吳人異形狀詐為楚人○鬣力輒反髭子斯反鬚音須潛伏於舟側曰我呼皇。則對師夜
從之師吳師也○呼呼路反又如字下同三呼皆迭對迭更也○迭待結反又音第更音庚楚人從而殺之楚師亂
吳人大敗之取餘皇以歸傳言吳光有謀
經。十有八年春王三月。曹伯須卒未同盟而赴以名○夏五月壬午宋衞陳鄭災來告故書

天火曰災疏注來告至曰災○正義曰傳稱皆來告火知是來告故書也春秋書他國之災皆是來告而書公羊傳曰宋衛陳鄭災何以書記異也何異爾異其同日而俱災外異不書此何以書爲天下記異也穀梁亦云其志以同日也杜因此傳有來告之文故顯而異之天火曰災宣十六年傳例也○六月邾人入鄅鄅國今琅邪開陽縣○鄅音禹許慎郭璞皆音矩國名琅音郎本或作郎○秋葬曹平公○冬許遷于白羽自葉遷也畏鄭而樂遷故以自遷爲文○葉始涉反疏注自葉至爲文○正義曰成十五年許遷于葉自是以後許常以葉爲都九年許遷于夷是自葉遷于夷也十三年傳曰楚之滅蔡也靈王遷許胡沈道房申於荊焉平王即位既封陳蔡而皆復之禮也注云荊荊山也滅蔡在十一年許又從夷遷於荊山平王復之復其本國許又歸於葉也故知此年遷于白羽是其自葉遷也且傳云葉在楚方城外之蔽明其欲遷之時許在葉也案傳王子勝言於楚子使之遷許則是楚人遷許非許自遷楚雖發意遷許許亦畏鄭樂遷故以自遷爲文若許不樂遷楚強遷之當云楚人遷許如宋人遷宿齊人遷陽之類不得云許遷于白羽以其自遷爲文知許人自樂遷也

傳十八年春王二月乙卯周毛得殺毛伯過毛伯過周大夫得過之族○過古禾反而代之代居其位疏注代居其位○正義曰毛氏世有采地爲畿內之國於時天子微弱故自殺自代不能禁之萇弘曰毛得必亡是昆吾稔之日也侈故之以昆吾夏伯也稔熟也侈惡積熟以乙卯日與桀同誅○萇直良反稔而審反侈昌氏反又尸氏反夏戶雅反○而毛得以濟侈於王都不亡何待爲二十六年毛伯奔楚傳疏是昆至何待○正義曰是乙卯者昆吾之君惡熟之日也由其侈故以此日死也而毛得以此日成其侈惡於王都不亡何待○注昆吾至同誅○正義曰鄭語云黎爲高辛氏火正命之曰祝融其後八姓昆吾爲夏伯楚世家

云顓頊生稱稱生卷章卷章生黎黎爲高辛氏火正共工氏作亂帝使黎誅之而不盡帝誅黎使其弟吳回居火正爲祝融回生陸終終生子六人。坼剖而產之焉其長曰昆吾虞翻曰昆吾爲已姓封昆吾世本云昆吾者衞是也然則昆吾國名言昆吾夏伯者以表昆吾國君其上世嘗爲夏伯其惡熟誅者非此爲伯之身當是後世之孫以詩云韋顧既伐昆吾夏桀共桀同文又傳云乙卯亡知以乙卯日與桀同時誅

○三月曹平公卒爲。下會葬見原伯起本

○夏五月火始昏見火心星見賢遍反○丙子風梓愼曰是謂融風火之始也東北曰融風融風木也木火母故曰火之始疏注東北至之始○正義曰東北曰融風易緯作調風俱是東北風一風有二名東北木之始故融風爲木也木是火之母火得風而盛故融爲火之始七日其火作乎從丙子至壬午七日壬午水火合之日故知當。火作戊寅風甚壬午大。甚疏戊寅至大甚○正義曰甚者益盛之言也丙子初風連日不息至戊寅而風益。甚至壬午而風又大甚初言融風是東北風也蓋自丙子至壬午風不迴而稍益盛傳雖主言魯國之風彼四國亦當然也

宋衞陳鄭皆火梓愼登大庭。氏。之庫以望之大庭氏古國名在魯城內魯於其處作庫高顯故登以望氣參近占以審前年之言○大甚本或作火甚處昌慮反下祭處同故登以望氣本或作以望氛氣疏注大庭至之言○正義曰大庭氏古天子之國名也先儒舊說皆云炎帝號神農氏一曰大庭氏服虔云在黃帝前鄭玄詩譜云大庭在軒轅之前亦以大庭爲炎帝也對文則藏馬曰廏藏車曰庫曲禮云在府言府在庫言庫鄭玄云府謂寶藏貨賄之處庫謂車馬兵甲之處又大學云未有府庫財非其財者則庫亦藏財貨非獨車馬甲兵也古之大庭嘗都於魯其虛在魯城內魯於其處作庫而其地高顯故梓愼登之以望氣梓愼往年言其將火今更望氣參驗近占以審己前年之言信也梓愼所望望天氣耳非能望見火也而何休難云宋衞陳鄭去魯皆數千里爲登。高以見其火豈實事哉劉炫云案左傳不言望火何以言

見其火玄卿以爲孔子登泰山見吳門之白馬離婁覩千里之毫末梓愼既非常人何知不見數百里之。煙火孔子在陳知桓僖災者豈復望見之乎若見火知災則人皆知之矣何所責乎梓愼左氏傳而編記之哉且四國去魯纔數百里而何休云數千里雖意欲其遠亦虛妄之極梓愼所望自當有以知之不知見何氣知其災也服虔云四國次有火氣也梓愼不言夜望安知望次陳獨無次何所望哉今以爲服解義或然也曰宋衛陳鄭也數日皆來告火言經所以書○數所主反裨竈曰不用吾言鄭又將火前年裨竈欲用瓘斝禳火子產不聽今復。請用之○禳如羊反復扶又反下同鄭人請用之信竈言子產不可子大叔曰寶以保民也若有火國幾亡可以救亡子何愛焉子產曰天道遠人道邇非所及也何以知之竈焉知天道是亦多言矣豈不或信多言者或時有中○幾音祈又音機下同竈焉於虔反中丁仲反遂不與亦不復火傳言天道難明雖裨竈猶不足以盡知之鄭之未災也里析告子產曰將有大祥里析鄭大夫祥變異之氣○析星歷反大祥或作火祥非也【疏】將有大祥○正義曰祥者善惡之。徵中庸云國家將興必有禎祥祥則吉祥也國家將亡必有妖孽孽則凶祥也則祥是善事而里析以民動國亡爲大祥者彼對文言耳書序云亳有祥桑穀共生于朝五行傳云時有青眚青祥白眚白祥之類皆以惡徵爲祥是祥有善有惡故杜云祥變異之氣民震動國幾亡吾身泯。焉弗良及也言將先災死○泯而忍反先悉薦反【疏】弗良及也○正義曰良是語辭史傳多云良所未悟良有以也是古今共有此語也而服虔云弗良及。者不能及也良能也能非良之訓妄言耳國遷其可乎子產曰雖可吾不足以定遷矣子產天災不可逃非遷所免故託以知不足○知音智及火里析死矣未葬子產使與三十人遷其柩以其常與己言故與音餘柩其又反○火作子產辭晉公子公孫于東門晉人新來未入故辭不使前也疏注晉人至前也○正義曰下云出新客禁舊客勿出於宮此辭於東門明是晉人新來未入故辭之不使前也此新來蓋聘使也晉人往因麗姬之難詛無畜羣公子故文襄之世公子皆出在他國自成公更立公族國內始有公子故使之來聘也自晉適鄭當入西門而辭之東門者鄭城西臨洧水其西無門蓋從東門入爲便故辭于東門使司寇出新客新來聘者禁舊客勿出於宮爲其知國情不欲令去○爲于僞反令力呈反使子寬子上巡羣屏攝至于大宮二子鄭大夫屏攝祭祀之位大宮鄭祖廟巡行宗廟不得使火及之○行下孟反下文行火下注履行同疏注二子至之位○正義曰子寬游吉之子世族譜子寬與游速渾罕爲一人駟帶字子上六年死矣此別有子上非駟帶也世族譜雜人內有子上無子寬明子寬與渾罕爲一人也楚語說事神之禮云使名姓之後能知犧牲之物彝器之量屏攝之位壇場之所而心率舊典者爲之宗知屏攝是祭祀之位也鄭衆云攝攝束茅以爲屏蔽其事或當然使公孫登徙大龜登開卜大夫使祝史徙主祏於周廟告於先君祏廟主石函周廟厲王廟也有火災故合羣主於祖廟易救護○祏音石函音咸易以豉反疏注祏廟至救護正義曰每廟木主皆以石函盛之當祭則出之事畢則納於函藏於廟之北壁之內所以辟火災也文二年傳云鄭祖厲王故知鄭之周廟是厲王廟也既有火災皆須防守故合羣主就於祖王廟易救護也衞次仲云右主八寸左主七寸廣厚三寸穿中央達四方也范甯云天子主長尺二寸諸侯主長一尺也白虎通云納之西壁使府人庫人各儆其事儆備火也○儆音景疏使府人庫人各儆其事○正義曰曲禮云在府言府在庫言庫皆是藏財賄之處故使其人各自儆守以防火也周官有大府內府外府天府玉府泉府而無掌庫之官蓋府庫通言庫亦謂之府也諸侯國異政

殊故府庫並言也。商成公儆司宮商成公鄭大夫司宮巷伯寺人之宮出舊宮人寘諸火所不及舊宮人先公宮女〇寘之豉反司馬司寇列居火道備非常也行火所焮。焮炙也〇焮許靳反城下之人伍列登城為部伍登城備姦也疏行火至登城〇正義曰此承司馬司寇之下亦是二官使之行火所炙欲令人救之也言城下之人為部伍行列以登城亦是司馬司寇之人備姦寇也明日使野司寇各保其徵野司寇縣士也火之明日四方乃聞災故戒保所徵役之人疏注野司至之人〇正義曰傳言野司寇則司寇之官在野周禮司寇屬官有縣士掌野。知野司寇是縣士也鄭玄縣士注云地距王城二百里以外至三百里曰野三百里以外至四百里曰縣四百里以外至五百里曰都都縣野之地其邑非王子弟公卿大夫之采地則皆公邑也謂之縣縣士掌其獄焉言掌野者郊外曰野大總言之也獄居近野之縣獄在二百里上縣之。獄在三百里上都之縣獄在四百里上如鄭此言采邑之民有獄則采地之官長各自斷之若公邑之民有獄則縣士斷之縣士司寇屬官所掌在野故此傳謂之野司寇也縣士職曰各掌其縣之民數而聽其獄訟若邦有大役聚衆庶則各掌其縣之禁令則諸侯縣士亦當然也縣士分在四方不聞火火之明日四方乃聞有災故戒使各保其所應受徵役之人皆令。具備以待上命慮有所須當徵之郊人助祝史除於國北為祭處於國北者就大陰禳火疏郊人至國北〇正義曰周禮鄉在郊內遂在郊外諸侯亦當然郊人當謂郊內鄉之人也祝史掌祭祀之官也使此鄉人助祝史除地在城之北作壇場為祭處也就國北者南為陽北為陰就大陰禳火也禳火于玄冥回祿玄冥水神回祿火神〇冥亡丁反疏注玄冥至火神〇正義曰月令冬云其神玄冥知玄冥水神也周語云夏之亡也回祿信於。黔隧先儒注左傳及國語者皆云回祿火神或當有所見也二十九年傳脩及熙為玄冥則玄冥祭脩熙不知回祿祭何人楚之先吳回為祝融或云回祿即吳回也祭水神欲令水抑火祭火神欲

令火自止禳其餘災慮更火也祈于四鄘鄘城也城積土陰氣所聚故祈祭之以禳火之餘災○鄘音容書焚室而寬其征與

之材征賦稅也稅始銳反○三日哭國不市示憂戚不會市使行人告於諸侯宋衛皆如是陳不

救火許不弔災君子是以知陳許之先亡也不義所以亡疏陳許之先亡也○正義曰哀十七年楚滅陳也

定六年鄭游速帥師滅許其後復立許悼公之孫成是為元公其子結元年獲麟之歲也當戰國首為楚所滅○六月鄅人藉稻鄅妘姓國

也其君自出藉稻蓋履行之○妘音云疏。注鄅妘至行之○正義曰鄅為妘姓世本文也周之六月夏之四月種稻之時其君自出觀行之藉猶藉蹈藉

踐履之義故為履行之服虔云藉耕種於藉田也邾人襲鄅鄅人將閉門邾人羊羅攝其首焉斬得閉門者頭

疏攝其首焉正義曰攝訓為持也斬得閉門者首而持其頭遂入之盡俘以歸鄅子曰余無歸矣從帑於邾

邾莊公反鄅夫人。而舍其女為明年宋伐邾起○俘芳夫反帑音奴疏而舍其女○正義曰言止舍其女而留之○秋

葬曹平公往者見周原伯魯焉原伯魯周大夫與之語不說學歸以語閔子馬閔子馬。

曰周其亂乎夫必多有是說而後及其大人國亂俗壞言者適多漸以及大人大人在位者○說學音悅以語魚

據反大人患失而惑又曰可以無學無學不害患有學而失道者以惑其意不害而不學則苟

而可以為無害遂不學則皆懷苟且於是乎下陵上替能無亂乎夫學殖也不學將落原氏其

亡乎。殖生長也言學之進德如農之殖苗日新日益○替他計反殖特力反長丁丈反疏周其至亡乎○正義曰周室其將亂乎夫其國內之人必

多有是不說學問之說也國內多有此言而後流傳及其在位之大人大人謂公卿大夫也大人患其國內有多學而失其道者而疑惑於此言謂此言有道理也大人於是又爲言曰其實可以無學無學不爲害也以爲無害而遂不學則苟且而可也一國之人皆懷苟且不識上下之序不知尊卑之義於是在下者陵侮其上上者替廢其位上下失分能無亂乎夫學如殖草木也令人日長日進猶草木之生枝葉也不學則才知日退將如草木之隊落枝葉也原氏其亡滅乎○七月鄭子產爲火故大爲社爲治也○爲火故于僞反下將爲蒐同祓禳於四方振除火災禮也振弃也○祓芳佛反徐音廢疏○大爲至禮也○正義曰祭社有常而云大爲社者此非常祭之月而爲火特祭蓋君臣肅共禮物備具大於常祭故稱大也周禮女巫掌祓除釁浴祓禳皆除凶之祭徧於四方之神如尚書咸秩無文苟可祭者悉皆祭之所以振訊除去火災禮也嫌多祭非禮故禮之乃簡兵大蒐將爲蒐除治兵於廟城內地迫故除廣之子大叔之廟在道南其寢在道北其庭小庭蒐場也○場直長反疏子大至道北○正義曰鄭簡公之卒將爲葬除亦欲毀游氏之廟則游吉宅近大路故數將徹毀也其廟當在宅內以其居處狹隘故廟在道南寢在道北也寢即游吉所居宅也過期三日處小不得一時畢○處昌慮反疏過期三日○正義曰此量其庭之大小而豫計之以庭小之故當過期三日欲除道使闢望及期得了亦不知本期當幾日也使除徒陳於道南廟北曰子產過女而命速除乃毀於而鄉而女也毀女所鄉○女音汝注同鄉許亮反本又作向注同子產朝朝君過而怒之怒不毀除者南毀子產及衝使從者止之曰毀於北方言子產仁不忍毀人廟○衝昌容反從才用反火之作也子產授兵登陴子大叔曰晉無乃討乎辭晉公子公孫而授兵似若叛晉○陴婢支反子產曰

吾聞之小國忘守則危況有災乎國之不可小有備故也既晉之邊吏讓鄭曰鄭國有災晉君大夫不敢寧居卜筮走望不愛牲玉鄭之有災寡君之憂也今執事撊然授兵登陴撊然勁忿貌○守手又反一音如字撊遐板反勁吉政反 疏 卜筮至牲玉○正義曰言爲鄭卜筮何故有災宜禱何神奔走而望祭之祭山川故爲望也莊二十五年傳云天災有幣無牲而云不愛牲玉者天之見異非求人飲食隨時告請則有幣無牲若祭求弭災者則當有牲雲漢之詩美宣王爲旱禱神云靡愛斯牲圭璧既卒亦是用牲玉也○注撊然勁忿貌○正義曰服虔云撊然猛貌也方言云撊猛也晉魏之間曰撊杜言勁忿貌亦是猛也但述晉人責鄭之意故以勁忿解之將以誰罪邊人恐懼不敢不告子產對曰若吾子之言敝邑之災君之憂也敝邑失政天降之災又懼讒慝之間謀之以啓貪人荐爲敝邑不利荐重也○恐丘勇反慝他得反間間廁之間荐在遍反重直用反下文同 疏 將以誰罪○正義曰將以誰爲罪而欲授兵疑其畏晉襲之欲禦晉擊之以重君之憂幸而不亡猶可說也說解也不幸而亡君雖憂之亦無及也鄭有他竟望走在晉言鄭雖與他國爲竟每瞻望晉歸赴之○竟音境 疏 望走在晉○正義曰其所瞻望奔走而歸之者唯在晉耳既事晉矣其敢有二心傳言子產有備 疏 注傳言子產有備○正義曰國有火災懼被人襲登陴遷守是有備也

○楚左尹王子勝言於楚子曰許於鄭仇敵也而居楚地以不禮於鄭十三年平王復遷邑許自夷遷居葉特楚而不事鄭 疏 而居楚地○正義曰當時許都於葉釋例土地名葉在楚界許本偪於鄭請遷近楚楚以葉與之故爲居楚地○十

三。至居葉○正義曰案十。三年云楚。師之滅蔡也靈王遷許胡沈道房申於荊則許從夷遷向荊也平王復之當從荊却向夷自夷向葉注不言自荊遷葉者蓋以許遷於夷見經故據以爲言其實自荊遷也晉鄭方睦鄭若伐許而晉助之楚喪地矣君盍遷許許不專於楚自以舊國不專心事楚○喪息浪反盍戶臘反疏注自以至事楚○正義曰劉炫云當時許之於楚更無異望非敢恃舊國不事楚當以畏鄭之故外設備禦不得專心事楚耳今杜必以爲舊國不專心事楚者以此傳許謂鄭人云余舊國許畏於鄭尚以舊國不肯事鄭明以舊國亦不專心事楚劉以爲畏鄭不專心事楚苟背傳文而規杜氏非也鄭方有令政許曰余舊國也許先鄭封先悉薦反○鄭曰余俘邑也。隱十一年鄭滅許而復存之故曰我俘邑○復扶又反葉在楚國方城外之蔽也爲方城外之蔽障○障章亮反土不可易易輕也○易以豉反國不可小謂鄭許不可俘讎不可啓君。其圖之楚子說○說音悅冬楚子使王子勝遷許於析。實白羽於傳時白羽改爲析○析星歷反

經十有九年春宋公伐邾爲鄅○爲于僞反○夏五月戊辰許世子止弒其君買加弒者責止不舍藥物○弒音試舍音捨疏注加弒至藥物○正義曰案傳許君飲止之藥而卒耳實非止弒也言書曰弒其君則仲尼新意書弒也實非弒而加弒者責止事父不舍其藥物言藥當信醫不須己自爲也釋例曰醫非三世不服其藥古之愼戒也人子之孝當盡心嘗禱而己藥物之齊非所習也許止身爲國嗣國非無醫而輕果進藥故罪同於弒雖原其本心而春秋不赦其罪蓋爲教之遠防也○己卯地震無傳○秋齊高發帥師伐莒○冬葬許悼公無傳

傳十九年春楚工尹赤遷陰于下陰陰縣今屬南鄉郡令尹子瑕城郟叔孫昭子曰楚
不在諸侯矣其僅自完也以持。其世而已遷陰城郟皆欲以自完守○郟古洽反僅音覲持如字本或作恃怙之字
非也○楚子之在蔡也蓋。為大夫時往聘蔡疏。注蓋為至聘蔡○正義曰賈逵云楚子在蔡為蔡公時也杜以楚子十一年為蔡公十三
年而即位若在蔡生子唯。一二歲耳未堪立師傅也。至今七年未得云建可室矣故疑為大夫時聘蔡也郹。陽封人之女奔之生大
子建郹陽蔡邑○郹古闃反○及即位使伍奢為之師伍奢伍舉之子伍員之父○員音云費無極為少師無
寵焉欲譖諸王曰建可室矣室妻也○少詩照反○王為之聘於秦無極與逆勸王取之正
月楚夫人嬴氏至自秦王自取之故稱夫人至為下拜夫人起○王為于偽反同與音預嬴音盈○鄅夫人宋向
戌之女也故向寧請師寧向戌子也請於宋公伐郳○向傷亮反戌音恤二月宋公伐郳圍蟲三月取
之蟲郳邑不書圍取不以告○蟲直中反疏。注蟲郳至以告○正義曰隱四年莒人伐杞取牟婁僖二十三年齊侯伐宋圍緡伐國而圍邑取邑皆書
於經知此不書圍取不以告也乃盡歸鄅俘○夏許悼公瘧五月戊辰飲大子止之藥卒止獨進藥
不由醫○瘧魚略反病也疏。注止獨至由醫○正義曰言飲大子止之藥事以止為藥主是止獨進藥不由醫也大子奔晉書曰弒其
君君子曰盡心力以事君舍藥物可也藥物有毒當由醫非凡人所知譏止不舍藥物所以加弒君之名○舍音捨下
注舍子同疏君子至可也○正義曰此君子論止之罪也言為人臣子盡心盡力以事君父如禮記文王世子之為即自足矣如此則舍去藥物已不干知

於禮可也此許世子不舍藥物致令君死是違人子之道故春秋書其弒君解經書弒君之意也○邾人郳人徐人會宋公乙
亥同盟于蟲終宋公伐邾事○郳五兮反楚子爲舟師以伐濮濮南夷也○濮音卜疏楚子至伐濮○正義曰費無極
因此生意令王收南方使大子居城父舉此爲發端費無極言於楚子曰晉之伯也邇於諸夏而楚辟陋
故弗能與爭若大城城父而寘大子焉城父今襄城。城。父縣○伯音霸又如字夏戶雅反辟匹亦反父音甫寘之豉反
以通北方王收南方是得天下也王說從之故太子建居于城父令尹子瑕聘
于秦拜夫人也爲明年譖大子張本。故以爲夫人遣謝秦○說音悅○秋齊高發帥師伐莒莒不事齊故莒子
奔紀鄣。紀。鄣莒邑也東海贛榆縣東北有紀城鄣音章贛古弄反如淳音耿弇榆音兪○使孫書伐之孫書陳無。宇之子子占也初
莒有婦人莒子殺其夫已。爲嫠。婦寡婦爲。嫠○嫠力之反本又作釐及老託於紀鄣紡焉以度
而去之因紡纑連所紡以度城而藏之以待外攻者欲。報讎○紡芳往反度待洛反注同去起呂反裴松之注魏志云古人謂藏爲去案今關中猶有
此音纑力吳反麻縷也疏及老至去之○正義曰紡謂紡麻作纑也此婦人以麻纑度城高下令長與城等而去藏之去即藏也字書。去作弆。羌莒。反謂
掌物也今關西仍呼爲弆東人輕言爲去。音。莒劉炫云紡謂紡麻作纑爲布作纑之法有小繩紀其升縷纑既爲布繩無所用婦人不肯棄之積而留之以此
小繩度城而去之○注因紡至報讎正義曰連所紡者謂連所紡之纑以爲繩故下云投繩城外或解以。連紀纑之繩然紀纑之繩其物細小而短何可以度
城婦人意欲報讎故藏纑以爲繩故杜云連所紡所紡即纑也及師至則投諸外投繩城外隨之而出疏○注投繩至而出○正義曰傳言

投諸外者當是繫繩城上而投其所垂於外婦人則隨之而出劉炫云唯投繩城外婦人不出今知不然者婦人既託於。紀。鄣則是愛惜身命若投繩不去身則交死若唯繫繩城上則身不離城何得言獻諸子占明知將此婦人而獻之子占師則因繩在城而夜縋登焉劉以爲唯投。城外而規杜氏非也 或獻諸子占子占使師夜縋而登 緣繩登城○縋直僞反 登者六十人縋絕師鼓譟城上之人亦譟莒共公懼啓西門而出七月丙子齊師入紀 傳言怨不在大○譟素報反城上之人亦譟一本作上之人亦譟共音恭 【疏】入紀○正義曰此紀卽上紀鄣也釋例土地名於莒地有紀鄣紀二名東海贛榆縣東北有紀城 ○是歲也鄭駟偃卒子游娶於晉大夫生絲弱 子游駟偃也弱幼少○少詩照反 其父兄立子瑕 子瑕子游叔父駟乞 【疏】注子瑕子游叔父○正義曰案世本子游子瑕並公孫夏之子杜云叔父未詳 子產憎其爲人也 憎子瑕 且以爲不順 舍子立叔不順禮也 弗許亦弗止 許之爲違禮止之爲違衆故中立 駟氏聳。 聳懼也○聳息勇反 【疏】注聳懼也○正義曰釋詁云竦懼也竦與聳音義同 他日絲以告其舅冬晉人使以幣如鄭問駟乞之立故駟氏懼駟乞欲逃子產弗遣請龜以卜亦弗予大夫謀對子產不待而對客曰鄭國不天 不獲天福 寡君之二三臣札瘥夭昏。 大死曰札小疫曰瘥短折曰夭未名曰昏○札側八反一音截字林作𣦸壯列反云夭死也瘥才何反字林作𣨼夭於表反昏如字疫音役 【疏】注大死至曰昏正義曰此皆賈逵言也周禮大司樂云大札令弛縣鄭玄云札疫癘也是札大疫死也爾雅云瘥病也以此說死事而與札相對故解爲小疫也成二年傳說鄭靈公早死云夭子蠻是夭爲少死也尚書六極一曰凶短折孔安國云短未六十折未三十是短折爲早死之名故爲夭也子生三月父名之未名之曰昏謂未三月而死也未名不得爲臣總說諸死連言之耳今又喪我先大夫偃其子幼弱其一二父兄懼隊。宗主私族於謀而立長親於私族之謀宜立親之長者○喪息浪反隊直類反長丁丈反注同【疏】懼隊宗主○正義曰大夫繼世爲一宗之主恐隊失之也服虔云祏主藏於宗廟故曰宗主少牢饋食大夫禮也大夫無主何所隊乎寡君與其二三老曰抑天實剝亂是吾何知焉言天自欲亂駟氏非國所知○剝邦角反【疏】二三老○正義曰二三老者鄭之卿大夫也服虔云二三老駟偃家臣上言私族於謀而立長親豈得家臣不知也諺曰無過亂門民有亂兵。猶懼過之而況敢知天之所亂今大夫將問其故抑寡君實不敢知其誰實知之平丘之會在十三年○諺音彥過古禾反下同一音古臥反憚待旦反君尋舊盟曰無或失職若寡君之二三臣其卽世者晉大夫而專制其位是晉之縣鄙也何國之爲辭客幣而報其使晉人舍之遣人報晉使○使所吏反注同○楚人城州來沈尹戌曰楚人必敗十三年吳縣州來今就城而取之戌莊王曾孫葉公諸梁父也○戌音恤葉始涉反昔吳滅州來在十三年子旗請伐之王曰吾未撫吾民今亦如之而城州來以挑吳能無敗乎侍者曰王施舍不倦息民五年可謂撫之矣戌曰吾聞撫民者節用於內而樹德於外民樂其性而無寇讎今宮室無量民人日駭勞罷。死轉轉遷徙也○旗音其挑徒了反樂音洛罷音皮本或作疲【疏】息民五年○正義曰平王以十三年五月始卽位其年兵亂未息今歲又役民城州來其間唯有五年。則民樂其性。正義曰性生也兵革並起則民不樂生國家和平。則樂生忘寢與食非撫之也傳言平王所以不能霸○鄭大水龍鬬于時門之外洧淵時門鄭城門也洧水出滎陽密縣東南至潁川長平入潁○洧于軌反國人請爲禜焉子產弗許曰我鬬龍不我覿也覿見也○禜爲命反覿大歷反見賢遍反

疏「禜焉」○正義曰禜祭名元年傳曰山川之神則水旱癘疫之不時於是乎禜之

龍鬬我獨何覿焉禳之則彼其室也淵龍之室吾無求於龍龍亦無求於我乃止也傳言子產之知○知音智

疏禳之至止也○正義曰言禳之則彼淵是其室也其室既近禳之不難但吾無求於龍龍亦無求於我乃止也言其不復祭

○令尹子瑕言蹶由於楚子蹶由吳王弟五年靈王執以歸○蹶九衞反曰彼何罪諺所謂室於怒市於色者楚之謂矣言靈王怒吳子而執其弟猶人忿於室家而作色於市人

疏室於怒市於色○正義曰室內於自家相瞋怒市於他人作色忿

舍前之忿可也乃歸蹶由言楚子能用善言○舍音捨又音赦

附釋音春秋左傳注疏卷第四十八

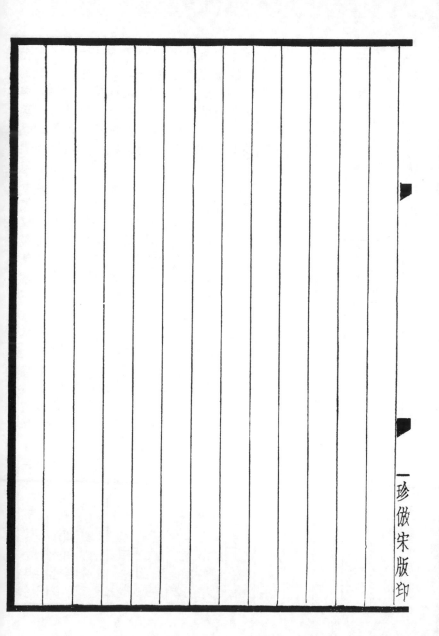

春秋左傳注疏卷四十八校勘記　阮元撰盧宣旬摘錄

附釋音春秋左傳注疏卷第四十八昭十七年盡十九年

〔經十七年〕

故曰大辰大火也心在中最明段玉裁據爾雅校本也心作心也

吳楚兩敗此本楚字模糊據宋本宋殘本淳熙本岳本纂圖本補閩本作人非也

〔傳十七年〕

釆叔宋本以下正義三節總入昭子曰節注下

能長久乎宋本能上重其國二字是也

禮正陽之月日食纂圖本禮下衍也字

注禮正至請之宋本以下正義十節總入平子弗從節注下

請上公宋本請誤謂淳熙本作責亦非

太史曰石經宋本宋殘本岳本太作大是也○今訂正

人情愛陽而惡陰諸本作情此本誤清今改正

謂天子禮　宋本子下有之字是也

不君君矣　淳熙本作不君矣非也

注少皞至名官　宋本以下正義廿二節總入旣而告人曰節注下

以少皞之立　宋本皞下有氏字是也

大皞伏犧氏　宋本宋殘本犧作羲案賈公彥周禮正義序引注亦作羲

用雲火水龍紀事　監本毛本雲火誤倒

其狀而鶴　宋本作如鶴監本毛本作如雞非也〇今從宋本

見則天下大安寧　監本見字模糊重脩監本作皃誤也

故名其官爲鳳鳥氏也　毛本氏誤是

此鳥以夏至來　宋本來下有鳴字是也

冬至止去　浦鏜云止疑衍字

青鳥鶬鴳也　釋文亦作鴳云本亦作鷃宋本宋殘本淳熙本纂圖本作鴳正義同

先儒相說耳　閩本監本毛本相作傳宋本作相傳說耳是也

祝鳩鷦鳩也北宋刻釋文鷦作鵻本又作隹本或作鵻宋本宋殘本淳熙本作鵻說文鵻字注云祝鳩也从鳥隹聲按當作鵻鷦乃桃蟲非作鳩也

隹其鳺鴀閩本監本毛本隹誤佳宋本監本毛本鴀作鳹是也○今訂正

鵻夫不也宋本亦作鵻監本毛本作鷦非

鴡鳩王鴡也纂圖本閩本監本毛本王鴡作王鳩非也

鷙而有別釋文鷙本亦作摯古字同

陸璣毛詩義疏云錢大昕云璣當作機說見前○今訂正

而揚雄云閩本監本揚作楊不誤段玉裁有辨詳尚書撰異○今訂正

鳲鳩是戴勝宋本鳲作鳴下引孫炎曰同

鶻鳩鶻鵰爾雅釋鳥疏引鵰作鵃岳本下有也字

鶻鳩一名鳴鳩重脩監本鶻誤鵰

治民尚其集聚監本毛本尚作上非也

南方曰翟宋本翟作翯

霄扈嘖嘖纂圖本毛本霄誤霄監本作霄

至霄扈嘖嘖監本霄作霄毛本誤霄下同宋本扈作鳸上下文並同

鶯白食肉宋本白作曲是也○今從宋本

陸璣毛詩義疏云監本毛本璣作機是也

爾雅釋獸云宋本爾上有案字

棘扈竊宋本監本毛本竊下有丹字是也

晝爲民驅鳥者也宋本閩本監本毛本作畫山井鼎云畫作畫非也

不可竟日通霄監本毛本可作免

乃警戒備毛本警誤驚

獻俘于文宮纂圖本監本毛本宮作公非也

注夏之至天漢宋本以下正義九節總入鄭必不火注下

邪列於天監本毛本邪作斜

箒所以埽去塵毛本埽作掃非

必火入而伏正義曰服虔注本火出而章必火火入而伏重火別句孫毓云賈氏舊本無重火字臧琳云當從服氏本有重火字爲是梓慎以火彗之隱顯占諸侯之有災下云其居火也久矣其與不然乎言彗星隨火行已二年矣諸侯之有火災必然而無疑也若作必火入而伏爲火星入而彗伏則下文其與不然何所指乎賈景伯不重火字與漢志同

在宋衛陳鄭乎淳熙本鄭誤定石經在字上旁增六物之占四字案惠棟云當是晁公武據蜀石經增入御覽所引亦有此四字蜀時賈服左氏猶存此蓋據賈服本也按范成大石經始末記有此一條然則惠云據蜀石經者是也

木火所自出淳熙本木誤禾閩本誤大

星孛天漢石經宋本宋殘本淳熙本岳本纂圖本足利本天作及是也

尙未知今孛星當復隨火星俱伏不淳熙本未誤禾監本孛誤字閩本不作下亦非

先言彊監本彊誤疆宋本言下有者字

祼圭有瓚監本毛本祼誤裸

卜戰不吉宋本以下正義三節總入楚人從節注下

旦楚故司馬令龜石經馬字以下一行計九字

魴也以其屬死之諸本作魴鄭氏周禮大卜注引作鮒周禮音義云鮒左傳作魴

獲其乘舟餘皇　李善注文選江賦引傳文及注並作艅艎用俗字

長鬣多髭鬚　宋本宋殘本髭作頾鬚作須是也

我呼皇則對　諸本皇上有餘字此本誤脫

（經十八年）　宋本春秋正義卷三十石經春秋經傳集解昭五第廿四岳本昭下有公字並盡廿二年

春王三月　監本毛本三誤正

以其自遷爲文　閩本監本毛本以其作其以非也自毛本誤目

（傳十八年）

注代居其位　宋本以下正義三節總入注文毛伯奔楚傳之下

故自殺自代　毛本代誤伐

坼剖而產焉　閩本毛本坼作圻非也

爲下會葬見原伯起本　毛本下誤不

注東北至之始　宋本以下正義十四節總入注文不義所以亡之下

故知當火作　毛本火誤大監本作人亦非

壬午大甚 閩本大甚作火甚從釋文或作之字非也陳樹華云漢書五行志引作大甚師古曰大甚者又更甚也

至戊寅而風益盛 宋本盛作甚是也

至壬午而風又大盛 宋本盛作甚

梓慎登大庭氏之庫以望之 纂圖本監本毛本庭作廷非宋殘本脫氏字

爲登高以見其火 閩本高字實缺

何知不見數百里之煙火 毛本煙作烟盧文弨校本同

今復請用之 淳熙本請誤謂

祥者善惡之徵 重脩監本徵誤微

吾身泯焉 石經初刻亦作泯後改泜避諱也

弗良及者 宋本者作也是

以其常與己言故 宋本宋殘本岳本足利本常作嘗

是厲王廟也 監本毛本王下衍之字

既有火災 監本毛本脫火字

使府人庫人各儆其事 宋本作使府至其事

周官有十府 宋本監本毛本十作大是也

故府庫並言也 宋本無也字

行火所焮 石經焮字重刊

知野司寇 宋本脫知字

縣之獄 宋本之下有縣字與周禮注合

皆令具備 監本毛本具作俱非

回祿信於黔隧 盧文弨校本云國語作於聆

注鄅妘至行之 宋本以下正義三節總入注文為明年宋伐郳起下

郳莊公反鄅夫人而舍其女 淳熙本夫誤走

閔子馬曰 諸本作馬今本後漢書袁紹傳注引作騫乃轉寫之誤

日新日益 纂圖本閩本監本毛本下日字誤月

大為至禮也 宋本以下正義八節總入既事晉矣注文之下

過期三日石經此處缺監本毛本三作二非也毛本正義亦誤

乃毀於而鄉石經宋本宋殘本小字宋本淳熙本纂圖本足利本鄉作向注同釋文云本亦作向案向俗字鄉古向字

小國忘守則危周禮宮正鄭衆注引作必危賈公彥曰彼爲則先鄭云必讀字不同也

今執事撊然授兵登陴錢大昕云撊當爲僩字之譌說文僩武貌荀子榮辱篇陋者俄且僩楊倞注僩與撊同猛也方言晉魏之閒謂猛爲僩今本方言亦從手旁

對曰若吾子之言敝邑之災宋殘本曰若吾子之言敝七字空缺

荐爲敝邑不利釋文亦作荐毛本作薦注同非也

十五年平王復還邑宋殘本宋本小字宋本淳熙本足利本五作三不誤諸本作十此本誤上今改正

而居楚地宋本以下正義三節總入許不可節注下

十五至居葉毛本五至作五年非宋本作三至是也

案十三年云監本三字模糊

楚之滅蔡也此本楚下空缺閩本監本毛本作師亦衍文宋本無是也

鄭曰余俘邑也淳熙本邑誤色

君其圖之淳熙本君誤居

冬楚子使王子勝遷許於析諸本作析案水經注丹水篇引作於淅

（經十九年）

（傳十九年）

以持其世而已釋文亦作持云本或作恃怙之恃非也

蓋爲大夫時往聘蔡此本初刻爲誤亦

注蓋爲至聘蔡宋本此節正義在至自秦注下

唯一二歲耳監本一字模糊毛本一誤十

郥陽封人之女奔之石經宋本宋殘本岳本郥作郹與釋文合是也注同說文从邑狊聲〇今訂正

注蟲鄅至以告宋本此節正義在乃盡歸鄅俘之下

注止獨至由醫宋本以下正義二節總入注文所以加弒君之名句下

楚子至伐濮宋本此節正義在故大子建居于城父句下

城父今襄城城父縣宋本宋殘本淳熙本岳本纂圖本閩本監本毛本並作城父縣段玉裁校本作父城縣云元和郡縣志引左傳

大城父城使太子建居之是李吉甫所據左傳文作父城也惟左氏本作父城故漢地理志有潁川父城縣淺人但知有城父不知有父城則將史記漢書說文之父城字皆倒之是當正者也

故以爲夫人遣謝秦 宋本宋殘本淳熙本岳本足利本故作改改者改子婦爲己夫人也

莒子奔紀障 石經宋本宋殘本淳熙本岳本障作鄣是也與石經合注同案說文鄣紀邑也〇今改正

孫書陳無宇之子子占也 諸本作宇此本誤字今改正

已爲嫠婦 石經宋本宋殘本小字宋本岳本已作己不誤釋文嫠作氂云依字作嫠案李善注文選張景陽七命引作氂引注亦同

欲報讎 宋本宋殘本淳熙本岳本欲下有以字

及老至去之 宋本以下正義四節總入注文傳言怨不在大之下

字書去作弃羌莒反 諸本作去此本誤云今改正羌莒反三字宋本作雙行閩本羌作羗繆監本作羗體誤

東人輕言爲去音莒 宋本音莒二字作雙行

或解以連紀纑之繩 宋本以下有爲字

婦人既託於縋登 宋本縋登作紀鄣是也

劉以爲唯投城外 宋本城上有繩字是也

城上之人亦譟釋文無城字云一本作城上之人亦譟與水經注淮水篇引傳文同

注子瑕子游叔父宋本以下正義五節總入注文遣人報晉使之下

駟氏聳諸本作聳說文愯字注引傳作愯張載注魏都賦引同段玉裁云作聳後人所易也

大死曰札岳本大作夭非也

懼隊宗主石經作墜俗隊字

民有亂兵宋本宋殘本淳熙本岳本纂圖本監本毛本亂兵作兵亂石經此處殘缺

勞罷死轉諸本作罷釋文云本或作疲

息民五年宋本以下正義二節總入忘寢與食節注下

則民樂其性毛本則作〇性字下亦有〇監本此句改刊作則亦非

國家和平則樂生宋本則作乃

縈焉宋本以下正義二節總入乃止也句注下

諺所謂室於怒市於色者石經初刻作怒於室而色於市者後改刊案戰國策云語云怒於室者色於市與石經初刻同杜注云猶人忿于室家而作色於市人按室於怒市於色乃左傳原文倒之者作注之體若國策之文則不必與左同

春秋左傳注疏卷四十八校勘記

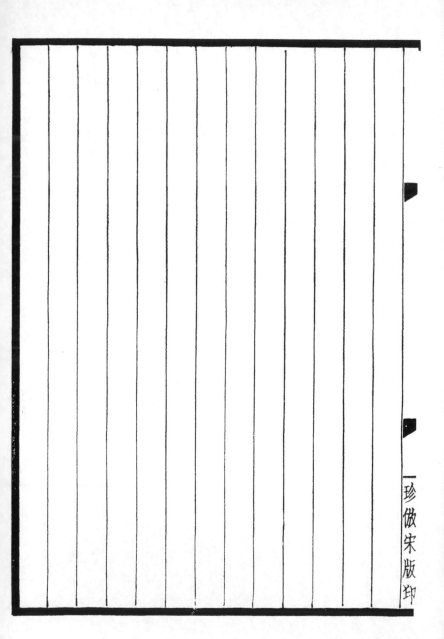

附釋音春秋左傳注疏卷第四十九 昭公二十年

杜氏注　孔穎達疏

經二十年春王正月○夏曹公孫會自鄸出奔宋無傳嘗有玉帛之使來告故書鄸曹邑○鄸莫公反一音亡增反字林音夢案夢字字林亡忠反使所吏反

【疏】注嘗有至曹邑○正義曰宣十年傳例曰凡諸侯之大夫違告於諸侯曰某氏之守臣某失守宗廟敢告所有玉帛之使者則告不然則否注云玉帛之使謂聘恩好不接故不告如杜之意此為奔者之身嘗有玉帛之使於彼國已經相接則告若奔者未嘗往聘恩好不接則不告唯告奔者嘗聘之國餘不告也曹會會來聘魯故云嘗有玉帛之使來告故書也此與二十二年宋華亥向寧華定自宋南里出奔楚其文正同彼華亥等入南里以叛又從南里出奔則此亦應然賈逵云前此以鄸叛也叛便從鄸而出叛不告故不書是言既以鄸叛又從鄸而出也南里繫宋此鄸不繫曹者鄸是大都得以名通南里是宋都之里非別邑故繫於宋此鄸及定十一年蕭皆是別邑故不繫國也曹是小國其臣書名者少此會書名蓋備於禮成為卿也釋例曰小國之卿或命而禮儀不備或未加命數故不書之邾卑我之等其奔亡亦多所書唯數人而已知其合制者少也杜言數人謂此公孫會與邾快邾卑我也是杜意以會備禮成卿故書名也劉炫云春秋未嘗書曹人來聘非徒會不見經炫謂玉帛之使謂國家所有交好皆告之非奔者之身嘗聘也今賈又云所以華亥向寧射姑等不見有玉帛來聘者以其時未為卿也

○秋盜殺衛侯之兄縶齊豹作而不義故書曰盜所謂求名而不得○縶張立反

【疏】注齊豹至不得○正義曰襄十年鄭尉止司臣等殺子駟子國書曰盜殺鄭公子騑公子發尉止之徒皆士書之為盜釋例曰士殺大夫則書曰盜則此書盜貶之使同於士也三十一年傳說春秋褒貶之義云或求名而不得或欲蓋而名章懲不義也齊豹為衛司寇守嗣

大夫作而不義其書爲盜又曰春秋書齊豹曰盜懲不義也宣十七年傳例曰凡稱弟皆母弟公羊傳曰母兄稱兄此縶與衞侯同母故稱兄

○冬十月宋華亥向寧華定出奔陳與君爭而出皆書名惡之○華戶化反爭爭鬬之爭惡烏路反

○十有一月辛卯蔡侯盧卒無傳未同盟而赴以名○盧力爲反本又作廬力於反

傳二十年春王二月己丑日南至是歲朔旦冬至之歲也當言正月己丑朔日南至時史失閏閏更在二月後故經因史而書正月傳更具於二月記南至日以正曆也○

【疏】○注是歲至曆也○正義曰曆法十九年爲一章章首之歲必周之正月朔旦冬至傳五年正月辛亥朔日南至是章首之歲年也計僖五年至往年合一百三十三年是爲七章今年復爲章首故云是歲朔日冬至之歲也朔日冬至謂正月之朔當言正月己丑朔日南至今傳乃云二月己丑日南至是錯名正月爲二月也曆之正法往年十二月後宜置閏月卽此年正月當是往年閏月此年二月乃是正月故朔日己丑日南至也時史失閏往年錯不置閏閏更在二月之後傳於八月之下乃云閏月戊辰殺宣姜是閏在二月後也不言閏在八月後而云在二月後者以正月之前當置閏二月之後卽不可故據二月言之時史謂閏月爲正月故經因史而書正月從其誤而書之傳以經之正月實非正月更具於二月記南至之日以正曆之失也日南至者謂冬至也冬至者周之正月之中氣曆法閏月無中氣中氣必在前月之內時史誤以閏月爲正月而置冬至於二月之朔旣不曉曆數故閏月之與冬至悉皆錯也杜下注云時魯侯不行登臺之禮使梓慎望氣是杜意以爲○時魯之君臣知此己丑是冬至之日但不知其不合在二月耳服虔云梓慎知失閏二月冬至故獨以二月望氣則服意以爲當時魯人置冬至於正月之內獨梓慎知二月己丑是眞冬至耳其義或當然也

梓慎望氛氛氣也時魯侯不行登臺之禮使梓慎望氣○氛芳云反曰今茲宋有亂國幾亡三年而後弭蔡有大

喪為宋華向出奔蔡侯卒傳○喪幾音祈又音機弭彌爾反○叔孫昭子曰然則戴桓也戴族華氏桓族向氏汰侈無禮已甚亂所在也傳言妖由人興○汰音泰○費無極言於楚子曰建與伍奢將以方城之外叛自以爲猶宋鄭也齊晉又交輔之將以害楚其事集矣王信之問伍奢伍奢對曰君一過多矣一過納建妻何信於讒王執伍奢忿奢切言使城父司馬奮揚殺大子未至而使遣之知大子冤故遣令去○奮方問反冤於元反令力呈反三月大子建奔宋王召奮揚奮揚使城父人執己以至疏城父人○正義曰服虔云城父人城父大夫也王曰言出於余口入於爾耳誰告建也對曰臣告之君王命臣曰事建如事余臣不佞佞才也不能苟貳奉初以還奉初命以周旋不忍後命故遣之既而悔之亦無及已王曰而敢來何也對曰使而失命召而不來是再奸也奸犯也○使而所吏反又如字奸音干逃無所入王曰歸從政如他日善其言○舍使還○還音環下還豹同無極曰奢之子材若在吳必憂楚國盍以免其父召之彼仁必來不然將爲患王使召之曰來吾免而父棠君尚謂其弟員棠君奢之長子尚也爲棠邑大夫員尚弟子胥○盍戶臘反棠君尚君或作尹員音云長丁丈反曰爾適吳我將歸死吾知不逮自以知不及員○知音智注及下知也同一音如字逮音代一音大計反我能死爾能報聞免父之命不可以莫之奔也親戚爲

戮不可以莫之報也奔死免父孝也度功而行仁也仁者貴成功○度待洛反擇任而往知
也員任報讎○任音壬注同知死不辟勇也尚為勇父不可棄俱去為棄父名不可廢俱死為廢名爾其
勉之相從為愈愈差也○差初賣反疏爾其至為愈○正義曰勉謂努力爾其勉之今勉力報讎比於相從俱死為愈也病差謂之愈言其勝共死也服虔云相從愈於共死則服意相從使員從其言也語法兩人交互乃得稱相獨使員從己語不得為相從也伍尚歸奢聞員不
來曰楚君大夫其旰食乎將有吳憂不得早食○旰古旦反楚人皆殺之員如吳言伐楚之利
於州于州于吳子僚。○僚力彫反公子光曰是宗為戮而欲反其讎不可從也光吳公子闔廬也反復也
員曰彼將有他志光欲弒僚不利員用事故破其議而員亦知之余姑為之求士而鄙以待之計未得用故進
勇士以求入於光退居邊鄙○姑為于偽反乃見鱄設諸焉。鱄諸勇士○見賢遍反鱄音專疏乃見鱄設諸焉○正義曰見謂為之紹介使之見光下文齊豹見宗魯於公孟亦然猶論語云門。人見之也而耕於鄙為二十七年吳弒僚傳○弒申志反○宋元公無信
多私而惡華向華定華亥與向寧謀曰亡愈於死先諸恐元公殺己欲先作亂○惡音惡路反華
亥偽有疾以誘羣公子公子問之則執之夏六月丙申殺公子寅公子御戎公
子朱公子固公孫援公孫丁拘向勝向行於其廩八子皆公黨○御魚呂反又如字援于眷反拘九于反廩力甚反公如華氏請焉弗許遂劫之劫公疏公如華氏請焉。○正義曰公未知諸人已死故猶往請之癸卯取大

子欒與母弟辰公子地以爲質欒景公也辰及地皆元公。弟○欒力官反質音致下同辰及地皆元公弟案公子辰是景公之母弟地是辰兄皆當爲元公之子今注皆作元公弟誤耳疏注欒景至公弟○正義曰定十年經書宋公之弟辰。當景公之世辰及弟不得爲元公弟也世族譜辰地皆云元公子此諸本皆云元公弟當時。轉寫誤耳公亦取華亥之子無感向寧之子羅華定之子啓與華氏盟以爲質爲此冬華向出奔傳○感千歷反○衛公孟縶狎齊豹公。孟靈公兄也齊豹齊惡之子爲衛司寇狎輕也○狎戶甲反奪之司寇與鄄鄄豹邑○鄄音絹有役則反之無則取之縶足不良故有役則以官邑還豹使行公孟惡北宮喜褚師圃欲去之喜貞子○惡烏路反褚中呂反圃布五反去起呂反公子朝通于襄夫人宣姜宣姜靈公嫡母○朝如字嫡丁歷反本又作適懼而欲以作亂故齊豹北宮喜褚師圃公子朝作亂初齊豹見宗魯於公孟薦達也○見賢遍反爲驂乘焉爲公孟驂乘○驂七南反乘繩證反注及下驂乘與乘一乘駟乘就公乘皆同將作亂而謂之。曰公孟之不善子所知也勿與乘吾將殺之對曰吾由子事公孟子假吾名焉故不吾遠也言子借我以善名故公孟親近我○與音預又如字遠于萬反借子夜反近附近之近雖其不善吾亦知之抑以利故不能去是吾過也今聞難而逃是僭子使子言不信也○難乃旦反僭子念反也子行事乎吾將死之以周事子周猶終竟也疏。注周猶終竟也正義曰杜意終不泄子言是終事子即謂殺公孟之言而歸死於公孟其可也丙辰衛侯在平壽平壽衛下邑公孟

有事於蓋獲之門外有事祭也蓋獲衛郭門齊子氏帷於門外而伏甲焉齊豹之家使祝鼃寘
戈於車薪以當門要其前也○鼃烏蝸反寘之豉反要一遙反使一乘從公孟以出亦如前車寘戈於薪尋其後○
從如字又才用反。使華齊御公孟宗魯驂乘及閎中閎曲門中○華戶化反下同閎音宏疏使華齊御公孟○正義曰
諸本皆華上有使。字計華齊是公孟之臣自爲公孟之御非齊氏所當使必不
得有使字學者以上文有使祝鼃使一乘下有使華寅乘貳車使華寅執蓋以
此妄加使字今定本有使非也齊氏用戈擊公孟宗魯以背。蔽之斷肱以中公孟之肩皆殺之
公聞亂乘驅自閱門。入慶比御公公南楚驂乘使華寅乘貳車公副車○斷丁管反肱古弘反
中丁仲反下中南楚同乘驅如字又繩證反閱音悅比如字又毗志反疏乘驅自閱門○正義曰乘驅者乘車而疾驅也閱門者衛城門蓋偏側之門其
路遠齊氏及公宮鴻騮。魋駟。乘于公鴻騮。復就公乘一車四人○騮音留魋徒回反復扶又反公載寶以出褚師
子申遇公于馬路之衢遂從從公出○衢其俱反從才用反注及下注同過齊氏使華寅肉袒。執蓋
以當其闕肉袒示不敢與齊氏爭執蓋蔽公而去闕空也以蓋當侍從空闕之處○袒徒旱反爭爭鬬之爭處昌慮反齊氏射公中
南楚之背公遂出寅閉郭門不欲令追者出○射食亦反令力呈反踰而從公踰郭出○從才用反又如字下從公
同公如死鳥死鳥衛地析朱鉏宵。從竇出徒行從公朱鉏成。子黑背孫○析星歷反鉏仕居反竇音豆齊侯
使公孫青聘于衛青頃公之孫○頃音傾既出聞衛亂使請所聘公曰猶在竟內則衛君

也乃將事焉○將事行聘事竟音境遂從諸死鳥請將事辭曰亡人不佞失守社稷越在草莽吾子無所辱君命賓曰寡君命下臣於朝曰阿下執事阿比也命己使比衛臣下○莽莫蕩反臣不敢貳。二違命也主人曰君若惠顧先君之好昭臨敝邑鎮撫其社稷則有宗祧在言受聘當在宗廟也○好呼報反祧他彫反乃止止不行聘事衛侯固請見之欲以相見不獲命以其良馬見以爲相見之禮○馬見賢遍反下注客禮見同爲未致使故也未致使故不敢以客禮見○爲于僞反使所吏反注同

疏注未致至禮見○正義曰客禮見者若已致君命則享有庭實復有私覿私面之禮今爲未致使故但以良馬見也

衛侯以爲乘馬喜其敬己故賁其物○乘繩證反又如字賓將掫。掫行夜○掫側九反又祖侯反行下孟反

疏注掫行夜○正義曰下。云終夕與於燎故知掫是行夜也說文云掫夜戒有所擊也從手取聲

主人辭曰亡人之憂不可以及吾子草莽之中不足以辱從者敢辭賓曰寡君之下臣君之牧圉也若不獲扞外役是不有寡君也有相親有○從才用反圉魚呂反扞戶旦反臣懼不免於戾請以除死親執鐸終夕與於燎設。火燎以備守○鐸待洛反與音預下不與聞謀與於青之賞同燎力召反又力弔反一本作終夕與於燎齊氏之宰渠子召北宮子北宮喜也北宮氏之宰不與聞謀殺渠子遂伐齊氏滅之丁巳晦公入與北宮喜盟于彭水之上喜本與齊氏同謀故公先與喜盟。

疏丁巳晦○正義曰丙辰丁巳乃是頻日。其事既多不應二日之中幷爲此事今杜不云日誤者以誤在可知故杜不言日

宣二年壬申朝于武宮注云壬申十月五日既有日而無月冬又在壬申下明傳文無較例又注哀十二年傳云此事經在十二月螽上今倒在下更具列其月以爲別者丘明本不以爲義例故不皆齊同如杜此言或傳因簡牘之辭不復具顯其日月劉炫以爲日誤而規杜氏非也秋七月戊午朔遂盟國人八月辛亥公子朝褚師圃子玉霄子高魴出奔晉皆齊氏黨閏月戊辰殺宣姜與公子朝通謀故衛侯賜北宮喜謚曰貞子滅齊氏故疏貞子○正義曰謚法外內用情曰貞賜析朱鉏謚曰成子霄從公故而以齊氏之墓予之皆未死而賜謚及墓田傳終而言之衛侯告寧于齊且言子石子石公孫青言其有禮疏注子石公孫青○正義曰案世本頃公生子夏勝勝生子石青是也齊侯將飲酒徧賜大夫曰二三子之教也喜青敬衛侯○徧音遍苑何忌辭曰與於青之賞必及于其罰何忌齊大夫言青若有罪亦當并受其罰○苑於元反在康誥曰父子兄弟罪不相及尚書康誥疏在康至相及○正義曰此非康誥之全文引其意而言之其本文云子弗祇服厥父事大傷厥考心于父不能字厥子乃疾厥子于弟弗念天顯乃弗克恭厥兄兄亦不念鞠子哀大不友于弟惟弔茲不于我政人得罪孔安國云至此不孝不慈弗友不恭不於我執政之人得罪乎道教不至所致又曰文王作罰刑茲無赦言刑此不孝不慈之人無赦也刑不慈者不可刑其父又刑其子刑不孝者不可刑其子又刑其父是爲父子兄弟罪不相及況在羣臣臣敢貪君賜以干先王言受賜則犯康誥之義琴張聞宗魯死琴張孔子弟子字子開名牢○牢力刀反疏注琴張至名牢○正義曰家語云孔子弟子琴張與宗魯友七十子篇云琴牢衛人字子開一字張則以字配姓爲琴張即牢曰子云是也賈逵鄭衆皆以爲子張即顓孫師服虔云案七十子傳云子張少

孔子四十餘歲孔子是時四十。一未有子張鄭賈之說不知所出將往弔之仲尼曰齊豹之盜而孟縶之賊女
何弔焉言齊豹所以爲盜孟縶所以見賊皆由宗魯○女音汝君子不食姦如公孟不善而受其祿是食姦也不受亂許豹
行事是受亂也不爲利疚於回○疚病回邪也以利故不能去是病身於邪○爲于僞反疚居又反邪似嗟反下同不以回待人
知難不告是以邪待人○難乃旦反下同不蓋不義以周事豹是蓋不義不犯非禮以二心事縶是非禮○宋華向之亂
公子城平公子公孫忌樂舍舍樂喜孫司馬彊向宜向鄭宜鄭皆向戌子楚建楚平王之亡大子郳甲。
小邾穆公子○郳五兮反出奔鄭八子宋大夫皆公黨辟難。出其徒與華氏戰于鬼閻。八子之徒衆也潁川長平縣西北有
閻亭○閻似廉反又似冉反敗子城子城適晉子城爲華氏所敗別走至晉爲明年子城以晉師至起本疏。子城適晉○正義曰上云
八子奔鄭而此又云適晉者子城本意與七子同心奔鄭故上云奔鄭及其敗後遂率意適晉以請師華亥與其妻必盥而食所
質公子者而後食公與夫。人。每日必適華氏食公子而後歸華亥患之欲歸公
子向寧曰唯不信故質其子若又歸之死無日矣公請於華費遂將攻華氏費遂
大司馬華氏族○盥古緩反而食音嗣下食公子同質音致下同費扶味反對曰臣不敢愛死無乃求去憂而滋長
乎恐殺大子憂益長○去起呂反長丁丈反注及下同臣是以懼敢不聽命公曰子死亡有命余不忍其
訽。訽恥也○訽許候反本或作詬同疏子死至其訽○正義曰言我子死亡自有天命天命欲盡非人所免我不忍其恥欲喪子以伐之冬十

月公殺華向之質而攻之戊辰華向奔陳華登奔吳登費遂之子黨。華向者向寧欲殺大
子華亥曰干君而出又殺其子其誰納我且歸之有庸可以爲功善使少司寇牼以
歸以三公子歸公也牼華亥庶兄○少詩照反下注少皞同牼苦耕反曰子之齒長矣不能事人以三公子爲質
必免質信也送公子歸可以自明不叛之信○質如字注同疏不能事人○正義曰言年齒既長不能他國事人爲臣公子既入華
牼將自門行從公門去公遽見之執其手曰余知而無罪也入復而所而女也所所居官○遽其
據反女音汝○齊侯疥。遂痁痁瘧疾○疥舊音戒梁元帝音該依字則當作痎說文云兩日一發之瘧也痎音皆後學之徒僉以疥字爲誤
案傳例因事曰遂若痎已是瘧疾何爲復言遂痁乎痁失廉反疏。齊侯疥遂痁○正義曰後魏之世嘗使李繪聘梁梁人袁狎與繪言及春秋說此事云疥
當爲痎痎是小瘧痁是大瘧疥患積久以小致大非疥也狎之所言梁王之說也案說文疥搔也瘧熱寒。休作痁有熱瘧痎二日一發瘧今人瘧有二日一發
亦有頻日發者俗人仍呼二日一發久不差者爲痎瘧則梁王之言信而有徵也是齊侯之瘧初二日一發後遂頻日熱發故曰疥遂痁以此久不差故諸侯
之賓問疾者多在齊也若其不然疥搔小患與瘧不類何云疥遂痁乎徐仙民音作疥是先儒舊說皆爲疥遂痁初疥後瘧耳。今。定本亦作疥期而不
瘳諸侯之賓問疾者多在多在齊○期音基瘳勑留反疏期而○正義曰期三百有六旬又六日法天數三百六十五度四分
度之一帝言閏從全數故言三百六十又六日合三百六十五日又四分度之一分欠三分不成六日大月却還天。朞十度小月不盡置閏梁丘據
與裔款二子齊嬖大夫○裔以制反嬖必計反言於公曰吾事鬼神豐於先君有加矣今君疾病

爲諸侯憂是祝史之罪也諸侯不知其謂我不敬君盍誅於祝固史嚚以辭賓欲殺嚚固以辭謝來問疾之賓○盍戶臘反嚚魚巾反【疏】注欲殺嚚固○正義曰服虔云祝固齊大祝史嚚大史也。謂祝史之固陋嚚闇不能盡禮薦美至於鬼神怒也其意以爲請誅祝史之嚚闇固陋者嚚固非人名也案莊三十二年神降於莘虢公使祝應宗區史嚚享焉彼是人名則此亦名也世族譜齊雜人內有祝固史嚚此云欲殺嚚固是杜必以爲人名也公說。告晏子晏子曰日宋之盟日往日也宋盟在襄二十七年○說音悅屈建問范會之德於趙武趙武曰夫子之家事治言於晉國竭情無私其祝史祭祀陳信不愧其家事無猜其祝史不祈家無猜疑之事故祝史無求於鬼神○屈居勿反治直吏反愧九位反本又作媿猜七才反【疏】晏子曰至不祈○正義曰彼傳趙武對曰夫子之家事治言於晉國無隱情其祝史陳信於鬼神無愧辭此晏子言之其辭微多於彼其意亦不異也建以語康王楚王○語魚據反康王曰神人無怨宜夫子之光輔五君以爲諸侯主也五君文襄靈成景【疏】光輔五君○正義曰文公爲戎右襄靈爲大夫成公爲卿景公爲大傅公曰據與款謂寡人能事鬼神故欲誅于祝史子稱是語何故對曰若有德之君外內不廢無廢事上下無怨動無違事其祝史薦信無愧心矣君有功德祝史陳說之無所愧【疏】上下無怨○正義曰此猶如孝經上下無怨也言人臣及民上下無相怨耳服虔云上下謂人神無怨卽如服言下云上下怨疾復是人與神相怨疾也是以鬼神用饗國受其福祝史與焉與受國福○與焉音預注同下祝史與焉亦同其所以蕃祉老壽者爲信君使也

其言忠信於鬼神其適遇淫君外內頗邪上下怨疾動作辟違從欲厭私使私情厭
足○蓄音煩祉音恥爲于僞反又如字下爲暴君使同頗普何反邪似嗟反辟匹亦反從子用反下淫從同或音如字厭於豔反注同高臺深池
撞鍾舞女斬刈民力輸掠其聚掠奪取也○撞直江反刈本又作艾魚廢反掠音亮聚才住反又如字【疏】輸掠其聚○正
義曰輸墮也故爲墮毀奪其所聚之物以成其違不恤後人暴虐淫從肆行非度無所還忌還猶顧也
【疏】肆行非度○正義曰肆縱恣也恣意行非法度之事也不思謗讟不憚鬼神神怒民痛無悛於心其祝
史薦信是言罪也以實白神是爲言君之罪○讟徒木反悛七全反【疏】不思謗讟○正義曰俗本作畏定本作思其蓋失數
美是矯誣也蓋掩也○數所主反矯居表反【疏】其蓋至誣也○正義曰掩蓋愆失妄數美善是矯詐誣罔也進退無辭則虛
以求媚作虛辭以求媚神○媚眉記反於是以鬼神不饗其國以禍之祝史與焉所以夭昏孤
疾者爲暴君使也其言僭嫚於鬼神公曰然則若之何對曰不可爲也言非誅祝史所
能治○僭子念反下僭令同嫚武諫反山林之木衡鹿守之澤之萑蒲舟鮫守之藪之薪蒸虞候
守之海之鹽蜃祈望守之衡鹿舟鮫虞候祈望皆官名也言公專守山澤之利不與民共○萑音丸鮫音交藪素口反蒸之丞反麤
曰薪細曰蒸蜃市軫反【疏】注衡鹿至民共○正義曰周禮司徒之屬有林衡之官掌巡林麓之禁鄭玄云衡平也平林麓之大小及所生者竹木生平地
曰林山足曰麓此置衡鹿之官守山林之木是其宜也舟是行水之器鮫是大魚之名澤中有水有魚故以舟鮫爲官名也周禮山澤之官皆名爲虞每大澤

大數中士四人鄭玄云虞度也度知山之大小及所生者澤水所鍾也水希曰數則數是少水之澤立官使之候望故以虞候爲名也海是水之大神有時祈望祭之因以祈望爲主海之官也此皆齊自立名故與周禮不同山澤之利當與民共之言公立此官使之守掌專山澤之利不與民共故鬼神怒而加病也

縣鄙之人入。從其政偪介之關暴征。其私 介隔也迫近國都之關言邊鄙既入服政役又爲近關所征稅相暴奪其私物〇其政如字一音征偪彼力反介音界近附近之近 【疏】注介隔至私物〇正義曰聘禮及竟謁關人鄭玄云古者竟上爲關又周禮司關注云關界上之門然則禮之正法國之竟界之上乃有關耳自竟至國更無關也齊於竟內更復置關不與常禮同以隔外內故注介爲隔也迫近國都爲關以隔邊鄙之人縣鄙之人入從國之政役近關又征稅奪其私物而使民困也

承嗣大夫強易其賄 承嗣大夫世位者〇強其丈反賄呼罪反 布常無藝 藝法制也言布政無法制 【疏】布常無藝正義曰布其尋常之政無準藝 徵斂無度宮室日更淫樂不違 違去也

內寵之妾肆奪於市 肆放也 外寵之臣僭令於鄙 詐爲教令於邊鄙 私欲養求不給則應 養長也所求不給則應之以罪〇應應對之應注同長丁丈反 【疏】私欲至則應〇正義曰言此嬖寵之臣私有所欲長養其情求物共之民不共給則應之以罪

民人苦病夫婦皆詛祝有益也詛亦有損聊攝以東。 聊攝齊西界也平原聊城縣東北有攝城〇詛莊慮反祝之又反下善祝同 姑尤以西 姑尤齊東界也姑水尤水皆在城陽郡東南入海 【疏】聊攝至以西〇正義曰聊攝姑尤皆是邑也管仲夸楚言其竟界所至故遠舉河海也晏子言其人多故唯舉屬邑言之也

其爲人也多矣雖其善祝豈能勝億兆人之詛 萬萬曰億萬億曰兆〇億於力反 君若欲誅於祝史脩德而後可公說使有司寬政

毀關去禁薄斂已責除逋責○說音悅去起呂反下以去其否同斂力驗反責本又作債同逋布胡反○十二月齊侯
田于沛言疾愈行獵沛澤名○沛音貝招虞人以弓不進虞人掌山澤之官公使執之辭曰昔我先君
之田也旃以招大夫弓以招士皮冠以招虞人臣不見皮冠故不敢進乃舍之
仲尼曰守道不如守官君招當往道之常也非物不進官之制也○旃之然反疏旃以至虞人○正義曰周禮孤卿建旃大夫尊
故○麾旃以招之也逸詩翹翹車乘招我以弓古者聘士以弓故弓以招士也諸侯服皮冠以田虞人掌田獵故皮冠以招虞人也君子韙之韙是
也○韙于鬼反齊侯至自田晏子侍于遄臺子猶馳而造焉子猶梁丘據○田本亦作佃音同遄市專反造七報
反公曰唯據與我和夫晏子對曰據亦同也焉得爲和公曰和與同異乎對曰
異和如羹焉水火醯醢鹽梅以烹。魚肉燀之以薪燀炊也○夫音扶焉於虔反羹音庚舊音衡醯呼兮反醢
音海烹普庚反煑也燀章善反燃也炊昌垂反疏醯醢鹽梅○正義曰醯酢也醢肉醬也梅果實似杏而酢禮記內則炮豚之法云調之以醯醢尙書說命
云若作和羹爾惟鹽梅是古人調鼎用梅醢也此說和羹而不言豉古人未有豉也禮記內則楚辭招魂備論飲食而言不及豉史游急就篇乃有蕪荑鹽豉
蓋秦漢以來始爲之耳宰夫和之齊之以味濟其不及以洩其過。齊益也洩減也○齊才細反又如字洩息列反
疏齊之至其過○正義曰齊之者使酸鹹適中濟益其味不足者泄減其味大過者君子食之以平其心君臣亦然亦如
羹君所謂可而有否焉否不可也臣獻其否以成其可獻君之否以成君可君所謂否而有可

焉臣獻其可以去其否是以政平而不干。民無爭心故詩曰亦有和羹既戒既平詩頌殷中宗。言中宗能與賢者和齊可否其政如羹敬戒且平和羹備五味異於大羹〇爭爭鬭之爭和齊並如字一讀上戶臥反下才細反鬷嘏無言時靡有爭鬷總也嘏大也言總大政能使上下皆如和羹〇鬷子工反嘏古雅反總音揔疏詩曰至有爭〇正義曰詩言殷王中宗非徒身自賢明亦有和羹之臣臣與其君可否相濟如宰夫之和齊羹也此臣既敬戒其事矣既志性和平矣中宗總齊大政自上及下無怨恨之言時民無有相爭鬭訟者也言其上下悉如和羹〇注詩頌至大羹〇正義曰詩商頌烈祖之篇祀中宗之詩也中宗殷王大戊湯之玄孫也有桑穀之異懼而脩德殷道復興故表顯之號為中宗殷人祭其廟述其德而歌此詩也言亦有者臣能諫君君能改悔亦者兩相須之意也言中宗能與臣之賢者和齊可否其為政教如宰夫和齊羹之味也敬戒。且平言此賢臣之性行也樂記云大羹不和鄭玄云大羹肉湆不調以鹽菜桓二年傳云大羹不致注云大羹肉汁不致五味和羹備五味異於大羹也〇注鬷總至和羹〇正義曰鬷總嘏大詩毛傳文也言中宗為天子總大大政能使上下皆如和羹焉傳引此詩證民無爭心則以時靡有爭謂時無有爭也先王之濟五味濟成也和五聲也以平其心成其政也聲亦如味一氣須氣以動〇一氣杜解以為人氣也服云歌氣也疏一氣〇正義曰服虔云歌氣也杜言須氣以動則一氣不。主為歌吹人以氣生動皆由氣彈絲擊石莫不用氣氣是作樂之主故先言之人作諸樂皆須氣以動則與服。不異二體舞者有文武疏二體〇正義曰樂之動身體者唯有舞耳文舞執羽籥武舞執干戚舞者有文武之二體三類風雅頌疏三類〇正義曰樂以歌詩為主詩有風雅頌其類各別知三類是風雅頌也一國之事諸侯之詩為風天下之事天子之詩為雅成功告神為頌是三者類別各不同四物雜用四方之物以成器疏四物〇正義曰樂之所用八音之器金石

絲竹匏土革木其物非一處能備故雜用四方之物以成器

五聲

宮商角徵羽○五聲宮爲君商爲臣角爲民徵爲事羽爲物徵張里反

【疏】五聲○正義曰漢書律曆志云五聲者宮商角徵羽也所以作樂者諧八音蕩滌人之邪。志。令其正性移風易俗也五聲和八音諧而樂成商之爲言章也物成熟可章度也角觸也物觸地而出戴芒角也宮中也居中央暢四方唱。始。生爲四聲綱也徵祉也物盛大而蕃祉也羽宇也物聚宇而覆之也夫聲者中於宮觸於角祉於徵章於商宇於羽故四聲爲宮紀也是五聲之名義也聲之清濁凡有五品自然之理也聖人配於五方宮居其中商角徵羽分配四方四時之物春生夏長秋成冬聚取其事而爲之名也志又云五聲之本生黃。鍾。之律九寸爲宮或益或損以定商角徵羽九六相生陰陽之應也樂記云宮爲君商爲臣角爲民徵爲事羽爲物月令春其音角夏其音徵中央土其音宮秋其音商冬其音羽鄭玄云聲始於宮宮數八十一屬土以其最濁君之象也三分宮去一以生徵徵數五十四屬火以其徵清事之象也三分徵益一以生商商數七十二屬金以其濁次宮臣之象也三分商去一以生羽羽數四十八屬水以爲最清物之象也三分羽益一以生角角數六十四屬木以其清濁中民之象也志言或損或益者下生三分損一上生三分益一九六相生者以九生六是三損一也以六生九是三益一也損益之數清濁之差無可以相準況以黃鍾九寸自乘爲九九八十一定之爲宮數因宮而損益以定商角徵羽之差言其相校如此數也唯相準況耳非言實有此數可用之也

六律

黃。鍾。大。蔟姑洗蕤賓夷則無射也陽聲爲律陰聲爲呂此十二月氣○大音泰蔟七豆反蕤人誰反射音亦

【疏】六律○正義曰周禮大師掌六律六呂以合陰陽之聲陽聲黃鍾大蔟姑洗蕤賓夷則無射陰聲大呂應鍾南呂林鍾小呂夾鍾月令以小呂爲仲呂律曆志云律有十二陽六爲律陰六爲呂黃帝之所作也黃帝使伶倫自大夏之西崑崙之陰取竹之竅厚均者斷兩節間而吹之以爲黃鍾之宮制十二筩以聽鳳。皇之鳴其雄鳴爲六雌鳴亦六以比黃鍾之宮是爲律本黃鍾黃者中之色也鍾者種也天之中數五五爲聲聲上宮五聲莫大焉地之

中數六六爲律律有形有色色上黃五色莫盛焉故陽氣施種於黃泉滋萌萬物爲六氣元也以黃色名元氣律者著宮聲也始於子在十一月大呂呂旅也言陰大旅助黃鍾宣氣而。牙物也位於丑在十二月大蔟蔟奏也言陽氣大奏地而達物也位於寅在正月夾鍾言陰氣夾助大蔟宣四方之氣而出種物也位於卯在二月姑洗洗。絜也言陽氣洗物辜絜之也彼注云辜必也位於辰在三月仲呂言微陰始起未咸著於其中旅助姑洗宣氣齊物也位於巳在四月蕤賓蕤繼也賓道也言陽氣始道陰氣使繼養物也位於午在五月林鍾林君也言陰氣受任助蕤賓君主種物使長大茂盛也位於未在六月夷則則法也言陽氣正法度而使陰氣夷當傷之位也位於申在七月南呂南任也言陰氣旅助夷則任成萬物也位於酉在八月無射射厭也言陽氣究物而使陰氣畢剝落之終而復始無厭已也位於戌在九月應鍾言陰氣應無射該藏萬物而雜陽閡種也彼注云外閉曰閡位於亥在十月是解六律六呂之名義也如志之言初爲律者以竹爲之吹其聲也其後則用銅爲之以候氣後漢書章帝時零陵。大學奚景於陰泠道舜祠下得白玉管是古人或以玉爲管也續漢書云候氣之法爲土室三重戶閉塗釁必周密布緹縵於室中以木爲案每律各一內。痺外高從其方位加律其上以葭莩灰實其端案曆而候之其月氣至則灰飛而管通蓋音聲之道與天地之氣通故取律以候氣月令正月律中大蔟鄭玄云律者候氣之管以竹爲之中猶應也正月氣至則大蔟之律應應謂吹灰也是其舊說然也其律呂相生鄭注周禮大師職云黃鍾之初九下生林鍾之初六林鍾又上生大蔟之九二大蔟又下生南呂之六二南呂又上生姑洗之九三姑洗又下生應鍾之六三應鍾又上生蕤賓之九四蕤賓又上生大呂之六四大呂又下生夷則之九五夷則又上生夾鍾之六五夾鍾又下生無射之上九無射又上生中呂之上六同位者象夫妻異位者象子母所謂律取妻而呂生子也子。午。以東爲上生子午以西爲下生五下六上乃一終矣鄭玄云同位象夫妻者黃鍾初九林鍾初六及大蔟九二南呂六二之類同在初二之位故象夫妻異位象子母者謂林鍾初六生大蔟九二初之與二其數不同故爲異位象子母律生於呂是爲同位故云律取妻呂生於律則爲異位故云呂生子言五下者謂夷則林鍾南呂無射應鍾皆是子午以東之管下而生之故云下生六上者謂大呂大蔟夾鍾姑洗仲呂蕤賓皆是子午以西之管上而生之故云上生黃鍾爲律之首不是餘管所生不入其數上生者三分益一下生者三分減一皆左旋隔八而相生

七音

周武王伐紂自午及子凡七日王因此以數合之以聲昭之故以七同其數以律和其聲謂之七音○七音宮商角徵羽變宮變徵也

疏七音○正義曰聲之清濁數不過五而得有七音者終五以外更變爲之也賈逵注周語云周有七音謂七律謂七器音也黃鍾爲宮太蔟爲商姑洗爲角林鍾爲徵南呂爲羽應鍾爲變宮蕤賓爲變徵是五聲以外更加變宮變徵爲七音也周語云景王將鑄無射問律於伶州鳩對曰律所以立均出度也古之神瞽考中聲而量之以制度律均鍾百官軌儀故先王貴之王曰七律者何對曰昔武王伐殷歲在鶉火月在天駟日在析木之津辰在斗柄星在天黿星與辰之位皆在北維我姬氏出自天黿則我皇妣大姜之姪逢公之所馮神也歲之所在則我周之分野也月之所在辰馬農祥我大祖后稷之所經緯也王欲合是五位三所而用之自鶉及駟七列也南北之揆七同也凡神人以數合之以聲昭之數合聲和然後可同也故以七同其數而以律和其聲於是乎有七律也是言周樂有七音之意也五位者歲月日辰星之位也三所者星與日辰之位是一所也歲之所在是二所也月之所在武王以殷之十二月二十八日戊午發師其年歲星在鶉火之次也其日月合宿於房五度房即天駟之星也日在箕七度箕於次分在析木之津也日月之會謂之辰斗柄斗前也戊午後三日得周二月辛酉朔日月合宿於箕十度在斗前一度是爲辰在斗柄也星在天黿者星於五星爲水星辰星是也天黿即玄枵次之別名也於是辰星在婺女之宿其分在天黿之宿次也鶉是張星也駟是房星也天宿以右旋爲次張翼軫角亢氐房凡七宿是自鶉火至駟爲七列宿有七也鶉火在午天黿在子斗柄所建月移一次是自午至子爲南北之揆七同也揆度也度量星之有七同也武王既見天時如此因此以數比合之其數有

七也以聲昭明之聲亦宜有七也故以七同其數五聲之外加以變宮變徵也此二變者舊樂無之聲或不會而以律和其聲調和其聲使與五音諧會謂之七音由此也武王始加二變周樂有七音耳以前未有七杜言武王伐紂自午及子凡七日者尚書泰誓云戊午王次于河朔又牧誓云時甲子昧爽王朝至于商郊牧野乃誓又武成云戊午師逾孟津癸亥陳于商郊甲子受率其旅若林前徒倒。戈攻于後以北血流漂杵一戎衣天下大定是自戊午至甲子七日也劉炫云杜既取國語之文以七同其數以律和其聲何為又云自午及子凡七日乎是杜意以武王為七日之故而作樂用七音也違國語之文是杜說謬今知不然者以尚書國語俱有七義事得兩通故杜兼而取之劉以為杜背國語之文而規杜過非也

八風八方之風○八風易緯通卦驗云東北曰條風東方曰明庶風東南曰清明風南方曰景風西南曰涼風西方曰閶闔風西北曰不周風北方曰廣莫風條風又名融風景風一名凱風【疏】八風○正義曰易緯通卦驗云立春調風至春分明庶風至立夏清明風至夏至景風至立秋涼風至秋分閶闔風至立冬不周風至冬至廣莫風至調風一名融風十八年傳云是謂融風是調融同也此八方之風以八節而至但八方風氣寒暑不同樂能調陰陽和節氣隱五年傳曰舞所以節八音而行八風故樂以八風相成也八節之風亦與八卦八音相配賈逵云兌為金為閶闔風也乾為石為不周風也坎為革為廣莫風也艮為匏為融風也震為竹為明庶風也巽為木為清明風也離為絲為景風也坤為土為涼風也是先儒依易緯配八風也

九歌九功之德皆可歌也六府三事謂之九功○六府水火金木土穀三事正德利用厚生也【疏】九歌○正義曰九歌之。事尚書大禹謨與文七年傳具有其文

以相成也言此九者合然後相成為和樂

清濁大小短長疾徐哀樂剛柔遲速高下出入周疏。以相濟也周密也○哀樂音洛下及注皆同周疏傳本皆作流然此五句皆相對不應獨作周流古本有作疏者案注訓周為密則與疏相對宜為疏耳【疏】清濁。小。大。長短至。出。入周疏○正義曰周疏以上凡十事

皆兩字相對其義相反乃言樂聲如此相反以成音曲猶羹之水火相反人之和而不同也杜訓周爲密則疏爲希亦相反也俗本疏作流易繫辭云周流六虛仲尼燕居云周流無不偏也涉彼文而誤耳杜既以周爲密則流當爲疏今定本作流非也君子聽之以平其心心平德和故詩曰德音不瑕詩豳風也義取心平則德音無瑕闕○豳彼貧反【疏】詩曰德音不瑕○正義曰詩豳風狼跋美周公攝政遠則四國流言近則成王不知周大夫美其不失其聖也云公孫碩膚德音不瑕鄭玄云不瑕言不可疵瑕也今據不然君所謂可據亦曰可君所謂否據亦曰否若以水濟水誰能食之若琴瑟之專壹誰能聽之同之不可也如是飲酒樂公曰古而無死其樂若何晏子對曰古而無死則古之樂也君何得焉昔爽鳩氏始居此地爽鳩氏少皞氏之司寇也○專如字董遇本作摶音同季荝因之季荝虞夏諸侯代爽鳩氏者○荝仕側反夏戶雅反○【疏】注季荝至氏者○正義曰此相傳說也以逢伯是殷之諸侯此在逢伯之前故以爲虞夏時也爽鳩在少皞之世至虞夏歷代多矣未必其間更無他姓據晏子之言云代爽鳩氏。有逢伯陵因之逢伯陵殷諸侯姜姓蒲姑氏因之蒲姑氏殷周之間代逢公者而後大公因之古者無死爽鳩氏之樂非君所願也齊侯甘於所樂志於不死晏子稱古以節其情願○大音泰爽鳩氏之樂一本作樂之【疏】古者至願也○正義曰自古者其無死爽鳩至今猶存則此齊地是爽鳩氏得而樂也君不得爲齊君不死之事此樂爽鳩氏之有非君所願樂也晏子以爽鳩氏爲始故言爽鳩之樂計爽鳩以前處齊地者猶應代有人矣○鄭子產有疾謂子大叔曰我死子必爲政唯有德者能以寬服民其次莫如猛夫火烈民望而畏之故鮮死焉水懦弱民狎而翫之狎輕也○鮮息淺反懦乃亂乃臥二反一音儒狎戶甲反翫五亂反則多死焉故寬難難以治○治直吏反○疾數月而卒大叔爲政不忍猛而寬鄭國多盜取人於萑。苻。之澤萑苻澤名於澤中。劫人○數所主反萑音丸苻音蒲又如字大叔悔之曰吾早從夫子不及此興徒兵以攻萑苻之盜盡殺。之盜少止仲尼曰善哉政寬則民慢慢則糾之以猛糾猶攝也○盡殺之本或作盡之殺衍字糾居黝反【疏】盡。殺。之盜少止○正義曰既言盡殺之復云盜少止者蓋謂盡萑苻之內盜也。少止謂鄭國餘處之盜由此。少止猛則民殘殘則施之以寬寬以濟猛猛以濟寬政是以和詩曰民亦勞止汔可小康惠此中國以綏四方施之以寬也詩大雅汔。其也康綏皆安也周厲王暴虐民勞於苛政故詩人刺之欲其施之以。寬○汔許乙反苛音何毋從詭隨詭人隨人無正心不可從○毋本又作無從子又反注同詭九委反以謹無良譴勑慎也式遏寇虐慘不畏明糾之以猛也式用也遏止也慘曾也言爲寇虐曾不畏明法者亦當用猛政糾治之○遏於葛反慘七感反柔遠能邇以定我王平之以和也柔安也邇近也遠者懷附近者各以能進則王室定【疏】詩曰至和也○正義曰此詩大雅民勞之篇刺厲王之詩也其下十句詩之文也仲尼分爲三段每以一句釋之汔其也康綏皆安也止辭也於是厲王以苛政勞民故言當今之民亦大疲勞止其可以小息之中國京師也四方諸夏也施惠於此京師中國以綏彼諸夏之民此四句者欲其施之以寬也詭隨謂詭人爲善隨人小惡此雖惡之小者其事不可舍從也毋得從此詭隨之人以謹勑彼無善之人無善之惡大於詭隨詭隨不從則無善息止是謹勑之也寇虐之惡人又。大於無善式用也遏止也憯曾也王當嚴爲刑威用止臣民之間有爲寇盜苛虐曾不畏明白之刑者此四句者欲其糾之以猛也柔安也邇近也能謂才能也王者當以寬政安慰遠人使之懷附則各以才能自進者是近人也遠者懷。而歸近者以能自進用此以定我爲王之功此二句者言平之以和也○注詩大雅云。云○正義曰釋詁云汔幾也杜以幾其同聲故以汔爲。其也康綏皆安及下注遏止皆釋詁文也式用憯曾釋言文也

又曰不競不絿不剛不柔。詩殷頌言湯政得中和競強也絿急也○絿音求布政優優百祿是遒優優和也遒聚也○遒在由反又子由反和之至也及子產卒仲尼聞之出涕曰古之遺愛也子產見愛有古人之遺風【疏】又曰至至也○正義曰詩商頌長發之篇述成湯之德也湯之爲政不大強不大急不大剛不大柔布行政教優優然和綏百種福祿於是聚而歸之言其和之至也競強釋言文也絿急遒聚毛傳文也○及子至聞之○正義曰案上子大叔悔後已云仲尼曰善哉今方言及子產卒聞之者上所云先美子大叔之善法政用子產生時法也此出涕重美子產身之賢故傳云及子產卒欲顯仲尼美之意也

附釋音春秋左傳注疏卷第四十九

春秋左傳注疏卷四十九校勘記　阮元撰盧宣旬摘錄

附釋音春秋左傳注疏卷第四十九　昭公二十年

〔經二十年〕

或欲蓋而名章　監本毛本章作彰

蔡侯盧卒　釋文亦作盧云本又作廬宋本宋殘本小字宋本淳熙本岳本足利本作廬與石經合

〔傳二十年〕

是歲至曆也　宋本此節正義在注文傳言妖由人興句下

時魯之君臣　宋本時上有當字是也

使梓慎望氛　宋本宋殘本小字宋本岳本氛作氣是也

伍奢　陳樹華云此伍字及下伍尚伍員字形微小疑初刻作五重磨刻伍案碑不似重刻五奢廣韻引作五奢呂覽孟冬紀伍員作五員是也

城父人　宋本以下正義三節總入而耕於鄙注下

善其言舍使還　閩本監本舍作令非也

棠君尚　釋文君或作尹惠棟云風俗通作堂案堂與棠古多通用如魯峻碑嚴訢碑皆以棠爲堂字案廣韻引風俗通堂楚邑大夫五尚爲之其後氏

焉又於棠下引左傳齊大夫棠無咎是堂與棠之別也

州于吳子僚 釋文僚下有也字諸本脫

乃見鱄設諸焉 諸本作鱄陳樹華云史記索隱云左傳作鱄設諸是也公羊史記吳越春秋賈子作專諸索隱又云專或作剸漢書文選司馬相如子虛賦並作剸諸

門人見之也 浦鏜云門人當作從者

公如華氏請焉 宋本以下正義二節總入公亦取節注下

辰及地皆元公弟 釋文云案公子辰是景公之母弟地是辰兄皆當爲元公之子今注皆作元公弟誤耳案正義引世族譜云辰地皆云元公子此及諸本云元公弟當是轉寫誤耳

當景公之世 宋本當上有時字

當時轉寫誤耳 段玉裁校作當是閩本監本毛本轉作傳非

公孟䵍公兄也 足利本孟誤子

而謂之曰 石經之字以下計九字

注周猶終竟也 宋本以下正義十節總入不犯非禮節注下

使華齊御公孟正義云諸本皆華上有使字計華齊是公孟之臣自爲公孟之御非齊氏所當使必不得有使字今定本有使非也

諸本皆華上有使子宋本監本毛本子作字不誤

宗魯以背蔽之諸本作背此本誤皆今改正

乘驅自閱門入石經初刊閱誤閭後改正

鴻駵魋駟乘于公石經宋本岳本駵作騮注同與釋文合段玉裁校本云駟當作四

鴻駵復就公乘宋本宋殘本淳熙本岳本足利本駵下有魋字是也

使華寅肉袒執蓋以當其闕宋殘本淳熙本袒誤祖

析朱鉏宵從竇出宋殘本宵作霄說詳下

朱鉏成子黑背孫淳熙本子誤于

二違命也宋本宋殘本淳熙本岳本纂圖本監本毛本二作貳不誤

昭臨敝邑石經亦作昭宋本淳熙本岳本昭作照案毛詛父六經正誤云照作昭誤注疏及興國本皆作照

賓將掫說文手部掫字注引同案周禮掌固杜子春注引作趣鎛師注引作趨周禮音義云趨左傳作掫段玉裁云古音同在尤侯類也惠棟云子春受學于劉歆歆傳左氏春秋以趣爲掫必有依據

下云終夕與於燎閩本監本毛本云作文

草莽之中毛本草作艸

終夕與於燎釋文無於字云一本作終夕與於燎惠棟云古本無於字杜子春注周禮可據也按見夏官掌固

設火燎以備守淳熙本火誤大

故公先與喜盟淳熙本盟下衍也字

其事既多監本毛本其誤共

今倒在下宋本倒作例

霄從公故宋本小字宋本淳熙本岳本纂圖本閩本監本毛本並作霄岳氏九經三傳沿革例云詳考傳文本末時齊豹殺衛侯之兄縶衛侯出如死鳥析朱鉏宵從竇出徒行從公公入而賜之謚注云宵從公故蓋以其宵自竇出徒行從公而賜謚宵夜也其字當作宵則注與傳上文合今諸本於注皆作宵誤也案岳氏知霄字之誤而未得誤之所由宋殘本宵從竇出作宵從竇出宋刻書籍多從唐碑如張猛龍碑宵作宵蓋字形之譌俗宋殘本亦遂作宵後又因霄而譌爲霄也

皆未死而賜謚及墓田傳終而言之宋本宋殘本足利本無未字而字不誤案困學紀聞云衛侯賜北宮喜謚曰貞子賜析朱鉏謚曰成子是人臣生而謚也王氏亦沿襲誤刻而有此論後人往往承之何焯所謂不全宋槧本即此殘本也段玉裁曰杜云終言之則其

上文爲死而賜諡無可疑者或添未字則下不得云終言之矣

菀何忌辭曰 案廣韻二十阮菀字注云左傳齊大夫菀何忌賈氏羣經音辨云菀姓也於阮反春秋傳有菀何忌

不干我政人得罪 宋本監本毛本干作于是也

道教不至所致 監本毛本道作導

臣敢貪君賜以干先王 毛本干誤于

琴張聞宗魯死 宋殘本聞作開非也

子開一字張 浦鏜正誤字下有子字

孔子是時四十之 正德本閩本亦誤之監本毛本改作知宋本作一按據公羊穀梁傳並云孔子生于襄公二十一年宋本是也

郥申 石經宋本宋殘本淳熙本岳本足利本申作甲不誤釋文同

辟難出 閩本監本出誤去

潁川長平縣 纂圖本閩本監本毛本川作州非也

子城適晉 宋本以下正義三節總入公遽見之節注下

公與夫人 纂圖本夫人誤大夫

余不忍其詢釋文云詢本或作詬同李善注文選報任少卿書引傳作詬顧炎武云石經誤詢案石經不誤說文作詬云詬謑詬恥也从言后聲或从句

黨殺向者宋本宋殘本淳熙本岳本纂圖本監本毛本殺作華不誤

齊侯疥遂痁顏氏家訓書證篇引作齊侯痎遂痁又云世閒傳本多以痎爲疥杜征南亦無解釋徐仙民音介俗儒就爲通云病疥令人惡寒變而成痁此臆說也正義引袁狎云疥當爲痎釋文云疥舊音戒梁元帝音該依字則當作痎說文云兩日一發之瘧也痎又音皆後學之徒僉以疥字爲誤案傳例因事曰遂若痎已是瘧疾何爲復言遂痁乎諸本及定本作疥是也說文引傳亦作疥段玉裁曰仙民之音孔沖遠之說是也凡改疥爲痎者皆所謂無事而自擾

齊侯疥遂痁宋本以下正義十五節總入注文除逋責之下

瘧熱寒休作監本毛本休作犿非

今定本亦作疥閩本今定二字寶缺

大月卻還天朞十度閩本朞字寶缺

謂祝史之固陋閩本史字寶缺段玉裁云謂字上當有一曰二字

公說告晏子足利本告下多於字

撞鐘舞女石經宋本宋殘本岳本鐘作鍾

不思謗讟諸本作思定本同正義云俗本作畏

澤之萑蒲舟鮫守之案陳樹華云風俗通義引作莞蒲莊述祖云鮫當作魰魰即御字說文引澤之自御自乃舟之誤或以自御爲萑蒲之異文誤也

入從其政山井鼎云足利本入下補國字不足據

暴征其私足利本後人記云征異本作刑非也

平原聊城縣郡國志聊作蓼誤

旃以至虞人宋本以下正義十九節總入而後大公因之節注下

故麾旃以招之也宋本麾作摩非若依說文則當作麾

以烹魚肉石經宋本烹作亨與釋文合石經亨字下四灬係補刊其跡顯然必王堯惠輩所爲也

史游急就篇宋本史誤半

齊益也宋本宋殘本淳熙本岳本足利本齊作濟不誤

是以政平而不干淳熙本干誤乎

言中宗能與賢者宋殘本言作君非也

敬戒且平宋本且作旣按詩烈祖作旣戒旣平

則一氣不主爲歌吹監本毛本主作止非

則與服不異監本毛本不作少非也

蕩滌人之邪志令其正性浦鏜正誤云今漢書律曆志志作意令作全

唱姓生宋本監本毛本姓作始浦鏜云案漢志生上有施字

生黃鍾之律宋本鍾作鐘下同

黃鐘宋殘本淳熙本小字宋本岳本纂圖本閩本監本毛本鐘作鍾正義同

大蔟釋文亦作蔟是也宋本閩本監本作簇非

以聽鳳皇之鳴宋本閩本監本毛本皇作凰俗字

而牙物也監本毛本牙作芽案漢書律曆志作牙牙芽古今字

洗絜也閩本監本毛本絜改潔

零陵大學奚景宋本監本毛本大作文

內痹外高宋本監本毛本作內庳

予午以東爲上生諸本作午此本誤年今改正案周禮注以作巳

周有七音謂七律謂七器音也段玉裁校本無上謂字器音作音器

星與辰之位案國語周語星下有日字

辰馬農祥宋本監本毛本馬作爲非也

月之所在宋本在字下有是三所也劉歆三統之術筭此五位所在十六字

前徒倒戈諸本作戈此本誤戊今改正

九歌之事閩本監本毛本事作書非也

出入周疏以相濟也定本疏作流釋文云傳本皆作流正義所謂俗本是也陸氏又云古本有作疏者陳樹華云案注訓周爲密則與疏相對宜爲疏耳

清濁小大長短至出入周疏宋本作清濁至周疏

若琴瑟之專壹諸本作專釋文引董遇本作摶音同案盧文弨鍾山札記云史記秦始皇本紀摶心揖志索隱云摶古專字引傳如琴瑟之摶壹以證之正用董遇本也惠棟云史記樂書管子內業篇皆以摶爲專

少皞氏之司寇也淳熙本少作之非也

據晏之言云代爽鳩氏宋本晏下有子字氏下有耳字是也

古者無死石經宋本宋殘本淳熙本小字宋本岳本者作若是也宋本正義不誤

猶應大有人矣監本大作代是也毛本誤伐

取人於萑苻之澤石經初刻作萑蒲後改作萑苻惠棟云韓非子內儲說引此事作雚詩小弁曰萑葦淠淠韓詩外傳作雚古字通也顧炎武云石經苻誤符非也

於澤中劫人淳熙本纂圖本毛本劫改刼

盡殺之釋文無殺字云本或作盡殺之殺衍字案臧琳云正義曰既言盡殺之復云盜少止者盡謂盡萑苻之內盜也少止謂鄭國餘處之盜由此少止知孔本亦作盡之無殺字與陸本同既言盡殺之當作既言盡之標起止盡殺之盜少止當作盡之盜少止此二殺字皆後人所增

盡殺之盜少止宋本以下正義五節總入和之至也節注下

盡謂盡萑苻之內盜也宋本作蓋謂是也

少止宋本少上有盜字

汔其也諸本作其正義亦是其字詩大雅民勞正義爾雅釋詁譏汔也疏引並作期

毋從詭隨釋文毋作無云本又作毋按今本詩作無

又大於無善毛本大作九非也

遠者懷而歸宋本懷下有德字

詩大雅云云宋本云云作至以寬

故以汔爲其也監本其作幾非也

競強也宋殘本強作彊

春秋左傳注疏卷四十九校勘記

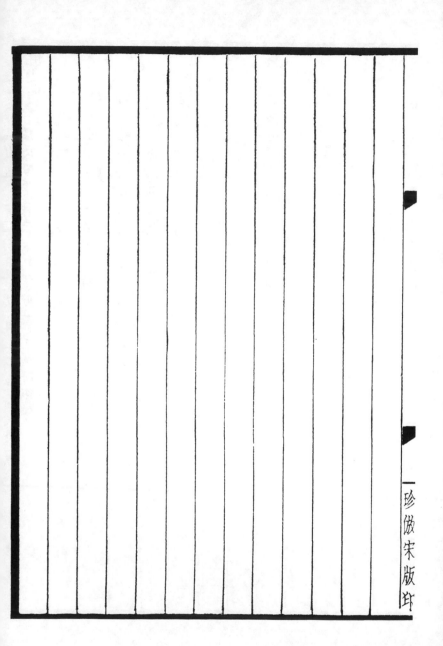

附釋音春秋左傳注疏卷第五十 昭二十一年盡二十三年

杜氏注　孔穎達疏

經二十有一年春王三月葬蔡平公○夏晉侯使士鞅來聘晉頃公即位通嗣君○頃音傾○宋華亥向寧華定自陳入于宋南里以叛自外至故曰入披其邑故曰叛南里宋城內里名○披普彼反疏注自外至里名○正義曰賈逵云書入華貙兄弟作亂召而逆之是賈以此入從國逆之例也釋例曰春秋稱入其例有二施於師旅則曰弗地在於復歸則曰國逆國逆又以立爲例逆而不立則非例所及諸在例外稱入直自外入內記事常辭義無所取而賈氏皆以爲例如此甚多是杜意以賈氏逆之爲非故云自外至故曰入以顯異之也五年傳叔孫昭子數豎牛之罪云又披其邑將以赦罪彼注云披析也此分析君邑以自屬己故曰叛也傳稱華氏居盧門以南里叛宋城舊墉及桑林之門守之知此南里是宋城之內里名○秋七月壬午朔日有食之○八月乙亥叔輒卒叔弓之子伯張○冬蔡侯朱出奔楚朱爲大子則失位遂微弱爲國人所逐故以自出爲文○公如晉至河乃復晉人辭公故還

傳二十一年春天王將鑄無射周景王也無射鐘名律中無射○鑄之樹反射音亦注同中丁仲反疏注周景至無射○正義曰周語云景王二十一年鑄大錢二十三年將鑄無射單穆公曰不可作重幣以絶民資又鑄大鐘以鮮其繼三年之中而有離民之器二焉國其危哉王不聽問之伶州鳩州鳩對王又弗聽卒鑄大鐘二十四年鐘成二十五年王崩孔晁於二十四年注云昭二十一年如彼文則此年鑄鐘成之年而傳云將鑄

無射者此爲州鳩之言張本州鳩以未成之時爲此言故此年發傳而言將也州鳩此下之言與周語州鳩之言全不同者彼是對王之問此是自言其事異時別言故不同也周語及此皆論鐘事故云無射鐘名其聲於律應無射之管故以律名名鐘襄十九年季武子作林鐘亦是鐘聲應林鐘之律也此無射之鐘在王城鑄之敬王居洛陽蓋移就之也秦滅周其鐘徙於長安歷漢魏晉常在長安及劉裕滅姚泓又移於江東歷宋齊梁陳。時鐘猶在東魏使魏收聘梁收作聘遊賦云珍是淫器無射。高縣是也及開皇九年平陳。又遷於西京置大常寺時人悉。共見之至十五年勑毀之

泠州鳩曰王其以心疾死乎伶樂官州鳩其名也○伶力丁反字或作泠非也夫樂天子之職也職所主也夫音樂之輿也樂因音而行而鐘。音之器也音由器以發天子省風以作樂省風俗作樂以移之疏注省風至移之○正義曰漢書地理志曰凡民函五常之性而有剛柔緩急音聲不同繫水土之風氣故謂之風好惡取舍動靜無常隨君上之情欲故謂之俗是解風俗之名但風俗盛衰隨時隆替國之將滅風。散俗煩天子新受命者省此風俗之敝乃作樂以移之孝經曰移風易俗莫善於樂孔安國云風化也俗常也移大平之化易衰敝之常也地理志以風爲本俗爲末言聖王在上統理人倫必移其本而易其末此混同天下一之乎中和然後王教成是說作樂移風之事也器以鐘。之鐘。聚也以器聚音輿以行之樂須音而行疏器以至行之○正義曰爲上言鐘音之器也故此云器以鐘之言器以鐘聚其音又上言音樂之輿也故此云輿以行之承上語不。倫者亦猶易繫辭云天尊地卑乾坤定矣卑高以陳貴賤位矣隨文便而言耳小者不窕窕細不滿○窕他彫反大者不槬。槬橫大不入○槬戶化反疏小者至不槬○正義曰言小不至窕則窕是細之意也大不至槬則槬是大之義也說文云窕深肆極也由細故能極於深是窕爲細不滿謂不能充滿心也槬聲近橫故爲橫大心所不容故不入心也下窕則不咸咸如字本或作感。戶。暗。反則和於

物物和則嘉成嘉樂成也故和聲入於耳而藏於心心億則樂億安也○億於力反樂音洛窕則
不咸。不充滿人心○咸如字本或作感戶暗反槬則不容心不容堪心是以感感實生疾今鐘槬矣王心
弗堪。其能久乎爲明年天王崩傳○三月葬蔡平公蔡大子朱失位位在卑不在適子位以長幼
齒○適丁歷反長丁丈反疏。注不在至幼齒○正義曰喪大記記國君初死之禮云既正尸子坐于東方卿大夫父兄子姓立于東方有司庶士哭于堂下
北面鄭玄云正尸者謂遷尸牖下南首也子姓謂衆子孫也姓之言生也其男子立於主人後彼言子坐東方謂大子卽鄭所謂主人也彼初死之時卽別適
庶況其至葬君道成矣大子失其位明其不在適子位也位在卑是以長幼爲齒蓋處其庶兄之下大夫送葬者歸見昭子昭子
問蔡故以告昭子歎曰蔡其亡乎若不亡是君也必不終詩曰不解于位民之
攸塈詩大雅塈息也○解佳賣反塈許器反今蔡侯始卽位而適卑身將從之爲蔡侯朱出奔傳○夏晉
士鞅來聘叔孫爲政叔孫昭子以三命爲國政季孫欲惡諸晉憎叔孫在己上位欲使得罪於晉○惡烏路反使有
司以齊鮑國歸費之禮爲士鞅鮑國歸費在十四年牢禮各如其命數魯人失禮故爲鮑國七牢○費音祕故爲于僞反疏
。注鮑國至七牢○正義曰十四年傳曰司徒老祁慮癸來歸費齊侯使鮑文子致之是鮑國歸費之事也杜以周禮掌客云上公饔餼九牢侯伯七牢子男五
牢以諸侯牢禮各以其命數卿大夫來者亦當牢禮如其命數計鮑國齊卿不過三命於法當三牢而魯人失禮爲鮑國七牢也下云加四爲十一知本七也
劉炫云案聘禮使卿主國待之饔餼五牢則臣之牢禮不依命數鮑國禮當五牢加二牢耳今知非者杜以掌客諸侯牢禮。各依命數以卿大夫无文故杜據

諸侯言之不謂卿大夫以下亦依命數而劉以鄭注掌客爵卿五牢爵大夫三牢爵士大牢而規杜非也士鞅怒疏士鞅怒○正義曰七年於禮厚
矣而鞅怒者但陳設為鞅鞅必不怒其時魯人報云鮑國之禮鞅遂怒其輕己曰鮑國之位下其國小而使鞅從其牢
禮是卑敝邑也將復諸寡君魯人恐加四牢焉為十一牢言魯不能以禮事大國且為哀七年吳徵
百牢起○恐丘勇反下注同○宋華費遂生華貙華多僚華登貙為少司馬多僚為御士公御
士○貙勑俱反少詩照反與貙相惡乃譖諸公曰貙將納亡人亡人華亥等○惡如字又烏路反亟言之公
曰司馬以吾故亡其良子司馬謂費遂為大司馬良子謂華登○亟欺冀反疏。亟言之○正義曰服虔云亟疾也疾言之欲使
信則服虔讀為亟也或當為亟亟數也數言之死亡有命吾不可以再亡之對曰君若愛司馬則如亡
。言若愛大司馬則當亡走失國死如可逃何遠之有言亡可以逃死勿慮其遠以恐動公公懼使侍人召司馬之
侍人宜僚飲之酒而使告司馬告司馬使逐貙飲於鴆反下同○司馬歎曰必多僚也吾有讒
子而弗能殺吾又不死抑君有命可若何乃與公謀逐華貙將使田孟諸而遣
之疏抑君有命可若何○正義曰抑語助若如也言吾有讒子謂多僚也雖知其讒既不能殺多僚華貙雖。杜為君有逐貙之命可如何言無如之何遂
謀逐之公飲之酒厚酬之酬酒幣賜及從者司馬亦如之亦如公賜○從才用反○張匄尤之張匄
華貙臣尤怪賜之厚○匄古害反本亦作丏曰必有故使子皮承宜僚以劍而訊之。子皮華貙訊問也○訊音信

宜僚盡以告告欲因田以遣之張匄欲殺多僚子皮曰司馬老矣登之謂甚。言登亡傷司馬心已甚
吾又重之不如亡也五月丙申子皮將見司馬而行則遇多僚御司馬而朝
張匄不勝其怒遂與子皮臼任鄭翩殺多僚任翩亦貙家臣○重直用反見賢遍反勝音升任音壬翩音篇劫
司馬以叛而召亡人壬寅華向入樂大心豐愆華牼禦諸橫梁國。睢陽縣南有橫亭○愆起虔反本或作衍睢音雖
華氏居盧門以南里叛盧門宋東城南門六月庚午宋城舊鄘及桑林之門
而守之舊鄘故城也桑林城門名○鄘音容本或作墉○秋七月壬午朔日有食之公問於梓慎曰是
何物也禍福何為也物事也對曰二至二分二至冬至夏至二分春分秋分日有食之不為災日月
之行也分同道也至相過也二分日夜等故言同道二至長短極故相過疏。分同至過也○正義曰日月之行交則相食自
然之理但日為君象月為臣象陰既侵陽如臣掩君聖人因之設教制為輕重以夏之四月純陽之月時陽極盛陰氣未作正當陽盛之時不宜為弱陰所侵
以為大忌此月日食災最重也餘非陽盛之月為災稍輕至於分至之月日食即不為災又解不為災之意以二分晝夜等似其同一道二至長短極並行則
相過以為理必相侵故言不為災劉炫云此皆假其事以為等差其實災之大小不如此也且詩云十月之交朔。月辛卯日有食之亦孔之醜先儒以為周之
十月夏之八月秋分之月也而甚可醜惡七年四月甲辰朔日食春分之月也而云魯衛惡之衛大魯小安在乎二分之食不為災足明此是先賢寓言非實
事也○注二分至相過○正義曰日之行天一日一周月之行天二十九日有餘已得一周日月異道互相交錯月之一周必半在日道裏從外而入內也半

在日道表從內而出外也或六入七出或七入六出凡十三出入而與日一會曆家謂之交道通而計之一百七十三日有餘而有一交交在望前朔則日食望則月食交在望後望則月食後月朔則日食此自然之常數也交數滿則相過非二至乃相過也傳之所言以二分日夜等者春分之時朔則日在婁望則月在角秋分之時朔則日在角望則月在婁婁角是天之中道日月俱從中道故晝夜等似有體敵之理月可敵日冬至之時朔則日在斗望則月在井夏至之時朔則日在井望則月在斗斗井南北晝夜長短之極似若月之極長可以掩日然故云至相過謂絕相縣殊也此至唯冬至耳言二至者全句以成文此皆假託以爲言也以日者天之大明人君之象不可虧損故於正陽之月。未。法爲重於分至之月其害爲輕於餘月之食其災爲水假之以垂訓非實事也

其他月則爲災陽不克也故常爲水陰侵陽是陽不勝陰【疏】其他至爲水○正義曰其他月非分至之月則爲災日食是陰侵陽是陽不勝也故日食常爲水災莊二十五年六月日食秋大水此二十四年五月日食梓慎曰將水昭子曰旱也其年八月大雩旱也則亦不是常爲水也又七年四月甲辰朔日食春分之月而云魯衞惡之常水之言既無其驗足知是賢聖假託日食以爲戒耳於是叔輒哭日食意在於憂災昭子曰子叔將死非所哭也。八月叔輒卒○冬十月華登以吳師救華氏登前年奔吳齊烏枝鳴戍宋烏枝鳴齊大夫廚人濮曰濮宋廚邑大夫○廚直誅反濮音卜軍志有之先人有奪人之心後人有待其衰盍及其勞且未定也伐諸若入而固則華氏衆矣悔無及也從之丙寅齊師宋師敗吳師于鴻口梁國睢陽縣東有鴻口亭○先悉薦反後戸豆反盍戸臘反獲其二帥公子苦。雂。偃州員二帥吳大夫○帥色類反注同雂古含反員音云又音圓華登帥其餘吳餘師以敗

宋師公欲出出奔廚人濮曰吾小人可藉死可借使死難○難乃旦反而不能送亡君請待之請君待復戰決勝負○而不能送亡君絕句復扶又反下文復卽之同【疏】。而不能送亡君○正義曰服虔以君上屬孫毓以君下屬杜注不明亦似上屬

乃徇。曰揚。徽者公徒也徽識也○徇似俊反徽許歸反說文作徽識本又作幟申志反又音昌志反一音式【疏】注徽識也○正義曰禮記大傳云聖人南面而治天下必改正朔殊徽號鄭玄云徽號旌旗之名也周禮大司馬云中夏教茇舍辨號名之用帥以門名縣鄙各以其名家以號名鄉以州名野以邑名百官各象其事以辨軍之夜事鄭玄云號名者徽識所以相別也鄉遂之屬謂之名家之屬謂之號百官之屬謂之事在國以表朝位在軍又象其制而為之被之以備死事帥謂軍將及師帥旅帥至五長也以門名者所被徽識如。其在門所樹者凡此言。以也象也皆謂其制同耳縣鄙謂縣正鄙師至鄰長也家謂食采地者之臣也鄉以州名亦謂州長至比長也野謂公邑大夫百官以其職從王者此六者皆書其官與名氏焉夜事戒夜守之事也草止者慎於夜於是主別其部職如鄭此言則徽識制如旌旗書其所任之官與姓名於上被之於背以備其死知是誰之尸也士喪禮云為銘各以其物亡則以緇長半幅赬末長終幅廣二寸書銘于末曰某氏某之柩今之銘旌旗。旛也此生之徽識如死之銘旌。其制之大小蓋亦如銘旌也書其官名卽今之軍記令其各自揚徽欲知其助公多少如漢書絳侯之令軍人云為劉氏者左袒衆從之公自楊門見之。見國人皆。楊徽睢陽正東門名

揚門下而巡之曰國亡君死二三子之恥也豈專孤之罪也齊烏枝鳴曰用少莫如齊致死齊致死莫如去備備長兵也去起呂反○彼多兵矣請皆用劍從之華氏北復卽之北敗走廚人濮以裳裹首而荷以走曰得華登矣遂敗華氏于新里新里華氏所取

邑○褁音果荷何可反又音何翟僂新居于新里既戰說甲于公而歸居華氏地而助公戰○僂音力主反說他活反○下注同

華妵居于公里亦如之妵華氏族故助華氏亦如僂新說甲歸傳言古之爲軍不。皆小忿○妵他口反下注同皆本又作皆才斯反又音紫

十一月癸未公子城以晉師至城以前年奔晉今還救宋曹翰胡曹大夫○翰音寒又戶旦反會晉荀吳中行穆子○行戶郎反齊苑何忌齊大夫衛公子朝前年出奔晉今還衛救宋丙戌與華氏戰于赭丘赭丘宋地○赭音者丘又作亟同鄭翩願爲鸛其御願爲鵞鄭翩華氏黨鸛鵞皆陳名○鸛古喚反鵞五多反陳直覲反子祿御公子城莊堇爲右子祿向宜○莊堇音謹本或作莊堇父干犨御呂封人華。豹張匄爲右呂封人華豹華氏黨○犨尺由反【疏】呂封人華豹○正義曰呂邑封人官名豹即下文華豹是也本或豹上有華王肅董遇並云呂封人華豹釋例譜一人再見名字不同皆兩載之宋雜人內有呂封人豹華豹爲一人知此本無華也今定本有華相遇城還華豹曰城也城怒而反之怒其呼己反還戰將注豹則關矣注傅矢關引弓。○注之樹反關烏環反本又作彎同下同傅音附曰平公之靈尚輔相余平公公子城之父○相息亮反豹射出其間出子城子祿之間○射食亦反又音食夜反下及注皆同將注則又關矣曰不狎鄙狎更也○更音庚【疏】不狎鄙○正義曰服虔云狎更也子城謂華豹曰不更射爲鄙一曰城言我不狎習故鄙然則豹已關矣何慮不射公子城何當屬之云不更射爲鄙城方與豹相射此非謙讓之所又何須自言不習爲鄙服之二說皆非杜亦訓狎爲更言更遞也城謂豹女頻射我不使我得更遞是爲鄙也豹服此言故抽矢而止此豹亦不達軍之戰禮也抽矢豹止不射城射之殪豹死○殪一計反

張匄抽殳而下殳長丈二在車邊○殳音殊長直亮反又如字射之折股扶伏而擊之折軫折城車軫○折之設
反下及注同扶伏並如字上又音蒲下又蒲北反本或作匍匐同又射之死匄死干犨請一矢求死城曰余言汝於
君欲活之○女音汝對曰不死伍乘軍之大刑也同乘共伍當皆死○乘繩證反注及下同干刑而從子君
焉用之子速諸乃射之殪犨又死○焉於虔反大敗華氏圍諸南里華亥搏膺而呼見華
貙曰吾為欒氏矣。晉欒盈還入作亂而死事在襄二十三年○搏音博呼好故反貙曰子無我迋不幸而後亡
迋恐也○迋求枉反恐丘勇反使華登如楚乞師華貙以車十五乘徒七十人犯師而出犯公師出
送華登食於睢上哭而送之乃復入入南里○睢音雖復扶又反楚薳越帥師將逆華氏大宰
犯諫曰諸侯唯宋事其君今又爭國釋君而臣是助無乃不可乎王曰而告我
也後既許之矣為明年華向出奔楚傳○薳于委反【疏】諸侯唯宋事其君○正義曰言諸侯之內唯宋之臣民善事其君古以前未嘗有叛
逆者也俗本或無其字若無其字則是唯宋事楚檢於時宋國不屬楚也○王曰而告我也後○正義曰謂大宰犯諫在華登出師之後○蔡侯朱
出奔楚費無極取貨於東國東國隱大子之子平侯廬之弟朱叔父也而謂蔡人曰朱不用命於楚
君王將立東國若不先從王欲楚必圍蔡蔡人懼出朱而立東國朱愬于楚楚
子將討蔡無極曰平侯與楚有盟故封盟于鄧依陳蔡人以國○愬音素其子有二心故廢之

子謂朱也靈王殺隱大子其子與君同惡德君必甚疏○德君必甚○正義曰荀恩又謂之德言荀君恩必甚也使立之不亦可乎且廢置在君蔡無他矣言權在楚則蔡無他心○公如晉及河鼓叛晉叛晉屬鮮虞晉將伐鮮虞故辭公將有軍事無暇於待賓且懼泄軍謀○泄息列反又以制反

經二十有二年春齊侯伐莒○宋華亥向寧華定自宋南里出奔楚言自南里別從國去○別彼列反○大蒐于昌閒無傳○蒐所求反閒如字○夏四月乙丑天王崩六月叔鞅如京師葬景王叔鞅叔弓子三月而葬故速○鞅於丈反王室亂承叔鞅言而書之未知誰是故但曰亂疏○注承叔至曰亂○正義曰傳曰叔鞅至自京師言王室之亂是魯史承叔鞅之言而書之也閔馬父聞叔鞅之言乃遙度其事云子朝必不克是未知誰是誰非也故史但書曰亂不言某人某人爲亂魯史書事必待告乃書傳聞行言不書之此承叔鞅之言即書策者魯是周之宗國既聞王室之亂義當釋位救之魯聞周亂所憂在己承言即書見魯之憂王室也公羊傳曰何言乎王室亂言不及外也其意言兄弟爭位室內自亂其亂不及外國故指言王室也○劉子單子以王猛居于皇河南鞏縣西南有黃亭辟子朝難出居皇王猛書名未即位○單音善鞏九勇反難乃旦反疏○注辟子至即位○正義曰傳曰鞏簡公敗績于京甘平公亦敗焉單子欲告急於晉以王如平時遂如圃車次于皇是辟子朝之難出居皇也王人以在皇告故書皇也景王既葬猛當成君仍書名者王室大亂未得以禮即位故也如莒展弒君而立未會諸侯元年書莒展輿出奔吳鄭忽嗣父而立鄭人賤之不以爲君桓十一年書鄭忽出奔衞然則未成君者法當書名此王猛雖未即位異於諸侯故稱王而以名繫之劉炫云以王當國亦如莒展以名繫國也○秋劉子單子以王

猛入于王城 王城郟鄏今河南縣晉助猛故得還王都○郟古洽反鄏音辱 ○冬十月壬子猛卒 未即位故不言崩

疏 注未即至言崩○正義曰未即位不成爲王故不言崩也書王子猛卒者未成爲君繫父言之故稱子猶魯之子般子野卒

○十有二月癸酉朔日有食之 無傳此月有庚戌又以長曆推校前後當爲癸卯朔書癸酉誤

疏 注此月云云○正義曰案傳十二月庚戌晉籍談云云庚戌上去癸酉三十七日若此月癸酉朔其不得有庚戌也又傳十二月下有閏月晉箕遺云云又云辛丑伐京辛丑是壬寅之前日也二十三年傳曰正月壬寅朔二師圍郊則辛丑是閏月之晦日也又計明年正月之朔與今年十二月朔中有一閏相去當爲五十九日此年十二月當爲癸卯朔經書癸酉明是誤也故言長曆推校十一月小甲戌朔傳有乙酉十二日也又有己丑十六日也十二月大癸卯朔傳有庚戌八日也閏月小癸酉朔傳有閏月辛丑二十九日也明年正月壬寅朔則上下符合矣

傳二十二年春王二月甲子齊北郭啓帥師伐莒 啓齊大夫○北郭佐之後 莒子將戰苑羊牧之諫 牧之莒大夫○苑於元反牧之州牧之牧 曰齊帥賤其求不多不如下之大國不可怒也弗聽敗齊師于壽餘 莒地○帥所類反下之還嫁反 齊侯伐莒 怒敗 莒子行成司馬竈如莒涖盟 竈齊大夫 莒子如齊涖盟盟于稷門之外 稷門齊城門也 莒於是乎大惡其君 爲明年莒子來奔傳○惡烏路反

○楚薳越使告于宋曰寡君聞君有不令之臣爲君憂無寧以爲宗羞 無寧寧也言華氏爲宋宗廟之羞恥 寡君請受而戮之對曰孤不佞不能媚於父兄 華向公族也以爲故稱父兄

君憂拜命之辱抑君臣日戰君曰余必臣是助亦唯命人有言曰唯亂門之無過君若惠保敝邑無亢不衷以獎亂人孤之望也唯君圖之楚人患之 患宋以義距之 ○過音古禾反亢苦浪反衷音忠 【疏】無亢至亂人○正義曰亢高也衷善也獎勸也無高貴不善之事以勸亂人為惡也易曰亢龍有悔言其位高也

諸侯之戍謀曰若華氏知困而致死楚恥無功而疾戰非吾利也不如出之以為楚功其亦能無為也已 言華氏不能復為宋患○復扶又反下復欲同 【疏】若華至也已○正義曰若華氏知困而致死戰或敗諸侯之師也楚恥無功而疾戰戰勝則楚獨有功二者並非吾諸侯之利也聞楚師將至華氏即出亦是楚之功也不如出之以為楚功其此華氏亦無所能為也已言雖放令出亦不復能為宋害言宋人慮更為害決欲取殺之故諸侯之戍固請出之宋人乃從之

救宋而除其害又何求乃固請出之宋人從之己巳宋華亥向寧華定華貙華登皇奄傷省臧士平出奔楚 華貙已下五子不書非卿○省悉井反又所景反臧子郎反 宋公使公孫忌為大司馬 代華費遂 邊卬為大司徒 卬平公曾孫代華定○卬五郎反 樂祁為司馬 祁子罕孫樂祁犂○犂力私反又力兮反 仲幾為左師 幾仲左孫代向寧○幾音基 樂大心為右師 代華亥 樂輓為大司寇 輓子罕孫○輓音晚 以靖國人 終梓慎之言三年而後弭○弭彌氏反

○王子朝賓起有寵於景王 子朝景王之長庶子賓起子朝之傅○朝如字凡人名字皆張遙反或云朝錯是王子朝之後又音潮案錯姓亦有兩音長丁丈反 王與賓孟說之欲立之 孟即起也王語賓孟欲立子朝為大子○說如字又音悅語魚

據反疏王子至立之○正義曰賈逵云賓孟子朝之傅也王愛子朝因愛其傅故欲朝起並有寵於景王也。與賓孟並談說之欲立朝爲大子周語云景王。欲殺下門子乃云賓孟適郊見雄雞賈逵云下門子周大夫王猛之傅也景王欲立朝故先殺猛傅然則王與賓孟言說既欲立朝乃殺猛傅議久不決故賓孟假雄雞斷尾以勸之○注子朝至之傅○正義曰二十六年傳子朝使告于諸侯云單劉贊私立少知朝年長於猛也賓孟欲立子朝明是子朝之傅

劉獻公之庶子伯蚠事單穆公獻公劉摯伯蚠劉狄穆公單旗○蚠扶粉反一音扶云反摯音至下同惡賓孟之爲人也願殺之又惡王子朝之言以爲亂願去之子朝有欲位之言故劉蚠惡之○惡烏路反去起呂反有欲位之言一本位作立疏劉獻至去之○正義曰伯蚠是果決有知謀者也願得殺賓孟去子朝所以。彊單子之心故。劉子亦與同志共立子猛也於賓孟云願殺之於子朝云願去之者朝是王之寵子王在不可專殺願逐去而已獻謚法知質有聖曰獻賓孟適郊見雄雞自斷其尾問之侍者曰自憚其犧也畏其爲犧牲奉宗廟故自殘毀○斷丁管反憚待旦反犧許宜反遽歸告王且曰雞其憚爲人用乎人異於是雞犧雖見寵飾然卒當見殺若人見寵飾則當貴盛故言異於雞○遽其據反犧者實用人人犧實難己犧何害言設使寵人如寵犧則不宜假人以招禍難使犧在己則無患害己喻子朝欲使王早寵異之○難乃旦反疏賓孟至何害○正義曰說文云犧宗廟之牲也曲禮云天子以犧牛鄭玄云犧純毛也周禮牧人。掌牧六牲以共祭祀之牲牷鄭玄云六牲謂牛馬羊豕犬雞牷體完具也又曰祭祀共犧牲以授充人繫之鄭玄云犧牲毛羽完具也授充人者當殊養之然則祭祀之牲選其毛羽完具者養之以爲犧犧者寵養祭牲之名賓孟感雞以毛羽牲具恐其被養爲犧故自斷其尾殘毀其形賓孟怪而問之侍者曰自憚其犧言此雞難畏其被寵養也賓孟因此感悟疾歸以雞事

告王且又言曰雞其憚畏為人用乎人則異於是雞矣雞被寵飾終當見殺人被寵飾則當貴盛此其所以異於雞也犧者寵牲之名因以犧喻寵子卽名寵子為犧言寵愛為犧者依法用牲今寵愛為犧者乃實用人言犧當用純德之人猶如祭犧當用純色之牲也他人之有純德寵之如犧後實招禍難矣己子之有純德寵之如犧有何害也但人有親疏若疏人被寵愛為犧實為禍難若己家親屬寵愛如犧有何患害他人謂子猛親屬謂子朝也犧者實用人上人是對牲為稱普據几人也人犧實難此下人據疏外之人人字雖同上下人意異○注雞犧雖見寵飾○正義曰犧者繫養之名耳言寵人飾者當養之時必為之服飾以異之如今之繫五采也史記稱楚王欲以莊周為國相謂使者曰郊祭犧牛養之數歲衣以文繡牽入大廟是時欲為狐豚豈可得乎是亦飾之事○注言設至異之○正義曰賓孟言人犧實難假疏人以為說人為疏姓之人寵養疏人擅權害主故言設使寵人如寵犧則不宜假人以招禍難假借他人以權或將反來害己子猛雖亦王子不得王寵與他人無異使犧在己家則無害已喻子朝子猛朝是己之子欲使王早寵異之如寵犧也

王弗應 十五年大子壽卒王立子猛後復欲立子朝而未定賓孟感雞盛稱子朝王心許之故不復應○應應對之應注同

【疏】注十五至不應○正義曰賈逵以為大子壽卒景王不立適子鄭衆以為壽卒王命猛代之後欲廢猛立朝耳服虔以貫為然杜今從鄭說者二十六年傳閔子馬云子朝于景之命則景有命矣若不命猛更命誰乎若子朝子猛並未有命俱是庶子朝年又長於次當立自求為嗣宜矣劉蚠何以惡其為亂而欲去之若俱未被立王意不偏羣臣無黨王命為嗣則莫敢不從何須將殺單劉以立朝也杜以此知大子壽卒王立子猛為適其後復欲立子朝而王意未定賓孟感雞自毀因此盛稱子朝之美王心許賓孟故不應慮其泄言也

夏四月王田北山使公卿皆從將殺單子劉子 北山洛北芒也王知單劉不欲立子朝欲因田獵先殺之○從才用反芒音亡

王有心疾乙丑崩于榮錡氏 四月十九日河南鞏縣西有榮錡澗○錡魚綺反澗古晏

反【疏】注四月十九日正義曰此於乙丑之下言四月十九日戊辰之下言二十二日顯言此二日者此年之傳其日最多經之與傳又時月多錯故此顯言二日欲令自此以下依次推之易驗耳戊辰劉子摯卒二十二日無子單子立劉蚠蚠事單子故五月庚辰見王見王猛○見賢遍反注同遂攻賓起殺之黨子朝故盟羣王子于單氏王子猛次正故單劉立之懼諸王子或黨子朝故盟之【疏】注王子猛次正○正義曰猛朝俱是王子單劉必欲立猛明猛是次正當立故也公羊多有次正之語杜取為說猛為次正不知其本蓋是大子壽之母弟或是穆后姪娣之子或母貴也○晉之取鼓也在十五年既獻而反鼓子焉獻於廟又叛於鮮虞叛晉屬鮮虞六月荀吳略東陽略行也東陽晉之山東邑魏郡廣平以北○行下孟反使師僞糴者負甲以息於昔陽之門外昔陽故肥子所都○糴音狄遂襲鼓滅之以鼓子鳶鞮歸使涉佗守之守鼓之地涉佗晉大夫○鳶悅全反鞮丁兮反佗徒多反守手又反又如字○丁巳葬景王王子朝因舊官百工之喪職秩者與靈景之族以作亂百工百官也靈王景王之子孫○喪息浪反下注羣喪同帥郊要餞之甲三邑周地○要一遙反餞賤淺反以逐劉子逐伯蚠壬戌劉子奔揚揚邑單子逆悼王于莊宮以歸悼王王子猛也王子還夜取王以如莊宮王子還子朝黨也不欲使單子得王猛故取之癸亥單子出失王故出奔王子還與召莊公謀莊公召伯奐子朝黨也○召上照反奐音喚曰不殺單旗不捷旗單子也○旗音其捷才接反與之重盟必來背盟而克者多矣從之從還謀也○背音佩下注同樊頃子曰非言也必不克

頃子樊齊單劉黨○頃音傾本或作須字疏○注頃子至劉黨○正義曰此下二十三年單子劉子樊齊以王如劉故知是單劉黨也遂奉王以
追單子王子還奉王及領大盟而復領周地欲重盟令單子劉子復歸○令力呈反殺摯荒。以說委罪於荒○說如字
又音悅劉子如劉歸其采邑單子亡乙丑奔于平時。平時周地知王子還欲背盟故亡走○奔于平時一本作于平時音
止又音市下同本或作平壽誤疏及領至平時○正義曰此上言子還夜取王以如莊宮遂與召莊謀殺單旗與之重盟必來來。而殺之王子還遂奉王追
單子及領遂與重盟而還殺摯荒者為前取王如莊宮令單子失王而出奔更殺摯荒以解說此事單子覺還欲背又奔平時羣王子追之單
子殺還姑發弱鬷延定稠八子靈景之族因戰而殺之○鬷子工反稠直由反疏注八子靈景之族○正義曰以上言王子還此
八人還居其首還既稱王子明八子皆王子也故知靈景之族子朝奔京其黨死故丙寅伐之單子伐京京人奔山劉子
入于王城子朝奔京故得入辛未鞏簡公敗績于京乙亥甘平公亦敗焉甘鞏二公周卿士皆為子
朝所敗○鞏九勇反疏簡公平公○正義曰謚法。一。意不。懈曰簡布綱持紀曰平○注皆為子朝所敗○正義曰知為子朝所敗者以傳云敗績于京故知
是。敬王黨為子朝所敗也叔鞅至自京師葬景王還言王室之亂也經所以書閔馬父曰子朝必不。克
其所與者天所廢也閔馬父閔子馬魯大夫天所廢謂羣喪職秩者單子欲告急於晉秋七月戊寅以
王如平時遂如圃車次于皇出次以示急戊寅七月三日經書六月誤。也○圃音補疏注戊寅至月誤○正義曰傳言七月
戊寅杜以長曆推校之戊寅是七月。二日明傳是也經書王猛居皇乃在六月下知經六月誤也劉子如劉單子使王子處守

于王城王子處子猛黨守王城距子朝盟百工于平宮平宮平王廟辛卯鄩肸伐皇鄩肸子朝黨○鄩音尋肸許乙反大敗獲鄩肸壬辰焚諸王城之市焚鄩肸八月辛酉司徒醜以王師敗績于前城醜悼王司徒前城子朝所得邑百工叛司徒醜敗故己巳伐單氏之宮敗焉百工伐單氏爲單氏所敗疏注百工至所敗○正義曰知單氏所敗者以上云伐單氏下云反伐之是單氏反伐百工也若單氏被敗焉能反伐百工庚午反伐之單氏反伐百工辛未伐東圉百工所在洛陽東南有圉鄉○圉魚呂反冬十月丁巳晉籍談荀躒帥九州之戎九州戎陸渾戎十七年滅屬晉州鄉屬也五州爲鄉○躒力狄反及焦瑕溫原之師焦瑕溫原晉四邑以納王于王城丁巳在十月經書秋誤疏注丁巳至秋誤○正義曰傳言冬十月丁巳杜以長曆推之丁巳是十月十四日經書此事在秋其下乃有冬知經誤庚申單子劉蚠以王師敗績于郊爲子朝之黨所敗前城人敗陸渾于社。前城。子朝衆社周地○社市者反本或作杜下

皆十。一月乙酉王子猛卒乙酉在十一月經書十月誤雖未即位周人謚曰悼王疏注乙酉至悼王○正義曰傳言十一月乙酉是十一月十二日知經書十月誤也上云單子逆悼王于莊宮悼王即猛也經書爲卒傳言其謚故解之雖未即位周人謚曰悼王不成喪也釋所以不稱王崩己丑敬王即位敬王王子猛母弟王子匄○匄故害反疏注敬王至子匄○正義曰敬王名匄本紀文也本紀不言敬王是猛之母弟先儒相傳說耳謚法夙夜共事曰敬館于子旅氏子旅周大夫

○十二月庚戌晉籍談荀躒賈辛司馬督司馬烏督音篤○帥師軍于陰籍談所軍于侯氏

荀躒所軍于谿泉賈辛所軍鞏縣西南有明谿泉次于社司馬督所次王師軍于氾于解次于任人王師分在三邑洛陽西南有大解小解○氾音凡解音蟹任音壬閏月晉箕遺樂徵右行詭濟師取前城三子晉大夫濟師渡伊洛○行戶郎反詭九委反軍其東南王師軍于京楚辛丑伐京毀其西南。京。楚子朝所在

經。二十有三年春王正月叔孫婼如晉謝取邾師婼勑略反○○癸丑叔鞅卒無傳○晉人執我行人叔孫婼稱行人譏晉執使人○使使吏反【疏】。注稱行至使人○正義曰傳說魯取邾師則是魯有罪矣而譏晉執者凡諸侯有罪盟主當以師討之不。宜執其使人故譏之○晉人圍郊討子朝也郊周邑圍郊在叔鞅卒前經書後從赴【疏】注討子至從赴○正義曰往年傳閏月辛丑晉師王師伐京毀其西南注云京子朝所在此年傳正月壬寅朔二師圍郊。計辛丑壬寅頓日耳蓋京城既毀郊是子朝之邑故二師圍之故云討子朝也郊不繫周者大都以名通也傳稱朔日圍郊至癸丑乃叔鞅卒癸丑正月十二日也是圍郊在叔鞅卒前也晉人來告圍郊不以圍郊日告之告在叔鞅卒後故經書在後是從赴也圍郊在朔或亦在叔孫婼如晉之前但行無日未必不以朔行據鞅卒有日而言之○夏六月蔡侯東國卒于楚無傳未同盟而赴以名○秋七月莒子庚輿來奔○戊辰吳敗頓胡沈蔡陳許之師于雞父不書楚楚不戰也雞父楚地安豐縣南有雞備亭○輿音餘父音甫【疏】吳敗至雞父○正義曰此戰獲胡沈之君是胡沈君自將也頓序於上頓亦君自將也獲陳大夫陳是大夫將則蔡許亦大夫將也故云頓胡沈蔡陳許君在臣上各自以大小序耳。桓十三年經書齊師宋師衛師燕師敗績此不每國書師而總云師者傳無其說杜不爲注是史略文非義例也賈逵云不國國書師惡其同役而不同心案隱十年宋人蔡人衛人伐戴

鄭伯伐取之傳曰宋衛既入鄭而以伐戴召蔡人蔡人怒故不和而敗亦是同役而不同心彼既不變其文此何當變文以見義乎賈之妄。○注不書楚楚不戰○正義曰杜知楚不戰者以傳云戰于雞父吳子以罪人先犯胡沈與陳三國敗舍胡沈之囚使奔許與蔡頓師譟而從之三國奔是戰於雞父之時先犯胡沈陳後破許蔡頓也六國既陳戰敗而奔下傳始云楚師大奔是六國敗後楚師怖懼不得成陳望風而奔故傳云不言戰楚未陳杜云不書楚楚不戰劉炫用服虔義云不書楚楚諱敗不告然則必其楚人來告容或諱敗若吳人來告豈代楚諱乎劉違背傳文而規杜非也

胡子髡沈子逞滅

國雖存君死曰滅○髡苦門反逞勑逞反○【疏】注國雖至曰滅○正義曰公羊傳曰君死于位曰滅其意言本國雖存其君見殺與滅國相類據君身言之謂之滅

獲陳夏齧

大夫死生通曰獲夏齧徵舒玄孫○夏戶雅反齧五結反【疏】注大夫至玄孫○正義曰宣二年鄭人獲華元生獲也哀十一年獲齊國書死獲也故云大夫死生通曰獲案世本宣公生子夏夏生御叔叔生徵舒舒生惠子晉晉生御寇寇生悼子齧齧是徵舒曾孫杜云玄孫未詳○

天王居于狄泉

敬王辟子朝也狄泉今洛陽城內大倉西南池水也時在城外○大音泰【疏】注敬王至城外○正義曰此事傳無其文不言無傳者傳稱六月庚寅單子劉子樊齊以王如劉當從劉而居狄泉不是全無其事故不傳云無傳也狄泉今洛陽城內大倉西南池水是也若在城內宜云王居成周知此時在城外也今在城內者土地名云或曰定元年城成周乃遠之入城內也

尹氏立王子朝

尹氏周世卿也書尹氏立子朝明非周人所欲立【疏】注尹氏至欲立○正義曰宣王之世有尹吉甫春秋以來數有尹子見經是其食采於尹世為周卿士也以其世為卿士宗族彊盛故能專意立朝不言尹子而言尹氏者見其氏族彊故能立之也敬王是單劉所立不書單子立者敬王猛之母弟兄死次正當立立之是。當朝不應立立庶以亂國書尹氏立朝所以惡尹氏也隱四年衛人立晉善其得衆書衛人言舉國共立之此書尹氏立朝明非周人所欲立獨尹氏立之耳

○八月乙

未地震○冬公如晉至河有疾乃復

傳二十三年春王正月壬寅朔二師圍郊 二師王師晉師也王師不書不以告 癸卯郊鄩潰 河南鞏縣西南有地名鄩中郊鄩二邑皆子朝所得○鄩音尋潰戶內反 丁未晉師在平陰王師在澤邑 平陰今河陰縣 王使告閒 子朝敗故○閒音閑 庚戌還 晉師還 ○邾人城翼 翼邾邑 還將自離姑 離姑邾邑從離姑則道徑魯之武城○徑音經 疏 ○注離姑至武城○正義曰邾魯接連竟界相錯邾人從翼邑還邾先經魯之武城然後始至離姑而後至邾故舉離姑為道次 公孫鉏曰魯將御我 鉏邾大夫○鉏仕居反下同御魚呂反 欲自武城還循山而南 至武城而還依山南行不欲過武城○過古禾反下遂過同 徐鉏丘弱茅地 三子邾大夫○茅亡交反 曰道下遇雨將不出是不歸也 謂此山道下濕 遂自離姑 遂過武城 武城人塞其前 以兵塞其前道 疏 武城人塞其前○正義曰此所塞之處必有隘道當是已過武城之邑未出武城之竟故得塞其前斷其後而攻取之 斷其後之木而弗殊邾師過之乃推而蹶之遂取邾師獲鉏弱地 取邾師不書非公命○斷丁管反殊如字說文云死也一曰斷也蹶其月反又音厥又居衞反 疏 注取邾至公命○正義曰傳言武城人則是武城之大夫自專為此謀也既取邾師邾始愬晉晉人來討乃令叔孫往謝叔孫以年初即行則魯取邾師事在往年因叔孫婼如晉追言之 邾人愬于晉晉人來討 ○愬息路反 叔孫婼如晉晉人執之書曰晉人執我行人叔孫婼言使人也 嫌外內異故重發傳○使所吏反重直用反下重發同 晉人使與邾大夫坐 坐訟曲直 疏 注坐訟曲直○正義

曰周禮小司寇云命夫命婦不躬坐獄訟凡斷獄者皆令競者坐而受其辭故使並坐訟曲直叔孫曰列國之卿當小國之君
固周制也在禮卿得會伯子男故曰當小國之君疏注在禮至之君〇正義曰僖二十九年傳曰在禮卿不會公侯會伯子男可也於禮得與
相會故當小國之君邾又夷也邾雜有東夷之風寡君之命介子服回在子服回魯大夫爲叔孫之介副〇介音界注同
請使當之不敢廢周制故也乃不果坐韓宣子使邾人聚其衆將以叔孫與之
與邾使執之叔孫聞之去衆與兵而朝示欲以身死〇去起呂反士彌牟謂韓宣子彌牟士景伯〇彌亡支反
牟亡侯反曰子弗良圖而以叔孫與其讎叔孫必死之魯亡叔孫必亡邾邾君亡國
將焉歸時邾君在晉若亡國無所歸將益晉憂〇焉於虔反下同子雖悔之何及所謂盟主討違命也若皆
相執焉用盟主聽邾衆取叔孫是爲諸侯皆得輒相執乃弗與使各居一館分別叔孫子服回〇別彼列反疏注分
別至服回〇正義曰賈逵云使邾魯大夫各居一館鄭衆云使叔孫子服回各居一館邾魯大夫本不同館無爲復言使各居一館也欲分別叔孫與子服回
不得相見各聽其辭耳服虔並載兩說仍云賈氏近之案傳文各居一館之下即云士伯聽其辭而愬諸宣子乃皆執之則皆執各居一館者也若是邾魯別
館豈執邾大夫乎且下云館叔孫於箕舍子服回於他邑明此各居一館是分別子服與叔孫恐其相教示士伯聽其辭而愬諸宣
子乃皆執之二子辭不屈故士伯愬而執之疏注二子至執之〇正義曰魯人竇取邾師二子辭不屈者蓋以朝聘征伐過他國必假道乃行
邾人不假魯道是邾亦合責不假道小過也取其師大罪也蹊田奪牛爲報已甚故士伯愬而執之久因其使足以謝邾故晉以明年釋之士伯御

叔孫從者四人過邾館以如吏欲使邾人見叔孫之屈辱○從才用反下同【疏】士伯至如吏○正義曰御謂進引也引叔孫詣於獄也叔孫從者唯有四人先過於邾君之館然後以之如吏故杜云欲使邾人見叔孫之屈辱先歸邾子士伯曰以芻蕘之難從者之病將館子於都都別都謂箕也○芻初俱反蕘而昭反叔孫旦而立期焉立待命也從旦至旦爲。期○期本又作朞同居其反乃館諸箕舍子服昭伯於他邑之別。因范獻子求貨於叔孫使請冠焉以求冠爲辭取其冠法而與之兩冠曰盡矣既送作冠模法又進二冠以與之僞若不解其意○模莫胡反字從木解音蟹爲叔孫故申豐以貨如晉欲行貨以免叔孫○爲于僞反叔孫曰見我吾告女所行貨見而不出留申豐不使得出不欲以貨免○女音汝吏人之與叔孫居於箕者請其吠狗弗與及將歸殺而與之食之。示不愛○吠扶廢反【疏】請其吠狗○正義曰狗有吠守者有主獵者主獵者貴吠守者賤吏人請叔孫乞其吠守之狗叔孫所館者雖一日必葺其牆屋葺補治。也○葺七入反去之如始至不以當去而有所毀壞○壞音怪

夏四月乙酉單子取訾劉子取牆人直人三邑屬子朝者訾在河南鞏縣西南○訾子斯反六月壬午王子朝入于尹自京入尹氏之邑【疏】注自京至之邑○正義曰知自京入尹者以前年子朝在京王師雖毀其西南不言克京又今年二師圍郊不言子朝在郊故云自京入尹劉炫以爲前年王師已克。子朝從京入郊郊潰不知子朝所在而規杜非也癸未尹圉誘劉佗殺尹圉尹文公也劉佗劉蚠族敬之王黨○圉魚呂反佗徒河反丙戌單子從阪道劉子從尹道伐尹單子先

至而敗劉子還 單子敗故○阪音反又扶板反 己丑召伯奐南宮極以成周人戍尹 二子周卿士子朝黨
奐召莊公 庚寅單子劉子樊。齊以王如劉 辟子朝出居劉子邑 甲午王子朝入于王城次于左
巷 近東城○近附近之近 秋七月戊申鄩羅納諸莊宮 鄩羅周大夫鄩。肸之子 尹辛敗劉師于唐 尹辛
尹氏族唐周地 丙辰又敗諸鄩甲子尹辛取西闈 西闈周地○闈音韋一音暉 丙寅攻蒯蒯潰 河南縣西
南蒯鄉是也於是敬王居狄泉尹氏立子朝○蒯苦怪反 ○莒子庚輿虐而好劍。苟鑄劍必試。諸人國人患
之又將叛齊烏存帥國人以逐之 烏存莒大夫○好呼報反鑄之樹反 庚輿將出聞烏存執殳而
立於道左懼將止死 殳長。而無刃○殳音殊 【疏】。注殳長至無刃○正義曰詩毛傳文也考工記云殳長尋有四尺八尺曰尋是其長
丈二也又考工記戈戟。皆。有刃殳不言刃是無刃也 苑羊牧之曰君過之。 牧之。亦莒大夫 烏存以力聞可矣何必
以弒君成名遂來奔齊人納郊公 郊公著丘公之子十四年奔齊○著直除反又直慮反 ○吳人伐州來
楚薳越帥師 令尹以疾從戎故薳越攝其事 及諸侯之師奔命救州來吳人禦諸鍾離子瑕卒
楚師熸 子瑕卽令尹不起所疾也吳楚之間謂火滅爲熸軍之重主喪亡故其軍人無復氣勢○熸子潛反字林子兼反復扶又反下王往復敗復增
修同 吳公子光曰諸侯從於楚者衆而皆小國也畏楚而不獲已是以來吾聞之
曰作事威克其愛雖小必濟 克勝也軍事尚威 【疏】。威克至必濟○正義曰尚書胤征云威克厥愛允濟愛克厥威允罔功是

古有此言胡沈之君幼而狂。性無常○狂求匡反陳大夫齧壯而頑頓與許蔡疾楚政楚令尹
死其師熸帥賤多寵政令不壹帥賤蘧越非正卿也軍多寵人政令不壹於越○帥所類反注及下帥賤同七國同
役而不同心七國楚頓胡沈蔡陳許帥賤而。不能整無大威命楚可敗也若分師先以犯
胡沈與陳必先奔三國敗諸侯之師乃搖心矣諸侯乖亂楚必大奔請先者去
備薄威示之以不整以誘之○去起呂反後者敦陳整旅敦厚也○陳直覲反下未陳幷注同吳子從之戊辰晦
戰于雞父七月二十九日違兵忌晦戰擊楚所不意疏注七月至不意○正義曰成十六年傳郤至曰陳不。違晦以犯天忌我必克之注云晦月
終陰之盡故兵家以爲忌楚以兵之忌日不意吳來擊之必不設備吳人故違兵忌以晦出兵而戰擊楚所不意也僖二十二年泓之戰書己巳朔成十六年
鄢陵之戰書甲午晦此書戊辰而不言晦者釋例曰經傳之見晦朔此時史。隨其日而存之無義例也賈氏云泓之戰譏宋襄故書朔鄢陵之戰譏楚子故書
晦雞父之戰夷之故不書晦左氏既無此說案雞父之戰經傳備詳其例非夷之實晦戰而經不書晦明經不以晦示褒貶吳子以罪人三
千先犯胡沈與陳因徒不習戰以示不整三國爭之吳爲三軍以繫於後中軍從王從吳王
光帥右掩餘帥左掩餘吳王壽夢子吳之罪人或奔或止三國亂吳師擊之三國敗獲
胡沈之君及陳大夫舍胡沈之囚使奔許與蔡頓曰吾君死矣師譟而從之三
國奔三國許蔡頓○譟素報反楚師大奔書曰胡子髡沈子逞滅獲陳夏齧君臣之辭也國君

社稷之主與宗廟共其存亡者故稱滅大夫輕故曰獲獲得也【疏】注國君社稷之主與宗廟共其存亡者至獲得也○正義曰傳言舍胡沈之囚使曰吾君死矣是胡沈之君死稱滅也釋例曰國君者社稷之主百姓之望當與社稷宗廟共其存亡者也而見獲於敵國雖存若亡死之與生皆與滅同故曰胡子髡沈子逞滅諸以戰傷死雖敗績而不見擒故經皆不曰滅則杜意國君生見獲亦書爲滅也劉炫謂此胡沈之君戰死故言滅也春秋君戰則生見獲者皆言以歸不書滅何得言雖存若亡皆爲滅公羊傳曰其言滅獲何別君臣也君死于位曰滅生釋曰獲大夫生死皆曰獲以爲君死曰滅生曰以歸韓戰貶晉侯從大夫例故書獲以規杜失今知非者莊十年齊師滅譚譚子奔莒定六年鄭游速滅許以許男斯歸是君存稱滅劉炫以爲生獲於敵但言以歸不得稱滅規杜非也但君存國滅則滅文在上滅譚滅許是也國存君死則滅文在下胡子沈子是也

不言戰楚未陳也嫌與陳例相涉故重發之○

八月丁酉南宮極震經書乙未地動魯地也丁酉南宮極震周地亦震也爲屋所壓而死○壓本又作厭同於甲反【疏】注經書至而死○正義曰經書乙未地震謂魯國之地動也丁酉南宮極震則周地亦震周魯相去千里故震日不同以震而死明爲屋所壓萇弘謂劉文公曰君其勉之先君之力可濟也文公劉蚠也先君謂蚠之父獻公也獻公亦欲立子猛未及而卒周之亡也其三川震謂幽王時也三川涇渭洛水也地動川岸崩【疏】注謂幽至岸崩○正義曰周語云幽王二年西周三川皆震伯陽父曰周將亡矣陽伏而不能出陰迫而不能烝於是有地震今三川實震是陽失其所而鎮陰也陽失而在陰原必塞原塞國必亡夫水土演而民用也土無所演民乏財用不亡何待昔伊洛竭而夏亡河竭而商亡今周德若二代之季矣其川原又塞塞必竭夫國必依山川山崩川竭亡之徵也川竭山必崩若亡不過十年數之紀也夫天之所棄不過其紀是歲也三川竭岐山崩十一年幽王乃滅注國語者亦云三川涇渭洛也西周在雍州之域周禮職方氏正西曰雍州其川涇汭其浸渭洛

鄭玄云浸可以爲灌漑者今西王之大臣亦震天棄之矣子朝在王城。故謂西王東王必大克敬王居狄泉在王城之東故曰東王○楚大子建之母在郹。郹。郹陽也平王娶秦女廢太子建故母歸其家○郹古闃反召吳人而啓之冬十月甲申吳大子諸樊入郹諸樊吳王僚之大子○吳大子諸樊案吳子遏號諸樊王僚是遏之弟子先儒又以爲遏弟何容僚子乃取遏號爲名恐傳寫誤耳未詳取楚夫人與其寶器以歸楚司馬薳越追之不及將死衆曰請遂伐吳以徼之徼要其勝負○徼右堯反要一遙反【疏】。大子至追之○正義曰土地名郹是蔡地蔡在楚之東北故建母在郹得召吳人也於。時蔡常從楚且失夫人故薳越追之○注諸樊至大子○正義曰吳子諸樊吳王僚之伯父也僚子。又名諸樊乃與伯祖同名吳人雖是東夷理亦不應然也此久遠之書又字經篆隸或誤耳薳越曰再敗君師死且有罪此年秋敗於雞父設往復敗爲再敗亡君夫人不可以莫之死也乃縊於薳澨薳澨楚地○縊一賜反澨市制反○公爲叔孫故如晉及河有疾而復此年春晉爲郲人執叔孫故公如晉謝之○爲于僞反注及下注鄰國爲之守相爲同○楚囊瓦爲令尹囊瓦子囊之孫子常也代陽。匄○囊乃郎反城郢楚用子囊遺言已築郢城矣今畏吳復增修以自固○郢以井反又餘政反【疏】。注楚用至自固○正義曰襄十四年子囊將死遺言謂子庚必城郢君子謂子囊忠將死不。忘衛社稷可不謂忠乎彼子囊城郢君子謂之爲忠此囊瓦城郢沈尹戌謂之必亡事不同者國而無城不可以治楚自文王都郢城郭未固子囊心欲城之其事未暇將死而令城郢故可謂之爲忠今郢既固矣足以爲治而囊瓦畏吳僂偪恐其寇入國都更復。增修其城以求自固不能遠撫邊竟唯欲近守城郭沈尹。謂之必亡爲其事異故也沈尹戌曰子常必亡郢苟不能衞城無益也古者天子守在四夷德及遠○守手又反下文除守其交禮並同天子卑守在諸侯政卑損諸侯守在四鄰鄰國爲之守諸侯卑守在四竟裁自完○竟音境下及注同愼其四竟結其四援結四鄰之國爲助○援于眷反民狎其野狎安習也狎戶甲反三務成功春夏秋三時之務民無內憂而又無外懼國焉用城今吳是懼而城於郢守已小矣卑之不獲能無亡乎不獲守四竟○焉於虔反昔梁伯溝其公宮而民潰在僖十八年【疏】注在僖十八年○正義曰事在十九年諸本皆然當是轉寫誤民棄其上不亡何待夫正其疆埸脩其土田險其走集走集邊竟之壘辟○疆居良反埸音亦壘力軌反辟音璧親其民人明其伍候使民有部伍相爲候望【疏】明其伍候○正義曰賈服王董皆作五候賈服云五候五方之候也敬授民時四方中央之候王云五候山候林候澤候川候平地候也董云五候四方及國中之姦謀也杜作伍候故云使民有部伍相爲候望彼諸本蓋以上多云四故誤爲五也信其鄰國愼其官守守其交禮交接之禮不僭不貪不懦不耆懦弱也耆強也○僭子念反懦乃亂反又乃臥反耆臣支反一音直支反【疏】不僭至不耆○正義曰不僭守信也不貪廉正也不懦不受辱也不彊不陵人也此皆論守竟之事不僭不貪○不○貪不耆謂不往侵鄰國也不懦謂不使人侵己也完其守備以待不虞又何畏矣詩曰無念爾祖聿脩厥德詩大雅無念念也聿述也義取念祖考則述治其德以顯之【疏】詩曰至厥德○正義曰詩大雅文王篇也無念念也聿述也言王者念女先祖之法則還當述治其先祖之德以顯之無亦監乎若敖蚡冒至于武文四君皆楚先君之賢者○蚡扶粉反冒莫報反

【疏】注四君至賢者○正義曰楚世家云周成王始封熊繹於楚以子男之田居丹陽歷十四君至於熊儀是爲若敖若敖生霄敖霄敖生蚡冒蚡冒卒弟熊達立是爲武王武王生文王始都郢杜。文十六年云蚡冒楚武王父雖不從世家以蚡冒爲武王兄要沈尹以四君爲賢故特言之土不過同方百里爲一同言未滿一圻○圻音祈【疏】土不過同○正義曰言田雖至九百里猶止名同故云不過同非謂百里以下也知者以楚是子爵土方二百里明非百里也愼其四竟猶不城郢今土數圻方千里爲圻○數所主反【疏】猶不城郢○正義曰如楚世家云武王以上未都於郢據當時都郢故以郢言之謂不築其。其國都也而郢是城不亦難乎言守若是難以爲安也爲定四年吳入楚傳

附釋音春秋左傳注疏卷第五十

春秋左傳注疏卷五十校勘記　阮元撰盧宣旬摘錄

附釋音春秋左傳注疏卷第五十 昭二十一年盡二十二年

〔經二十一年〕

在於復歸 段玉裁校改作歸復

〔傳二十一年〕

無射鐘名 宋殘本淳熙本鐘作鍾

注周景至無射 宋本以下正義四節總入其能久乎注下

鑄大錢 監本毛本鑄上有將字與國語合

王不聽 監本毛本不作弗與國語合

如彼文 閩本監本文誤云

時鐘猶在 宋本時作其

無射高縣是也 此本高字實缺據宋本補閩本空闕監本毛本作在

時人悉共見之 此本共字實缺據宋本補閩本空闕監本毛本作得

泠州鳩曰釋文云泠或作伶樂官也或作冷字非石經州字初刻誤洲後改正

而鐘音之器也石經宋殘本鐘作鍾案鐘鼓之鐘石經左傳皆不作鍾此及下文今鍾槬矣獨異

風散俗煩宋本散作敞

器以鐘之石經宋本宋殘本纂圖本閩本監本毛本鐘作鍾是也

鐘聚也此本正義亦作鍾宋本宋殘本纂圖本閩本監本毛本作鍾是也

承上語不倫者宋本閩本監本毛本同山井鼎云倫作論恐非

大者不槬諸本作槬漢書五行志引作摦下同案槬乃說文新附字五經文字作摦云見春秋傳

戶暗反宋本此三字側注

窕則不咸石經咸改作減釋文云本或作感案惠棟云唐石經初刻作咸後加三點按作咸是也

心是以感感實生疾石經初刻感作憾後改作感顧炎武云石經誤作感指改刊而言也惠棟云一作咸一作減亦誤陳樹華云初刻憾後改感下心字年久磨滅案改感之說非是如改感磨去小旁足矣今感字重刻皆未將碑文細校也漢書五行志引傳作感不誤

今鐘槬矣石經淳熙本纂圖本閩本監本毛本鐘作鍾

王心弗堪惠棟云漢書作戡孟康云古堪字尚書西伯戡黎說文引作戡郭璞爾雅注又作堪黎古字戡堪通

注不在至幼齒宋本此節正義在注爲蔡侯朱出奔傳之下
鮑國至七牢宋本以下正義二節總入士鞅怒曰節注下
諸侯牢禮各依命數重修監本各誤名
亟言之宋本以下正義二節總入注文桑林城門名之下
言若愛大司馬岳本言作君非也
華貙雖杜宋本閩本監本毛本杜作杜
訊問也淳熙本也誤城
言登亡淳熙本言誤之
梁國睢陽縣南有橫亭毛本睢作睢亦非釋文作睢音雖是也
分同至過也宋本以下正義三節總入昭子曰節下
朔月辛卯監本毛本月誤日
未法爲重監本毛本未法作其災宋本作示法
非所哭也石經也字以下一行計九字

公子苦雒石經宋本宋殘本岳本雒作雂與釋文合又按說文雂爲也从隹今聲引春秋傳公子苦雂又考玉篇苦作若

而不能送亡君宋本以下正義六節總入注文爲明年華向出奔楚傳之下

乃徇曰閩本監本徇作狥非

楊徽者石經宋本宋殘本淳熙本岳本纂圖本毛本楊作揚與釋文合

如其在門所樹者監本其作共非

凡此言以也象也閩本監本以誤似

今之銘旌旗旛也宋本旛作旙與說文合

其制之大小宋本其作某

公自楊門見之石經宋本宋殘本淳熙本岳本足利本楊作揚是也注同

睢陽正東門名揚門監本睢誤雎

不呰小忿淳熙本纂圖本呰作訾釋文同云本又作呰

干犨御呂封人華豹張匄爲右正義云本或豹上有華又云今定本有華臧琳云據正義知今本有華者從唐定本誤衍也傳文本云呂封人豹故杜云呂封人豹華氏黨明豹卽華豹也今注作呂封人華豹華亦衍文王肅董遇並云呂封人華豹則王董本正文有華字可知

闕引弓此下宋本有闕矣○正義曰闕鵖㙞本又作孌一十三字在呂封人華豹節下

扶伏而擊之諸本作扶伏釋文云本或作匍匐同

事在襄二十三年纂圖本二作三非也

俗本或無其字毛本字作事非也

德君必甚宋本此節正義在蔡無他矣注下

且懼泄軍謀宋本小字宋本宋殘本泄作洩

〔經二十二年〕

夏四月乙丑宋殘本缺三葉自四字起至子朝必不克必字止

亂故速宋本速下有也字

注承叔至曰亂宋本以下正義三節總入王子猛卒注下

冬十月王子猛卒十有二月石經自王字至有字改刊故此二行皆衹九字

故不言崩足利本言作書

其不得有庚戌也宋本其下有月字

(傳二十二年)

啓齊大夫○北郭佐之後 諸本無○纂圖本○作釋亦誤閩本遂以北郭佐之後五字改爲雙行小字尤非

以粦亂人 石經此處缺岳本纂圖本閩本監本毛本粦作獘

患宋以義距之 小字宋本無之字

無亢至亂人 宋本脫人字以下正義二節總入以靖國人注下

粦勸也 閩本監本毛本粦作獘

其亦能無爲也已 石經此處缺宋本淳熙本岳本纂圖本監本毛本能無作無能不誤

士平 顧炎武云石經士誤氏案石經此處缺所據乃王堯惠刻

邊卬 顧炎武云石經卬誤作卭案石經此處缺所據亦謬刻也

王子至立之 宋本以下正義九節總入盟羣王子于單氏注下

與賓孟並談說之 宋本以上有王字

景王欲殺下門子 案國語周語欲作既

子朝有欲位之言 釋文云一本位作立岳本作立陸粲附注云作立是也

所以彊單子之心 閩本監本毛本彊作強

故劉子亦與同志 齊召南云以文義推之劉子應作單子言單穆公與劉蚠同志也

掌牧六牲 監本掌作當誤也

則無害 宋本無下有患字是也

魏郡廣平以北 淳熙本北誤此

揚邑 宋本淳熙本岳本纂圖本監本毛本揚下有周字是也

悼王子猛也 監本悼字誤倬

頃子至劉黨 宋本以下正義十節總入注文京楚子朝所在之下

殺摯荒以說 石經荒字以下一行計九字

故亡走 重修監本走誤是

來而殺之 閩本監本而作必非

謚法一意不懈曰簡 閩本懈誤蠏宋本監本毛本作懈是也案逸周書謚法解一意作壹德

故知是敬王黨 監本毛本敬作悼

子朝必不克不字以下宋殘本起

經書六月誤也宋本宋殘本淳熙本小字宋本足利本無也字

戊寅是七月二日明傳是也閩本亦誤二宋本監本毛本作三

前城人敗陸渾于社十一月乙酉諸本作社釋文云本或作杜下皆同石經人字以下一行計九字陸渾于社十五字改刊因初刊十下有有字後刊去也

前城子朝衆陳樹華云案城下當有人字

毀其西南石經南下有子朝奔郊四字非唐刻也案顧炎武九經誤字云四字監本脫當依石經惠棟云四字非初刻當是晁公武據蜀石經增入非杜本也案下傳云二師圍郊郊鄩潰杜氏云二邑皆子朝所得是杜本無奔郊之文善乎陳樹華之言曰四字書法與宣公卷相似疑朱梁時人所爲顧炎武說欠詳審惠棟指爲晁氏據蜀石經增入亦非子朝如果在郊則二師圍郊郊鄩潰子朝當奔別邑經傳何以無明文邪且廿三年王子朝入于尹杜氏云自京入尹氏之邑正義曰知自京入尹者以前年子朝在京王師雖毀其西南不言克京又今年二師圍郊郊不言子朝在郊故云自京入尹劉炫以爲前年王師已克京子朝從京入郊郊潰不知子朝所在而規杜非也由此推之子朝奔郊四字或因劉氏之言而妄增也

京楚子朝所在段玉裁云楚字衍文次年晉人圍郊正義引此注云京子朝所在無楚字

〔經二十三年〕宋本春秋正義卷第三十一石經春秋經傳集解昭六第廿五岳本襄字下增公字並盡二十六年

注稱行至使人宋本以下正義八節總入冬公如晉至河有疾乃復句下

不宜執其使人宋本監本毛本宜作得正德本閩本此處實缺

計辛丑壬寅諸本作計此本誤討今改正

相十三年諸本作桓此本作相修版仍作桓

買之妄○宋本○作也是也

立之是當宋本當作常

〔傳二十三年〕

注離姑至武城宋本以下正義九節總入去之如始至注下

先經魯之武城閩本監本毛本經作徑

謂此山道下濕纂圖本毛本濕作溼

斷其後監本斷誤擀

嫌外內異岳本外內誤倒

僖二十九年傳曰監本毛本二作公非

案傳文 閩本監本文作云非

從旦至旦爲期 葉抄釋文亦作從旦至旦爲朞按古者年之帀月之帀日之帀皆曰期而日之帀僅見此監本下旦字作莫毛本作莫字皆非也

別因之 閩本囙作因形相近而誤毛本作叔尢非

示不愛 淳熙本示誤寸

葺補治也 宋本淳熙本也作之

注自京至之邑 宋本此節正義在丙寅節注下

王師已克 宋本克下有京字是也

劉子從尹道伐尹 石經劉字以下一行計九字

庚寅單子劉子樊齊以王如劉 淳熙本樊誤焚

鄩肸之子 宋本岳本肸作肹是也淳熙本誤將纂圖本監本毛本誤肸○今從宋本

莒子庚輿虐而好劍 石經劍字以下一行計十一字

必試諸人 石經試誤弑

殳長而無刃宋本淳熙本岳本纂圖本監本毛本長下有丈二二字是也

注殳長至無刃宋本此節正義在齊人納郊公注下

又考工記戈戟皆有刃山井鼎云崇禎本闕皆有二字案毛本不闕考文所據者是脫字本也

牧之亦莒大夫山井鼎云崇禎本缺亦莒二字案毛氏本不闕

威克至必濟宋本以下正義三節總入不言戰節注下

狂無常宋本淳熙本小字宋本狂作性不誤

帥賤而不能整淳熙本而誤丙

陳不違晦毛本違作逢非也

此時史隨其日而存之毛本隨作兵非也

注國君社稷之主與宗廟共其存亡者至獲得也宋本作注國君至得也

楚未陳也石經陳字改刊初刻似作陣

注經書至而死宋本以下正義二節總入東王必大克注下

地動川岸崩纂圖本川下衍地字

今川實震 宋本今下有三字是也

土無所演 宋本同監本毛本作水土無演非

子朝在王城故謂西王 足利本城下有西字

楚大子建之母在郥 石經宋本岳本郥作鄖是也注及下同與說文合

大子至追之 宋本以下正義二節總入亡君夫人節注下

於時蔡常從楚 宋本時作是

僚子文名諸樊 閩本文作父亦非宋本監本毛本作又是也○今改作又

代陽匄 淳熙本匄誤句

注楚用至自固 宋本以下正義八節總入不亦難乎句注下

將死不忘衞社稷 閩本監本毛本忘作亡

更復增脩其城 宋本增作以

沈尹謂之必亡 浦鏜正誤尹下有戌字

結四鄰之國爲助 宋本淳熙本岳本爲下有援字

當是轉寫誤 閩本監本毛本轉作傳非也

走集邊竟之壘辟 釋文亦作辟下有也字宋本岳本作壁

明其伍候 正義曰賈服王董皆作五候惠棟云周書程典云固其四援明其五候古伍字皆作五傳本文也杜氏依周書爲說故從人旁

賈服王董 閩本監本賈誤晉

此皆論守竟之事 毛本皆字實缺

不僭不貪不貪不者 宋本監本毛本不貪二字不重是也

謂不往侵鄰國也 監本國字實缺

杜文十六年云 閩本監本毛本文誤又宋本文上有注字是也

謂不築其其國都也 宋本閩本監本毛本其字不重是也

春秋左傳注疏卷五十校勘記

附釋音春秋左傳注疏卷第五十一　昭二十四年盡二十五年

杜氏注　孔穎達疏

經二十四年。春王三月丙戌仲孫貜卒無傳孟僖子也○貜俱縛反徐俱碧反○婼至自晉喜得赦歸故書至○夏五月乙未朔日有食之○秋八月大雩○丁酉杞伯郁釐。卒無傳未同盟而赴以名丁酉九月五日有日無月○郁於六反釐本又作釐力之反又音來【疏】注丁酉至無月○正義曰此年五月乙未朔一大一小七月當甲午朔九月癸巳朔五日得丁酉文在八月之下是有日而無月也○冬吳滅巢楚邑也書滅用大師【疏】注楚邑至大師○正義曰大都以名通故不繫楚也襄十三年傳例曰用大師焉曰滅○葬杞平公無傳

傳二十四年春王正月辛丑召簡公南宮嚚以甘桓公見王子朝簡公召莊公之子召伯盈也嚚南宮極之子桓公甘平公之子○嚚魚巾反見賢遍反劉子謂萇弘曰甘氏又往矣對曰何害同德度義度謀也言唯同心同德則能謀義子朝不能於我無害○度待洛反注同【疏】。注度謀至無害○正義曰同德度義尚書泰誓文也劉炫云案孔安國云德鈞則秉義者彊萇弘此言取彼為說必其與彼德同乃度義之勝負但使德勝不畏彼彊故卽引泰誓而勸其務德杜為不見古文故致有此謬今知非者彼尚書之文論兩敵對戰揆度有義者彊此論甘氏又往既不能同德何能度義屬意有異與書義不同且引詩斷章其類多矣劉以為杜違尚書之文而規其過非也。大誓曰紂有億兆夷人亦有離德言紂衆億兆兼有四夷不能同德終敗亡○紂直九反億於力反【疏】注四

夷○正義曰孔安國云夷人謂平人杜爲夷狄之人者案四年傳曰商紂爲黎之蒐東夷叛之孔杜各自爲義其意俱通劉炫以杜爲過而規其短非也余
有亂臣十人同心同德武王言我有治臣十人雖少同心也今大誓無此語○治直吏反此周所以興也君其
務德無患無人戊午王子朝入于鄔緱氏西南有鄔聚言子朝稍強○鄔烏戶反緱古侯反又苦侯反聚才住反○
晉士彌牟逆叔孫于箕將禮而歸之叔孫使梁其踁待于門內踁叔孫家臣○踁戶定反曰余左
顧而欬乃殺之疑士伯來殺己故謀殺之○欬苦代反右顧而笑乃止叔孫見士伯士伯曰寡君
以爲盟主之故是以久子久執子以謝邾不腆敝邑之禮將致諸從者使彌牟逆吾子
叔孫受禮而歸二月婼至自晉尊晉也貶婼族所以尊晉婼行人故不言罪己○腆他典反從才用反疏注貶婼至
罪己○正義曰卿當備書名氏去氏則爲貶責貶婼之族喜於得免所以尊晉而自屈也釋例曰意如至自晉傳言尊晉罪己婼至自晉傳復重發但言尊晉
者意如以罪見執宜在罪己婼本使人不應見執故尊晉而已內大夫行還皆不書至異於公也今此二人執而見釋更以書至見義也杜言見義者見其喜
得釋特告廟而書至也○三月庚戌晉侯使士景伯涖問周故涖臨也就問子朝敬王知誰曲直○涖音利疏
晉侯至周故○正義曰晉助敬王久矣今使景伯如周問曲直者以子朝更彊久競未決晉人恐敬王不成更審其事故疑而使察之也晉人於此乃辭王子
朝不納其使則以前猶與往來其心兩望至此始絕耳士伯立于乾祭而問於介衆乾祭王城北門介大也○乾音干祭側界
反介音戒注同晉人乃辭王子朝不納其使衆言子朝曲故○使所吏反○夏五月乙未朔日有食

之梓愼曰將水（陰勝陽故曰將水）昭子曰旱也日過分而陽猶不克克必甚能無旱乎（過春分陽氣盛時而不勝陰陽將猥出故爲旱○猥烏罪反）陽不克莫將積聚也（陽氣莫然不動乃將積聚○陽不克莫絕句）○

六月壬申王子朝之師攻瑕及杏皆潰（瑕杏敬王邑○瑕戶加反杏戶孟反潰戶內反）鄭伯如晉子大叔相見范獻子獻子曰若王室何對曰老夫其國家不能恤敢及王室抑人亦有言曰嫠不恤其緯（嫠寡婦也織者當苦緯少寡婦所宜憂○相息亮反嫠本又作釐力之反緯有貴反）而憂宗周之隕爲將及焉（恐禍及己○隕于敏反）今王室實蠢蠢焉（蠢蠢動擾貌○蠢昌允反擾而小反本又作動擾）吾小國懼矣然大國之憂也吾儕何知焉吾子其早圖之詩曰缾之罄矣惟罍之恥（詩小雅罍大器缾小器常稟於罍者而所受罄盡則罍爲無餘故恥之○儕仕皆反缾本又作瓶步丁反罍音雷）

【疏】注詩小至恥之○正義曰此詩小雅蓼莪刺幽王之詩也或曰缾是器罍大缾小實由罍所資缾是小器常稟受於罍今缾罄盡罍更無物以共缾惟是罍之恥也缾喻周罍喻晉言周之微弱恆依恃於晉今王室亂矣晉無力以助之是晉之恥也詩注云缾小而盡罍大而盈刺王不使富分貧衆恤寡

王室之不寧晉之恥也獻子懼而與宣子圖之（宣子韓起）乃徵會於諸侯期以明年（爲明年會黃父傳○父音甫）

秋八月大雩旱也（終如叔孫之言）○冬十月癸酉王子朝用成周之寶珪于河（禱河求福○珪于河本或作沈于河沈直蔭反又如字）甲戌津人得諸河上（珪自出水）陰不佞以溫人南侵○（不佞敬王大夫晉以溫兵助敬王南侵子朝）

拘得玉者取其玉將賣之則爲石王定而獻之不佞獻。玉○拘音俱王定而獻之本或作王定之與之東訾喜得玉故與之邑鞏縣西南訾城是也○訾子斯反○楚子爲舟師以略吳疆略行也行吳界將侵之○疆居良反行下孟反下同沈尹戌曰此行也楚必亡邑不撫民而勞之吳不動而速之速召也吳踵。楚躡楚踵跡○踵章勇反躡女輒反而疆場無備邑能無亡乎越大夫胥犴勞王於豫章之汭汭水曲○場音亦犴音岸勞力報反汭如銳反越公子倉歸王乘舟歸遺也○歸如字又其媿反乘繩證反又如字遺唯季反倉及壽夢帥師從王壽夢越大夫○夢莫公反王及圉陽而還圉陽楚地○圉魚呂反【疏】王及圉陽而還○正義曰王歸行及圉陽倉與壽夢而還歸於越也吳人踵楚而邊人不備遂滅巢及鍾離而還鍾離不。書告敗略沈尹戌曰亡郢之始於此在矣王壹動而亡二姓之帥二姓之帥守巢鍾離大夫○帥所類反注同幾如是而不及郢詩曰誰生厲階至今爲梗詩大雅厲惡階道梗病也○幾居豈反又音幾梗更猛反【疏】注詩大雅○正義曰此詩大雅桑柔刺厲王之詩也其王之謂乎爲定。四。年吳。入郢傳

經二十有五年春叔孫婼如宋○夏叔詣。會晉趙鞅宋樂大心衛北宮喜鄭游吉曹人邾人滕人薛人小邾人于黃父○詣五計反○有鸜。鵒來巢此鳥穴居不在魯界故曰來巢非常故書○鸜其俱反嵇康音權本又作鴝音劬公羊傳作鸛音權郭璞注山海經云鸜鵒鴝鵒也鵒音欲【疏】注此鳥至故書○正義曰此鳥穴居今驗

猶然考工記云鸜鵒不。踰濟禹貢導沇水東流爲濟入于河溢爲滎東出于陶丘北又東至于荷又東北會于汶又北東入于海濟經齊魯之界魯在汶水之南鸜鵒北方之鳥南不踰濟舊不在魯界今來魯而不穴又巢居故曰來巢傳曰書所無也是非常故書也公羊傳曰何以書記異也何異爾非中國之禽也宜穴又巢穀梁亦然案今大河以北皆有鸜鵒不得云非。國之禽也宜穴又巢信然

○秋七月上辛大雩季辛又雩季辛下旬之辛也言又重上事○重直龍反又直用反○疏注季辛至上事○正義曰月有三辛上辛上旬之辛也季辛下旬之辛也長曆推校此年七月己丑朔上辛月三日。上辛二十三日也不書其日之辰空言辛者本見旱甚欲知二雩相去遠近耳無取於辰故空書辛也季辛又雩不言大者言又見其重上事上辛是大雩明季辛亦大雩也春秋旱則脩雩雩而得雨則書雩喜雩有益雩而不得雨則書旱以明災成此書二雩者上辛雩而得雨雨少尋即爲旱故季辛又雩傳曰秋書再雩旱甚也是言前雩少得雨旱甚而復雩故賈云上辛不注是也公羊傳曰又雩者何又雩者非雩。聚。以逐季氏也公以九月始孫豈七月已與季氏戰乎若使時實不旱亦不得託雩以聚衆矣

○九月己亥公孫于齊次于陽州諱奔故曰孫若自孫讓而去位者陽州齊魯竟上邑未敢直前故次于竟○孫音遜本亦作遜注及傳同竟音境下同○齊侯唁公于野井濟南祝阿縣東有野井亭齊侯來唁公公不敢遠勞故逆之往至野井○唁音彥弔失國曰唁

○冬十月戊辰叔孫婼卒公不與小斂而書日者公在外非無恩○與音預斂力驗反

○十有一月己亥宋公佐卒于曲棘陳留外黃縣城中有曲棘里宋地未同盟而赴以名

十有二月齊侯取鄆取鄆以居公也○鄆音運

傳二十五年春叔孫婼聘于宋桐門右師見之右師樂大心居桐門語卑宋大夫而賤司

城氏司城樂氏之大宗也卑賤謂其才德薄○昭子告其人曰右師其亡乎君子貴其身而後能及人是以有禮唯禮可以。貴身貴身故尙禮○今夫子卑其大夫而賤其宗是賤其身也賤人人亦賤己能有禮乎無禮必亡爲定十年樂大心出奔傳疏。君子至必亡○正義曰楊子法言云何以動而見敬曰敬人何以動而見侮曰侮人然則貴人者人亦貴之卑人者人亦卑之此言凡人輕賤其身則不能以尊貴之道及於他人若君子能自貴其身者已先貴人欲其身之貴是以須有禮然後能以尊貴之道及於他人既尊貴他人是以有禮○宋公享昭子賦新宮逸詩疏賦新宮○正義曰燕禮記云升歌鹿鳴下管新宮鄭玄云新宮小雅逸篇也其詩既逸知是小雅篇者管鄭笙也以燕禮及鄉飲酒升歌笙歌同用小雅知新宮必是小雅但其詩辭義皆亡無以知其意也昭子賦車轄詩小雅周人思得賢女以配君子昭子將爲季孫迎宋公女故賦之○轄本又作舝胡瞎反將爲于僞反疏注詩小至賦之○正義曰周人思得賢女以配君子車舝詩序也杜以下云逆女故知將爲季孫迎宋公之女故賦之杜必知爲逆女而賦者以車舝之詩論逆女之事將其詩云間關車之舝兮思孌季女逝兮言間關然設此車舝思憶孌然季女而往迎之又云辰彼碩女令德來教皆論逆女之事又昭子因聘逆女已共宋公平論故於享禮之時而賦車轄猶如季文子如宋致女還賦韓。弈之詩與此正同又何不可而劉炫以爲昭子賦車轄不爲逆女又以新宮非。昏姻之事而規杜過然新宮既亡焉知非是親好苟生異見於義非也○明日宴飲酒樂宋公使昭子右坐坐宋公右以相近言改禮坐○樂音洛近附近之近禮坐如字又才臥反疏注坐宋至禮坐○正義曰燕禮云司宮筵賓于戶西東上小臣設公席于阼階上西鄉是禮坐公西向賓南向也宋公使昭子右坐令在宋公之右蓋在宋公之北同西向以相近言其改禮坐也語相泣也樂祁佐助宴禮○退而告人曰今。茲

君與叔孫其皆死乎吾聞之哀樂可樂而哀○樂哀音洛注及下同○而樂哀可哀而樂皆喪心也心
之精爽是謂魂魄魂魄去之何以能久爲此冬叔孫宋公卒傳○喪息浪反下同○季公若之姊爲
小邾夫人平子庶姑與公若同母故曰公若姊【疏】注平子至若姊○正義曰公若即平子之叔父也不言平子之姑而云公若之姊明公若是平
子庶叔此姑與公若同母故曰公若姊也○生宋元夫人宋元夫人平子之外姊○生子以妻季平子昭子如宋
聘且逆之平子人臣而因卿逆季氏強橫○妻七計反橫華孟反○公若從從昭子○從才用反又如字注同○謂曹氏勿與
魯將逐之曹氏宋元夫人曹氏告公公告樂祁樂祁曰與之如是魯君必出政在季氏
三世矣文子武子平子【疏】注文子武子平子○正義曰武子生悼子悼子生平子政在季氏唯云三世不數悼子者悼子未爲卿而卒不執魯政故
不數也十二年傳曰季悼子之卒也叔孫昭子以再命爲卿卿必再命乃得經書名氏七年三月經書叔孫婼如齊涖盟其年十一月季孫宿卒是悼子先武
子而卒平子以孫繼祖也魯君喪政四公矣宣成襄昭無民而能逞其志者未之有也國君是以
鎮撫其民詩曰人之云亡心之憂矣詩大雅言無人則憂患至○逞勑景反○魯君失民矣焉得逞
其志靖以待命猶可動必憂爲下公孫傳○焉於虔反○夏會于黃父謀王室也王室有子朝亂謀定
之○趙簡子令諸侯之大夫簡子趙鞅輸王粟具戍人曰明年將納王納王於王城○子大叔
見趙簡子簡子問揖讓周旋之禮焉對曰是儀也非禮也【疏】○簡子至非禮○正義曰樂記云簠簋

組豆制度文章禮之器也升降上下周旋裼襲禮之文也又曰鋪筵席陳尊組列籩豆以升降爲禮者禮之末節也故有司掌之仲尼燕居云子張問禮子曰師爾以爲必鋪几筵升降酌獻酬酢然後謂之禮乎言而履之禮也又五年傳云公如晉自郊勞至于贈賄禮无違者晉侯以爲知禮女叔齊曰是儀也非禮也此問揖讓周旋之禮又云是儀也非禮也凡此諸文皆言禮與儀異禮之與儀非爲大異但所從言之有不同耳禮是儀之心儀是禮之貌本其心謂之禮察其貌謂之儀行禮必爲儀爲儀未是禮故云儀非禮也鄭玄禮序云禮者體也履也統之於心曰體踐而行之曰履此訓兩釋良有以也鄭謂體爲禮履爲儀是其所以禮儀別也

簡子曰敢問何謂禮對曰吉也聞諸先大夫子產曰夫禮天之經也經者道之常○地之義也義者利之宜○民之行也行者人所履。行○之行下孟反注同天地之經而民實。則之則天之明日月星辰天之明也因地之性高下剛柔地之性也疏夫禮至之性○正義曰自夫禮至因地之性言禮本法天地也自生其六氣至民失其性言天用氣味聲色以養人不得過其度也是故爲禮以下言聖。王制禮以奉天性不使過其度也經常也義宜也夫禮者天之常道地之宜利民之所行也天地之有常道人民實法則之法則天之明道因循地之恒性聖人所以制作此禮也此傳文於天言常則地亦常也於地言義則天亦義也覆言天地之經明天地皆有常也天有常明之義地有常利之義也覆云則天之明是天以明爲常因地之性則地以性爲義是天以光明爲常義地以剛柔爲常義義謂義理性謂本性言天地性義有常可以爲法故民法之而爲禮也○注經者道之常義者利之宜○正義曰覆而無外高而在上運行不息日月星辰溫涼寒暑皆是天之道也訓經爲常故言道之常也載而無。弃物無不殖山川原隰剛柔高下皆是地之利也訓義爲宜故云利之宜也杜以今文孝經云用天之道。分地之利故天以道言之地以利言之天無形言其有道理也地有質言其有利益也民之所行法象天地象天而爲之者皆是天之常也象地而爲之者皆是地之宜也故禮爲天之經地之義也孝經以孝爲天之經地之義者孝是禮之本禮爲孝之末本末別名理實不異故取法天地其事

同也○注行者人所履○正義曰民謂人也人稟天地之性而生動作皆象天地其踐。履謂之爲行但人有賢與不肖行有過與不及聖人制爲中法名之曰

禮故禮是民之行也行者人之所履也易及爾雅並訓履爲禮是禮名由踐履而生也禮人之本性自然法象天地聖人還復法象天地而制禮教之是禮由天

地而來故仲尼說孝子產論禮皆天地民三者並言之○注日月星辰天之明也高下剛柔地之性也○正義曰則天之明杜以爲日月星辰者以下傳云爲

父子兄弟昬。媾姻。亞以象天明若衆星之共北辰故知天明日月星也杜知高下剛柔地之性者以下傳云爲君臣上下以則地義則君高臣下臣柔君剛地

義則地之性也傳文上下其理分明人法天地其事多種杜以天明地義擧要而言故不備顯刑罰威獄溫慈惠和劉炫責杜不具載其文而規其過非也此

傳文天言則地言因者民見地有宜利因取而法效之因亦則之義也既言天之經不可復言地之經故變文稱義既言則天之明不可復言則地之性故變

文言因因之與則互相通也正是變文使相辟耳○**生其六氣**謂陰陽風雨晦明○**用其五行**金木水火土○**氣爲五味**酸鹹

辛苦甘○**發爲五色**青黃赤白黑發見也○見賢遍反下解見同○**章爲五聲**宮商角徵羽○徵張里反**淫則昏亂民失**

其性滋味聲色過則傷性【疏】生其至其性○正義曰此言天用氣味聲色以養人不得過其度也因上則天之下更復本之於天傳稱天有六氣此言

生其六氣謂天生之也用其五行謂天用之也上天用此五行以養人五行之氣入人之口爲五味發見於目爲五色章徹於耳爲五聲味以養口色以養目

聲以養耳此三者雖復用以養人人用不得過度過度則爲昏亂使人失其恆性故須爲禮以節之○注金木水火土○正義曰洪範云五行一曰水二曰火

三曰木四曰金五曰土孔安國云皆其生數是其以生數爲次也大禹謨說六府云水火金木土穀五行之次與洪範異者以相。刻爲次也此注言金木水火

土者隨便而言之不以義爲次也五物世所行用故謂之五行五者各有材能傳又謂之五材此傳所說禮意意在味色聲也但味色聲本於五行而來五行又是六氣所生故先言六氣五行然後至於味色聲也釋各五氣於其方各施行白虎通云言爲天行氣故謂之五行○注酸鹹辛苦甘○正義曰洪範又演五行云水曰潤下火曰炎上木曰曲直金曰從革土爰稼穡潤下作鹹炎上作苦曲直作酸從革作辛稼穡作甘孔安國云鹹水鹵所生苦焦氣之味酸木實之性辛金之氣味甘味生於百穀是言五行之氣爲五味水味鹹火味苦木味酸金味辛土味甘也五行本性自有此氣氣至於人乃爲五味味之爲異入口乃知言氣。氣爲五味謂氣入。口與下章也發也者據人知爲文味爲性所有色是形之貌聲是質之響色可近視聲可遠聞自近以及遠故以口目耳所知味色聲爲次也○注青黃至見也○正義曰五色五行之色也木色青火色赤土色黃金色白水色黑也木生柯葉則青金被磨礪則白土黃火赤水黑則本質自然也發見也謂見於人目有此五色○注宮商角徵羽○正義曰聲之清濁差爲五等聖人因其有五分配五行其本。末由五行而來也但既配五行即以五者爲五行之聲土爲宮金爲商木爲角火爲徵水爲羽聲之清濁入耳乃。知章徵於人爲五聲也此言章爲五聲元年傳云徵爲五聲章徵不同者據聲之至人是爲章徵據人之知聲則爲徵驗是彼此之異言耳○注滋味至傷性○正義曰老子云五味令人口臭五色令人目盲五音令人耳聾言其過耽者之則有此病是其過則傷本性也**是故爲禮以奉之**制禮以奉其性**爲六畜**馬牛羊雞犬豕○畜許又反又楮六反**五牲**麋鹿麏狼兔○麋亡悲反麏九倫反本亦作麐**三犧**祭天地宗廟三者謂之犧**以奉五味爲九文**謂山龍華蟲藻火粉米黼黻也華若草。華藻水草火畫火粉米若白米黼若斧黻若兩已相戾傳曰火龍黼黻昭其文也○黼音甫黻音弗是故至五味○正義曰口欲嘗味目欲視色耳欲聽聲人之自然之性也欲之不已則失其性聖人慮其失性是故爲禮以奉養其性使不失也牲犧祭祀所用非人所食而以牲犧奉五味者禮推人道以事神神之所享皆是人食尊鬼神而異其名耳故亦爲奉五味○注馬牛羊雞犬豕○正義曰爾雅釋畜馬牛羊犬雞五者之名其豕在釋獸之○篇畜養也家養謂之畜野生謂之獸豕有野豕故因記之於釋獸耳又釋畜之末別釋馬牛羊豕犬雞六者之名其下題曰六畜謂此是也周禮膳夫云膳用六牲是庖用六牲也庖人掌共六畜鄭玄云六牲馬牛羊豕犬雞六畜卽六牲也始養之曰畜將用之曰牲是畜牲一也○注麋鹿麕狼兔○正義曰十一年傳曰五牲不相爲用注云五牲牛羊豕犬雞此異彼者以上文已言六畜則五牲非六畜故別解之周禮庖人掌共六獸鄭衆云六獸麋鹿熊麕野豕兔鄭玄云獸人冬獻狼夏獻麋又內則無熊則六畜當有狼而熊不屬今杜解五牲之名用鄭玄六獸之說去野豕而以其餘當之也傳稱牛卜日曰牲鄭玄云將用之名曰牲此五者實獸也據其將用祭祀故名之曰牲服虔云牲麋鹿熊狼野豕○注祭天至之犧○正義曰尚書泰誓武王數紂之罪云乃夷居弗事上帝神祇遺厥先宗廟弗祀犧牲粢盛既于凶盜於神祇宗廟之下總言犧牲杜雖不見古文其言闇與之。會是祭天地宗廟之牲謂之犧也然則犧亦六畜而別言之者周禮牧人凡祭祀共其犧牲以授充人繫之鄭玄云犧牲毛羽完具也授充人者當殊養之然則六畜之內取其毛羽完具別養以共祭祀者乃名爲犧故與六畜異言之也服虔云三犧鴈鶩雉也○注謂山至文也○正義曰尚書益稷篇云帝曰予欲觀古人之象日月星辰山龍華蟲作會宗彝藻火粉米黼黻絺繡以五采彰施于五色作服汝明尚書之文如此其解者多有異說孔安國云日月星爲三辰華象草華蟲雉也畫三辰山龍華蟲於衣服旌旗會五采也以五采成此畫焉宗廟彝樽亦以山龍華蟲爲飾藻水草有文者火爲火字粉若粟冰米若聚米黼若斧形黻爲兩已相背葛之精者曰絺五色備曰繡如孔此言日也月也星辰也山也龍也華也蟲也七者畫於衣服旌旗山龍華蟲四者亦畫於宗廟彝器藻也火也粉也米也黼也黻也六者繡之於裳如此數之則十三章矣天之大數不過十二若爲十三無所法象或以爲孔并華蟲爲一其言華象草華蟲雉者言象草華之蟲故爲雉也若華別似草安知蟲爲雉乎未知孔意必然以否鄭玄讀會爲繢謂畫也絺爲繡謂刺也宗彝謂虎蜼也周禮宗廟彝器有虎彝蜼彝故以宗彝名虎蜼也周禮有衮冕鷩冕毳冕其衮鷩毳者各是其服章首所畫舉其首章以名服耳衮是衮龍也衮冕九章以龍爲首鷩是華蟲也鷩冕七章以華蟲爲首毳是虎蜼也毳冕五章以虎蜼爲首虎毛淺蜼毛深故以毳言之毳亂毛也如鄭此言則於尚書之文其章不次故於周禮之注具分辨之鄭於司服之注具引尙書之文乃云此古天子冕服十二章絺或作繡字之誤也王者相變至周而以日月星辰畫於旌旗所謂三辰旂旗昭其明也而冕服九章登龍於山登火於宗彝尊其神明也九章初一曰龍次二曰山次三曰華蟲次四曰火次五曰宗彝皆畫以爲繢次六曰藻次七曰粉米次八曰黼次九曰黻皆絺以爲繡則衮之衣五章裳四章凡九也鷩畫以雉謂華蟲也其衣三章裳四章凡七也毳畫虎蜼謂宗彝也其衣三章裳二章凡五也是鄭玄之說華蟲爲一粉米爲一也杜之此注亦以日月星辰畫於旌旗九文唯言衣服之文謂山也龍也華也蟲也藻也粉米也黼也黻也以此爲九杜言華若草華而不言蟲則華蟲各爲一也粉米若白米是粉米共爲一也詩云魚在在藻爲水草也孔安國云火爲火字考工記畫繢之事火以圜鄭衆云爲圜形似火鄭玄云形如半環然則杜言火畫火蓋同安國爲火字也粉米色白故粉米若白米也考工記曰白與黑謂之黼孔安國云黼若斧形謂刀白而身黑故若斧也黻爲兩已相戾今之刺黻猶然也引桓二年傳曰火龍黼黻昭其文也者以證此九文是山龍之屬也世本云胡曹作冕注云胡曹黃帝臣也繫辭云黃帝堯舜垂衣裳而天下治蓋取諸乾坤則冕服起於黃帝也加飾起自唐虞卽書云予欲觀古人之象云云是也所以衣服畫日月星等者象王者之德服臨天下如三光之耀也山體鎭重象王者之德鎭重安靜四方又能潤益含靈如山興雲致雨也龍者水物也象王者之德流通無壅如水利蒼生又龍舒卷變化無方象人君有無方之德也華蟲卽鷩雉雉有文章表王者有文章之德也宗彝彝常也宗廟之常器有六彝今唯取虎蜼者虎取毛淺而有威蜼取毛深而有知以表王者有深淺之知威猛之德也藻者水草是鮮絜之物生於清水能

隨短長象王者之德冰清玉絜隨機應物隨民設教不肅而成也火者火姓炎上用表王者之德能使率土羣黎向歸上命也粉米者米能濟人之命表王者有濟養之德也黼白與黑形若斧斧能裁斷以象王者有裁斷之德也黻之言戾戾背也黑與青謂之黻作兩已字相背象王者能綏化兆民能使向己背惡以從善故爲黻也日之質赤月星之質白山作獐考工記云山以獐也龍爲騰躍之形似彌猴而大也章次如此者王者與天地合其德日月星天用昭明日最爲威所以居先月星光劣其次之也上以象天下宜法地地之形勢莫大於山故次三光也龍爲水物水出於山故次之也華蟲象於禮樂文章以禮樂文章潤於萬物故以次龍也宗彝所以次華蟲者言王者既有禮樂須威知乃行無威則民不畏無知則教不成故以次也藻所以次宗彝者王者威知之德隨世而應故以次也火者言王者有德必向歸仰之如火向上故次之也米所以次火者民既歸王王須濟活濟活之理得米爲生故次之也黼所以次米者言王者能濟活兆民宜裁斷合理如斧之斷決故以次之黻所以次黼者王既裁斷得所善惡各有分宜人皆背惡從善故以次之○**六采**畫繢之事雜用天地四方之色青與白赤與黑玄與黃皆相次謂之六色○繢戶對反○【疏】注畫繢至六色○正義曰考工記云畫繢之事雜五色東方謂之青南方謂之赤西方謂之白北方謂之黑天謂之玄地謂之黃青與白相次赤與黑相次玄與黃相次鄭玄云此言畫繢六色所象及布采之第次此杜取彼記文省約而爲之辭也**五章以奉五色**青與赤謂之文赤與白謂之章白與黑謂之黼黑與青謂之黻五色備謂之繡集此五章以奉成五色之用【疏】注青與至之用○正義曰謂之繡以上皆考工記文也此刺繡之文以比方相次色亦采也六采謂繢畫五色謂刺繡故令色采之文異耳鄭注尚書性曰采施曰色味色聲三事色居其中故杜言集此五章以奉成五色之用明上下二文亦準此所陳以奉成五味五聲之用舉中以明上下也**爲九歌八風七音六律以奉五聲**解見二十年**爲君臣上下以則地義**君臣有尊卑法地有高下**爲夫婦外**

內以經二物夫治外婦治內各治其物疏為君至二物○正義曰此更覆上因地之義也為父子以下至生殖長育覆上則天之明也地有高下聖人制禮為君臣上下君在上臣在下以法則地之義也以地有剛柔為夫婦外內夫治外婦治內以經紀二物也物事也治理外內之二事也上云天之經也地之義也又云則天之明因地之性再重言之皆先天後地但法地事少則天事多故上先言法天後言法地此先云為君臣上下以則地義始云為父子兄弟以象天明者以其則地事少故先言之象天事多欲下就以從四時類其震曜殺戮及生殖長育皆是象天之事欲使文相連接故後言之也下云以象天明則此當云以象地性而云以則地義者義之與性一也因其先言故遠覆上文地之義也

為父子兄弟姑姊甥舅昏媾姻亞以象天明六親和睦以事嚴父若眾星之共辰極也妻父曰昏重昏曰媾壻父曰姻兩壻相謂曰亞○媾古豆反姻音因亞於嫁反本亦作婭同重直龍反○疏注六親至曰亞○正義曰老子云六親不和焉有孝慈六親謂父子兄弟夫婦也孝經曰孝莫大於嚴父論語云北辰居其所而眾星共之六親父為尊嚴眾星北辰為長六親和睦以事嚴父若眾星之共北極是其象天明也妻父為昏壻父為姻兩壻相謂曰亞皆釋親文也重昏曰媾爾雅無文相傳說耳釋親。又曰男子先生為兄後生為弟男子謂女子先生為姊後生為妹父之姊妹為姑母之晜弟為舅謂我舅者吾謂之甥此皆世俗常言杜不解者為易知故也

為政事庸力行務以從四時在君為政在臣為事民功曰庸治功曰力行其德教務其時要禮之本也○治直吏反○疏注在君至本也○正義曰論語云冉子退朝子曰何晏對曰有政子曰其事也如有政雖不吾以吾其與聞之於時冉子仕於季氏稱季氏有政孔子謂之為事是在君為政在臣為事也此對文別耳論語稱孝友是亦為政明其政事通言也民功曰庸治功曰力周禮。司勳文也鄭玄以為庸謂。法施於民若后稷力謂制法成治若咎繇司勳又云王功曰勳國功曰功事功曰勞戰功曰多鄭注云王功者若周公國功者若伊尹事功者若禹戰功者若

韓信陳平行其德教務其時要使民春耕夏耘秋斂冬藏聖王之化先致力於民是爲禮之本也○爲刑罰威獄使民畏忌以類

其震曜殺戮。雷。震。電。曜天之威也聖人作刑。戮以象類之○爲溫慈惠和以效天之生殖長育民有好

惡喜怒哀樂生于六氣此六者皆稟陰陽風雨晦明之氣○效戶孝反長丁丈反好呼報反注及下於好皆同惡烏路反下注及下於惡皆同樂音洛下及注皆同○疏注此六至之氣○正義曰賈逵云好生於陽惡生於陰喜生於風怒生於雨哀生於晦樂生於明謂一氣生一志謬矣杜以元年傳云天有六氣降生五味謂六氣共生五味非一氣生一味此民之六志亦六氣共生之非一氣生一志故云此六者皆稟陰陽風雨晦明之氣言共稟六氣而生也○是故審則宜類以制六志爲禮以制好惡喜怒哀樂六志使不過節疏是故至六志○正義曰民有六志其志無限是故人君爲政審法時之所宜事之所類以至民之六志使之不過節也下云審行信令謂人君行之知此審則宜類亦是人君則之審者言其謹慎之意也此六志禮記謂之六情在己爲情情動爲志情志一也所從言之異耳哀有哭泣樂有歌舞喜有施舍怒有戰

鬭喜生於好怒生於惡是故審行信令爲行禍賞罰以制死生生好物也死惡

物也好物樂也惡物哀也哀樂不失乃能協于天地之性是以長久協和也○簡子

曰甚哉禮之大也對曰禮上下之紀天地之經緯也經緯錯居以相成者疏天地之經緯○正義曰言禮之於天地猶織之有經緯得經緯相錯乃成文如天地得禮始成就○民之所以生也是以先王尙之故人之能

自曲直以赴禮者謂之成人大不亦宜乎曲直以弼其性疏故人至宜乎○正義曰劉炫云禮有宜曲宜直不可

信情而行故人之能自曲直以赴於禮者謂之爲成人不能赴禮則不成爲人謂之爲大不亦宜乎赴謂奔走言彌諧己性奔走以赴禮也恐劉義未當○注曲直以弼其性○正義曰性曲者以禮直之性直者以禮曲之故云曲直以弼其性也○甯子曰執也請終身守此言也執能守此言故終免於晉陽之難○以赴禮者赴或作從難乃旦反○宋樂大心曰我不輸粟我於周爲客二王後若爲賓客之何使客晉士伯曰自踐土以來踐土在僖二十八年宋何役之不會而何盟之不同曰同恤王室子焉得辟之子奉君命以會大事而宋背盟無乃不可乎右師不敢對受牒而退右師樂大心○焉於虔反背音佩下同疏○受牒而退○正義曰說文云牒札也於時號令輸王粟具戍人宋之所出人粟之數書之於牒受牒而退言服從也士伯告簡子曰宋右師必亡奉君命以使而欲背盟以干盟主無不祥大焉言不善無大此者爲定十年宋樂大心出奔傳○使所吏反○有鸜鵒來巢書所無也師己曰異哉吾聞文武之世童謠有之師己魯大夫○己音紀一音祀謠音遙○曰鸜之鵒之公出辱之言鸜鵒來則公出辱也○疏○鸜之鵒之○正義曰此鳥以兩字爲名但謠辭必韻故分言之鸜鵒之羽公在外野往饋之馬饋遺也○饋音求位反遺唯季反○鸜鵒跦跦公在乾侯跦跦跳行貌○跦張于反又張留反跳直彫反徵褰與襦褰袴○褰起虔反字林已偃反又音愆襦本或作襦而朱反袴苦故反說文作絝○疏注褰袴○正義曰內則云童子不衣襦袴是衣有袴也以可褰行故以褰爲袴鸜鵒之巢遠哉遙遙稠父喪勞宋父以驕稠父昭公死外故喪勞宋父定公代立故以驕○稠直留反父音甫

下同喪息浪反注同鸜鵒鸜鵒往歌來哭昭公生出歌死還哭童謠有是今鸜鵒來巢其將及乎將及
禍也○秋書再雩旱甚也【疏】秋書再雩旱甚○正義曰既言旱甚而經不書旱者傳言旱甚解經一月再雩再雩雖由旱甚然而後雩
得雨不。一至成災故不書旱○初季公鳥娶妻於齊鮑文子生甲。公鳥季公亥之兄平子庶叔父○娶七住反○公鳥
死季公亥與公思展與公鳥之臣申夜姑相其室公亥即公若也展季氏族相治也○夜本或作射音夜又
音亦相息亮反注同及季姒與饔人檀通季姒公鳥妻鮑文子女饔人食官○姒音似檀直丹反人名也或市戰反而懼乃使
其妾抶己以示秦遄之妻秦遄魯大夫妻公鳥妹秦姬也○抶勑乙反遄市專反○曰公若欲使余余不可
而抶余又訴於公甫公甫平子弟○訴音素又作愬曰展與夜姑將要余要劫我以非禮○展與夜姑並如字公思
展及申夜姑也與及也讀或作餘音者非也要一遙反下同○秦姬以告公之公之亦平子弟公之與公甫告平子平
子拘展於卞而執夜姑將殺之公若泣而哀之曰殺是是殺余也將爲之請平
子使豎勿內日中不得請有司逆命執夜姑之有司欲迎受殺生之命○爲于僞反公之使速殺之故
公若怨平子季郈之雞鬭季平子郈昭伯二家相近故雞鬭○郈音后字林下遘反近附近之近又如字季氏介其雞
擣芥子播其羽也或曰以膠沙播之爲介雞○介又作芥音界【疏】。注擣芥至介雞○正義曰杜此二解一讀介爲芥擣芥子爲末播其雞羽賈逵云擣芥子
爲末播其雞翼可以坌郈氏雞目是此說也鄭衆云介甲也爲雞著甲高誘注呂氏春秋云鎧著雞頭杜又云或曰不知誰說以膠沙播之亦不可解蓋以膠

塗雞之足爪然後以沙摻之令其澀得傷彼雞也以郈氏爲金距言之則著甲是也郈氏爲之金距平子怒怒其不下己○下遐嫁反益宮於郈氏侵郈氏室以自益○且讓之讓責也○故郈昭伯亦怨平子臧昭伯之從弟會昭伯臧爲子○從才用反後從者皆同○爲讒於臧氏而逃於季氏臧氏執旃平子怒拘臧氏老將禘於襄公萬者二人。其衆萬於季氏禘祭也萬舞也於禮公當三十六人○禘大計反○【疏】將禘至季氏○正義曰季氏私祭家廟與禘同日言將禘是豫部分也樂人少季氏先使自足故於公萬者唯有二人其衆萬於季氏輕公重己故大夫遂怨○注禘祭至六人○正義曰釋例曰三年喪畢致新死之主以進於廟於是乃大祭於大廟以審定昭穆謂之禘禘於大廟禮之常也各於其宮時之爲也雖非三年大祭而書禘用禘禮也釋天云禘大祭也執干戚而舞謂之萬舞也隱五年傳說舞佾之差云諸侯用六是於禮法當三十六人也此以正禮言耳亦不知當時魯君用六佾以否公羊傳曰昭公告子家駒曰季氏僭公室吾欲弒之何如子家駒曰諸侯僭天子大夫僭諸侯久矣公曰吾何僭矣哉子家駒曰設兩觀乘大路朱干玉戚以舞大夏八佾以舞大武此皆天子之禮也如彼傳文當時或僭八佾佾不必用六也○臧孫曰此之謂不能庸先君之廟不能用禮也蓋襄公別立廟○【疏】注蓋襄公別立廟○正義曰杜以襄若以次遞毀則廟與先公同處禘於襄公亦應兼祭餘廟今特云禘於襄公似與先公異處故云蓋襄公別立廟○大夫遂怨平子公若獻弓於公爲公爲昭公子務人○且與之出射於外而謀去季氏公爲告公果公賁果賁皆公爲弟○去起呂反賁音奔又扶云反又彼義反公果公賁使侍人僚柤告公公寢將以戈擊之乃走公曰執之亦無。命也獨言執之無勑命○侍人本亦作寺人相側加反○

懼而不出數月不見公不怒又使言公執戈以懼之乃走又使言公曰非小人之所及也謂僚相爲小人○數所主反下數世同見賢遍反○公果自言公以告臧孫臧孫以難言難逐○難如字注同○告郈孫郈孫以可勸告子家懿伯子家羈莊公之玄孫○郈孫以可絕句勸勸公逐季氏也懿伯曰讒人以君徼幸事若不克君受其名受惡名○徼古堯反不可爲也疏讒人至爲也○正義曰讒人謂公若郈孫之徒讒季氏者勸君使伐季氏以君徼天之幸幸而得勝則以爲己功不勝則推君爲惡不可從也舍民數世以求克事不可必也疏舍民至必也○正義曰克勝也言君從上以來舍民已經數代今以求勝此事不可必也且政在焉其難圖也公退之退使去○舍音捨辭曰臣與聞命矣言若洩臣不獲死乃館於公恐受洩命之罪故留公宮以自明○與音預洩息列反又以制反注同漏泄也叔孫昭子如闞闞魯邑○闞口暫反公居於長府長府官府名九月戊戌伐季氏殺公之于門遂入之平子登臺而請曰君不察臣之罪使有司討臣以干戈臣請待於沂上以察罪弗許魯城南自有沂水平子欲出城待罪也大沂水出蓋縣南至下邳入泗○沂魚依反疏注魯城至入泗○正義曰例土地名襄十八年沂水出東莞蓋縣艾山南經琅邪東海至下邳縣入泗此沂水出魯國魯縣西南入泗水是沂水有二也此注云魯城南自有沂水謂出魯縣者也又云大沂水出蓋縣南至下邳入泗謂襄十八年之沂水也以其有二故辯明之○請因于費弗許請以五乘亡弗許子家子曰君其許之政自之出久矣隱民多取食焉隱約窮困○乘繩證反

爲之徒者衆矣日入慝作弗可知也慝姦惡也日冥姦人將起叛君助季氏不可知○慝他得反冥亡定反○衆怒

不可蓄也季氏衆○蓄勑六反本亦作畜下並同○蓄而弗治將薀。薀積也○薀本亦作蘊紆粉反薀蓄民將生心

生心同求將合與季氏同求叛君者君必悔之弗聽郈孫曰必殺之公使郈孫逆孟懿子

懿子仲孫何忌叔孫氏之司馬鬷戾言於其衆曰若之何莫對衆疑所助○鬷子公反戾力計反○又曰

我家臣也不敢知國凡有季氏與無於我孰利皆曰無季氏是無叔孫氏也鬷

戾曰然則救諸師徒以往陷西北隅。以。入陷公圍也○陷陷沒之陷隅本或作堣音同○公徒釋甲執

冰而踞言無戰心也冰。櫝丸蓋或云櫝丸。是箭筩其蓋可以取飲○踞音據櫝音獨丸胡官反筩音童又音動一音勇 疏 公徒至而踞○正義曰二

十七年傳說此事云豈其伐人而說甲執冰以游則此踞是游也曲禮云。遊。無倨倨是慢也謂傲慢而遊戲○注言無至取飲○正義曰賈逵云冰櫝丸蓋也

則是相傳爲此言也方言曰弓藏謂之韊或謂之櫝丸如彼文則櫝丸是盛弓者也此或說櫝丸是箭筩其蓋何以取飲十三年傳云司鐸射奉壺飲冰謂執

此也詩云抑釋掤忌抑鬯弓忌鬯藏弓則冰藏矢也毛傳云掤所以覆矢掤與冰字雖異音義同是一器也○遂逐之逐公徒○孟氏使登

西北隅以望季氏見叔孫氏之旌以告孟氏執郈昭伯殺之于南門之西遂伐

公徒子家子曰諸臣僞劫君者而負罪以出君止使若非君本意者君自可止不出○ 疏 子家至君止○

正義曰子家子以爲公本意自伐季氏非是諸臣所劫今子家意欲得令諸臣等僞作劫君以伐季氏者令負罪而出君自可止。住意如之事君

也不敢不改意如季平子名公曰余不忍也與臧孫如墓謀辭先君且謀所奔○遂行己亥公孫
于齊次于陽州齊侯將唁公于平陰公先至于野井齊侯曰寡人之罪也使有
司待于平陰爲近故也齊侯自咎本不敕有司遠詣陽州而欲近會于平陰故令魯侯過共先至野井遠見迎逆自咎以謝公○爲于
僞反咎其九反下同令力呈反書曰公孫于齊次于陽州齊侯唁公于野井禮也將求於人則
先下之禮之善物也物事也謂先往至野井○下遐嫁反齊侯曰自莒疆以西請致千社二十五家爲社
千社二萬五千家欲以給公○疆居良反【疏】注二十五家爲社○正義曰禮有里社故特牲稱唯爲社事單出里以二十五家爲里故知二十五家爲社也
以待君命待君伐季氏之命寡人將帥敝賦以從執事唯命是聽君之憂寡人之憂也
公喜子家子曰天祿不再天若胙君不過周公以魯足矣失魯而以千社爲臣
誰與之立爲齊臣○胙才路反【疏】天祿至之立○正義曰天之福祿不可再謂得齊千社復得魯國也胙報也天若報君終不得過於周公周公
止封魯以魯封君足矣若既得魯國又得千社則是過周公矣周公理不可過得齊千社。失魯國也既失魯國而以千社爲臣於齊誰復與之立也言從君之
人皆將棄君去矣且齊君無信不如早之晉弗從臧昭伯率從者將盟載書曰戮。力壹
心好惡同之信罪之有無信明也處者有罪從者罪○戮音六又力彫反無繾綣從公無通外內繾綣不離
散○繾音遣綣起阮反以公命示子家子子家子曰如此吾不可以盟羈也不佞不能與

二三子同心而以爲皆有罪從者陷君留者逐君皆有罪也或欲通外內且欲去君去君僞負罪出奔不
必纘繼從公二三子好亡而惡定焉可同也陷君於難罪孰大焉通外內而去君君
將速入弗通何爲而何守焉乃不與盟何必守公○好呼報反惡烏路反焉可於虔反難乃旦反不與音預昭子
自闞歸見平子平子稽顙曰子若我何昭子曰人誰不死子以逐君成名子孫
不忘不亦傷乎將若子何平子曰苟使意如得改事君所謂生死而肉骨也昭
子從公于齊與公言子家子命適公館者執之恐從者知叔孫謀稽音啓顙息黨反○公與昭子
言於幄內曰將安衆而納公昭子請歸安衆○幄於角反公徒將殺昭子【疏】公徒將殺昭子○正義曰昭子
謀歸安衆而後納公則獨公得入從公伐季氏者不得入故欲殺昭子也伏諸道伏兵左師展告公公使昭子自鑄歸
辟伏。兵○鑄之樹反平子有異志不欲復納公○復扶又反冬十月辛酉昭子齊於其寢使祝宗祈死
戊辰卒恥爲平子所欺因祈而自殺○齊側皆反本又作齋左師展將以公乘馬而歸公徒執之展魯大夫欲與
公俱輕歸○乘如字騎馬也輕遣政反【疏】左師。至而歸○正義曰古者服牛乘馬馬以駕車不單騎也至六國之時始有單騎蘇秦所云車千乘騎萬匹
是也曲禮云前有車騎者禮記漢世書耳經典無騎字也炫謂此左師展將以公乘馬而歸欲共公單騎而歸此騎馬之漸也○壬申尹文公
涉于鞏焚東訾弗克文公子朝黨於鞏縣涉洛水也東訾敬王邑○十一月宋公。元公將爲公故如

晉請納公○爲音于僞反夢大子欒卽位於廟己與平公服而相之平公元公父○相息亮反疏服而相之
○正義曰言己與父平公盛服飾而輔相之也旦。召六卿公曰寡人不佞不能事父兄父兄謂華向以爲二
三子憂寡人之罪也若以羣子之靈獲保首領以歿。唯是楄柎所以藉幹者楄柎
棺中笭牀也幹骸骨也○歿音沒楄蒲田反柎步口反又音附藉在夜反笭力丁反骸戶皆反疏注楄柎至骨也○正義曰說文云楄方木也幹脅也木以
藉脅明是棺中笭牀也宋元所言藉幹者舉脅而言耳非獨爲脅故云幹骸骨也請無及先君欲自貶損仲幾對曰君若以
社稷之故私降。昵。宴羣臣弗敢知昵近也降昵宴謂損親近聲樂飲食之事○昵女乙反若夫宋國之法
死生之度先君有命矣羣臣以死守之弗敢失隊。臣之失職常刑不赦臣不忍
其死君命祇辱。言君命必不行祇適也○隊直類反祇音支宋公遂行己亥卒于曲棘爲明年梁丘據語起本
○十二月庚辰齊侯圍鄆欲取以居公不書圍鄆人自服不成圍疏注欲取至成圍○正義曰經書取鄆而傳言圍鄆故云鄆
人自服不成圍以傳云書取言易也故賈爲此解杜從之也劉炫以爲此時圍鄆而未得明年方始取之經卽因圍書取傳言實圍之日非自服也而規杜氏
今知非者案二十六年公圍成亦是。圍而不得而書圍此若圍鄆不得何以不書圍案元年伐莒取鄆書取不言伐此圍鄆取鄆亦書取不言圍其義正同何
爲不可劉何知此年圍鄆未服鄆若未服經何得書取苟出胸臆而規杜氏非也○初臧昭伯如晉臧會竊其寶龜僂
句僂句龜所出地名○僂力主反又力具反句居具反疏。注僂句至地名○正義曰釋魚云一曰神龜二曰靈龜三曰攝龜四曰寶龜五曰文龜六曰筮

龜七曰山龜八曰澤龜九曰水龜十曰火龜則龜名无僂句故云所出地之名臧氏有蔡又有此蓋所寶非一以卜爲信與僭僭吉僭不
信也○僭子念反注同臧氏老將如晉問問昭伯起居會請往代家老行昭伯問家故盡對故事也及
內子與母弟叔孫則不對內子昭伯妻對若有他故不再三問不對歸及郊會逆問又如初
又不對至次於外而察之皆無之執而戮之逸奔郈郈魴假使爲賈正焉郈在東平无鹽
縣東南魴假郈邑大夫賈正掌貨物使有。常。價若市吏○魴音房賈音嫁注同疏使爲賈正焉○正義曰賈正如周禮之賈師也賈師二十。四則一人其職
云各掌其次之貨賄之治。辨其物而均平之禁貴賣者使有恒賈此郈邑大夫使爲賈正使爲郈市之賈正也郈在後爲叔孫私邑此時尚爲公邑故使賈正
○通計簿於季氏計於季氏送計簿於季氏○簿步戶反臧氏使五人以戈楯伏。諸桐汝之閭桐汝里名○楯
食準反又音允會出逐之反奔執諸季氏中門之外平子怒曰何故以兵入吾門拘臧
氏老季臧有惡相怨惡及昭伯從公平子立臧會立以爲臧氏後會曰僂句不余欺也傳言
卜筮之驗善惡由人○楚子使薳射城州屈復茄人焉還復茄人於州屈○屈居勿反一音其勿反茄人音加城丘
皇還瞢人焉移瞢人於丘皇使熊相禖郭巢季然郭卷使二大夫爲巢卷築郭也卷城在南陽葉縣南○相息亮反禖
音梅卷音權或巻勉反爲于僞反子大叔聞之曰楚王將死矣使民不安其土民必憂憂將及
王弗能久矣爲明年楚子居卒傳

附釋音春秋左傳注疏卷第五十一

春秋左傳注疏卷五十一校勘記　阮元撰盧宣旬摘錄

附釋音春秋左傳注疏卷第五十一 昭二十四年盡二十五年

〔經二十四年〕

經二十四年石經宋本淳熙本四上有有字是也

杞伯郁釐卒諸本作釐北宋刻釋文作𨤲云本又作嫠

〔傳二十四年〕

注度謀至無害宋本以下正義二節總入此周所以興也節注下

大誓曰石經初刻大誤泰後改正

余有亂臣十人石經初刻十誤臣後改正與襄廿八年傳合妄人於亂字旁復加臣字諸本遂仍其誤說見前

晉侯至周故宋本此節正義在注衆言子朝曲故之下

今王室實蠢蠢焉惠棟云說文引作惷惷三體石經作𢧵尚書蠢字說文引作𢧵古蠢字皆作𢧵俗作蠢

缾之罄矣諸本作缾釋文作瓶云本又作缾

注詩小至恥之宋本此節正義在期以明年注下

刺幽王之詩也 監本毛本幽作厲非也

王子朝用成周之寶珪于河 石經王字以下一行計九字周之寶珪四字改刻釋文云本或作沈於河陳樹華云史記周本紀引傳云子朝用成周之寶珪沈於河漢書五行志引作王子鼂以成周之寶圭湛于河古文沈作湛然則石經所刊去者乃沈字也

晉以溫兵助敬王南侵子朝 岳本兵作人

王定而獻之 釋文云本或作王定之小字宋本淳熙本王作玉非也

不佞獻玉 宋本閩本監本毛本玉作王案六經正誤云注疏本作獻王臨川本作獻玉

吳踵楚 惠棟云依說文當作歱歱相迹也

王及圉陽而還 宋本以下正義二節總入其王之謂乎注下

鍾離不書告敗略 淳熙本書誤重

爲定四年吳入郢傳 監本四年二字模糊入誤人毛本同

〔經二十五年〕

叔詣 明翻岳本詣誤諧

有鸜鵒來巢 釋文云鸜本又作鴝陳樹華云高誘注淮南子原道訓作鴝

鸜鵒不踰濟　此本不字下衍〇今刪

非國之禽也　宋本監本毛本非下有中字是也

上辛二十三日也　監本毛本上作季宋本作下

非雩聚以逐季氏也　宋本雩下有也字聚下有衆字與公羊傳合

〔傳二十五年〕

唯禮可以貴身　淳熙本貴誤責

君子至必亡　宋本以下正義四節總入皆喪心也節注下

還賦韓弈之詩　監本毛本弈作奕

非昏姻之事　監本昏作昬毛本作婚

今茲君與叔孫其皆死乎　閩本監本毛本今誤令

注平子至若姊　宋本以下正義二節總入注文爲下公孫傳之下

簡子至非禮　宋本以下正義廿六節總入請終身守此言也注下

行者人所履行　宋本淳熙本岳本足利本無行字是也

而民實則之惠棟云案古文孝經實作是是卽古寔字見尚書秦誓及詛楚文鄭氏詩箋云趙魏之東寔實同聲故此傳又作寔

言聖王制禮以奉天性閩本監本毛本王作人非也

載而無弃閩本監本弃作棄毛本作事非也

因地之利閩本監本毛本因作分

其踐履謂之爲行宋本其下有所字

爲父子兄弟昏媾姻亞毛本昏作婚亞作婭閩本監本亦作婭按婭俗字說文無

以相刻爲次也閩本監本毛本刻作尅

言氣氣爲五味宋本氣字不重

謂氣入口宋本入下有人字

其本末由五行而來也宋本毛本末作不

入耳乃知章徹於人爲五聲也閩本監本知作是

華若草華閩本監本毛本下華字誤葉

服虔云牲宋本云下有五字是也

其言闇與之會監本毛本會作合

絺爲繡謂刺也宋本閩本監本毛本作繡段玉裁校本作黹

絺或作繡字之誤也毛本絺作絺段玉裁校本作希繡作絺說詳尙書撰異

皆絺以爲繡監本毛本絺作畫非也

粉米也宋本粉上有火也二字是也

杜言華若草華閩本下華字誤葉毛本草作蕐亦非

爲水草也宋本爲水上有是藻二字是也

形如半環毛本半誤米

今之刺黻猶然也監本毛本黻誤黼

王者與天地合其德毛本天誤大

以比方相次閩本監本毛本比作北

釋親又曰閩本監本又作文非也

稱季氏有政毛本季誤李

周禮司勳文也毛本司誤以

謂法施於民毛本法誤云

雷震雷曜後漢書馬融傳注引作靁霆震燿

聖人作刑戮以象類之宋本淳熙本戮作獄與漢書馬融傳注引同

故人之能自曲直以赴禮者釋文云赴或作從石經赴字改刊似初刻作從也

受牒而退宋本此節正義在無不祥大焉注下

吾聞文武之世石經宋本岳本武作成謂文公成公也陳樹華云史記漢書論衡異虛篇李善幽通賦注引並作文成按劉氏史通亦作文成

鸜之鵒之宋本以下正義二節在注將及禍也下

鸜鵒跦跦李善注文選魏都賦引作株株云株音誅

徵褰與襦淳熙本閩本襦誤襦釋文云本或作繻惠棟云方言曰袴齊魯之間謂之襱郭璞云傳云徵襱與襦音鸗說文作褰

褰袴釋文袴下有也字說文作絝

遠哉遙遙案漢書五行志作遠哉搖搖師古曰搖搖不安之貌臧琳曰遙爲俗字當從漢志作搖五經文字序云逍遙之類說文漏略者今得之於字林說文新附逍遙字臣鉉等案詩只用消搖此二字字林所加可證今詩黍離中心搖搖不作遙遙白駒作於焉逍遙非古也

稠父喪勞石經宋本小字宋本岳本足利本作裯父與漢書五行志引傳合

宋父以驕監本父誤公

不一至成災宋本無一字是也

生甲淳熙本岳本纂圖本毛本甲誤申顧炎武云石經申誤作甲非也

季氏介其雞釋文云介又作芥初學記引傳同案正文祗作介故有訓爲甲鎧者有訓爲芥子者正文不得作芥也

擣芥至介雞宋本以下正義十四節總入公徒執之注下

萬者二人惠棟云吳仁傑曰淮南書云禱於襄廟舞者二人案傳氏云四人爲列尚不成樂況二人乎人當作八傳文誤也沈彤亦云當作八字

亦無命也石經無字起一行計九字

公使戈以懼之石經宋本淳熙本岳本足利本使作執不誤○今依訂正

臧孫以難石經難字起一行計九字字多殘缺

讒人以君徼幸諸本作徼石經此處殘缺釋文作儌

讒人至爲也宋本讒誤護

故留公宮以自明淳熙本以誤必

長府官府名宋本淳熙本小字宋本岳本足利本無長府二字
正義曰例此脫釋字閩本監本同毛本遂删例字宋本曰下有釋字是也
沂水出東莞蓋縣閩本監本脫水字
南經琅邪東海毛本邪作琊俗字
將蘊釋文亦作薀注同云本亦作蘊淳熙本小字宋本纂圖本同
陷西北隅以入釋文云隅本或作堣音同山井鼎云足利本以作而非也
冰櫝丸蓋宋本淳熙本小字宋本櫝作犢宋本正義同詩鄭風正義及六經正誤所引亦並從牛下同又按方言作犢丸郭音牛犢
是箭箙纂圖本是誤又
遊無倨毛本遊作游案曲禮無作毋
君自可止〇宋本〇作住是也閩本監本毛本脫住字〇今訂正
謂先往至野井淳熙本往誤注
故特牲宋本故下有郊字是也
失魯國也宋本失上有必字是也

戮力壹心石經宋本淳熙本岳本戮作勠與釋文合

伏兵閩本監本兵作道非也

左師至而歸毛本師下增展將二字

宋元公將爲公故如晉閩本監本宋下衍公字

服而相之宋本以下正義二節總入宋公遂行節注下

且召六卿石經宋本且作旦毛詛父六經正誤云旦作且誤也

獲保首領以歿石經宋本淳熙本小字宋本足利本作以沒是按依說文當作歾

私降昵宴淳熙本降作除非也說文暱字下引傳作私降暱燕案昵暱之或體

弗敢失隊石經隊作墜

君命祇辱宋本岳本纂圖本毛本祗作祇注及釋文同石經作祗是也○今訂正

亦是圍而不得監本圍字模糊重修監本遂誤國

注僂句至地名宋本以下正義二節總入會曰僂句節注下

掌貨物使有常價監本毛本常價作長賈賈是也長非也

賈師二十四則一人宋本四作肆與周禮地官序官合

辨其物而均平之宋本閩本監本辨作辯

故使賈正通計簿於季氏補鏜正誤通改送

以戈楯伏諸桐汝之閭淳熙本伏誤杖

春秋左傳注疏卷五十一校勘記

附釋音春秋左傳注疏卷第五十二　昭二十六年盡二十八年

杜氏注　孔穎達疏

經二十有六年春王正月葬宋元公三月而葬速○三月公至自齊居于鄆【疏】公至自齊

○正義曰往年公孫于齊齊侯唁公于野井公未必往至齊都而云至自齊者
得與齊侯相見雖從齊竟而來亦是。自齊也穀梁傳云公次于陽州其曰至自
齊何也以齊侯之見公可以言至自齊是也公不得
歸其國都而書至者賈云季氏示欲為臣故以告廟○夏公圍成成孟氏邑不書齊師帥賤
衆少重在公○帥所類反○秋公會齊侯莒子邾子杞伯盟于鄟陵鄟陵地闕○鄟音專又市轉反一音徒丸反

公至自會居于鄆無傳○九月庚申楚子居卒未同盟而赴以名○冬十月天王入于成

周傳。言。王入在子朝奔後經在前者子朝來告晚【疏】天王入于成周○正義曰二十三年七月天王居于狄泉自爾以來單子劉子。來以東西雖不出王

畿而居無定所此時始得入于成周遂以成周為都來告故特書之案傳子朝
奔楚及王入成周皆在十一月經書王入成周子朝奔楚皆在十月者從告也
劉炫云杜以朝既奔楚王始得入入必在朝奔後經書王入在前傳有告于諸
侯之語故以為王告入在前朝告奔在後故先書王入炫謂子朝出亦王告下
注與此自違

尹氏召伯毛伯以王子朝奔楚召伯當言召氏經誤也尹召族奔非一人故言氏書奔在王入下者王入乃告諸侯

【疏】注召伯至諸侯○正義曰傳言召伯盈逐王子朝朝及召氏之族奔楚召
伯逆王于尸與王入于成周則召氏族出奔召伯身不奔也知召伯當為
召氏經誤也宣十年崔氏出奔書崔氏者非其罪也此尹氏召氏立庶纂適並
為有罪而亦書氏者彼實崔杼身奔非是舉族盡出但於例諸侯之卿出奔者

有罪則名無罪則不名崔杼不合書名因其來告以族遂書崔氏示杼無罪也此尹氏召氏舉族悉奔據實而書與彼有異故注云尹召族奔非一人故言氏所謂文同而意異也子朝奔王乃得入書奔在王入下者王入乃告諸侯也劉炫云杜上注云子朝來告晚何爲此注又云。王入乃告諸侯以二注不同將爲杜失今知不然者杜意王入乃告謂王入之後子朝乃告杜以傳云癸酉王入于成周癸未王入于莊宮始云王子朝使告諸侯是王入之後子朝告諸侯也劉以爲王入乃告據王告諸侯而規杜失非也

傳二十六年春王正月庚申齊侯取鄆前年已取鄆至是乃發傳者爲公。處鄆起疏注前年至鄆起○正義曰杜謂往年已取鄆此又發傳言齊侯取鄆者爲下三月公處鄆以發端也服虔以爲往年齊侯取鄆實圍鄆耳經於圍書取傳實其事故於是言取劉以服言爲是往年十二月庚辰圍鄆今年正月庚申取之凡三十一日例書取言易此圍乃取言易者齊侯取以居公臣無拒君之義若魯自與之然故書取以見其易穀梁曰以其爲公取之故易言之是也○葬宋元公如先君禮也善宋人違命以合禮○三月公至自齊處于鄆言魯地也入魯竟故書至猶在外故書地○竟音境夏齊侯將納公命無受魯貨申豐從女賈豐賈二人皆季氏家臣○女音汝以幣錦二兩二丈爲一端二端爲一。兩所謂匹也二兩二匹縛一如瑱瑱充耳縛卷也急卷使如充耳易懷藏○縛直轉反瑱乇殿反易以豉反疏。注瑱充耳○正義曰家語云水至清則無魚人至察則無徒故人君冕而前旒所以蔽明黈纊塞耳所以蔽聽又詩云玉之瑱也禮以一條五采橫冕上兩頭下垂繫黃緜緜下又。縣玉爲瑱以塞耳適齊師謂子猶之人高齮齮子猶家臣子猶梁丘據齮魚綺反○能貨子猶爲高氏後粟五千庾言若能爲我行貨於子猶當爲請使得爲高氏後又當致粟五千庾

庾十六斗凡八千斛○庾羊主反能爲于僞反下當爲下文爲魯君同疏五千庾○正義曰聘禮記云十六斗曰籔十籔曰秉鄭玄云秉十六斛今江淮
之間量名有爲籔者今文籔爲逾杜據儀禮今文故以庾爲十六斗五千庾凡八千斛考工記陶人爲庾實二轂厚半寸脣寸其下文○旊人云豆實三而成轂
則轂受斗二升庾實二轂則受二斗四升也彼陶人所作庾自瓦器今甕之類非量器也與此名同而實異高齮以錦示子猶子猶
欲之齮曰魯人買之百兩一布以道之不通先入幣財言魯人買此甚多布陳之以百兩爲數子
猶受之言於齊侯曰羣臣不盡力于魯君者非不能事君也欲行其說故先示欲盡力納魯君○
說如字又始銳反然據有異焉異猶怪也宋元公爲魯君如晉卒於曲棘叔孫昭子求納其
君無疾而死不知天之弃魯耶抑魯君有罪於鬼神故及此也君若待于曲棘
使羣臣從魯君以卜焉卜知可伐否疏君若待于曲棘○正義曰宋公佐卒于曲棘者杜云曲棘宋地陳留外黃縣城中有曲棘
里今齊侯欲納魯君當是從齊向魯必不遠涉宋地子猶令齊君待于曲棘必使止於竟內土地名齊地無曲棘十年傳桓子召子山而反棘焉杜云齊國西
安縣東有戟里亭○此即彼棘也本無曲字涉上卒于曲棘誤加曲耳若可師有濟也君而繼之茲無敵矣若其無
成君無辱焉齊侯從之使公子鉏帥師從公鉏齊大夫鉏仕居反○成大夫公孫朝謂平
子曰有都以衛國也請我受師許之以成邑禦齊師○朝如字請納質恐見疑質音致○弗許曰信
女足矣告於齊師曰孟氏魯之敝室也敝壞也女音汝○用成已甚弗能忍也請息肩

于齊公孫朝詐齊師言欲降使來取成○降戶江反下同齊師圍成成人伐齊師之飲馬于淄者曰將以
厭衆以厭衆心不欲使知己降也淄水出泰山梁父縣西北入汶○飲於鴆反淄測其反厭於冉反又於葉反汶音問魯成備而後告
曰不勝衆告齊言衆不欲降己不能勝○勝音升注同又始證反師及齊師戰于炊鼻季氏師距公非公命則不書炊鼻魯
地○炊昌垂反齊子淵捷從洩聲子聲子魯大夫○洩息列反射之中楯瓦瓦楯脊。○射食亦反下及注皆同中丁仲反下
中手同楯常允反又音允脊子亦反繇朐汏輈匕入者三寸入楯瓦也朐車軶輈車轅繇過也汏矢激匕矢鏃也○繇音由朐其俱反
本又作軥同汏他達反輈陟留反匕必履反軶於革反激古狄反鏃子木反或七木反【疏】射之至三寸○正義曰射之中楯瓦先言中之之處更說矢來
之狀繇車軶矢激從車轅之上其矢之匕鏃入著楯瓦者猶深三寸言其弓力多而矢入深也○注入楯至鏃也○正義曰此覆說中楯之事故知入者入楯
瓦也說文云朐軶下曲者襄十四年傳稱射兩軥而還此與彼同蓋朐軥字通用耳繇卽由也訓爲從也從上而過故言繇過也宣四年傳云伯棼射王汏輈
注云汏過也此云汏矢激謂矢激汏其上而過也傳言匕入則匕是入楯者也今人猶謂箭鏃薄而長闊者爲匕是匕爲矢鏃也聲子射其馬
斬鞅殪殪死也○鞅於丈反殪音於計反改駕人以爲鬷戾也而助之人魯人也鬷戾叔孫氏司馬子車曰
齊人也子車卽淵捷將擊子車子車射之殪其御曰又之又欲使射餘人子車曰衆可懼也
而不可怒也子囊帶從野洩叱之囊帶齊大夫野洩卽聲子○叱昌實反洩曰軍無私怒報乃私
也將亢子欲以公戰禦之不欲私報其叱○亢苦浪反下同又叱之子囊復叱之○復扶又反下復欲同亦叱之野洩亦叱。也言

齊無戰心但相叱冉豎射陳武子中手冉豎季氏臣失弓而罵武子罵○罵馬嫁反以告平子曰有君

子白晳鬒鬚。眉甚口平子曰必子彊。也無乃亢諸子彊武子字○晳星歷反鬒之忍反黑也鬚本又作須脩

于反疏鬒鬚眉甚口○正義曰說文云鬒稠髮也鬒鬚眉者言鬚眉皆稠多也甚口者謂大口也對曰謂之君子何敢亢之偽言

不敢違季氏林雍羞為顏鳴右下皆魯人羞為右故下車戰苑何忌取其耳何忌齊大夫不欲殺雍但截其耳以辱之

○苑於阮反顏鳴去之其右見獲懼而去之苑子之御曰視下顧復欲使苑子擊其足苑子刜林雍斷其

足鑋。而乘於他車以歸鑋一足行○刜芳弗反說文云擊也又父勿反又忿勿反斷丁管反鑋遣政反又音磬又苦頂反字林丘貞反

疏刜林雍○正義曰說文云刜擊也字從刀謂以。擊也今江南猶謂刀擊為刜○注鑋一足行○正義曰既斷其足而云鑋知鑋是一足行也說文云鑋金

聲也蓋擊金為聲亦名鑋顏鳴三入齊師呼曰林雍乘言魯人皆致力於季氏不以私怨而相弃○呼火故反乘繩證反○

四月單子如晉告急五月戊午劉人敗王城之師于尸氏劉人劉蚠之屬王城子朝之徒尸在鞏縣

西南偃師城戊辰王城人劉人戰于施谷劉師敗績施谷周地○秋盟于剸陵謀納公也

齊侯謀○七月己巳劉子以王出師敗懼而出疏。劉子以王出○正義曰二十三年傳云六月庚寅單子劉子樊齊以王如

劉蓋從劉而居狄泉自狄泉又居於劉今為子朝所逐蓋自劉而出也服虔云出成周也案二十三年天王居于狄泉狄泉雖近成周成周不屬王也其傳云

召伯與南宮極以成周人戍尹二十四年傳云王子朝用成周之寶。珪于河是周常屬子朝之驗也二十五年黃父之會趙鞅令諸侯之大夫云明年將納

王納王者欲納之於成周耳若敬王先在成周無爲更須納之知此出者從劉出耳王既棄劉而去故王城人焚劉庚午次于渠渠周地王

城人焚劉燒劉子邑丙子王宿于褚。氏洛陽縣南有褚氏亭〇褚張呂反一音勑呂反丁丑王次于萑谷庚

辰王入于胥靡辛巳王次于滑萑谷胥靡滑皆周。地胥靡滑本鄭邑〇萑音丸本又作藋古亂反疏注萑谷至鄭邑〇正

義曰王雖未有安居終亦不出畿內知此皆周地也襄十八年楚人伐鄭傳稱公子格率銳師侵費滑胥靡是本爲鄭邑今爲周邑也晉知躒趙

鞅帥師納王使汝。寬守闕。塞女寬晉大夫闕塞洛陽西南伊闕口也守之備子朝〇知音智躒音歷女音汝本亦作汝塞素代反

〇九月楚平王卒令尹子常欲立子西子西平王之長庶長丁丈反下文同〇曰大子壬弱其母

非適也。壬昭王也〇適丁歷反下文同王子建實聘之子西長而好善立長則順建善則治王

順國治可不務乎子西怒曰是亂國而惡君王也言王子建聘之是章君王之惡〇好呼報反治直吏反下

同國有外援不可瀆也外援秦也瀆。慢也〇慢武諫反王有適嗣不可亂也敗親速讎不立壬秦將來

討是速讎也亂嗣不祥我受其名受惡名賂吾以天下吾滋不從也滋益也〇賂音路疏賂吾至從

也〇正義曰賂吾以天下使吾爲天子吾益不從也楚國何爲必殺令尹令尹懼乃立昭王〇冬十月丙

申王起師于滑起發也〇滑于八反辛丑在郊郊子朝邑遂次于尸十一月辛酉晉師克鞏知躒

趙鞅之師召伯盈逐王子朝伯盈本黨子朝晉師克鞏知子朝不成更逐之而逆敬王王子朝及召氏之族毛伯

得尹氏固南宮嚚奉周之典籍以奔楚尹召二族皆奔故稱氏重見尹固名者爲後還見殺○重見上直用反下賢遍反爲于僞反下且爲同陰忌奔莒以叛陰忌子朝黨莒周邑召伯逆王于尸及劉子單子盟召伯新還故盟遂軍圉澤次于隄上圉澤隄上皆周地○圉魚呂反隄音低或音啼癸酉王入于成周成周今洛陽甲戌盟于襄宮襄王之廟晉師。成公般戍周而還般晉大夫○般音班十二月癸未王入于莊宮莊。宮在王城

王子朝使告于諸侯曰昔成。王克殷成王靖四方康王息民並建母弟以蕃。屏周亦曰吾無專享文武之功不敢專故建母弟○蕃方元反亦作藩疏昔。武王克殷○正義曰諸家本皆然服虔王肅並注云文王受命武王伐紂故云文武克殷下句云吾無專享文武之功則合文武是也杜無注諸本悉作武王克殷疑誤也今定本亦作武王克殷且爲後人之迷敗傾覆而溺入于難則振救之至于夷王王愆于厥身夷王厲王父也愆惡疾也○覆芳服反溺乃歷反難乃旦反愆起虔反疏夷王○正義曰謚法安民好靜曰夷諸侯莫不並走其望以祈王身至于厲王王心戾虐萬民弗忍居王于彘不忍害王也厲王之末周人流王于彘○彘直例反疏注不忍至于彘○正義曰周語云厲王虐國人謗王召公告曰民不堪命也王怒得衛巫使監謗者以告則殺之國莫敢言道路以目三年乃流王于彘劉炫案周本紀民相與叛襲厲王厲王出奔于彘周語又曰彘之亂宣王在召公之宮國人圍之召公知之乃以其子代宣王言代王則國人謂是宣王國語雖不言殺必殺之矣國人相與襲王王既奔免得王子而殺之若得厲王亦應不舍而杜云不忍害王未必然也當謂不忍者不能忍王之虐也今知不然者下云居王于彘是以

理居處厲王于彘又云諸侯釋位以間王政是憂念王政則不忍者是不忍害王也若其必欲殺王應云王奔于彘劉以爲周語云周人欲殺王子召公以子
代之則周人欲殺王子何肯不忍害○不以爲不忍者不堪忍王惡案周語但云求王子不云求殺之是益橫周語之文而規杜過非也諸侯釋位
以間王政間猶與也去其位與治王之政事○間間側之間注同一音如字與音預下同疏注閒猶至政事○正義曰周本紀云彘之亂宣王在
召公之宮國人圍之召公以其子代大子大子竟得脫周召二公二相行政號曰共和元年是其釋位與治王政之事也宣王有志而後效
官宣王厲王子彘之亂宣王尚少召公子取而長之效授也○效戶教反少詩照反下文同長丁丈反下文同疏注宣王至授也○正義曰周語云召
公以其子代宣王宣王長而立之周本紀云共和十四年厲王死于彘大子靖長于召公家二相乃共立之爲王是爲宣王是召公長之也共和之年官之政
事皆決於二相宣王長而有志堪爲人主二相乃致其官政於王也效者致與之義故注云效授也至于幽王天不弔周王昏不
若用愆厥位幽王宣王子順也愆失也若攜王奸命諸侯替之而建王嗣用遷郟鄏攜王幽王少子
伯服也王嗣宜臼也幽王后申姜生大子宜臼王幸褒姒生伯服欲立之而殺大子大子奔申申伯與鄫及西戎伐周戰于戲幽王死諸侯廢伯服而立宜臼
是爲平王東遷郟鄏○攜戶圭反奸音干下同替他計反郟古洽反鄏音辱鄫才陵反戲許宜反疏注攜王至郟鄏○正義曰鄭語稱夏之衰也褒人之
神化爲二龍以同於王庭而言曰余褒之二君也夏后卜殺之與去之與止之莫吉卜請其漦而藏之吉乃布幣焉而策告之龍亡而漦在櫝而藏之及歷殷
周莫之發也及厲王之末發而觀之漦流於庭不可除也王使婦人不幃而譟之化爲玄黿以入於王府府之童妾未既齓而遭之既笄而孕當宣王而生不
夫而育故懼而棄之時有童謠曰檿弧箕服實亡周國於是宣王聞之乃有夫婦鬻是器者王使執而戮之夫婦方戮逃在路哀其夜號也而取之以逸逃於

褒褒人有獄而以入於王王遂置之而嬖是女使至於后而生伯服。周語云幽王伐有褒褒人以褒姒女焉褒姒有寵生伯服於是乎與虢石父比逐大子宜臼而立伯服大子出奔申申人繒人召西戎以伐周周於是乎亡書傳多說其事此其本也詩序云幽王取申女以爲后後得褒姒而黜申后周本紀云幽王大子母申侯女也而爲后王廢后并去。大子用褒姒爲后以其子伯服爲大子申侯怒乃與繒西戎共殺幽王于驪山之下虜褒姒盡取周賂而去於是諸侯乃即申侯共立故幽王大子宜臼是爲平王東遷徙於洛邑辟戎寇也魯語云幽王滅于戲戲驪山之北水名也皇甫謐云今京兆新豐東二十里戲亭是也劉炫云如國語史記之文幽王止立伯服爲大子耳既虜褒姒必廢其子未立爲王而得呼爲攜王者或幽王死後褒姒之黨立之爲王也汲冢書紀年云平王奔西申而立伯盤以爲大子與幽王俱死于戲先是申侯魯侯及許文公立平王於申以本大子故稱天王幽王既死而虢公翰又立王子余臣於攜周二王並立二十一年攜王爲晉文公所殺以本非適故稱攜王束晳云案左傳攜王奸命舊說攜王爲伯服伯服古文作伯。盤非攜王伯服立爲王積年諸侯始廢之而立平王其事或當然

則是兄弟之能用力於王室也至于惠王天不靖周生頹。禍心施于叔帶惠襄辟。難越去王都惠王平王六世孫頹惠王庶叔也莊十九年作亂惠王適鄭襄王惠王子叔帶襄王弟僖二十四年叔帶作難襄王處氾○頹徒回反施以豉反難乃旦反注同氾音凡【疏】注惠王平王六世孫正義曰世本云平王生桓王林林生莊王佗佗生僖王胡齊齊生惠王涼是六代也惠王生襄王鄭鄭生。頃王巨巨生匡王班及定王瑜瑜生簡王夷夷生靈王泄心心生景王貴貴生悼王猛及敬王匄則有晉鄭咸。黜不端黜去也晉文殺叔帶鄭厲殺子頹爲王室去不端直之人○去起呂反下同爲于僞反【疏】注咸黜不端○正義曰諸本咸或作減王肅云咸皆也傳咸爲七經詩其。傳詩有此句王羲之寫亦作咸杜本當然以綏定王家則是兄弟之能率先王之

命也在定王六年秦人降妖定王襄王孫定王六年魯宣八年○妖本又作訞於驕反說文云衣服謌謠草木之怪謂之妖曰
周其有頿王亦克能脩其職諸侯服享二世共職二世謂靈景○頿子斯反共音恭王室其有
間王位諸侯不圖而受其亂災間王位謂子朝也今子朝以爲王猛受亂災謂楚也今子朝以爲晉○間間廁之間注及下以
間先王弁注同疏在定至亂災○正義曰降者自上而下之言當時秦人有此妖語若似自上而下神馮之然故云降妖也然自受其亂災以上皆是妖語
至于靈王以下是子朝演說妖言謂子猛當間王位耳服享言諸侯服從獻國之所有至于靈王生而有頿靈王定王孫王甚
神聖無惡於諸侯靈王景王克終其世景王靈王子今王室亂單旗劉狄剝亂天下
壹行不若單旗穆公也劉狄劉蚠也壹專也○剝邦角反謂先王何常之有言先王無常法唯余心所命其誰
敢請之帥羣不弔之人弔至也○弔如字舊丁歷反至也注同以行亂于王室侵欲無厭。規求無
度。貫瀆鬼神貫習也瀆易也○厭本又作猒於鹽反貫吉患反易以豉反疏規求無度○正義曰。俗本作規服王孫皆注云玩貪也元年傳
曰翫歲而愒日杜云翫愒皆貪也此言貪求無限度本或作規謬也則慢弃刑法倍奸齊盟傲很威儀矯誣先王
晉爲不道是攝是贊攝持也贊佐也。先王謂景王○傲五報反很戶懇反矯居表反疏倍奸齊盟○正義曰倍即背也違背奸犯齊同
之盟也案於時諸侯不有同盟許立子朝單劉未嘗與朝結盟而復背之言單劉倍奸齊盟誣之○注攝持至景王○正義曰是攝言執持之使不傾危也是
贊謂佐助之使得存立也故以攝爲持贊爲佐也杜以先王爲景王則矯誣先王者當謂矯景之命立猛耳知先王非先世之王者以言矯誣是矯詐誣罔據

其人有語嬌誣之猶今嬌稱詔勑若先世之王去此久遠不得有立猛之事子朝何得稱嬌誣之乎又傳云干景之命故杜以先王謂景王劉炫以爲先世之王而規杜氏非也思肆其罔極也肆放茲不穀震盪播越竄在荊蠻茲此也此不穀子朝自謂○盪本又作蕩徒黨反竄七亂反字林七外反未有攸厎。厎至也攸所也○厎音旨若我一二兄弟甥舅奬順天法無助狡猾。以從先王之命毋速天罰赦圖不穀赦其憂而圖其難○奬將丈反狡古卯反猾又作滑于八反毋音無難乃旦反

【疏】毋速天罰○正義曰速召也子朝以單劉爲亂從之必有天殃故勸諸侯無召天罰

則所願也敢盡布其腹心及先王之經而諸侯實深圖之昔先王之命曰王后無適則擇立長年鈞以德德鈞以卜此所謂先王之經○適丁歷反

【疏】昔先至以卜○正義曰先王先世之王不斥一人蓋自古以來共如此也襄三十一年傳曰公薨立胡女敬歸之子子野子野卒立敬歸之娣齊歸之子裯穆叔曰大子死有母弟則立之無則立長年鈞擇賢義鈞則卜古之道也非適嗣何必娣之子彼言大子死立母弟則此言擇立長謂無母弟者也彼又云子野非適嗣何必娣之子然則適嗣立而死當立娣之子也姪與娣同蓋王后夫人無姪娣之子乃於諸妾之子擇立長耳年鈞擇賢與此年鈞以德皆謂母之貴賤等者公羊傳曰立適以長不以賢立子以貴不以長明母貴則先立也此子朝之母必賤於猛母故專言立長之義不言母之貴賤何休難年鈞以德之言云人君所賢下必從之焉能使王不立愛也鄭玄荅云周禮小司寇掌外朝之政以致萬民而詢焉其三曰詢立君其位王南鄉三公及州長百姓北面羣臣西面羣吏東面小司寇以敍進而問焉如此則大衆之口非君所能掩是王不得立愛之法也

王不立愛公卿無私古之制也穆后及大子壽早夭卽世在十五年

【疏】公卿至制也○正義曰三公六卿無得私附王

之庶子而妾立之其意言單劉有私情違古制也何休難云大夫不世功而幷爲公卿通繼嗣左氏爲短鄭玄云公卿之世有大功德先王命所不絕者何難

既非鄭荅亦謬單劉贊私立少以閒先王閒錯先王之制亦唯伯。仲。叔季圖之伯仲叔季總謂諸侯閔馬

父聞子朝之辭曰文辭以行禮也子朝干。景之命遠晉之大以專其志無禮甚

矣文辭何爲傳終王室亂○遠于萬反○齊有彗星出齊之分野不書魯不見○彗似歲反又息遂反分扶問反疏注出齊至

不見○正義曰傳言齊有此星而齊侯使禳之。明出齊之分野出於玄枵之次也彗卽孛也文十四年有星孛入于北斗十七年有星孛于大辰彼皆書此不

書者時魯不見見或陰不見齊侯使禳之祭以禳除之○禳如羊反晏子曰無益也祇。取誣焉誣欺也祇音支○天

道不諂。諂疑也○諂本又作慆他刀反不貳其命若之何禳之且天之有彗也以除穢也君無

穢德又何禳焉若德之穢禳之何損詩曰惟此文王小心翼翼昭事上帝聿懷

多福厥德不回以受方國詩大雅翼翼共也聿惟也回違也言文王德不違天人故四方之國歸往之○聿戶橘反疏詩曰至方

國○正義曰詩大雅大明之篇也。惟此文王愼小其心翼翼然共。順也又能明事上天惟行上天之道思使自得多福其德不有回邪以受四方之國言四方

皆歸之君無違。德方國將至何患於彗詩曰我無所監夏后及商用亂之故民卒

流亡逸詩也言追監夏商之亡皆以亂故○夏戶雅反注同若德回亂民將流亡祝史之爲無能補也公

說乃止齊侯與晏子坐于路寢公歎曰美哉室其誰有此乎景公自知德不能久有國故歎也○

說音悅下注喜說同晏子曰敢問何謂也公曰吾以爲在德對曰如君之言其陳氏乎陳氏雖無大德而有施於民豆區釜鍾之數其取之公也薄謂以公量收○施式豉反下出者皆同區爲侯反量音亮下同其施之民也厚謂以私量貸○施如字又始豉反公厚斂焉陳氏厚施焉民歸之矣詩曰雖無德與女式歌且舞詩小雅義取雖無大德要有喜說之心欲歌舞之式用也○斂力驗反女音汝疏詩曰至且舞○正義曰詩小雅車舝刺幽王也陳氏之施民歌舞之矣後世若少惰陳氏而不亡則國其國也已公曰善哉是可若何對曰唯禮可以已之在禮家施不及國民不遷農不移工賈不變守常業○惰徒臥反本亦作惰同工賈音古本亦作商賈疏家施不及國○正義曰大夫稱家家之所施不得施及國人言國人是國君之所有大夫不得妄施遺之以樹己私惠陳氏施及國人是違禮也士不濫不失職官不滔滔慢也○滔吐刀反慢武諫反本又作漫武半反大夫不收公利不作福疏大夫不收公利○正義曰尚書洪範曰惟辟作福惟辟作威臣無有作福作威臣之有作福作威其害于而家凶于而國是言作福作威君之利也大夫不得聚收公利自作福也陳氏作福以招國人之心施民作福是收公利也公曰善哉我不能矣吾今而後知禮之可以爲國也對曰禮之可以爲國也久矣與天地並有天地則禮義興疏禮之至地並○正義曰天地人民莫知其始但人稟陰陽之氣生於天地之間天地既形人民必育易序卦曰有天地然後有萬物有萬物然後有男女有男女然後有夫婦有夫婦然後有父子有父子然後有君臣有君臣然後有上下有上下然後禮義有所錯是言有天地即有人民有

人民卽有父子君臣父子相愛君臣相敬敬愛爲禮之本是。與天地並與君令臣共。父慈子孝兄愛弟敬夫和妻柔姑慈婦聽禮也君令而不違臣共而不貳父慈而教。子孝而箴箴諫也○共音恭下同箴之林反兄愛而友弟敬而順夫和而義妻柔而正姑慈而從從不自專婦聽而婉婉順也○婉於阮反禮之善物也公曰善哉寡人今而後聞此禮之上也對曰先王所稟於天地以爲其民也是以先王上之稟受也疏先王至上之○正義曰先古聖王所治理人民者爲受陰陽之氣生於天地之中以有上下之禮乃可治其天下又禮與天地同貴是以先王上之

經。二十有七年春公如齊自鄆行鄆音運○公至自齊居于鄆○夏四月吳弒其君僚僚亟戰民罷又伐楚喪故光乘間而動稱國以弒罪在僚○弒申志反注同僚力彫反亟欺冀反罷音皮疏注僚亟至在僚○正義曰杜數僚之罪以示無道之驗僚以十六年卽位十七年與楚戰于長岸二十三年伐州來敗楚于雞父。其年又使大子諸樊入。郥二十四年滅巢及鍾離此年又因楚喪而伐之是其亟戰民罷又伐楚喪故光得乘間而動稱國以弒罪在僚也言舉國皆欲弒之非獨光之罪故不書光弒○楚殺其大夫郤宛無極楚之讒人宛所明知而信近之以取敗亡故書名罪宛殺始察反郤去逆反宛於阮反又於元反近附近之近○疏無極至罪宛○正義曰文七年宋殺其大夫傳曰不稱名非其罪也死者無罪則不稱其名是稱名者皆爲有罪矣此郤宛書名故杜跡其爲罪之狀書名所以罪宛也○秋晉士鞅宋樂祁犂衛北宮喜曹人邾人滕人會于扈○祁力兮反又力之反扈音戶○冬十月曹伯午

卒無傳未同盟而赴以名○午音五○邾快來奔無傳快邾命卿也故書○快苦怪反疏注快邾至故書○正義曰邾是小國其臣見於經者甚少唯此與襄二十三年邾畀我來奔書者二人而已釋例曰魯之叔孫父兄再命而書於經晉之司空亞旅一命而經不書推此知諸侯大夫再命以上皆書於經自一命以下大夫及士經皆稱人名氏不得見此皆典策之正文也小國之卿或命而禮儀不備或未加命數故不書之邾畀我之等其奔亡亦多所書唯數人而已知其合制者少杜言數人謂此快與畀我及曹公孫會也是言快是邾之命卿備於禮成為卿故書也快不書氏蓋未賜族無可稱也

○公如齊自鄆行公至自齊居于鄆無傳

傳二十七年春公如齊公至自齊處于鄆言在外也在外邑故書地○吳子欲因楚喪而伐之前年楚平王卒使公子掩餘公子燭庸帥師圍潛二子皆王僚母弟潛楚邑在廬江六縣西南○掩於檢反疏注二子至母弟○正義曰賈逵云然當是相傳說耳未必有正文也三十年傳此二公子奔楚楚子大封而定其徙子西諫曰吳光新得國若好吾邊疆使柔服焉猶懼其至吾又疆其讎以重怒之無乃不可乎謂此二子為光之讎或當是僚母弟也乃使延州來季子聘于上國季子本封延陵後復封州來故曰延州來○復扶又反疏聘于上國○正義曰服虔云上國中國也蓋以吳辟在東南地勢卑下中國在其上流故謂中國為上國也下云遂聘于晉則上國之言不包晉矣當總謂宋衛陳鄭之徒為上國耳亦不知其時聘幾國也經不書未必不至魯檀弓云延陵季子適齊於其反也其長子死葬於嬴博之間鄭玄云魯昭二十七年吳公子札聘於上國是也如鄭之言此時或聘齊也○注季子至州來○正義曰襄三十一年注云延州來季札邑此又分析之言本封延陵後復封州來故曰延州來成七年吳入州來注云楚邑淮南下蔡縣是也十三年吳滅州來二十三年傳云吳伐州來楚

還越救之則州來未爲吳有不可以封札也釋例土地名延州來闕則延陵州來並闕不知其處杜意當謂吳地別有州來非楚邑也鄭玄云季子讓國居延陵因號焉襄二十九年公羊傳曰季子去之延陵終身不入吳國然則季子雖則讓國猶尙仕爲吳卿非自竄於彼地吳世家云季札封于延陵故號曰延陵季子杜言封是也謂賜之爲采邑耳封

遂聘于晉以觀諸侯觀彊弱

楚薳尹然工尹麇帥師救潛二尹楚官然麇其名○薳由九反麇九倫反

【疏】注二尹楚官○正義曰楚官多以尹爲名知二尹是官名耳其薳王之義不可知也服虔云王尹主宮內之政薳不可解王未必然定本王作工

左司馬沈尹戌帥都君子與王馬之屬以濟師都君子在都邑之士有復除者王馬之屬王之養馬官屬校人也濟益也○戌音恤復音福校胡孝反

【疏】注都君至校人○正義曰都謂國都在都君子明是在都邑之士也都邑之士以君子爲號故知是有復除者謂優復其身除其傜役賈逵云然今之律令猶名放課役者爲復除是漢世以來有此言也此人或別有功勞或曲蒙恩澤平常免其傜役事急乃使之耳周禮校人掌養馬知王馬之屬是王之養馬之官屬也校人職云凡頒良馬而養乘之乘馬一師四圉三乘爲皁皁一趣馬三皁爲繫繫一馭夫六繫爲廏廏一僕夫六廏成校校有左右駑馬四良馬之數麗馬一圉八麗一師八師一趣馬八趣馬一馭夫諸侯六閑養馬之人多矣此唯養馬不給餘役今亦事急而徵使之

與吳師遇于窮令尹子常以舟師及沙汭而還沙水名○汭如銳反

【疏】遇于窮○正義曰土地名窮闕也本或窮下有谷字者爲定七年傳敗尹氏于窮谷涉彼而誤耳

左尹郤宛工尹壽帥師至于潛吳師不能退楚師彊故吳不得退去

吳公子光曰此時也弗可失也欲因其師徒在外國不堪役以弑王○弑申志反下文同

告鱄設諸曰上國有言曰不索何獲我王嗣也吾欲求之光吳王諸樊子

也故曰我王嗣〇鱄音專上國賈云上國與中國同服云上古國也索所白反疏上國有言〇正義曰賈逵云上國中國也服虔云上國謂上古之國賢士
所言也此猶如上文聘于上國則賈言是也〇注光吳至王嗣〇正義曰吳世家云吳王壽夢有子四人長曰諸樊次曰餘祭次曰餘昧次曰季札季札賢而
壽夢欲立之季札讓不可乃立諸樊諸樊卒有命授弟餘祭欲傳以次必致國於札兄弟皆欲致國令以漸至焉餘祭卒弟餘昧立餘昧卒欲授季札札讓逃
去於是吳人曰先王有命必致季子今逃位則餘昧後立今卒其子當代乃立餘昧之子僚爲王公子光者王諸樊之子也常以爲吾父兄弟四人當傳至季
子季子不受光父先立若既不傳季子光當立遂殺王僚光代立爲王是史記以光爲諸樊之子僚爲夷昧之子也襄二十九年公羊傳曰謁也餘祭也夷昧
也與季子同母者四季子弱而才兄弟皆愛之同欲立之以爲君弟兄迭爲君而致國乎季子故謁也死餘祭也立餘祭也死夷昧也立夷昧也死則國宜之
季子者也季子使而亡焉僚者長庶也即之闔閭曰將從先君之命與則國宜之季子者也如不從先君之命與則我宜立者也僚惡得爲君乎於是使專諸
刺僚世本云夷昧及僚夷昧生光服虔云夷昧生光而廢之僚者夷昧之庶兄夷昧卒僚代立故光曰我王嗣也是用公羊爲說也杜言光吳王諸樊子用史
記爲說也班固云司馬遷采世本爲史記而今之世本與遷言不同世本多誤不足依。馮故杜以史記爲正也光言王嗣者言己是世適之長孫也事若
克季子雖至不吾廢也至謂聘還鱄設諸曰王可弑也母老子弱是無若我何猶言我無
若是何欲以老弱託光疏注猶言至託光〇正義曰古人言有顛倒故杜以爲是無若我何猶言我無若是何恐己死之後不能存立欲以老弱託光也
彭仲。傳云當言是無我若何我母無我當如何我字當在若上光曰我爾身也言我身猶爾身夏四月。光伏甲於堀。室
而享王堀地爲室〇堀本又作窟同苦忽反掘其勿反又其月反王使甲坐於道及其門坐道邊至光門門階戶席

皆王親也夾之以鈹羞者獻體改服於門外〔羞進食也獻體解衣○夾古洽反又古協反下同鈹普皮反說文云劍也〕

疏「門階至親也」正義曰言從門至階從階至戶從戶至席皆是王之親兵也○「鈹」○正義曰說文云鈹劍也則鈹是劍之別名 執羞者坐

行而入〔坐行膝行〕執鈹者夾承之〔承執羞者〕及體以相授也〔鈹及進羞者體以所食授王〕

疏「及體以相授」○正義曰鈹之鋒刃及進羞者體也王之左右必更有人受羞以進王故言相授也雖則相授進羞者得至王所

光僞足疾入于堀室〔恐難作王黨殺己素辟之○難乃旦反〕鱄設諸寘劍於魚中以進〔全魚炙○寘之豉反炙章夜反〕

疏「注全魚炙」○正義曰吳世家云鱄諸置匕首於炙魚之中以進食手匕首刺王僚匕首者劍首如匕匙手匕首謂執匕首也○

抽劍刺王鈹交於胷〔交鱄諸胷○抽勑留反刺七亦反〕遂弒王闔廬以其子爲卿〔闔廬光也以鱄諸子爲卿○闔戶臘反〕季子至曰苟先君無廢祀

民人無廢主社稷有奉國家無傾乃吾君也吾誰敢怨哀死事生以待天命非

我生亂立者從之先人之道也〔吳自諸樊以下兄弟相傳而不立適是亂由先人起也季子自知力不能討光故云爾○傳直專反適丁歷反〕復命哭墓〔復使命於僚墓○使所吏反〕復位而待〔復本位待光命〕吳公子掩餘奔徐公子燭

庸奔鍾吾〔鍾吾小國〕楚師聞吳亂而還〔言聞吳亂明郤宛不取賂而還〕○郤宛直而和國人說之〔以直事君以和接類○說音悅〕鄢將師爲右領〔右領官名○鄢於晚反又爲戶反〕與費無極比而惡之〔惡郤宛○費扶味反比毗志反惡爲路反注同〕

令尹子常賄而信讒無極譖郤宛焉謂子常曰子惡欲飲子酒〔子惡〕

郤宛○賄乎罪反譖側鳩反飲於鳩反又謂子惡令尹欲飲酒於子氏子惡曰我賤人也不足以辱令尹令尹將必來辱爲惠已甚吾無以酬之若何酬報獻○無極曰令尹好甲兵子出之吾擇焉擇取以進子常○好呼報反取五甲五兵曰寘諸門令尹至必觀之而從以酬之曰無極辭疏取五甲五兵○正義曰周禮司右云凡國之勇力之士能用五兵者屬焉鄭引司馬法曰弓矢圍殳矛守戈戟助凡五兵長以衛短短以救長然則弓矢殳矛戈戟五者皆名爲兵此云五兵當是一種器耳不知取何兵也服虔云兵戟也及饗日帷諸門左張帷陳甲兵其中無極謂令尹曰吾幾禍子子惡將爲子不利甲在門矣子必無往且此役也此春救潛之役○幾音祈吳可以得志子惡取賂焉而還又誤羣帥使退其師曰乘亂不祥吳乘我喪我乘其亂不亦可乎令尹使視郤氏則有甲焉不往召鄢將師而告之告子惡門有甲兵將害己將師退遂令攻郤氏且爇之爇燒也○爇如悅反子惡聞之遂自殺也國人弗爇令曰不爇郤氏與之同罪或取一編菅焉或取一秉秆焉編菅苦也秉把也秆。槀也○編必然反又必千反菅古顏反秆古但反說文云禾莖也或古旦反苦式占反李巡云編菅茅以覆屋曰苫把必馬反槀古老反疏注編菅至槀也○正義曰釋草云白華野。菅郭璞云菅茅屬釋器云白蓋謂之苫李巡曰編菅以覆屋曰苫郭璞曰白茅苫也是編菅爲苦也秉把詩毛傳文也說文云秆禾莖也是爲槀也或取一片苫或取一把槀言民不肯燒之國人投之遂弗爇也令尹炮之燒燔郤宛○炮陟交反又彭交反燔音煩疏國人至炮之〇正義曰國人投之謂投菅秆於地故遂不燒也令尹炮之一句是鄢將師令衆之辭服虔云民。不肯。爇也鄢將師稱令尹使女燔炮之燔
炮爇皆是燒也盡滅郤氏之族黨殺陽令終與其弟完及佗。令終陽匄子〇佗走何反匄古害反與晉陳
及其子弟晉陳楚大夫皆郤氏。之黨晉陳之族呼於國曰鄢氏費氏自以爲王專禍楚國弱
寡王室蒙王與令尹以自利也蒙欺也〇呼火故反令尹盡信之矣國將如何令尹病之
爲下殺無極張本〇秋會于扈令成周且謀納公也宋衛皆利納公固請之范獻子取
貨於季孫謂司城子梁與北宮貞子子梁宋樂祁也貞子衛北宮喜曰季孫未知其罪而君伐
之請囚請亡於是乎不獲君又弗克而自出也夫豈無備而能出君乎季氏之
復天救之也復猶安也休公徒之怒也休息也〇而啓叔孫氏之心不然豈其伐人而說甲
執冰以游叔孫氏懼禍之濫而自同於季氏天之道也魯君守齊三年而無成
季氏甚得其民淮夷與之淮夷魯東夷〇說他活反疏。懼禍至道也〇正義曰言季氏無罪而公濫討之叔孫氏亦懼禍之濫及
於己而自同心於季氏俱叛公此乃天之常道也有十年之備有齊楚之援公雖在齊言齊不致力〇有天之贊有
民之助有堅守之心有列國之權而弗敢宣也宣用也〇守手又反事君如在國書公行告公至
是也故鞅以爲難二子皆圖國者也而欲納魯君鞅之願也請從二子以圍魯無

成死之二子懼皆辭乃辭小國而以難復以難納白晉君孟懿子陽虎伐鄆陽虎季氏家臣伐鄆
欲奪公【疏】孟懿至伐鄆○正義曰伐鄆欲奪公鄆使公不得居也不書者伐公逆事不可以告廟國史無由得書鄆人將戰子家子
曰天命不慆久矣慆疑也言弃君疑○慆他刀反不使君亡者必此衆也言君據鄆衆以與魯戰必敗亡天既
禍之而自福也不亦難乎猶有鬼神此必敗也【疏】猶有至敗也○正義曰言尚有鬼神以助君此戰必當敗
也況無鬼神乎嗚呼爲無望也夫其死於此乎公使子家子如晉公徒敗于且知且知近鄆
地也○夫音扶且子餘反近附近之近○楚郤宛之難國言未已進胙者莫不謗令尹進胙國中祭祀也謗
詛也○難乃旦反年末同胙才故反詛側慮反沈尹戌言於子常曰夫左尹與中廄尹莫知其罪而子
殺之以興謗讟至于今不已左尹郤宛也中廄尹陽令終○廄九又反讟音燭戌也惑之仁者殺人以
掩謗猶弗爲也今吾子殺人以興謗而弗圖不亦異乎夫無極楚之讒人也民
莫不知去朝吳在十五年○去起呂反朝如字下朝夕同出蔡侯朱在二十一年喪太子建殺連尹奢在二
十年○喪息浪反屏王之耳目使不聰明不然平王之温惠共儉有過成莊無不及焉
所以不獲諸侯邇無及也邇近也○近附近之近今又殺三不辜以興大謗。三不辜郤氏陳氏晉陳氏
幾及子矣子而不圖將焉用之夫鄢將師矯子之命以滅三族國之良也而不

愆位在位無愆過○幾音祈又音機焉於虔反矯居表反愆起虔反疏○鄢將師矯子之命○正義曰令尹召鄢將師告之以郤宛門有甲耳不令攻郤
宛也鄢將師退而令衆使攻之是矯令尹命也吳新有君光新立也疆。埸。日駭楚國若有大事子其危哉知
者除讒以自安也今子愛讒以自危也甚矣其惑也子常曰是瓦之罪敢不良
圖九月己未子常殺費無極與鄢將師盡滅其族以說于國謗言乃止○冬公
如齊齊侯請饗之設饗禮○疆居良反埸音亦知音智子家子曰朝夕立於其朝又何饗焉其飲
酒也乃飲酒使宰獻而請安比公於大夫也禮君不敵臣宴大夫使宰爲主獻獻爵也請安齊侯請自安不在坐也○坐才臥反
疏○朝夕至飲酒○正義曰禮爲諸侯相爲賓主國待之有享食燕三禮享爲大鄭玄云享謂享大牢以飲賓是爲禮之大者子家以公雖居鄆以齊爲主此
年已再如齊數相見不爲賓客故言朝夕立於其朝又何須設饗禮焉其飲酒也勸其用宴禮而飲酒耳○注比公至坐也正義曰燕禮者公燕大夫之禮也
公雖親在而別有主人鄭玄云主人宰夫也宰夫大宰之屬掌賓客之獻飲食者也君於其臣雖爲賓不親獻以其尊莫敢伉禮也今齊侯與公飲酒而使宰
獻是比公於大夫也獻獻爵者禮有三酌獻也酬也酢也獻酬是主人獻賓唯酢是賓荅主人耳禮君不敵臣宴大夫使宰爲主卽燕禮是其事也杜以宰獻
而請安謂齊侯請自安於別室不在坐也劉炫云案燕禮司正洗角觶南面坐奠于中庭升東楹之東受命西階上北面命卿大夫君曰以我安卿大夫皆對
曰諾敢不安彼是請客使自安當如彼使宰請魯侯自安耳主人請安謂主人使司正請安于賓服虔亦然杜今云齊侯請自安非也今知不然者案鄉飲酒
禮賓主相敵主人亦請安于賓然則齊侯與公敵禮安賓乃是常事何須傳載其文以見卑公之義明是齊侯請欲自安不在其坐明慢公之甚劉不審思此

理用燕禮請安之義而規杜非也子仲之子曰重爲齊侯夫人曰請使重見子仲魯公子憖也十二年謀逐季氏不能而奔齊今行飲酒禮而欲使重見從宴姝也○曰重直勇反又直恭反見賢遍反注同憖魚覲反姝息列反子家子乃以君出辟齊夫人十二月晉籍秦致諸侯之戍于周魯人辭以難經所以不書。成周籍秦籍談子

經二十有八年春王三月葬曹悼公無傳六月而葬緩○○公如晉次于乾侯乾侯在。魏郡斥丘縣晉竟內邑○斥音尺一音昌夜反竟音境傳同○夏四月丙戌鄭伯寧卒無傳未同盟而赴以名○六月葬鄭定公無傳三月而葬速○秋七月癸巳滕子寧卒無傳未同盟而赴以名冬葬滕悼公無傳

傳二十八年春公如晉將如乾侯齊侯卑公故適晉子家子曰有求於人而即其安人孰矜之其造於竟欲使次於竟以待命○造七報反弗聽使請逆於晉晉人曰天禍魯國君淹恤在外君亦不使一个辱在寡人一个單使○个古賀反注同單使所吏反而即安於甥舅其亦使逆君言自使齊逆君使公復于竟而後逆之逆。者乾侯也言公不能用子家所以見辱○著中略反一音直略反晉祁勝與鄔。臧通室二子祁盈家臣也通室易妻○祁巨支反字林云太原縣上尸反鄔舊音烏戶反又音偃案地名在周者烏戶反隱十一年王取鄔留是也在鄭者音偃成十六年戰于鄢陵是也在楚者於建反又音偃昭十三年王沿夏將入鄢是也在晉者於庶反字林乙祛反郭璞三倉解詁音瘀於庶反闞駰音厭飫之飫重言之太原有鄔縣唯周地者從烏餘皆從焉字林亦作鄔音同傳云分祁氏之田以爲七縣司馬彌牟爲鄔大夫即太原縣也鄔臧宜

以邑爲氏於爰反善音誤祁盈將執之盈祁午之子訪於司馬叔游叔游司馬叔侯之子叔游曰鄭書有之

惡直醜正實蕃有徒鄭書古書名也言害正直者實多徒衆○惡如字又爲路反蕃音煩【疏】。惡直至有徒○正義曰以直爲惡以正爲醜惡直事醜正道如此人者實蕃多有徒衆言時世慕善者多從惡者少無道立矣子懼不免言世亂讒勝詩曰民之多

辟無自立辟詩大雅○多辟本又作僻匹亦反立辟婢亦反【疏】詩曰至立辟○正義曰詩大雅板之篇刺厲王之詩辟邪也辟法也民之多有邪辟。者於此之時無自謂所立者爲法是言無道之世法不可爲古。辟辟字同音。異耳姑已若何姑且也已止也盈曰祁氏私有

討國何有焉言討家臣無與國事○無與音預遂執之祁勝賂荀躒荀躒爲之言於晉侯晉侯

執祁盈以其專戮爲于僞反祁盈之臣曰鈞將皆死鈞同也【疏】鈞將皆死正義曰鈞同也殺勝與臧盈亦死不殺盈亦死同將皆死不如殺之使盈聞而快意憖使吾君聞勝與臧之死也以爲快○憖發語之音憖魚覲反乃殺之夏

六月晉殺祁盈及楊。食我楊叔向邑食我叔向子伯石也○食音嗣向許丈反食我祁盈之黨也而助亂

故殺之遂滅祁氏羊舌氏初叔向欲娶於申公巫臣氏夏姬女也○娶七主反夏戶雅反注同其

母欲娶其黨叔向曰吾母多而庶鮮吾懲舅氏矣言父多妾媵而庶子鮮少嫌母氏性不曠○鮮息淺反注皆同懲直升反媵繩證反又時證反【疏】吾母多○正義曰言父多妾媵而謂之母多者意言庶弟少據庶弟而發言故謂父妾爲母耳其母曰子

靈之妻殺三夫子靈巫臣妻夏姬也三夫陳御叔楚襄老及巫臣也時巫臣已死【疏】殺三夫○正義曰三夫皆自命盡而死其死不由夏

姬而云殺三夫者婦之配夫欲其偕老其夫數死是妻之薄相故以爲夏姬之咎一君陳靈公一子夏徵舒而亡一國陳也兩卿矣孔寧儀行父○疏一君至兩卿○正義曰一君一子蒙上殺文兩卿亦蒙亡文也以兩卿棄位出奔身不死故爲亡也此事皆宣十年十一年傳可無懲乎吾聞之甚美必有甚惡是鄭穆少妃姚子之子子貉之妹也子貉鄭靈公夷○少詩照反貉亡白反疏甚美必有甚惡○正義曰物忌大盛善不可常暑往寒來晝明夜暗孰能爲此者天地天地尚不能常況人乎故甚美必有甚惡也甚美謂夏姬之身甚惡當在其後言其種亂當惡故禁其子取之子貉早死無後而天。鍾美於是是夏姬也鍾聚也子貉。死在宣四年疏子貉至於是○正義曰此因鄭靈早夭而夏姬美推之爲此言耳不是兄早死而妹必美也猶今俗語云。云衰家女未必慧。慧。將必以是大有敗也疏將必至敗也○正義曰夏姬淫。或喪國滅家叔向之母猶謂未。是大敗故言將必以是大有敗也十四年傳稱施邪侯者或是夏姬之男此殺楊食我又是夏姬之外孫其種類蓋盡矣昔有仍。氏生女顯。黑有仍古諸侯也美髮爲顯○顯之忍反說文作㐱又作鬒云稠髮也疏生女顯黑○正義曰顯即鬒也詩云鬒髮如絲毛傳云鬒黑髮也如雲言美長也說文云鬒稠髮也然則鬒者髮。多長而黑美之。貌也此傳顯下有黑則顯文不兼黑故賈杜皆云美髮爲顯而甚美光可以鑑髮膚光色可以照人○鑑古暫反鏡也疏注髮膚至照人○正義曰傳於顯黑甚美之下乃云光可以鑑知髮與肌膚二者光色皆可以照人名曰玄妻。以。髮黑故樂正后夔取之夔舜典樂之君長○夔求龜反取如字又古住反疏注夔舜至君長○正義曰尚書舜典云帝曰夔命汝典樂教胄子是夔爲舜之典樂。官也正長也后君也故云典樂之君長王朝公卿故以后言之猶謂。爲后稷生伯封實有豕心貪惏無饜忿類無期謂之封豕類戾也封大也○長丁丈反惏力耽反方言云楚人謂貪爲惏饜亦作厭於鹽反類又作類立對反服作類○【疏】生伯至封家○正義曰家心言其心似豬貪而無恥也方言云晉魏河內之北謂惏爲殘楚謂之貪則惏亦貪也賈逵云惏者食也其人貪者財利飲食無知饜足忿怒狠戾無有期度時人謂之大豬○注類戾也封大也○正義曰以類忿共文則類亦似忿故以爲戾言狠戾也定四年傳封豕與長蛇相對知封爲大也服虔云忿怒其。類以饜其私無期度也

有窮后羿滅之夔是以不祀羿篡夏后者○羿音藝篡初患反　且三代之亡共子之廢皆是物也夏以。妹。喜殷以妲己周以褒姒三代所由亡也共子晉申生以。驪姬廢○共音恭本亦作恭妹喜本或作嬉音同國語云桀伐有施有施氏以妹喜女焉韋昭注漢書云嬉姓也妲己丁達反下音紀國語云有蘇氏之女也韋昭云己姓也褒姒音似龍漦所生褒人所養者也毛詩云姒姓也鄭箋云姒字也驪姬本又作麗同力知反獻公伐驪戎所得而以爲夫人穀梁傳云滅號所得莊子云艾封人之子【疏】注夏以至姬廢正義曰晉語云史蘇曰昔夏桀伐有施氏有施氏以妹嬉女焉妹嬉有寵於是與伊尹比而亡夏殷辛伐有蘇氏有蘇以妲己女焉妲己有寵於是與膠。鬲比而亡殷周幽王伐有褒褒人以褒姒女焉褒姒有寵生伯服於是與號石甫比逐大子宜咎而立伯服大子奔申申人鄫人召西戎以伐周周於是乎亡是三代所由亡之事也共子之事具見於傳

女何以爲哉夫有尤物足以移人苟非德義則必有禍尤異也○女音汝【疏】苟非至有禍○正義曰苟誠也誠不以德義自持則必有禍　叔向懼不敢取平公強。使取之生伯石伯石始生子容之母走謁諸姑子容母叔向嫂伯華妻也姑叔向母○敢取七住反又如字強其丈反嫂素早反兄妻也依字宜如此　曰長叔姒生男兄弟之妻相謂姒○長丁丈反【疏】注兄弟至謂姒○正義曰相謂者幼者謂長。爲姒也子容是伯華之子其兄弟伯華最長叔向次之其餘諸弟皆小

於叔向也故謂叔向為長叔叔向之妻其年長於子容母故稱長叔姒也釋親云女子同出謂先生為姒後生為娣孫炎曰同出俱嫁事一夫也公羊傳曰娣
者何弟也此其義也是言共事一夫者長為姒幼為娣自以身之長幼生娣姒之名其娣姒之名不由夫之長幼也釋親又云長婦謂稚婦為娣婦娣婦謂長
婦為姒婦自以身之長稚相謂也喪服小功章云娣姒婦報傳曰娣姒婦者弟長也傳言弟長者雙訓娣姒言娣是弟姒是長也鄭玄云娣姒者兄弟之妻相
名也長婦謂稺婦為娣婦娣婦謂長婦為姒婦亦取爾雅之文以解弟長之義是以身之長幼明矣姑視之及堂聞其聲而還曰
是豺狼之聲也狼子野心非是莫喪羊舌氏矣遂弗視○秋晉韓宣子卒魏獻
子為政獻子魏舒○豺本又作犲同仕皆反喪息浪反分祁氏之田以為七縣七縣鄔祁平陵梗陽塗水馬首盂也○梗古杏
反盂音于下文同分羊舌氏之田以為三縣銅鞮平陽楊氏○鞮丁兮反司馬彌牟為鄔大夫太原鄔縣
賈辛為祁大夫太原祁縣司馬烏為平陵大夫魏戊為梗陽大夫戊魏舒庶子梗陽在太原晉陽縣南
○戊音茂知徐吾為塗水大夫徐吾知盈孫塗水太原榆次縣○知音智次資利反又如字韓固為馬首大夫固韓
起孫孟丙為盂大夫太原盂縣樂霄為銅鞮大夫上黨銅鞮縣○霄音消趙朝為平陽大夫朝趙勝曾
孫平陽平陽縣○朝如字僚安為楊氏大夫平陽楊氏縣○疏分祁至氏大夫○正義曰此祁氏與羊舌氏之田舊是私家采邑二族既
滅其田歸公分為十縣為公邑故選置大夫也傳文先祁後羊舌故依下文選置大夫之次上七縣為祁氏之田下三縣為羊舌氏之田且五年傳謂伯石為
楊石明楊氏是羊舌之田也家語與史記皆謂羊舌赤為銅鞮伯華是銅鞮亦羊舌邑也平陽之次在銅鞮楊氏之間知亦羊舌邑也謂賈辛司

馬烏為有力於王室二十二年辛烏帥師納敬王○僚力彫反【疏】注二十至敬王○正義曰二十二年傳曰晉籍談荀躒賈辛司馬督帥師軍于陰于侯氏于谿泉次于社賈辛軍谿泉司馬督次于社督即烏也此衆軍並為伐子朝欲納敬王故舉之謂知徐吾趙朝韓固魏戊餘子之不失職能守業者也卿之庶子為餘子○【疏】注卿之至餘子○正義曰宣二年傳云。官卿之適以為公族又。官其餘子亦為餘子其庶子為公行注云餘子適子之母弟也庶子妾子也彼適庶分為三等故餘子與庶子為異此無所對故總謂庶子為餘子也此四人之內當有妻生妾生者也知徐吾韓固是卿之孫也趙朝卿之曾孫也而並稱餘子者言其父祖是餘子就餘子子孫之內選其賢者而用之此四人不失常職能守其父祖之業。者也其四人者皆受縣而後見於魏子以賢舉也四人司馬彌牟孟丙樂霄僚安也受縣而後見言采衆而舉不以私也○見賢遍反注及下見魏子並同魏子謂成鱄鱄晉大夫○鱄音剸又市轉反又音附吾與戊也縣人其以我為黨乎對曰何也戊之為人也遠不忘君遠疏遠也近不偪同不偪同位○偪彼力反居利思義不苟得在約思純無濫心有守心而無淫行雖與之縣不亦可乎

【疏】對曰至可乎○正義曰遠不忘君言職雖疏遠而心在公室常忠敬也近不偪同言親近有寵不偪迫同位常謙共也居利思義臨財不苟得思義可取乃取之也在約思純處貧匱而思純固無叨濫之心也有守善之心而無淫邪之行雖則親子而與之縣不亦可乎

昔武王克商光有天下光大也○行下孟反其兄弟之國者十有五人姬姓之國者四十人皆舉親也夫舉無他唯善所在親疏一也

【疏】昔武至親也○正義曰由武王克商得封建諸國歸功於武王耳此十五國或有在後封者非武王之時

盡得封也尚書康誥之篇周公營洛之年始封康叔于衛洛誥之篇稱周公致政之年始封伯禽于魯明知武王之時兄弟未盡封也僖二十四年傳稱周公弔二叔之不咸故封建親戚以藩屏周亦以周公爲制禮之主故歸功於周公耳非盡周公封也九年傳曰文武成康之封建母弟則康王之世尚有封國宜王方始封鄭非獨武王周公封諸國也僖二十四年傳數文之昭也有十六國此言武王兄弟之國十五人者人異故說異耳非武王封十五周公始加一也以魯衞。驗之知周公所加非唯一耳

詩曰唯。此文。王。帝度其心莫其德音其德克明克明克類克長克君王此大國克順克比比于文王其德靡悔既受帝祉施于。孫子詩大雅美文王能王大國受天福施及子孫○唯此文王詩作唯此王季度待洛反下及注同莫亡白反又如字爾雅云貊莫安定也下及注同長丁丈反下及注同王此于況反注能王同祉音恥施以豉反注同○

【疏】詩曰至孫子○正義曰詩大雅皇矣之篇美文王之德也唯此文王之身爲天帝所。佑天帝開度其心令其有德揆度之。惠所度前事莫不皆得其中也又使之莫然安靜其德教之善音施之於人則皆應和之也又能有監。昭在下之明又能有勤施無私之善又能教誨不倦有爲人師長之德又能賞善刑惡有爲人君上之度既有人君之德故爲人君王此周之大邦也其施教令能使國人徧服而順之既爲國人順服又能擇人之善者比方其善乃從而用之以此文王之德比于上世有能經緯天地文德之王如堯舜之輩其此詩人稱比較于文王之九德其德皆是無爲人所悔吝者言文王之德堪比或以爲比于前世文德之王義亦通也以此之故既受天之祉福施及于後世之子孫得使長王天下也此章文次如此者德皆天之所授故先言帝度其心明以下皆蒙帝文也德由心起故先言心能度物也心既能度然後能施爲政教故次莫其德音言變政教清靜也爲君所以施政故先言政教清靜乃論身內之德故次能明能善其明與善還是德音之事施之於人有照臨之明勤。心之善耳心能施而無私乃可爲人君長故次克長克

君長卽師也學記曰能爲師然後能爲長能爲長然後能爲君故先長後君也既言堪爲人君卽說爲君之事故言王此大邦也既爲大邦之君能使國人順服故次克順也民既順服又須擇善用之故次克比也比于文王其德無所可恨故言受天之福澤流後世以結之此傳言唯此文王毛詩作維此王季經涉亂。權師有異讀後人因而兩存不敢追改今王肅注毛詩及韓詩亦作唯此文王鄭注毛詩作維此王季故解比于文王言王季之德可以比于文王也劉炫云此作唯此文王不可以文王之德還自比文王故知比于文王可以比于上代文德之王也

心能制義曰度帝度其心

疏心能制義曰度○正義曰心能制斷時事使合於義是爲善揆度也言預度未來之事皆得中也

德正應和曰莫莫然清靜○應應對之應下如字又胡臥反

疏德正應和曰莫○正義曰毛詩莫作貊樂記引此詩亦作莫釋詁云貊嘆安定也郭璞云皆靜定毛傳云貊靜也其德既正爲政清靜故有所施爲民皆應和易繫辭曰君子居其室出其言善則千里之外應之卽此義也莫是清靜之意故杜云莫然清靜

照臨四方曰明勤施無私曰類施而無私物得其所無失類也○施式豉反注及下同

疏注施而。無。私至類也○正義曰勤行施惠情無偏私物皆得所是無失類也鄭玄云類善也無失類者不失善之類也

教誨不倦曰長教誨長人之道

賞慶刑威曰君作。威作。福君之。職也

疏賞慶刑威曰君○正義曰人君執賞罰之柄以賞慶人以刑威物是爲君之道

慈和徧服曰順唯順故天下徧服○徧音遍注同

疏慈和徧服曰順○正義曰人君執慈心以惠下用和善以接物則天下徧服而順從之故爲順也易繫辭云天之所助者順故杜云唯順故天下徧服

擇善而從之曰比。比方善事使相從也

經緯天地曰文經緯相錯故織成文

疏經緯天地曰文○正義曰易稱聖人先天而天弗違後天而奉天時言德能順天隨天所爲如經緯相錯織成文章故爲文也

九德不愆作事無悔九德上九曰也皆無愆過則動無悔吝○吝力刃反故

襲天祿子孫賴之襲受也主之舉也近文德矣所及其遠哉舉魏戊等勤施無私也其四人者擇善而從故曰近文德所及遠也○近附近之近【疏】注近文德所及遠○正義曰成鱄引此詩者唯欲取克類克比二事同於文王故云近文德矣文王以有此德故得施于子孫魏子既近文德亦將所及遠也賈辛將適其縣見於魏子魏子曰辛來昔叔向適鄭鬷蔑惡惡貌醜○鬷音子工反欲觀叔向從使之收器者從隨也隨使人應斂俎豆者【疏】從使之收器者○正義曰下云○叔向將飲酒將欲舉爵而飲此則飲猶未畢使者擬收器耳未即收也而往立於堂下一言而善叔向將飲酒聞之曰必鬷明也素聞其賢故聞其言而知之【疏】一言而善○正義曰舊說云一言者謂設由上徹由下下執其手以上曰昔賈大夫惡賈國之大夫惡。亦醜也○上時掌反下幷注同娶妻而美三年不言不笑御以如皐爲妻御之皐澤○娶七住反爲于僞反【疏】御以如皐○正義曰詩云鶴鳴于九皐是皐爲澤也如往也爲妻御車以往澤也射雉獲之其妻始笑而言賈大夫曰才之不可以已我不能射女遂不言不笑夫。今子。少不颺顏貌不揚顯○射雉食亦反女音汝下同夫音扶颺音揚子若無言吾幾失子矣言。不可以已也如是遂如故知今女有力。於王室吾是以舉女因賈辛有功而後舉之言人不可無能○幾音祈【疏】遂如故知○正義曰遂如故舊相知行乎敬之哉毋墮乃力墮損也○毋音無墮許規切仲尼聞魏子之舉也以爲義曰近不失親謂舉魏戊遠不失舉以賢舉可謂義矣又聞其命賈辛也以爲忠先賞王室之功故。爲忠詩曰永言配命自求多福忠也詩大雅永長也言能長配天命致多福者唯忠疏詩曰至忠也○正義曰詩大雅文王之篇也言王者長自言我之所爲配上天之命而行之是自家衆多之福使歸己此詩之意言忠則然也言魏子能忠必有多福歸之魏子之舉也義其命也忠其長有後於晉國乎○冬梗陽人有獄魏戊不能斷以獄上上魏子○斷丁亂反其大宗賂以女樂訟者之大宗魏子將受之魏戊謂閻沒女寬二人魏子之屬大夫○閻以占反曰主以不賄聞於諸侯若受梗陽人賄莫甚焉吾子必諫皆許諾退朝待於庭魏子朝君退而待於魏子之庭○聞如字又音問饋入召之召二大夫食○饋求位反比置三歎既食使坐更命之令坐○比必利反令力呈反魏子曰吾聞諸伯叔諺曰唯食忘憂吾子置食之閒三歎何也同辭而對曰或賜二小人酒不夕食或他人也言飢甚饋之始至恐其不足是以歎中置自咎曰豈將軍食之而有不足是以再歎魏子中軍帥故謂之將軍○咎其九反食之音嗣帥所類反本又作率同

疏注魏子至將軍○正義曰晉使卿爲軍將謂之將中軍將上軍此以魏子將中軍故呼爲將軍及六國以來遂以將軍爲官名蓋其元起於此

及饋之畢願以小人之腹爲君子之心屬厭而已屬足也言小人之腹飽猶知厭足君子之心亦宜然○屬之玉反注同厭於鹽反又於豔反注同獻子辭梗陽人傳言魏氏所以興也

附釋音春秋左傳注疏卷第五十二

春秋左傳注疏卷五十二校勘記

阮元撰盧宣旬摘錄

附釋音春秋左傳注疏卷第五十二　昭二十六年盡二十八年

〔經二十六年〕

亦是自齊也　宋本是下有至字是也

傳言王入在子朝奔後　宋本作傳云天王入淳熙本小字宋本作傳天王入

單子劉子來以東西　宋本監本來作夾

王入乃告諸侯　諸本作王此本誤三今改正

〔傳二十六年〕

爲公處鄆起　淳熙本閩本處作取按正義云爲下三月公處鄆以發端也則作處爲是也

縛一如瑱　石經宋本淳熙本岳本閩本監本縛作縛與釋文合

注瑱充耳　宋本以下正義八節總入林雍乘注之下

緐下又縣玉爲瑱以塞耳　宋本縣作懸俗字

庚十六斗　淳熙本斗誤升

其下文旊人云　宋本旊作旐非也說文旊从瓦方聲

羣臣不盡力于魯君者　石經于作於

欲行其說　諸本作其此本誤具今改正

宋元公爲魯君如晉　足利本公誤君

不知天之弃魯耶　石經宋本淳熙本小字宋本足利本耶作邪是也

君若待于曲棘　纂圖本毛本于改於

此卽彼棘也　宋本此上有蓋字

成人伐齊師之飲馬于淄者　石經毛本于作於釋文同

齊子淵捷從洩聲子　釋文洩作泄是也

瓦楯脊　毛本脊作昝非釋文下有也字

野洩亦叱也　淳熙本纂圖本也作之

鬒鬚眉　釋文鬚作須云本又作鬚案作須正字也一變而爲鬚再變而爲鬚

必子彊也　石經彊作疆

鑋而乘於他車以歸 惠棟云說文鑋金聲也从金輕聲讀若春秋傳鑋而乘宅車之䟤則傳本作䟤五經文字亦誤作鑋故杜訓爲一足行若從金輕聲與斷足無涉必傳寫之誤正義失考又按足部無䟤字蓋卽脛字之異者

謂以擊也 宋本以下有刀字

尸在鞏縣西南偃師城 宋本淳熙本岳本纂圖本足利本尸下有氏字是也

劉子以王出 宋本以下正義二節總入使女寬守闕塞注下

王子朝用成周之寶珪于河 諸本作珪此本誤桂今改正

王宿于褚氏 石經宋本岳本監本褚作褚釋文同

皆周地 宋本淳熙本地作邑是也

使汝寬守闕塞 釋文云女本亦作汝纂圖本閩本監本毛本亦作守闕石經宋本淳熙本岳本足利本作守闕是也陳樹華云水經注云昔大禹疏伊門以通水兩山相對望之若闕伊水歷其間北流故謂之伊闕矣春秋之闕塞也

壬昭王也 陳樹華云哀六年云楚子軫卒則昭王名軫疑壬非昭王或者卽位後改名耶史記楚世家十二諸侯年表並作軫蓋傳寫異文伍子胥傳仍作軫

瀆優也 宋本淳熙本岳本纂圖本足利本優作慢釋文作嫚

賂吾至從也 宋本此節正義在乃立昭王之下

晉師成公般戍周而還 石經宋本淳熙本岳本足利本師下有使字

莊宮在王城 毛本宮作公誤也

昔成王克殷 石經宋本淳熙本岳本纂圖本閩本監本毛本成作武定本亦作武

以蕃屏周 小字宋本蕃作藩釋文同云亦作蕃是也

昔武王克殷 宋本監本毛本作武此本誤成今改正宋本以下正義十五節總入文辭何爲注下

是以理居處厲王于彘 監本理作禮非也

何肯不忍害不 監本毛本下不字作王

與治王之政事 監本治字脫水旁

以同於王庭而言曰 韋注云褒人褒君共處曰同閩本監本毛本誤伺

周語云 案周當作晉

并去大子 此本大誤天據宋本毛本改閩本監本作太非此節上下大字監本皆誤作太

伯服古文作伯盤 段玉裁校本盤作股按周禮司勳注引盤庚作般庚漢石經殘碑作股庚五經文字云石經變舟作月玉裁盤

作股亦從舟之變體也

生頹禍心石經宋本小字宋本作穨是也

惠襄辟難釋文辟作避陳樹華云傳寫之譌

鄭生頃王巨毛本頃作傾非也

咸黜不端正義曰諸本咸或作減案惠棟云呂覽仲冬紀水泉減竭今月令作咸竭是咸爲古文減字

其傳詩有此句毛本傳作傅誤也盧文弨校本其下有左字

其誰敢請之閩本亦誤請石經此處殘缺宋本淳熙本岳本纂圖本監本毛本作討是也

侵欲無厭釋文厭作猒云本又作厭石經此處殘缺

規求無度諸本作規石經此處缺段玉裁校本作玩正義云本或作規繆也

貫瀆鬼神諸本作貫說文引傳作摜

俗本作規段玉裁校本俗上有玩字是也

傲很威儀纂圖本閩本監本毛本很作狠誤釋文作佷

先王謂景王毛本先作宣非也

未有攸底　石經宋本淳熙本岳本底作厎是也注同○今並訂正

獎順天法　石經宋本淳熙本小字宋本獎作奬釋文同

無助狡猾　釋文作狡滑云本又作狡猾

年鈞以德德鈞以卜　後漢書盧植傳引傳鈞作均陳樹華云古字通也

亦唯伯仲叔季圖之　閩本毛本伯仲誤倒

子朝干景之命　毛本干誤于

注出齊至不見　宋本以下正義二節在公說乃止之下

明出齊之分野　監本明字模糊

祗取誣焉　石經祗作祇是也○今訂正

天道不謟　監本毛本謟作諂釋文云本又作慆陳樹華云論衡變虛篇引作不闇按依論衡則闇與諂媚字同韻或左傳古有作諂之本

惟此文王　宋本惟作唯今詩大明作維

翼翼然共順也　監本毛本順作愼按詩箋作翼翼恭愼貌

君無違德　案惠棟云論衡引作回德回邪也與上文不回下文回亂合

豆區釜鍾之數 岳本鍾作鐘

詩曰至且舞 宋本以下正義五節總入是以先王上之注下

是與天地並興 盧文弨校本是下有禮字

君令臣共 閩本監本共作恭非也石經共字重刊葢初刻亦作恭也

父慈而教 毛本教誤敬

〔經二十七年〕宋本春秋正義卷三十二石經春秋經傳集解昭七第廿六岳本昭下有公字並盡三十二年

敗楚于雞父 諸本作父此本誤文今改正

又使大子諸樊入郥 毛本郥作鄖亦非宋本作郥是也

注二子至母弟 宋本以下正義十六節總入令尹病之注下

〔傳二十七年〕

其長子死葬於嬴悖之閒 宋本閩本監本毛本悖作博是也

此又分坼之 宋本正德本閩本坼作拆監本作折毛本作析

楚莠尹然工尹麇 釋文亦作工定本同纂圖本閩本監本毛本作王與正義本合孫志祖云下云別有工尹壽此當作王尹

除其徭役 監本徭作傜下同是也

騖馬四亘馬之數 宋本監本毛本四作三不誤

與吳師遇于窮 纂圖本監本毛本于作於惠棟云水經注云水出安豐縣窮谷窮音戎唐石經窮下有谷字酈道元所引同正義以有谷字爲誤非也案石經谷字後人旁加

弗可失也 石經也字初刻誤巳後改正

不足依馮 閩本監本毛本馮作憑

彭仲傳云 宋本毛本傳作博是也

夏四月光伏甲於堀室而享王 釋文亦作堀云本又作窟陳樹華云史記夏四月下有丙子二字堀作窟下同初學記引亦作窟按作窟卽釋文所謂又作之本也

入于堀室 顧炎武云石經堀誤作[illegible]案石經不誤炎武非也

鈹交於胷 宋本淳熙本岳本胷作胸石經初刻作匈合於說文後改作胸俗字也此本作胷說文之或體也

無極譖郤宛焉 毛本極誤及

秆稾也 纂圖本稾作藳按稾正字也俗作稿作藳

白華野菅 宋本菅作管非下同

民弗肯蓺也 宋本弗作不是也重脩監本蓺誤埶

與其弟完及佗 石經佗字改刊

皆郤氏之黨 宋本淳熙本足利本無之字

懼禍至道也 宋本此節正義在注以難納白晉君之下

孟懿至伐鄆 宋本以下正義二節總入注文且知近鄆地之下

嗚呼爲無望也夫 石經淳熙本嗚作烏是也古烏呼字不作嗚

平王之溫惠共儉 石經初刻共字作恭後改刊

郤氏陳氏晉陳氏 宋本淳熙本岳本纂圖本監本毛本陳氏作陽氏是也

鄢將師矯子之命 毛本命誤令宋本此節正義在謗言乃止之下

疆埸日駭 諸本作疆此本誤彊今改正纂圖本監本毛本埸誤場

朝夕至飲酒 宋本以下正義二節總入注辟齊夫人注下

有享食燕三禮 宋本燕作宴

享謂享大牢以飲賓　宋本無享謂二字非也大上享字作亨與聘禮注合

掌賓客之獻飲食者也　諸本作客此本誤答今改正

彼是請客使自安　宋本閩本監本毛本客作賓是也

子仲魯公子慭也　宋本淳熙本岳本纂圖本毛本作慭釋文同此本及閩本誤慭今改正監本作慭尤非

經所以不書成周　宋本淳熙本岳本閩本成作戍是也纂圖本監本毛本誤戍

〔經二十八年〕

乾侯在魏郡斥丘縣　淳熙本魏作以非也

逆者乾侯也　宋本淳熙本岳本纂圖本毛本者作著釋文同足利本逆作竟非也

〔傳二十八年〕

晉祁勝與鄔臧通室　石經初刻作鄔改刻鄔字下司馬彌牟為鄔大夫鄔字並同按依釋文則作鄔是改刻鄔非也

實蕃有徒　諸本作實詩周頌雝之篇正義引傳作寔

惡直至有徒　宋本以下正義十七節總入姑視之節之下

民之多有邪辟者　宋本無者字

古辟辟字同音異耳 重脩監本異誤吳浦鏜云辟辟疑作僻辟字按孔本二字皆作辟故如此云猶前疏云乞與乞一字也

晉殺祁盈及楊食我 石經楊字木旁模糊毛誼父六經正誤云揚作楊誤非也此本及誤又依諸本改正

而天鍾美於是 毛本天作夭非也

子貉死在宣四年 淳熙本死誤飛

今俗語云云衰家女未必慧慧 宋監毛本云字不重次慧字下有家女未必衰五字是也

夏姬淫或 宋本或作惑

猶謂未是大敗 監本毛本是作得

昔有仍氏生女黰黑 漢書古今人表仍作扔師古曰扔音仍釋文云黰之忍反美髮也說文作㐱又作鬒云稠髮也

詩云鬒髮如絲 宋本監本毛本絲作雲是也

然則鬒者髮多長而黑美之貌也 毛本多誤當貌字監本作額

以髮黑故 毛本髮黑二字誤倒

是夔爲舜之典樂官也 宋本樂下有之字

猶謂爲后稷 宋本謂下有稷字是也

忿怒其類　監本毛本類作類是也

夏以妹喜　宋本淳熙本岳本纂圖本足利本妹作末是釋文云喜本或作嬉　宋本正義同

以驪姬廢　釋文驪作孋云本或作麗穀梁亦作麗盧文弨云淮南說林訓王注楚詞思美人章皆作孋案驪與孋麗實一字耳

有蘇以妲己女焉　宋本蘇下有氏字與國語合

於是與膠華比而亡殷　宋本華作革監本毛本作鬲與國語合

平公強使取之　淳熙本強作彊非也

幼者謂長爲姒也　宋本長下有者字是也

知盈縣　宋本淳熙本岳本纂圖本足利本縣作孫是也

孟丙爲盂大夫　顧炎武云今本作孟丙者非漢書地理志云盂晉大夫盂丙邑以其爲盂大夫而謂之盂丙猶魏大夫之爲魏壽餘閻大夫之爲閻嘉邯鄲大夫之爲邯鄲午也

平陽平陽縣　閩本監本毛本下平字作巫非也

僚安爲楊氏大夫　纂圖本監本毛本楊作陳非也

分祁至氏大夫　宋本以下正義十八節總入魏子之舉也義節下

謂伯石爲楊石 此本楊字模糊依監本毛本補正宋本作揚下同閩本誤作鶍

在銅鞮楊氏之閒 銅鞮閩本監本作銅鍉非是宋本楊作揚

韓固 毛本韓作魏非也

官卿之適以爲公族又官其餘子 宋本官並作宦是也

能守其祖父之業者也 閩本監本毛本脫者字

以魯衞驗之 毛本驗作言

詩曰唯此文王 釋文云詩作維此王季陳樹華云傳文凡發語詞唯字俱從口其引詩書本句則從小前後一例此唯字應從小今詩作維

施于孫子 毛本于作於非也

爲天帝所佑 宋本佑作祐與詩皇矣正義同

令其有揆度之惠 監本毛本惠作慧按詩正義作惠

又能有監昭在下之明 宋本昭作照

勤心之善耳 宋本心作施是也

經涉亂罹 監本毛本罹作離按離正字罹俗字

注施而無私至類也宋本監本毛本無無私二字

作威作福君之職也詩大雅皇矣之篇正義引作作福作威君之道也

擇善而從之曰比淳熙本比誤此注同

則飲猶未畢監本毛本猶作酒非也

賈國之大夫惡亦醜也纂圖本監本毛本亦作且非也

女遂不言不笑夫石經初刻無夫字重刊補

今子少不颺石經子字下旁加貞字非也

言不可以已也如是宋本淳熙本岳本足利本言下有之字與石經合

今女有力於王室纂圖本監本毛本力作功非也

先賞王室之功故爲忠毛本爲誤謂

其長有後於晉國乎毛本於改于

而待於魏子之庭毛本於改于

比置三歎毛本置改至非也

魏子中軍帥釋文亦作帥云本又作率同監本作將非是

注魏子至將軍宋本此節正義在注文傳言魏氏所以興之下

傳言魏氏所以興也宋本淳熙本足利本無也字

春秋左傳注疏卷五十二校勘記

附釋音春秋左傳注疏卷第五十三　昭二十九年盡三十二年

杜氏注　孔穎達疏

經二十有九年春公至自乾侯居于鄆以乾侯。至不得見晉侯故【疏】注以乾至。晉侯故○正義曰二十五年公孫于齊齊侯唁公于野井二十六年經書公至自齊公雖不至齊都既入齊竟得與齊侯相見故書公至自齊往年公如晉次于乾侯雖入晉竟不得與晉侯相見故書至自乾侯以乾侯致告於廟者爲不得見晉侯故齊侯使高張來唁公唁公至晉不見受高張高偃子○唁音彥【疏】注唁公至晉不見受○正義曰詩毛傳曰弔失國曰唁二十五年公新失國齊侯唁公可矣於此復唁公者公以齊不憂己棄而適晉望得晉人矜之晉侯不肯見公齊侯心復恨公嫌公此舉故遣唁公所以嗤笑公也故云唁公至晉不見受又似更復失國故唁之○公如晉次于乾侯復不見受往乾侯○復扶又反○夏四月庚子叔詣卒無傳○秋七月○冬十月鄆潰無傳民逃其上曰潰。潰散叛公○潰戶對反【疏】注民逃至叛公○正義曰民逃其上曰潰文三年傳例也公自二十六年以來常居于鄆此時公既如晉必留人守鄆鄆人潰散而叛公使公不得更來當。是季氏道之使然

傳二十九年春公至自乾侯處于鄆齊侯使高張來唁公稱主君比公於大夫【疏】注比公於大夫○正義曰傳稱范宣子撫荀偃云事吳敢不如事主醫和謂趙。文子曰主是謂矣如此之類大夫稱主傳文多矣今高張以齊侯之命稱公爲主君以晉不受公故輕侮之比公於大夫也子家子曰齊卑。君。矣君祇。辱焉言往事齊適取辱○祇音支公如乾侯

為齊所卑故復適晉冀見恤○復扶又反○三月己卯京師殺召伯盈尹氏固及原伯魯之子皆子朝黨
也稱伯魯子終不說學○召上照反說音悅尹固之復也二十八年尹固與子朝俱奔楚而道還疏注二十至道還○正義曰尹固復還
之年傳雖不載以婦人尤之云其過三歲乎知以二十六年在道而還至此為三歲也有婦人遇之周郊尤之曰處則勸
人為禍行則數日而反是夫也其過三歲乎夏五月庚寅王子趙車入于鄻以
叛陰不佞敗之趙車子朝之餘也見王殺伯盈等故叛鄻周邑○數所主反鄻列勉反○平子每歲賈馬賈買也○賈古
買反具從者之衣屨而歸之于乾侯公執歸馬者賣之賣其馬乃不歸馬衛侯來獻
其乘馬曰啓服啓服馬名○乘如字疏注啓服馬名○正義曰釋畜云馬前右足白啓郭璞曰左傳曰啓服詩云兩服上襄鄭玄云兩服中
央夾轅者此馬毛色名啓用以夾轅故以啓服為名也公塹而死隮塹死也塹七豔反○公將為之櫝為作棺也○將為如字一
音于偽反櫝徒木反為作于偽反下同子家子曰從者病矣請以食之乃以幃裹之禮曰敝幃不弃為埋馬也
○食音似裹古火反疏注禮曰敝至馬也○正義曰檀弓文也禮有埋馬之法子家子請以馬肉食從者以公將為之櫝所以深抑之公感子家子之言方
始依禮以帷裹之史記滑稽傳云楚莊王有所愛馬衣以文繡置之華屋之下席之以路牀啗之以棗脯馬病肥死欲以棺椁大夫禮葬之優孟者故楚之樂
人也多辨常以談笑風諫於是入門大笑王驚而問其故優孟曰馬者王之所愛也以楚國之大何求不得而以大夫禮葬之薄請以人君禮葬之王曰何如
對曰臣請以雕玉為棺文梓為椁發甲卒為穿壙老弱負土廟食大牢奉以萬戶之邑諸侯聞之皆知大王賤人而貴馬也王曰寡人過一至於此為之奈何

優孟曰請大王以六畜葬之以壠竈爲椁銅歷爲棺齊以薑桂薦以木蘭祭以粳稻衣以火光葬之人腸於是王乃使以馬屬大官無令天下聞之彼亦此之類也

公賜公衍羔裘使獻龍輔於齊侯龍輔玉名疏。注龍輔玉名○正義曰周禮使澤國用龍節皆金也以英蕩輔之杜子春云蕩謂以函器盛此節謂鑄金爲龍以玉爲函輔盛龍節謂之龍輔此獻函不獻節故直云獻龍輔玄卿云盛龍節之玉函耳案說文云。龍禱旱玉也爲龍文又玉人云上公用龍今輔與龍連文故云龍輔玉名蓋用此意遂入羔裘齊侯喜與之陽穀陽穀齊邑公衍公爲之生也其母偕出出之產舍疏注出之產舍○正義曰內則云妻將生子及月辰居側室夫使人日再問之作而自問之妻不敢見使姆衣服而對至于子生夫復使人日再問之夫齊則不入側室之門子生男子設弧於門左女子設帨於門右三日始負子男射女否然則產舍是側室也公衍先生公爲之母曰相與偕出請相與偕告。留公衍母使待己共白公三日公爲生其母先以告公爲爲兄公私喜於陽穀而思於魯曰務人爲此禍也。務人公爲也始與公若謀逐季氏且後生而爲兄其誣也久矣乃黜之而以公衍爲大子○秋龍見于絳郊絳晉國都○見賢遍反下見龍朝夕見皆同魏獻子問於蔡墨蔡墨晉太史曰吾聞之蟲莫知於龍以其不生得也謂之知信乎對曰人實不知非龍實知言龍無知乃人不知之耳○莫知音智下謂之知實知注無知同○疏。人實至實知○正義曰人以龍不生得而謂之爲知者此是人實不知非是龍實能知言龍可生得非是不生得也故說古有養龍之事以證龍可生得也以人不知有此事故今說之古者畜龍故國有豢龍氏有御龍氏豢御養也○豢音患疏注豢御養也○正義曰服

虔曰豢養也穀食曰豢御亦養也養馬曰圉禮養犬豕曰豢其以穀養蓋龍亦食穀也御與圉同言養龍猶養馬故稱御知獻子曰是二氏
者吾亦聞之而。知其故是何謂也對曰昔有飂叔安。飂古國也叔安其君名○飂力謬反有裔子
曰董父裔遠也玄孫之後為裔○裔以制反實甚好龍能求其耆欲以飲食之龍多歸之乃擾畜
龍以服事帝舜帝賜之姓曰董擾順也○好呼報反耆時志反飲於鴆反下同食之音嗣下不能食飲食之食夏后同擾而小
反【疏】乃擾畜龍○正義曰擾順也順龍之所欲而畜養之氏曰豢龍豢龍官名官有世功則以官。名封諸鬷川鬷夷氏其
後也鬷水上夷皆董姓○鬷子工反【疏】注鬷水至董姓○正義曰鄭語云黎為高辛氏火正命之曰祝融其後八姓董姓鬷夷豢龍則夏滅之矣是也
故帝舜氏世有畜龍及有夏孔甲擾于有帝孔甲少康之後九世君也其德能順於天○夏戶雅反下皆同少詩
照反下少皞同【疏】注孔甲至九世○正義曰帝王世紀云少康子帝杼杼子帝芬芬子帝芒芒子帝。世。世子帝不降不降弟帝扃扃子帝廑也至帝孔甲孔
甲不降子帝賜之乘龍河漢各二合為四○乘繩證反河漢各二服云河漢各二乘【疏】注合為四○正義曰服虔云四頭為乘四
乘十六頭也傳言賜之乘龍賜之一乘之龍也即云河漢各二是河漢共一乘也又云各有雌雄是河漢之二皆一雌一雄也故杜以。為合為四各有
雌雄孔甲不能食而未獲豢龍氏有陶唐氏既衰其後有劉累陶唐堯所治地○治直吏反
學擾龍于豢龍氏以事孔甲能飲食之夏后嘉之賜氏曰御龍夏后孔甲以更豕韋
之後更代也以劉累代彭姓之豕韋累尋遷魯縣豕韋復國至商而滅累之後世復承其國為豕韋氏在襄二十四年○更音庚注同復扶又反【疏】

注更代至四年○正義曰傳言以更豕韋之後則豕韋是舊國廢其君以劉累代之鄭語云祝融之後八姓大彭豕韋爲商伯矣又云彭姓彭祖豕韋則商滅之矣如彼文豕韋之國至商乃滅於夏王孔甲之時彭姓豕韋未全滅也。下文云劉累懼而遷于魯縣明是累遷之後豕韋復國至商乃滅耳襄二十四年傳范宣子自言其祖在夏爲御龍氏在商爲豕韋氏則劉累子孫復封豕韋杜跡其事知累之後世更復其國爲豕韋氏也舊無此解杜自爲證故云在襄二十。

七年龍一雌死潛醢以食夏后潛藏也藏以爲醢明龍不知○醢音海知音智夏后饗之既而使求之求致

龍也懼而遷于。魯縣不能致龍故懼遷魯縣自貶退也魯縣今魯陽也○范氏其後也晉范氏也獻子曰今何故

無之對曰夫物物有其官官脩其方方法術朝夕思之一日失職則死及之失職有罪

○朝如字下朝夕見同失官不食不食祿○官宿其業宿猶安也其物乃至設水官脩則龍至若泯。弃之物

乃坻。伏。泯滅也坻止也○泯彌忍反坻音旨又丁禮反鬱湮不育鬱滯也湮塞也育生也○湮音因疏夫物至不育○正義曰此論致

龍之事物謂龍也夫物物各有其官當謂如龍之輩蓋言鳳皇麒麟白虎玄龜之屬每物各有其官主掌之也其人居此官者脩其爲官方術從朝至夕終日

脩之若一日失其所掌之職令其官方不理則有死罪及之居官者當死矣失其官方則不得食祿得死罪是不食祿也居官者安其爲官之業使職事脩理

則其所掌之物乃自生至水官脩則龍至其餘亦當然也若滅棄所掌之事令職事不脩則其物乃止息而潛伏沈滯壅塞不復生育以此故不可生而得也

○注宿猶安也○正義曰夜宿所以安身故云宿猶安也謂安心思其職業服虔云宿思也今日當預思明日之事如家人宿火矣玄卿以服義大迂曲○注

泯滅也坻止也○正義曰釋詁文也上言官宿其業其物乃至職業不脩則物不至物雖不至尙有物在若滅棄。所。掌。職事不理則其物止而潛伏不復生育

乃令無有此物非徒不至而已○注鬱滯也湮塞也○正義曰賈逵云然杜用之也鬱積是沈滯之義故為滯也傳謂塞井為堙井是堙為塞也言此物沈滯堙塞不復生也故有五行之官是謂五官實列受氏姓封為上公爵上公【疏】實列受氏姓○正義曰列謂行列言五官皆然也人臣有大功者天子封為國君賜之以姓諸侯以國為氏言其得封又得姓兼受之也又祀為貴神社稷五祀是尊是奉五官之君長能脩其業者死皆配食於五行之神為王者所尊奉○長丁丈反下文同○【疏】注五官至尊奉○正義曰五官之君長死則皆為貴神王者社稷五祀則尊奉之如祭配食於五行之神即下重該脩熙犂是也王者祭木火土金水之神而以此人之神配之耳非專祭此人也分五行以配四時故五行之神句芒祝融之徒皆以時物之狀而為之名此五者本於五行之神作名耳非與重該之徒為名也晉語云虢公夢在廟有神人面白毛虎爪執鉞西河公懼而走神曰無走帝命曰使晉襲于爾門公拜稽首覺召史嚚占之對曰如君之言則蓐收也天之刑神也如彼文虢公所夢之狀必非該之貌自是金神之形耳由此言之知句芒祝融玄冥后土之徒皆是木火水土之神名非所配人之神名也雖本非配人之名而配者與之同食亦得取彼神名以為配者神名猶社本土神之名稷本穀神之名配者亦得稱社稷也此五行之官配食五行之神天子制禮使祀焉是為王者所尊奉也木正曰句芒正官長也取木生句曲而有芒角也其祀重焉○句古侯反注及下皆同重直龍反下文同【疏】注正官至重焉○正義曰正訓為長故為官長木官之最長也其火金水土正亦然賈逵云總言萬物句芒非專木生如句杜誤耳木正順春萬物始生句而有芒角杜獨言木者以木為其主故經云木正且木比萬物芒角為甚故舉木而言劉炫以杜不取賈義而獨舉於木而規杜非也火正曰祝融祝融明貌其祀犂焉○犂力兮反【疏】注祝融至犂焉○正義曰杜不解祝則謂祝融二字共為明貌也賈逵云夏陽氣明朗祝甚也融明也亦以夏氣為之名耳鄭語云黎為高辛氏火正以焞燿

敦大光。明四海故命之曰祝融如彼文又似由人生名者彼以其官掌夏德又稱之故以夏氣昭明命之耳

金正曰蓐收 秋物摧蓐而可收也其祀該焉○蓐音辱本又作辱摧徂回反

水正曰玄冥 水陰而幽冥其祀脩及熙焉○冥亡丁反

土正曰后土 土爲羣物主故稱后也其祀句龍焉在家則祀中霤在野則爲。社○霤力救反

疏注土爲至爲社○正義曰后者君也羣物皆土所載故土爲羣物之主以君言之故云后土也賈逵云句芒祀於戶祝融祀於竈蓐收祀於門玄冥祀於井后土祀於中霤今杜云在家則祀中霤是同賈說也家謂宮室之內對野爲文故稱家非卿大夫之家也言在野者對家爲文雖在庫門之內尚無宮室故稱野且卿大夫以下社在野田故周禮大司徒云辨其邦國都鄙之數制其畿疆而溝封之設其社稷之壝而樹之田主各以其野之所。宜。木遂以名其社鄭玄云社稷后土及田正之神田主田神后土田正之所依也詩人謂之田祖所宜木謂若松柏栗也是在野則祭爲社也此野田之社民所共祭即月令仲春之月擇元日命。人社是也劉炫云天子以下俱荷地德皆當祭地但名位有高下祭之有等級天子祭地祭大地之神也諸侯不得祭地使之祭社也家又不得祭社使祭中霤也霤亦地神所祭小故變其名賈逵以句芒。祀於。戶云云言雖天子之祭五神亦如此耳杜以別祭五行神以五官配之非祀此五神於門戶井竈中霤也門戶井竈直祭門戶等神不祭句芒等也唯有祭后土者亦是土神故特辨之云在家則祀中霤在野則爲社言。彼。與中霤亦是土神但祭有大小郊特牲云社所以神地之道也地載萬物取財於地教民美報焉家主中霤而國主社示本也是在家則祀中霤也大司徒以下同此禮也

龍水物也水官弃矣故龍不生得 弃廢也

疏龍水至生得○正義曰漢氏先儒說左氏者皆以爲五靈配五方龍屬木鳳屬火麟屬土白虎屬金神龜屬水其五行之次木生火火生土土生金金生水水生木王者脩其母則致其子水官脩則龍至木官脩則鳳至火官脩則麟至土官脩則白虎至金官脩則神龜至故爲其說云視明禮脩而麟至思睿信立而白虎擾言從文成而神龜

在沼聽知正而名川出龍貌共體仁則鳳皇來儀皆脩其母而致其子也解此龍水物者言龍為東方之獸是。此方水官之物也水官廢矣故龍不生得言
母不脩故子不至也杜氏既無其說未知與舊同否此下不注似與舊說異或當以為龍是水內生長故為水官之物水官廢矣故龍不生得言水官不脩故
無水內之靈獸也若如此解則上云物有其官當謂五靈之物各。各自有其官官能脩理各自致物龍是水內之物可令水官致龍其鳳皇麟虎之輩共在天
地之間不是寢金食火木生土出未知何官致鳳何官致虎未測杜旨不可。強言是用闕疑以俟來哲 不然周易有之言若不爾周易無緣
有龍在乾䷀乾下乾上。乾○乾其連反本亦作乹之姤䷫巽下乾上姤乾初九變○姤古豆反曰潛龍勿用乾初九爻
辭○爻戶交反其同人䷌離下乾上同人乾九二變曰見龍在田乾九二爻辭其大有䷍乾下離上大有乾九
五變曰飛龍在天乾九五爻辭其夬䷪兌下乾上夬乾上九變○夬古快反兌徒外反曰亢龍有悔乾上九爻辭○
亢苦浪反其坤。䷁坤下坤上乾六爻皆變○坤本又作巛空門反曰見羣龍無首吉乾用九爻辭坤之剝䷖
坤下艮上剝坤上六變○剝邦角反艮古恨反曰龍戰于野。上。爻辭【疏】在乾至于野○正義曰傳例上下雖不用筮但指此卦某爻之
義者即以某爻之變更別爲卦即云此卦之某卦一則此乾之姤宣十二年師之臨是也劉炫云杜以之爲適炫謂易之爻變則成一卦遂以彼卦名爻乾之初
九姤卦爻九二同人爻九五大有爻上九夬卦爻用九全變則成坤卦故謂用九爲坤蔡墨此意取易文耳非揲蓍求卦安有之適之義若以之爲之適則其
非之適之意何以言其同人其大有此本當言初九九二但以爻變成卦即以彼卦名爻其意不取於之適所言其同人其大有猶引詩言其二章其三章先
引初九故言乾卦之姤爻初九言乾以下不復須云乾故言其同人其大有就乾卦而其之其此同人爻其此大有爻以下文勢悉皆若是也○之姤○正義

曰巽下乾上姤乾之初九爻變而成姤卦也其象曰姤遇也柔遇剛也乾爲天爲剛巽爲風爲柔風行必有所遇猶女。行。而遇男故名此卦爲姤也○注乾初九爻辭○正義曰蔡墨此言取易有龍字而已無取於易之義理故杜唯指其辭之所在不解其辭之意其說易者自具於此不復煩言也○同人○注正義曰離下乾上同人乾之九二爻變而成同人之卦也其象曰天與火同人天體在上火性炎上同于天也猶君設政教而臣民從之和同之義故名此卦爲同人也服虔云天在上火炎上同于天天不可同故曰同人○大有○正義曰乾下離上大有乾之九五爻變而成大有之卦也其象曰大有柔得尊位大中而上下應之曰大有柔得尊位謂六五也五位尊而柔居之處尊以柔居中以大體無二陰以分其應上下應之無所不納大有之義故名此卦爲大有○夬○正義曰乾下兌上夬乾之上九爻變而成夬卦也其象曰夬決也剛決柔也此卦五陽而決一陰乾爲天爲剛爲健兌爲澤爲柔爲說以剛正決柔邪故名此卦爲夬○注乾用九爻辭○正義曰乾之六爻皆陽坤之六爻皆陰以二卦其爻既純故。別總其用而爲之辭故乾有用九坤有用六餘卦其爻不純無總用也六爻皆變乃得總用乾之六爻皆變則成坤卦故謂用九之辭爲其坤也六爻既變而不用卦下之辭者周易用變卦下之辭非變又無龍文史墨指說於龍故以用爲語○坤之剝○正義曰坤下艮上剝坤之上六爻變而成剝卦也其象曰剝剝也柔變剛也剝卦五陰而一陽陰漸長而滅陽猶邪長而剝損正道故名此卦爲剝也

若不朝夕見誰能物之物謂。上。六。卦所稱龍各不同也今說易者皆以龍喻陽氣如史墨之言則爲皆是眞龍

【疏】若不至物之○正義曰蔡墨言古者龍可生得人皆見之故周易之辭以龍爲喻若使龍不朝夕出見誰能知其動靜而得以物名之易言潛龍飛龍及龍戰之等明是見其飛潛見其戰鬭而得以物名之是知龍可生得古人見龍形也

獻子曰社稷五祀誰氏之五官也五問官之長皆是誰

對曰少皞氏有四叔少皞金天氏○皞戶老反

【疏】少皞氏有四叔○正義曰少皞氏有四叔四叔是少皞之子孫非一

時也未知於少皞遠近也四叔出於少皞耳其使重爲句芒非少皞使之世族譜云少皞氏其官以鳥爲名然則此五官皆在高陽之世也楚語云少皞氏之衰也九黎亂德民神雜擾不可方物顓頊受之。乃命木正重司天以屬神命火正黎司地以屬民是則重黎居官在高陽之世也又鄭語云黎爲高辛氏火正命之曰祝融則黎爲祝融又在高辛氏之世案世本及楚世家云高陽生稱稱生卷章卷章生黎如彼文黎是顓頊之曾孫也楚語云少皞之衰顓頊受之即命重黎似是即位之初不應即得命曾孫爲火正也少皞世代不知長短顓頊初已命黎至高辛又加命不應一人之身緜歷兩代事既久遠書復散亡如此參差難可考校世家云共工作亂帝嚳使黎誅之而不盡帝誅黎而以其弟吳回爲黎復居火正爲祝融即如此言黎或是國名官號不是人之名字顓頊命黎高辛命黎未必共是一人傳言世不失職二者或是父子或是祖孫其事不可知也由此言之少皞四叔未必不有在高辛世者也此五祀者居官有功以功見祀不是一時之人脩熙相代爲水正即非一時也且傳言世不失職便是積世能官其功益大非是暫時有功遂得萬世承祀明是歷選上代取其中最有功者使之配食亦不知初以此人配食何代聖王爲之蓋在高辛唐虞之世耳

曰重曰該曰脩曰熙實能金木及水能治其官〇重直龍反該古咳反使重爲句芒木正該爲蓐收金正脩及熙爲玄冥二子相代爲水正世不失職遂濟窮桑此其三祀也窮桑少皞之號也四子能治其官使不失職濟成少皞之功死皆爲民所祀窮桑地在魯北

疏注窮桑至魯北〇正義曰窮桑少皞之號帝王世紀亦然賈逵云處窮桑以登爲帝故天下號之曰窮桑帝賈以濟爲渡也言四叔子孫世不失職遂渡少皞之世杜以少皞之世以鳥名官不得有木正火正故以濟爲成四子能治其官使不失職濟成少皞之功言少皞有王功子孫能成之故死皆爲民所祀也少皞居窮桑定四年傳稱封伯禽於少皞之虛故云窮桑地在魯北土地名窮桑闕言在魯北相傳云耳

顓頊氏有子曰犂爲祝融

犂爲火正○顓音專頊許玉反

共工氏有子曰句龍爲后土共工在大皞後神農前以水名官其子句龍能平水土故死而見祀

○共音恭【疏】注共工至見祀○正義曰十七年傳鄭子言前世名官從下而上先言炎帝以火名次言共工以水名次言。大皞以龍名是共工在大皞後神農前以水名官者也。祭法曰共工氏之霸九州也其子曰后土能平九州故祀以爲社能平九州是能平水土也言共工有子謂後世子耳亦不知句龍之爲后土在於何代少皞氏既以爲名官此當在顓頊以來耳

此其二祀也后土爲社方荅社稷故明言爲社

【疏】注方荅至爲社○正義曰獻子問社稷五祀既荅五祀當更荅社稷但句龍既爲后土又以配社蔡墨既荅五祀方荅社稷故明言后土爲社也

稷田正也掌播殖也

【疏】稷田正也○正義曰月令云孟春行冬令則首種不入鄭玄云首種謂稷也周語云宣王不藉千畝虢文公諫曰民之大事在農是故稷爲大官然則百。穀稷爲其長遂以稷名爲農官之長正長也稷是田官之長

有烈。山氏之子曰柱爲稷烈山氏神農世諸侯○烈如字禮記作厲山

【疏】烈山至諸侯○正義曰魯語及祭法皆云烈山氏之有天下也其子能殖百。穀故祀以爲稷言有天下則是天子矣杜注不得爲諸侯也。賈逵鄭玄皆云烈山炎帝之號杜言神農世諸侯者案帝王世紀神農本起烈山然則初封烈山爲諸侯後爲天子猶帝堯初爲唐侯然也若然烈山即神農而云神農世爲諸侯者案世紀神農爲君總有八世至榆罔而滅亦稱神農氏是總號神農也故烈山氏得於神農之世爲諸侯後爲。神。農也劉炫以爲烈山氏即神農非諸侯而規杜非也此及魯語皆云其子曰柱祭法云農者劉炫云蓋柱是名其官曰農猶呼周棄爲稷

自夏以上祀之祀柱○上總掌反

周弃亦爲稷弃周之始祖能播百穀湯既勝夏廢柱而以弃代之

【疏】注弃周至代之○正義曰棄爲周之始祖能播殖百穀經傳備有其事以其後世有天下號國曰周故以周冠棄棄時未稱周也書序云湯既勝夏欲遷其社不可作夏社孔安國云湯承堯舜禪代之後順天應人逆取順守而有慚

德。故革命創制改正易服變置社稷而後世無及句龍者故不可而止是言成湯變置社稷之由也湯於帝世年代猶近功之多少傳習可知故得量其優劣改易祀典意欲遷社而無及句龍棄功乃過於柱廢柱以棄爲稷也其五祀之神。重犂之輩若更有賢能亦應遷徙但其功莫之能先帝王不敢改易故得永流萬代常在祀典良由後世之臣弱後王之意謙故也

世自商以來祀之傳言蔡墨之博物

○冬晉趙鞅荀寅帥師城汝濱趙鞅趙武孫也荀寅中行荀吳之子汝濱晉所取陸渾地○濱音賓行戶郎反遂賦晉國一鼓鐵以鑄刑鼎令晉國各出功力。共鼓石爲鐵計令一鼓而足因軍役而爲之故言遂○鑄之樹反令力呈反【疏】。注令晉至言遂○正義曰服虔云鼓量名也曲禮曰獻米者操量鼓取晉國一鼓鐵以鑄之但禮之將命置重而執輕鼓可操之以將命即豆區之類非大器也唯用一鼓則不足以成鼎家賦一鼓而鐵又大多且金鐵之物當稱之以權衡數之以鈞石寧用量米之器量之哉故杜以爲賦晉國者令民各出功力均賦取其功也冶石爲鐵用橐扇火動橐謂之鼓今時俗語猶然令令衆人鼓石爲鐵計令一鼓使足故云賦晉國一鼓鐵也遂者因上生下之辭因城汝濱遂鑄刑鼎故言遂也著范宣子所爲刑書焉

仲尼曰晉其亡乎失其度矣夫晉國將守唐叔之所受法度以經緯其民卿大夫以序守之序位次也【疏】著范至刑書○正義曰范宣子制作刑書施於晉國自使朝廷承用未嘗宣示下民今荀寅謂此等宣子之書可以長爲國法故鑄鼎而銘之以示百姓猶如鄭鑄刑鼎仲尼譏之其意亦與叔向譏子產同民是以能尊其貴貴是以能守其業貴賤不愆所謂度也【疏】民是至度也○正義曰守其舊法民不。豫知臨時制宜輕重難測民是以能尊其貴畏其威刑也官有正法民常畏威貴是以能守其業保祿位也貴者執其權柄賤者畏其威嚴貴賤尊卑不愆此乃所謂度也言所謂法度正如此是也文公是以作

執秩之官爲被廬之法僖二十七年文公蒐被廬脩唐叔之法○被皮義反廬力居反蒐本又作搜所求反以爲盟主今弃是度也而爲刑鼎民在鼎矣何以尊貴弃禮徵書故不尊貴貴何業之守民不奉上則上失業貴賤無序何以爲國【疏】今弃至爲國○正義曰今弃是貴賤常度而爲刑書之鼎民知罪之輕重在於鼎矣貴者斷獄不敢加增犯罪者取驗於書更復何以尊貴威權在鼎民不忌上貴復何業之守貴之所以爲貴只爲權勢在焉勢不足畏故業無可守貴無可守則賤不畏威貴賤既無次序何以得成爲國

且夫宣子之刑夷之蒐也晉國之亂制也范宣子所用刑乃夷蒐之法也夷蒐在文六年一蒐而三易中軍帥賈季箕鄭之徒遂作亂故曰亂制○帥所類反【疏】注范宣至亂制○正義曰於時晉侯將以士穀梁益耳將中軍先克曰狐趙之勳不可廢也以狐射姑將中軍趙盾佐之陽處父改蒐于董更以趙盾將中軍狐射姑佐之是一蒐而三易中軍帥三易者士穀梁益耳將中軍是易代前人是一易也狐射姑將中軍是二易也又趙盾將中軍是三易也致使賈季箕鄭之徒怨恨而作亂其事文公傳具矣因此蒐而有此亂故曰晉國之亂制若之何以爲法蔡史墨曰范氏中行氏其亡乎蔡史墨即蔡墨中行寅爲下卿而干上令擅作刑器以爲國法是法姦也又加范氏焉易之亡也范宣子刑書中既廢矣今復興之是成其咎○擅市戰反復扶又反咎其九反【疏】又加至亡也○正義曰宣子刑書久已廢矣今復變易。與之以。成其滅亡也劉炫云范氏取。蒐之法以爲國制雖則爲非書已廢矣。縱應有禍亡釁已歇今荀寅更述其事又加增范氏之惡焉范氏已欲免禍今復改易之而使亡

其及趙氏趙孟與焉然不得已若德可以免鑄刑鼎本非趙鞅意不得已而從之若能脩德可以免禍爲定十三年荀寅士吉射入朝歌以叛○與音預朝如字

經三十年春王正月公在乾侯釋不朝正于廟夏六月庚辰晉侯去疾卒未同盟而赴以名○去起
呂反○秋八月葬晉頃公三月而葬速○頃音傾疏頃公○正義曰謚法慈仁和民曰頃○冬十有二月吳滅
徐徐子章羽奔楚徐子稱名以名告也
傳三十年春王正月公在乾侯不先書鄆與乾侯非公且徵過也徵明也二十七年二十八
年公在鄆二十九年公在乾侯而經不釋朝正之禮者所以非責公之妄且明過謬猶可掩故不顯書其所在使若在國然自是鄆人潰叛齊晉卑公子家忠
謀終不能用。內。外弃之非復過誤所當掩塞故每歲書公所在○徵直升反或本作懲誤復扶又反疏春王至過也○正義曰經書公在乾侯者季氏以此
告廟釋公不得朝正故國史書之于策也釋例曰昭公之孫每正月必書者以孫告廟也公二十五年始出居鄆及乾侯累歲居外而仲尼不書于經故傳曰
不先書鄆與乾侯非公且徵過也既以非責公之妄且明過謬之可掩故不顯書其在外使若在國然也自三十年至於終沒則皆顯書其所在之地傳皆隨
年而互言其事明罪之在公非復過謬也三代封建自上及下降殺以兩君不亢高臣不極卑彊弱相參衆力相須賢愚相厠故雖有昏亂之君亦有忠賢之
輔我周東遷晉鄭是依無知之亂實獲小白驪姬之妖重耳以興天下雖瓦解而不土崩海內雖鼎沸而不盆溢天生季氏以。二魯侯季氏未有簒奪之惡公
雖失志亦無抽筋倒。懸之急聽用隸豎僥倖之私既不能強又不能弱所以身死於外見貶於春秋也是言罪在公書公在之意也杜言見貶於春秋者公當
在國治民每歲書公在外是其貶責公也劉炫云序云諸言不書皆仲尼新意然則前三年魯史皆書公在仲尼去之仲尼所以不於此先書公在鄆與乾侯
者所以非公之妄妄伐季氏且明過謬猶可掩此年書者自是鄆人潰叛云云此年云非公且徵過三十一年云言不能外內三十二年云言不能外內又不

能用其人每歲發傳言公之罪也○注徵明至所在○正義曰不先書鄆與乾
侯一事之中有兩種之意一者非責公之妄一者明公過謬猶可掩也非責公
之妄者以君舉必書公在乾侯與鄆臣子當委曲詳錄今輕略不記似若不足
可錄。然所以非責公之妄也明公過謬猶可掩者被臣所逐出居於外若顯然
書之則恥惡尤甚故隱而不書猶若在國欲明公過謬之失尙可容掩也此以
徵爲明明公過。可掩也襄二十八年傳云王人來告喪問崩日以甲寅告故書
之以徵過徵亦爲明明告喪者之過也彼言徵審也審其事知無他故以明其
過失也服虔云非公且徵過昭公無道久在外季氏非公不肯釋言公在某地
春秋之義亦以不書徵季氏之過此年書者公不得入晉外內有困辱季氏閔
而釋之之所謂事君如在國案明年傳云言不能外內又明年傳云言不能外內
又不能用其人皆是傳說經意非責昭公不是季氏非公也卽如服言往前季
氏非公不肯釋公所在此年以後方始閔而釋之所謂事君如在國則往。前未
釋之時不如在國矣二十七年扈之會范獻子何以已言季氏事君如在國也
季氏奪公鄆邑與公交戰行貨齊晉使不納公禱于煬宮求君不入及其死也
猶欲絕其兆域加之惡諡閔公之事復安在乎○夏六月晉頃公卒秋八月葬鄭游吉弔且送葬魏獻
子使士景伯詰之曰悼公之喪子西弔子蟜送葬在襄十五年○詰起吉反蟜居表反今吾子無
貳何故弔。喪共使○使所吏反對曰諸侯所以歸晉君禮也禮也者小事大大字小之謂
事大在共其時命隨時共所求○共音恭注及下同字小在恤其所無以敝邑居大國之間共
其職貢與其備御不虞之患豈忘共命。言不敢忘共命以所備御者多不及辦之○御魚呂反注同辦皮莧反先
王之制諸侯之喪士弔大夫送葬唯嘉好聘享三軍之事於是乎使卿晉之喪

事敝邑之閒先君有所助執紼矣紼輓索也禮送葬必執紼○好呼報反閒音閑下同紼音弗輓本又作挽音晚索悉各反

疏注紼輓至執紼○正義曰紼禮或作綍禮記緇衣云王言如絲其出如綸王言如綸其出如綍綍是大繩也周禮天子葬用六綍喪大記君葬用四綍大夫葬用二綍紼爲葬之所用是輓索也案禮雜記諸侯執綍五百人大夫三百人鄭玄云天子蓋千人也天子諸侯之喪殯于西序而屬綍焉備火災而輓之也王制云喪三年不祭唯祭天地社稷爲越紼而行事謂喪在殯踰紼而行祭也周禮大司徒云大喪帥六鄉之衆庶屬其六引又遂人云大喪帥六遂之役屬六綍鄭玄喪大記注云在棺曰綍行道曰引至壙將窆又曰綍是綍引一物從所在而異名耳禮送葬必執紼曲禮文也鄭玄云葬喪之大事紼引車索也鄭之先君親送晉侯葬者傳無其文游吉今言之蓋亦嘗有矣

若其不閒雖士大夫有所不獲數矣不得如先王禮數大國之惠亦慶其加慶善也謂善其君自行而不討其乏明厎其情厎致也○厎音旨取備而已以爲禮也靈王之喪在襄二十九年

疏慶其至而已○正義曰善其有加不討其乏明知鄭國致其情實取充備而已

我先君簡公在楚我先大夫印段實往敝邑之少卿也少年少也○印一刃反少詩照反注同

疏我先君簡公在楚○正義曰由簡公在楚上卿守國故少卿行耳鄭玄以爲簡公若在君當自行其言非傳旨也

王吏不討恤所無也今大夫曰女盍從舊盍何不也○女音汝盍胡臘反下同舊有豐有省不知所從從其豐則寡君幼弱是以不共從其省則吉在此矣唯大夫圖之晉人不能詰傳言大叔之敏○省所景反下同○吳子使徐人執掩餘使鍾吾人執燭庸二十七年奔故二公子奔楚楚子大封而定其徙

大封與土田定其所徙之居 使監馬尹大心逆吳公子使居養 二子奔楚楚使逆之於竟也養即所封之邑○監古銜反竟音境 莠尹然左司馬沈尹戌城之 城養○莠音誘 取於城父與胡田以與之 胡田胡子之地 將以害吳也子西諫曰吳光新得國而親其民視民如子辛苦同之將用之也若好吳。邊疆使柔服焉猶懼其至 柔服謂不與吳。構怨○若好呼報反一本作吾好疆居良反 吾又疆。其讎以重怒之無乃不可乎 讎謂二公子○重直用反 吳周之胄裔也而弃在海濱不與姬通今而始大比于諸華光又甚文將自同於先王 先王謂大王王季亦自西戎始不知比諸華○胄直又反大王音泰 不知天。將以爲虐乎使翦喪吳國而封大異姓乎其抑亦將卒以祚吳乎其終不遠矣 言其事行可知不久○喪息浪反祚字故反 我盍姑億吾鬼神 億安也○億於力反 而寧吾族姓以待其歸 善惡之歸 將焉用自播揚焉 播揚猶勞動也○焉於虔反播被我反又波賀反注同 王弗聽吳子怒冬十二月吳子執鍾吳子。遂伐徐防山以水之 防壅山水以灌徐○壅於勇反灌古亂反 己卯滅徐徐子章禹。斷其髮 斷髮自刑示懼○斷丁管反注同 ○攜其夫人以逆吳子吳子唁而送之使其邇臣從之遂奔楚 邇近也 楚沈尹戌帥師救徐弗及遂城夷使徐子處之 夷城父也 吳子問於伍員曰初而言伐楚 在二十年○員音云 余知其可也而恐其使余往也又惡人之有余之功也今余將自有之矣伐楚何如對曰楚執政衆而乖莫適任患若爲三師以肄焉肄猶勞也○惡烏路反適丁歷反任音壬肄本又作肆以制反下同一師至彼必皆出彼出則歸彼歸則出楚必道敝罷敝於道○罷音皮下文同亟肄以罷之亟數也○亟欺冀反數所角反多方以誤之既罷而後以三軍繼之必大克之闔廬從之楚於是乎始病爲定四年吳入楚傳

經三十有一年春王正月公在乾侯○季孫意如會晉荀躒于適歷適歷晉地○躒力狄反適丁歷反○夏四月丁巳薛伯穀卒襄二十五年盟重丘○重直龍反疏注襄二至重丘○正義曰傳言同盟故書此穀與魯必嘗同盟矣薛於重丘以前雖數與魯盟伯薛入春秋以來卒葬不見經傳未知此穀以何年即位故舉去今近者言之○晉侯使荀躒唁公于乾侯將使意如迎公故荀躒來唁○秋葬薛獻公無傳○冬黑肱以濫來奔黑肱邾大夫濫東海昌慮縣不書邾史闕文○濫力甘反或力覽反慮音閭又如字疏注不書邾史闕文○正義曰公羊穀梁亦以濫爲邾邑而傳解其無邾之意言邾人以濫封此黑肱使爲別國故不繫於邾以非天子所封故無子男爵號其言不可通於左氏左氏無傳明是闕文二傳見其文闕而妄爲說耳○十有二月辛亥朔日有食之

傳三十一年春王正月公在乾侯言不能外內也公內不容於臣子外不容於齊晉所以久在乾侯○晉侯將以師納公范獻子曰若召季孫而不來則信不臣矣然後伐之若何晉

人召季孫獻子使私焉曰子必來我受其無咎言我爲子受無咎之任○咎其九反下注放此爲于僞反疏○我受其無咎○正義曰言我爲子受其重任其使子必無咎受其貨故保任之季孫意如會晉荀躒于適歷荀躒曰寡君使躒謂吾子何故出君有君不事周有常刑子其圖之季孫練冠麻衣跣行示憂慼○出如字又勑律反跣素典反疏季孫至跣行○正義曰練冠蓋如喪服斬衰既練之後布冠也麻衣當是布深衣也問喪云親始死徒跣跣行不屨以其不得事君示己憂慼之深也伏而對曰事君臣之所不得也敢逃刑命言願事君君不肯還不敢辟罪君若以臣爲有罪請囚于費以待君之察也亦唯君若以先臣之故不絕季氏而賜之死雖賜以死不絕其後○費音祕疏不絕至之死○正義曰此季孫探言罪己之意不絕季氏之祀或更立其子弟直賜其身死而已服虔云言賜不使死是爲以死賜之若賜死即是不殺下句何須更言弗殺弗亡若弗殺弗亡君之惠也死且不朽若得從君而歸則固臣之願也敢有異心君皆謂魯侯也蓋季孫探言罪己輕重以荅荀躒○探他南反夏四月季孫從知伯如乾侯知伯荀躒○知音智子家子曰君與之歸一慙之不忍而終身慙乎公曰諾衆曰在一言矣君必逐之言晉既憂君君一言使晉晉必逐之荀躒以晉侯之命唁公且曰寡君使躒以君命討於意如意如不敢逃死君其入也公曰君惠顧先君之好施及亡人將使歸糞除宗祧以事君則不能見夫人已所能見夫人者有如河

夫人謂季孫也言若見季孫已當受禍明如河以自誓○好呼報反施以豉反秕他彫反夫音扶下及注同荀躒掩耳而走怪公所言示不忍聽曰寡君其罪之恐敢與知魯國之難言恐獲不納君之罪今納而不入何敢復知耶○與音預難乃旦反復扶又反臣請復於寡君退。而謂季孫君怒未怠子姑歸祭歸攝君事子家子曰君以一乘入于魯師季孫必與君歸公欲從之衆從者脅公不得歸傳言君弱不得復自。在○乘繩證反衆從才用反○薛伯穀卒同盟故書謂書名也入春秋來薛始書名故發傳經在荀躒唁公上傳在下者欲魯事相次○秋吳人侵楚伐夷侵潛六皆楚邑楚沈尹戌帥師救潛吳師還楚師遷潛於南岡而還吳師圍弦左司馬戌右司馬稽帥師救弦及豫章左司馬沈尹戌○稽音啓又古兮反吳師還始用子胥之謀也謀在前年○冬邾黑肱以濫來奔賤而書名重地故也。黑肱非命卿故曰賤君子曰名之不可不愼也如是是黑肱也夫有所有名而不如其已有所謂有地也言雖有名不如無名已止也以地叛雖賤必書地以名其人終爲不義弗可滅已是故君子動則思禮行則思義不爲利回回正心也○不爲于僞反下不爲同不爲義疚疚病也見義則爲之○疚久又反或求名而不得或欲蓋而名章懲不義也齊豹爲衞司寇守嗣大夫守先人嗣言其尊○懲直升反下同作而不義其書爲盜求名而不得也二十年豹殺衞侯兄欲求不畏彊禦之名邾庶其在襄二十。二年莒牟夷在五年邾黑肱以土地出求食而已不求其名賤而必書春秋叛者多唯取三人來適魯者三人皆小國大夫故曰賤此二物者所以懲肆而去貪也物事也肆放也齊豹書盜懲肆也三叛人名去貪也○去起呂反若艱難其身身為艱難以險危大人大人在位者而有名章徹謂得勇名攻難之士將奔走之攻猶作也奔走猶赴趣也○難乃旦反若竊邑叛君以徼大利而無名謂不書其人名○徼古堯反貪冒之民將寘力焉盡力為之不顧於見書○冒亡北反又亡報反寘之豉反是以春秋書齊豹曰盜三叛人名以懲不義數惡無禮其善志也無禮惡逆皆數而不忘記事之善者也○數所主反注同故曰春秋之稱微而顯文微而義著○稱尺證反婉而辨辭婉而旨別○婉於阮反別彼列反【疏】婉而辨○正義曰此婉而辨則與微而顯其意一也故杜云辭婉而旨別辭婉則文微也旨別則義顯也上句微而顯者據文雖微隱而義理顯著下句婉而辨者辭雖婉順相似而旨意有殊故重起其文也此與成十四年婉而成章其事異也彼謂諱君惡與此不同也上之人能使昭明上之人謂在位者在位者能行其法非賤人所能善人勸焉淫人懼焉是以君子貴之○十二月辛亥朔日有食之是夜也趙簡子夢童子臝而轉以歌轉婉轉也○臝本又作臝力果反旦占諸史墨曰吾夢如是今而日食何也簡子夢適與日食會謂咎在己故問之對曰六年及此月也吳其入郢乎終亦弗克史墨知夢非日食之應故釋日食之咎而不釋其夢○郢以井反又羊政反應應對之應入郢必以庚辰庚辰有變日在辰尾故曰以庚辰定四年十一月庚辰吳入郢【疏】注庚日至入郢○正義曰於天文房心尾

爲大辰尾是辰後之星也日在辰尾自謂在辰星庚辰入郢乃謂日是辰日二辰不同而以日在辰尾配庚爲庚辰者二辰實雖不同而同。而。同名曰辰以其名同故取以爲占此則史墨能知非是人情所測定四年十一月庚辰吳入郢者是其言之驗也此十二月日食彼十一月入郢則是未復其月而云及此月者長曆定四年閏十月庚辰吳入郢是十一月二十九日杜云昭三十一年傳曰六年十二月庚辰吳入郢今十一月者幷閏數也然則彼是新閏之後且十一月二十九日又其月盡故得爲及此月也

垂日月在辰尾辰尾龍尾也周十二月今之十月日月合朔於辰尾而食疏注辰尾至而食○正義曰東方七宿角亢氐房心尾箕共爲蒼龍之體南首北尾角卽龍角。卽龍尾釋天云大辰房心尾也是房心與尾共爲大辰故言辰。尾龍尾也周十二月今之十月月令孟冬之月日在尾是此時日月合朔於辰尾而日食也

庚午之日日始有謫火勝金故弗克謫變氣也庚午之十月十九日去辛亥朔四十一日雖食在辛亥更以始變爲占也午南方楚之位也午火庚金也日以庚午有變故災在楚楚之仇敵唯吳故知入郢必吳火勝金者金爲火妃食在辛亥亥水也水數六故六年。也○謫直革反疏注謫變至年也○正義曰昬義云陽事不得適見於天日爲之食謫讁責也人有咎責氣。見於天故謂爲變氣也長曆此年十月壬子朔故庚午是十月十九日也從庚午下去十二月辛亥朔爲四十一日雖食在辛亥之日而更以庚午爲占舍近而取遠自是史墨所見其意不可知也午爲南方之辰楚是南方。之國故午爲楚之位也午是南方之辰火也庚是西方之日金也日以庚午有變午在南方必南方之國當其咎故災在楚楚之仇敵唯有吳耳故知入郢必是吳也其日庚午庚金午火五行相剋。火勝金金以畏火之故金爲火妃夫妻相得而彊是楚彊盛之。兆雖被吳入必不亡國故知吳入郢終亦弗克言其不能滅楚也食在辛亥之日亥在北方水位也北方水數六故曰六年吳入郢也

經三十有二年春王正月公在乾侯取闞無傳公別居乾侯遣人誘闞而取之不用師徒○闞口暫反疏公別

至師徒○正義曰公羊傳曰闞者何邾婁之邑也案傳定元年將葬昭公季孫使役如闞公氏將溝焉則闞是魯公葬地非是邾邑公羊不可通於左氏也土地名東平須昌縣東南有闞城是也賈逵云昭公得闞季氏奪之不用師徒謂此取闞為季氏取於公也案檢經傳公自出奔以來唯齊侯取鄆以居公耳未有公取闞之處安得取於公也且若是季氏奪公無由得告廟書經故杜以為公取之也四年傳例曰凡克邑不用師徒曰取知公遣人誘而取之不用師徒也

夏吳伐越○秋七月○冬仲孫何忌會晉韓不信齊高張宋仲幾衛世叔申鄭國參曹人莒人薛人杞人小邾人城成周世叔申世叔儀孫也國參子產之子不書盟時公在外未及告公已薨○參七南反

【疏】注世叔至已薨○正義曰傳稱晉魏舒合諸侯之大夫于狄泉尋盟令城成周則此時為盟矣而不書盟者賈逵云魯有昭公難故會而不盟案傳文無魯人辭盟之事其城成周又魯人共城之矣何以言會而不盟也若以難辭當辭不會身既在會何故辭豈以昭公在外而欲背盟乎故杜以為不書盟者時公在外未及告公而公已薨既不得告公故不書於經也案傳尋盟令城成周則盟在城前猶得書城而盟不書者晉合諸侯大夫本以城事召之孟懿子將從晉命卽以告公雖會還乃書而已告公訖故得書之其尋盟之事晉不豫令諸侯大夫既集晉始發意尋盟之事未嘗告公故行還不得書也此云城成周者實未城也晉人始計功庸賦丈數以令諸侯耳明年傳稱正月庚寅裁三旬而畢是明年始城也此未城而已書城知本以城事召集因集而書城耳

十有二月己未公薨于乾侯十五日

【疏】注十五日○正義曰傳言十一月令城成周雖無其日明年乃始城之當在月之將末杜顯言此十五日者言盟去公薨日近以明未及告意也

傳三十二年春王正月公在乾侯言不能外內又不能用其人也其人謂子家羈也言公不

能用其人故。於今猶在乾侯○夏吳伐越始用師於越也自此之前雖。疆事小爭未嘗用大兵○疆居良反爭爭鬬之爭史
墨曰不及四十年越其有吳乎存亡之數不過三紀歲星三周三十六歲故曰不及四十年哀二十二年越滅吳至此三十八
歲越得歲而吳伐之必受其凶此年歲在星紀星紀吳越之分也歲星所在其國有福吳先用兵故反受其殃○分扶問反殃
於艮反【疏】注此年至其殃○正義曰十一年傳稱萇弘對景王云歲在豕韋言十一年歲星在豕韋也又曰歲在大梁蔡復楚凶謂十三年歲星在大梁
也十三年距此十九年耳歲星歲行一次十二年而行天一周則。二十五年復在大梁從彼而歷數之則此年始至析木之津而此年。歲在星紀者歲行一次
舉大數耳其實一歲之行有餘一次故劉歆三統之術以爲歲星一百四十四年行天一百四十五次計一千七百二十八年爲歲星歲數言數滿此年剩得
行天一周三統之曆以庚戌爲上元從上元至襄二十八年積十四萬二千六百八十六歲置此歲數以歲星歲一千七百二十八除之得積終八十二去之
歲餘九百九十以一百四十五乘歲餘得十四萬三千五百五十以一百四十四除之得九百九十六爲積次不盡一百二十六爲次餘從襄二十八年至昭
十五年合有一十八年歲星年行一次一年有一餘以次加次得一千一十四以餘加餘得一百四十四餘數滿法又成一次以從積次得一千一十五也以十
二去之餘。餘。次。一百四十四。周七个一百四十四年還得剩行天。一。周也餘七命起星紀算外得鶉火是昭十五年歲星在鶉火也計十三年在大梁十五年
當在鶉首而在鶉火者由其餘分數滿剩得一次猶如閏餘滿而成月也以十五年歲在鶉火歷而數之則二十七年復在鶉火故此年在星紀也於十二次
分野星紀是吳越之分也歲星是天之貴神所在之次其國有福今越得歲星故吳伐之則凶也吳越同分而。云越福吳凶者以吳先用兵故反受其殃賈逵
云然杜從之也鄭玄云天文分野斗主吳牽牛主越此。年歲星在牽牛故吳伐之凶案史傳所云吳越同分不言於次之內更復分星姜氏任氏共守玄枵復

以何星主齊何星主薛也且據三統之術星紀之初斗十二度至於牽牛初度乃爲中耳十五年餘分始滿則此年之初歲星初入此次伐越在夏末得已至牽牛鄭之此說爲妄之甚也○秋八月王使富辛與石張如晉請城成周子朝之亂其餘黨多在王城敬王畏之徒都成周成周狹小故請城之○狹音洽天子曰天降禍于周俾我兄弟並有亂心以爲伯父憂俾使也兄弟謂子朝也伯父謂晉侯○俾本又作卑同必爾反注同我一二親暱甥舅不皇啓處於今十年謂二十三年二。師圍郊至于今○暱女乙反疏。注謂二至于今○正義曰案二十七年十二月晉籍秦致諸侯之戍于周而此杜云二十八年者以十二月垂盡去在十二月至周則在二十八年故云五年也勤戍五年謂二十八年晉籍秦致諸侯之戍至于今余一人無日忘之念諸侯勞閔閔焉如農夫之望歲懼以待時閔閔憂貌王憂亂常閔閔冀望安定如農夫之憂。飢冀望來歲之將熟伯父若肆。大惠復二文之業弛。周室之憂肆展放也二文謂文侯仇文公重耳。弛猶解也○弛式氏反注同重直龍反徼文武之福以固盟主宣昭令名則余一人有大願矣昔成王合諸侯城成周以爲東都崇文德焉作成周遷殷民以爲京師之東都所以崇文王之德○徼古堯反下同疏注作成至之德○正義曰杜知作成周爲崇文王之德者以上傳云徼文武之福即云成王合諸侯城成周以崇文德故以爲崇文王之德劉炫以爲崇文德之教而規杜非也今我欲徼福假靈于成王脩成周之城俾戍人無勤諸侯用寧蝥賊。遠屏晉之力也蝥賊。謂災害○蝥亡侯反疏注蝥賊謂災害○正義曰蝥賊食苗之蟲釋蟲云食根蝥食節賊故以蝥賊喻災害也其委諸伯父使伯父實重

圖之俾我一人無徵怨于百姓徵召也○徵張升反而伯父有榮施先王庸之庸功也先王之靈以
為大功○施式豉反范獻子謂魏獻子曰與其戍周不如城之天子實云云欲罷戍而城雖有後
事晉勿與知可也從王命以紓諸侯晉國無憂是之不務而又焉從事魏獻子
曰善使伯音對伯音韓不信○勿與音預紓音舒焉於虔反曰天子有命敢不奉承以奔告於諸侯
遲速衰序衰差也序次也○衰初危反注同於是焉在在周所命冬十一月晉魏舒韓不信如京師
合諸侯之大夫于狄泉尋盟且令城成周尋平丘盟魏子南面居君位衛彪傒曰魏子
必有大咎干位以令大事非其任也彪傒衛大夫○彪彼虯反傒音兮咎其九反詩曰敬天之怒不
敢戲豫敬天之渝不敢馳驅詩大雅戒王者言當敬畏天之譴怒不可遊戲逸豫馳驅自恣渝變也○渝羊朱反譴弃戰反疏
注詩大至譴怒○正義曰此詩大雅板之篇刺厲王之詩也詩注以天謂厲王此據上天斷章取意況敢干位以作大事乎己丑
士彌牟營成周計丈數計所當城之丈數也疏注計所至丈數○正義曰謂周迴遠近之丈數也知者下別云揣高卑度厚薄故也
揣高卑度高曰揣○揣丁果反又初委反度待洛反下文及注同度厚薄仞溝洫度深曰仞○仞本又作刃而慎反洫況域反物
土方議遠邇物相也相取土之方面遠近之宜○相息亮反下同量事期知事幾時畢○幾居豈反下皆同計徒庸知用幾人
功慮財用知費幾財用○費芳貴反書餱糧知用幾糧食○餱音侯本亦作糇糧音良以令役於諸侯屬役賦丈

付所當城尺丈○屬之欲反疏屬役賦丈○正義曰屬役謂屬聚。下役也賦丈謂課付尺丈上既號。令。丁役之事以告諸侯令諸國國各出若干之役築若干之丈故云屬役賦丈書以授帥也書以授帥帥諸侯之大夫○帥所類反注同○而效諸劉子效致也○效戶孝反韓簡子臨之以爲成命臨履其事以命諸侯經所以不書魏舒○十二月公疾偏賜大夫從公者○偏音遍從才用反下同大夫不受賜子家子雙琥琥玉器○琥音虎○疏注琥玉器○正義曰周禮大宗伯云以玉作六器以禮天地四方白琥禮西方鄭玄云虎猛象秋嚴禮經及記言琥多矣都不說其狀蓋刻玉爲虎形也一環一璧輕服細好之服疏一環一璧○正義曰釋器云肉倍好謂之璧肉好若一謂之環李巡曰肉倍好璧邊肉大其孔小也肉好若一其孔及邊肉大小適等曰環也受之大夫皆受其賜己未公薨子家子反賜於府人曰吾不敢逆君命也大夫皆反其賜書曰公薨于乾侯言失其所也不薨路寢爲失所趙簡子問於史墨曰季氏出其君而民服焉諸侯與之君死於外而莫之或罪也對曰物生有兩有三有五有陪。貳故天有三謂有三○辰陪蒲回反地有五行謂有五體有左右謂有兩各有妃耦謂陪貳妃音配○王有公諸侯有卿皆有貳也天生季氏以貳魯侯爲日久矣民之服焉不亦宜乎魯君世從其失季氏世脩其勤民忘君矣雖死於外其誰矜之社稷無常奉奉之無常人言唯德也○從才用反本亦作縱君臣無常位自古以然史墨跡古今以實言故詩曰高岸爲谷深谷爲陵詩小雅言高下有變易疏故詩至爲陵○正義曰詩小雅十月之交大夫刺幽王也三后之姓於今爲庶王所知也三后虞夏商疏注三后虞夏商○正義曰從周而上故數此三代三代子孫自有爲國君者言其賤者爲庶人也在易卦雷乘乾曰大壯☳☰乾下震上大壯震在乾上故曰雷乘乾疏雷乘乾曰大壯○正義曰乾爲天爲剛震爲雷爲動天以剛而動動則爲雷壯之大者故曰大壯天之道也乾爲天子震爲諸侯而在上君臣臣易位猶臣大強壯若天上有雷疏注乾爲至有雷○正義曰說卦乾爲天爲君君之極尊者是天子也震爲長子其卦云震驚百里聲達百里之內而有震曜之威是諸侯而在天子之上象如君臣易位是天之道也昔成季友桓之季也文姜之愛子也始震而卜卜人謁之曰生有嘉聞嘉名聞於世○始震如字一音身聞音問疏始震而卜○正義曰震動也懷妊始動知有震娠而卽卜也其名曰友爲公室輔及生如卜人之言有文在其手曰友遂以名之既而有大功於魯立僖公○名之音武政反受費以爲上卿至於文子武子文子行父武子宿○費音秘世增其業不費舊績魯文公薨而東門遂殺適立庶魯君於是乎失國失國權○適丁歷反政在季氏於此君也四公矣民不知君何以得國是以爲君愼器與名不可以假人器車服名爵號疏是以至假人○正義曰器謂車服也名謂爵號也借人名器則君失位矣故不可以假人也言魯君失民是借季氏以權柄故令昭公至此出外因以戒人君使懲創也

春秋左傳注疏卷五十三校勘記　阮元撰盧宣旬摘錄

附釋音春秋左傳注疏卷第五十三 昭二十九年盡三十二年

（經二十九年）

以乾侯至也 宋本岳本足利本至作致按正義云以乾侯致告於廟者作致是

注以乾至晉侯至 宋本無晉字

潰散叛公 淳熙本潰作遺非也

當是季氏道之使然 毛本是誤時

（傳二十九年）

注比公於大夫 宋本此節正義在公如乾侯注之下

趙文子曰 毛本文誤武

齊卑君矣 毛本卑君誤倒

君祇辱焉 石經祇作祗是也

二十八年 宋本淳熙本岳本纂圖本足利本八作六是也

注二十至道還 宋本此節正義在注鄭周邑之下

以婦人尤之云 諸本作尤此本誤无今改正

平王每歲賈馬 纂圖本亦誤作王石經宋本淳熙本岳本閩本監本毛本作子是也〇今訂正

注啓服馬名 宋本以下正義二節總入子家子曰節注下

中央夾來轅者 補 案來字誤衍

隋塹死也 宋本隋作墮

乃以幃裹之 石經宋本岳本足利本幃作帷與釋文合注同

注禮曰僘至馬也 宋本無僘字

請以馬肉食從者 宋本重者字是也

多辨 宋本閩本監本毛本辨作辯

以壠竈爲椁 毛本壠作攏非也

注龍輔玉名 宋本以下正義二節總入且後生而爲兄節之下

龍禱旱玉也 段玉裁校本龍作瓏依說文改也

請相與偕告　纂圖本毛本偕作皆非也

務人公爲也　案王引之周秦名字解故云魯公子務人字爲務亦爲也禮記檀弓作公叔禺人假借字段玉校曰說文云爲母猴也禺母猴屬故公爲字禺人左傳作務人者務古音茂禺古音偶音相似也

人實至實知　宋本自此節以下正義至注棄周至代之節止總入注文傳言蔡墨之博物之下

而知其故　石經宋本淳熙本岳本纂圖本監本毛本而下有不字是也

叔安其君名　諸本作君此本誤若今改正

則以官名　宋本淳熙本岳本纂圖本監本毛本名作氏是也

芒子帝世世子帝不降　宋本世並作泄是也

故杜以爲合爲四　宋本無上爲字

陶唐堯所治地　纂圖本毛本地作也非也

以更豕韋之後　惠棟云史記夏本紀更作受周禮巾車云歲時受讀杜子春云受當爲更儀禮燕禮及大射儀注皆云古文更爲受是更與受古今字也

下文云　閩本監本毛本下文作又下非也

懼而遷于魯縣岳本于作於

若泯弃之石經泯作泜避所諱

物乃坻伏纂圖本毛本伏誤服字按說文坻小渚也坻箸也箸直略切然則此傳當作坻伏石經宋本不誤

若滅弃所掌宋本所掌作其官是也

職事不理宋本職作百是也

乃令無有此物此本無字實缺據宋本監本毛本補

非徒不至而已此本非徒二字實缺閩本同據宋本監本毛本補

傳謂塞井爲堙井傳謂爲堙井五字此本實缺閩本同據宋本監本毛本補

是堙爲塞也此本堙爲二字實缺閩本塞字亦實缺據宋本監本毛本補

言此物沈滯壅塞物沈滯壅四字此本實缺閩本同據宋本監本毛本補監本沈作沉非也

列謂行列此本行列二字實缺閩本同據宋本監本毛本補

言五官皆然也此本言字實缺閩本同據宋本監本毛本補

又賜之以姓此本賜之以姓四字實缺閩本同據宋本監本毛本補

諸侯以國爲氏此本諸侯二字實缺閩本同據宋本監本毛本補

王者社稷五祀宋本王作主非也

行西河宋本行下有在字監本毛本作立西阿陳樹華云當依外傳作立於西河

自是金神之形耳毛本神作刑形作神並非

光明四海浦鏜正誤明作照依國語改也

在野則爲社淳熙本社誤一

各以其野之所宜木此本宜木二字模糊依宋本監本毛本改正閩本宜誤草

命人社是也監本毛本人作民

賈逵以句芒祀於戶云云毛本戶作月非也考文祀作祭

言彼與中霤監本與作爲非宋本彼下有社字是也

是此方水官之物也宋本此作北

各各自有其官閩本監本毛本各字不重

不可強言是用宋本強作彊

乾下乾上乾 淳熙本脫末乾字

其坤 釋文坤作巛云本又作坤案說文無巛字即☷之變耳

上爻辭 宋本淳熙本岳本纂圖本監本毛本作坤上六爻辭是也

猶女行而遇男 宋本行而作而行

故別總其用而爲之辭 毛本別作名非也

物謂上六卦所稱龍 上六卦三字此本實缺據宋本淳熙本岳本纂圖本補閩本誤作周易之三字監本毛本卦下有之字亦衍文

乃命木正重司天以屬神 監本毛本乃作則非也浦鏜云木國語作南

以水名官 宋本淳熙本岳本官下有者字

次言大皥以龍名 諸本作大此本誤人今改正

祭法曰 諸本作祭此本誤登今改正

宣王不藉千畝 閩本監本毛本藉誤籍

然則百穀 宋本毛本穀作官非也

烈山氏 釋文云禮記作厲山案禮記郊特牲正義引作列山氏國語補音云左傳作烈山是所據本各異也

其子能殖百穀 諸本作穀此本誤設今改正

賈逵 諸本作賈此本誤賣今改正

後爲神農也 案神農疑當作農神

故革命創制 宋本故作政

重黎之輩 諸本作重此本誤不今改正

共鼓石爲鐵 淳熙本共誤其

注令晉至言遂 宋本以下正義六節總入其及趙氏節注下

用韛扇火 宋本監本毛本韛作橐下句同按橐非也韛者吹火韋囊也或作韛古書祇用排步拜切

民不豫知 毛本豫作預案豫預古今字

其事文公傳具矣 宋本公下有之字

與之以成 重脩監本與誤其成誤戒

范氏取蒐之法 宋本取下有夷字是也

縱應有禍 毛本縱誤總

〔經三十年〕

徐子章羽奔楚岳本羽作禹從傳文也

〔傳三十年〕

內外奔之宋本淳熙本纂圖本足利本作外內案正義本亦作外內

且徵過也毛本徵誤懲

以二釐侯宋本監本毛本二作貳是也

亦無抽筋倒縣之急宋本閩本監本毛本縣作懸是俗字

然所以非責公之妄也宋本無然字

明公過可掩也宋本過下有不字是也

則往前未釋之時閩本監本毛本前誤年

晉頃公卒淳熙本頃誤須

弔喪共使宋本岳本足利本喪作葬是也

不及辦之宋本淳熙本辦作辨

注紼輓至執紼宋本以下正義三節總入注文傳言大叔之敏下

帥六卿之衆閩本監本毛本卿誤鄉

禮送葬必執紼毛本送誤遂宋本必下有而字按今曲禮上作助葬必執紼

明底其情石經此處殘缺宋本淳熙本岳本底作厎是也注同

厎致也淳熙本也字下衍王禮數三字

胡田胡子之地宋本淳熙本岳本纂圖本監本毛本田下有故字

若好吳邊疆石經宋本岳本足利本吳作吾釋文作吾好云一本作若好吾

謂不與吳構怨宋本纂圖本閩本監本毛本構作搆

吾又疆其讎以重怒之石經宋本淳熙本岳本足利本疆作彊是也

不知天將以爲虐乎淳熙本天作无非也

執鍾吳子閩毛本吳作吾

徐子章禹斷其髮閩本禹作羽係改刊初刻亦必作禹也石經此處缺

〔經三十一年〕

薛伯入春秋以來閩本監本毛本作薛伯此本誤倒宋本無伯字薛上有伯字

將使意如迎公宋本迎作逆

冬黑肱以濫來奔陳樹華云郡國志濫作藍按作藍非也而可爲釋文力甘反之一證

〔傳三十一年〕

我受其無咎宋本以下正義三節總入子家子曰節注下

請因于費毛本于改於

以待君之察也石經君字以下一行計九字

君一言使晉淳熙本一字空缺

何敢復知耶宋本足利本耶作邪是也

退而謂季孫君怒未怠石經此行計九字

不得復自在諸本作自在足利本後人記云異本作自存非也

賤而書名石經而字以下一行計十一字而字似增入

在襄二十二年宋本淳熙本岳本纂圖本足利本二年作一年是也

婉而辨 宋本此節正義在善人勸焉節之下

趙簡子夢童子羸而轉以歌 諸本作羸北宋刻釋文云本又作羸風俗通義引作祼鄭氏周禮占夢注引作倮按說文作羸从衣臝聲祼羸或从果

轉婉轉也 岳本監本毛本婉作宛

庚辰有變 宋本淳熙本岳本辰作日是也

注庚日至入郢注下 閩本監本毛本日誤辰宋本以下正義三節總入庚午節

而同而同名曰辰 補案而同字誤重

角卽龍角卽龍尾 宋本監本毛本卽上有尾字是也

故言辰尾龍尾也 宋本上尾字作星是也

故六年也 宋本年字下有吳入郢三字與正義合

氣見於天 宋本見作是非也

楚是南方之國 宋本脫之字

五行相刻 監本毛本刻作尅

是楚彊臧之兆諸本作兆此本誤非今改正

〔經三十二年〕

何故辭宋本辭下有盟字

故不書於經也毛本也誤之

賦丈數諸本作丈此本誤文今改正

裁三旬而畢宋本裁作栽字案定元年傳作城三旬而畢當依此作裁謂自庚寅裁歷三十日而畢工也

〔傳三十二年〕

故於今猶在乾侯纂圖本脫於字

雖彊事小爭閩本監本彊作疆非也

則二十五年復在大梁宋本二作三

而此年歲在星紀者監本毛本歲誤數

以十二去之餘餘次一百四十四周七个一百四十四年還得剩行天一周也閩本監本毛本用作周李銳云此文舛譌不可曉以意求之當云以十二去之餘七每次有一百四十四分周七个一百四十四年還得

剩行天七次也

而得越福吳凶者 監本毛本得作云

此年歲星在牽牛 閩本監本年作是

謂二十三年二師圍郊 淳熙本師誤帥

注謂二至于今 宋本以下正義六節總入以爲成命句注下

如農夫之憂飢 纂圖本毛本飢作饑

伯父若肆大惠 石經肆字改刊初刻誤賜

弛周室之憂 淳熙本弛作弛非也

文公重耳 宋本淳熙本耳下有也字

蝥賊遠屏 毛本賊誤賤

蝥賊謂災害 宋本岳本監本毛本謂作喻

衞彪傒曰 淳熙本正德本閩本亦作徯注同石經岳本宋本纂圖本監本毛本作傒與釋文合案說文有傒無徯毛本衞誤魏

計所當城之丈數也 宋本淳熙本足利本無也字

仞溝洫釋文云仞本又作刃而愼反按刃者古文假借字也

慮財用石經宋本淳熙本岳本財作材不誤注同

賦丈周禮大司馬職疏引作賦丈尺似以意增也

屬役謂屬聚下役也宋本下作丁是也

上旣號令丁役之事閩本監本毛本丁誤下重脩監本令作合非也

注琥玉器宋本以下正義八節總入不可以假人句注下

有陪貳石經此處模糊宋本纂圖本毛本陪作倍非也

大夫刺幽王也閩本監本毛本幽作厲非也

三后之姓於今爲庶王所知也石經宋本淳熙本岳本纂圖本監本足利本王作主是也

震爲諸侯而在上宋本淳熙本岳本在下有乾字是也

猶臣大強壯淳熙本臣誤巨宋本強作彊

是諸侯而在天子之上宋本侯下有之象諸侯四字

懷妊始動宋本妊作姙非也

知有震娠而卽卜也宋本毛本卜作動非也

立僖公淳熙本僖作喜非也

不賛舊職補案賛當作廢

春秋左傳注疏卷五十三校勘記

附釋音春秋左傳注疏卷第五十四 定元年盡四年

杜氏注　孔穎達疏

定公○陸曰定公名宋襄公之子昭公之弟謚法安民大慮曰定 疏 正義曰魯世家定公名宋襄公之子昭公之弟史傳不言其母不知誰所生也以敬王十一年即位謚法安民大慮曰定

經元年春王公之始年而不書正月公即位在六月故 疏 注公之至月故○正義曰凡新君初立必於歲首元日朝正於廟因即改元正位百官以序國史因書於策云元年春王正月公即位也其或國有事故不得行即位之禮國史亦書元年春王正月見此月公應即位而有故不得隱莊閔僖四公元年無事而空書春王正月其義也此年不書正月者公即位在六月故也傳稱昭公喪及壞隤公子宋先入則正月之時定公猶從昭公之喪在於乾侯未入魯竟國內無君不是即位闕禮故不須書正月也釋例曰癸亥公之喪至自乾侯戊辰公即位喪在外踰年乃入故因五日改殯之節國史用元年即位之禮因以元年爲此年也然則正月之時未有公矣公未即位元必不改而於春夏即稱元年者公未即位必未改元未改之日必乘前君之年於時春夏當名此年爲昭公三十三年及六月既改之後方以元年紀事及史官定策須有一統不可半年從前半年從後雖則年初亦統此歲故入年即稱元年也漢魏以來雖於秋冬改元史於春夏即以元年冠之是有因於古也

三月晉人執宋仲幾于京師晉執人于天子之側而不以歸京師故但書其執不書所歸○幾音機 疏 注晉執至所歸○正義曰晉執仲幾傳無日月據經所書是三月始執案傳則不然也傳稱辛巳合諸侯之大夫于狄泉長曆辛巳是正月七日也既會而魏舒始卒庚寅栽是正月十六日也宋仲幾不受功當於栽時不肯役耳士彌牟云晉之從政者新是士鞅已代魏舒

矣乃執仲幾以歸三月歸諸京師必是既栽之後三月以前執以歸晉至三月乃歸於京師耳經書三月始執者晉人初執不告後知以歸不可至三月復歸於京師諱其以歸乃歸王故以三月初執告也縱晉執人諸侯不得相治事當使歸。決於天子況在天子之側不以歸於京師晉人自知不可不以歸晉告嘗故經但書其執不書所歸既不言歸王亦不言歸晉是不以所歸告也

○夏六月癸亥公之喪至自乾侯告於廟故書至

○戊辰公即位定公不得以正月即位失其時故詳而日之記事之宜無義例【疏】注定公至義例○正義曰公羊傳曰即位不日此何以日錄乎內也穀梁以爲公喪在外踰年六月乃得即位危故日之左氏無此義故杜顯而異之正月即位正也定公不得以正月即位爲失其時故詳而日之直記事之宜書日无義例

○秋七月癸巳葬我君昭公公在外薨故八月乃葬

○九月大雩無傳過也○雩音于

○立煬宮煬公伯禽子也其廟已毁季氏禱之而立其宮書以譏之○煬羊讓反禱丁老反【疏】注煬公至譏之○正義曰謚法好內怠政曰煬煬公伯禽子世本世家文諸侯之禮親廟有四計煬公玄孫既薨其廟。即已毁矣季氏禱于煬公以求昭公不入公死於外謂禱有益而更立其宮賽之於禮不合更立惡其改變國典故書以譏之公羊穀梁皆云立者不宜立立煬宮非禮也

冬十月隕霜殺菽。无傳周十月今八月隕霜殺菽非常之災○隕于敏反菽本又作叔音同【疏】注周十至之災○正義曰月令九月霜始降八月未應霜殺菽菽者大豆之苗又是耐霜之穀今以八月隕霜霜能殺菽是非常之災故書之僖三十三年隕霜不殺草此云殺菽彼言不殺草者穀梁傳曰未可以殺而殺舉重可殺而不殺舉輕其曰菽舉重也

傳元年春王正月辛巳晉魏舒合諸侯之大夫于狄。泉將以城成周魏子涖政涖臨也代天子大夫爲政○涖音利又音類衞彪傒衞大夫曰將建天子立天子之居而易位以令非義也

大事奸義必有大咎晉不失諸侯魏子其不免乎是行也魏獻子屬役於韓簡子及原壽過簡子韓起孫不信也原壽過周大夫○奸音干咎其九反屬之欲反過古禾反【疏】易位以令○正義曰往年傳魏子南面衛彪傒云干位以令此云魏子涖政彪傒云易位以令文不同者郊特牲云君之南鄉荅陽之義也臣之北面荅君也然則禮國君乃南面往年魏子亦南面是干君之位故云干位此時諸國爲天子築城但當爲君各致徒役而已宜使天子之臣自號令之而魏子涖政代天子大夫改易上下故爲易位所譏別故其文異

而田於大陸焚焉禹貢大陸在鉅鹿北嫌絕遠疑此田在汲郡吳澤荒蕪之地火田并見燒也爾雅廣平曰陸○蕪音無【疏】注禹貢至曰陸○正義曰禹貢云導河積石至于大伾北過降水至于大陸孔安國云大陸澤名釋地十藪云晉有大陸郭璞曰今鉅鹿北廣河澤孫炎曰廣河猶大陸以地名言之近爲是也計鉅鹿之城。與周相去千有餘里魏子不應往彼田獵故嫌絕遠疑此田當在汲郡吳澤吳澤在脩武縣北還卒於寗寗卽脩武城是也當。是荒蕪之地故亦以大陸名焉引爾雅以證平地皆名陸也案爾雅高平曰陸杜言廣平者以吳澤之地地下寬。平故以廣平言之非是不見爾雅劉君以爾雅高平曰陸而規杜氏非

還卒於寗寗今脩武縣近吳澤○近附近之近范獻子去其柏槨以其未復命而田也范獻子代魏子爲政去其柏槨示貶之○去起呂反注同槨音郭【疏】去其柏槨正義曰喪大記云君松槨大夫柏槨士雜木槨是大夫葬於禮用柏槨也以其未復君命而爲田獵故獻子去其柏槨不使用也

孟懿子會城成周不書公未卽位【疏】注不書公未卽位○正義曰懿子往年唯受號令知所得丈尺人功而已今復將徒役城之計當更書之於策以公未卽位無君可告故不書

庚寅栽栽設板築○栽才代反又音再注同

宋仲幾不受功曰滕薛郳吾役也欲使三國代宋受功役也。○郳五兮反小邾國薛宰曰宋爲無道絕

我小國於周以我適楚故我常從宋晉文公爲踐土之盟在僖二十八年曰凡我同盟
各復舊職若從踐土若從宋亦唯命仲幾曰踐土固然固曰從舊薛舊爲宋役薛宰曰薛
之皇祖奚仲居薛以爲夏車正。皇大也奚仲爲夏禹掌車服大夫○夏戶雅反注同奚仲遷于邳邳下邳縣○邳
皮悲反仲虺居薛以爲湯左相仲虺奚仲之後○虺許鬼反相息亮反若復舊職將承王官何故以
役諸侯也承奉也仲幾曰三代各異物薛焉得有舊言居周世不得以夏殷爲舊○焉於虔反爲宋役亦
其職也士彌牟曰晉之從政者新言范獻子新爲政未習故事疏注言范至故事○正義曰魏舒以辛巳會諸國至庚
寅相去唯十日耳魏舒始卒已得范鞅代者范鞅本是中軍之佐於次當代魏舒蓋晉人聞舒卒而馳使代之子姑受功歸吾視諸故
府求故事仲幾曰縱子忘之山川鬼。神。其忘諸乎山川鬼神盟所告士伯怒謂韓簡子曰
薛徵於人典籍故事人所知也宋徵於鬼取證於鬼神宋罪大矣且己無辭而抑我以神誣我
也啓寵納侮其此之謂矣開寵過分則納受侵侮○侮亡甫反分扶問反疏啓寵至謂矣○正義曰尚書說命傅說進戒於王云
無啓寵納侮古有此言故云其此之謂矣開彼寵人過其本分其人不知止足乃至侵侮在上據在上受之故云納侮必以仲幾爲戮乃
執仲幾以歸三月歸諸京師知以歸不可故復歸之京師○復扶又反城三旬而畢乃歸諸侯之戍
齊高張後不從諸侯後則不及諸侯之役晉女叔寬曰周萇弘齊高張皆將不免叔寬女寬也○

萇直良反萇叔違天高子違人天既厭周德萇弘欲遷都以延其祚故曰違天諸侯相帥以崇天子而高子後期故曰違人○厭於豔反祚才故反天之所壞不可支也衆之所爲不可奸也爲哀三年周人殺萇弘六年高張來奔起○夏叔孫成子逆公之喪于乾侯成子叔孫婼之子季孫曰子家子亟言於我未嘗不中吾志也吾欲與之從政子必止之且聽命焉衆士皆諮問子家子○亟起冀反中丁仲反疏季孫至命焉○正義曰言子家子數於公處致言於我云意如事君不敢不改又言君以一乘入於魯師季孫必與君歸季孫之意實然故云未嘗不中吾志吾欲與之從政欲用爲大夫也公喪歸則從者散故令止之且聽命者一聽子家之所爲子家欲將歸者即與之歸子家子不見叔孫易幾而哭幾哭會也不欲見叔孫故朝夕哭不同會○朝如字叔孫請見子家子子家子辭曰羈未得見而從君以出出時成子未爲卿○羈居宜反子家子名見賢遍反下同從才用反注義從同又如字下從君從公放此君不命而薨羈不敢見言未受昭公之命託辭以距叔孫叔孫使告之曰公衍公爲實使羣臣不得事君二子始謀逐季氏疏注二子至季氏○正義曰謀逐季氏公爲爲之傳文不言公衍謀也但以公衍見復爲大子季氏欲俱廢之故言此也若公子宋主社稷則羣臣之願也宋昭公弟定公凡從君出而可以入者將唯子是聽子家氏未有後季孫願與子從政此皆季孫之願也使不敢以告不敢叔孫成子名對曰若立君則有卿士大夫與守龜在羈弗敢知若從君者則貌而出者入可也貌出謂以義從公與季氏無實怨○守手又反寇

而出者行可也與季氏爲寇讎者自可去若羈也則君知其出也君昭公而未知其入也羈將
逃也喪及壞隤公子宋先入從公者皆自壞隤反出奔〇壞徐音懷又戶怪反隤徒回反六月癸
亥公之喪至自乾侯戊辰公即位諸侯薨五日而殯殯則嗣子即位癸亥昭公喪至五日殯於宮定公乃即位疏〇諸侯
至即位〇正義曰王制云天子七日而殯諸侯五日而殯自癸亥至戊辰五日殯訖則嗣子即位故定公以此日即位也公羊穀梁皆云正棺於兩楹之間然
後即位案正棺兩楹之間即禮所謂夷於堂者也喪大記云君薨之禮云既小斂男女奉尸夷于堂鄭玄云諸侯之小斂於死者俱三日此戊辰去癸亥五日非
正棺之日不得爲正棺即位也雜記云諸侯行而死歸至於廟門遂入適所殯鄭玄云適所殯謂兩楹之間自外來者正棺於兩楹之間尸亦夷之於此因殯
焉殯必於兩楹之間者以其死不於室而自外來留之於中不忍遠也鄭取二傳之說言死從外來者殯在兩楹之間若謂殯爲正棺則與杜言合矣季
孫使役如闞公氏將溝焉闞魯羣公墓所在也季孫惡昭公欲溝絶其兆域不使與先君同〇闞口暫反惡烏路反又如字疏
闞公氏〇正義曰闞是先公葬地春秋言氏猶如言家故謂公之墓地爲公氏言是公死之家宅也玄卿以爲闞屬上句公氏將溝焉猶言將溝公氏焉古人
多倒語公氏則昭公。榮駕鵞曰生不能事死又離之以自旌也榮駕鵞魯大夫榮成伯也旌章也〇駕音加鵞五何反
旌音精縱子忍之後必或恥之乃止季孫問於榮駕鵞曰吾欲爲君謚使子孫知
之爲惡謚疏注爲惡謚〇正義曰知者下。云死又惡之所以知也對曰生弗能事死又惡之以自信也將焉
用之乃止秋七月癸巳葬昭公於墓道南孔子之爲司寇也溝而合諸墓明臣无貶

君之義○惡之如字又烏路反焉於虔反疏以自信也○正義曰信明也以自明己之不臣也○溝而合○正義曰孔子之爲司寇在定公十年以後未知何年溝之

昭公出故季平子禱于煬公九月立煬宮平子逐君懼而請禱於煬公。昭公死於外自以爲獲福故立其宮疏禱於煬公○正義曰既毀其廟而得禱者蓋就祧而禱之

○周鞏簡公棄其子弟而好用遠人簡公周卿士遠人異族也爲明年鞏氏賊簡公張本○鞏九勇反好呼報反疏簡公○正義曰謚法平易不。從曰簡

經二年春王正月○夏五月壬辰雉門及兩觀災無傳雉門公宮之南門兩觀闕也天火曰災○觀古亂反注及下同疏注雉門至曰災○正義曰明堂位云庫門天子皐門雉門天子應門是魯之雉門公宮南門之中門也釋宮云觀謂之闕郭璞曰宮門雙闕周禮大宰正月之吉縣治象之法于象魏使萬民觀治象鄭衆云象魏闕也劉熙釋名云闕在門兩旁中央闕然爲道也然則其上縣法象其狀魏魏然高大謂之象魏使人觀之謂之觀也是觀與象魏闕一物而三名也觀與雉門俱災則兩觀在雉門之兩旁矣公羊傳曰其言雉門及兩觀災何兩觀微也然則曷爲不言雉門災及兩觀主災者兩觀也主災者兩觀則曷爲後言之不以微及大也穀梁亦云災自兩觀始先言雉門尊尊也公羊稱子家駒云設兩觀諸侯僭天子其意以其奢僭故天災之左氏無此義案禮器云天子諸侯臺門此以高爲貴也郊特牲云臺門大夫之僭禮也唯言大夫異於諸侯不言諸侯異於天子兩觀爲僭禮無其文天之所災不可意卜言主災兩觀以門尊先門若災先從門起又將何以爲異丘明無文或是災起雉門而延及兩觀也天火曰災宣十六年傳例

○秋楚人伐吳囊瓦稱人見誘以敗軍○囊乃郎反○冬十月新作雉門及兩觀無傳

傳二年夏四月辛酉鞏氏之羣子弟賊簡公傳言棄親用疏所以敗也○桐叛楚桐小國廬江舒縣西

南有桐鄉吳子使舒鳩氏誘楚人舒鳩楚屬國曰以師臨我教舒鳩誘楚使以師臨吳我伐桐爲我使之無忌吳伐桐也僞若畏楚師之臨己而爲伐其叛國以取媚者也欲使楚不忌吳所謂多方以誤之○爲我于僞反注及下同【疏】桐叛至無忌○正義曰桐是小國世屬於楚桐今叛楚楚有間隙故吳子因是而謀之舒鳩自是楚之屬國居吳楚之間亦兩取其意故。意吳得使之也吳子使舒鳩誘楚人又教舒鳩爲辭曰令楚以師臨我我吳自稱我令楚臨吳也我當僞若畏楚爲楚伐桐女舒鳩當爲我誘楚我軍楚師或曰囊瓦本出師伐吳見吳欲伐桐而不設備遂被吳敗之又擊楚巢邑潛師圍而克之獲其守邑大夫爲我使之無忌謂爲我之畏楚形狀使楚人無復防忌於我也若楚不忌吳則師不設備欲因其無備而掩襲取之耳下云吳人見舟于豫章僞欲伐桐也吳軍楚師于豫章掩其不備也潛師于巢吳人詐巢邑人云此師將伐桐也其實本擬取巢故。下遂圍巢克之言潛者對豫章之師稱潛○秋楚囊瓦伐吳師于豫章從舒鳩言吳人見舟于豫章僞將爲楚伐桐○見賢遍反而潛師于巢實欲以擊楚冬十月吳軍楚師于豫章敗之楚不忌故遂圍巢克之獲楚公子繁繁守巢大夫○郳莊公與夷射姑飲酒私出射姑郳大夫出辟酒○射音亦一音夜閽乞肉焉奪之杖以敲之。奪閽杖以敲閽頭也爲明年郳子卒傳○閽音昏守門人也敲苦孝反又苦學反說文作㱿云擊頭也字林同又一曰擊聲也口交反又口卓反訓從敲云橫擿也又或作茅或作剕口交反

經三年春王正月公如晉至河乃復無傳【疏】公如至乃復○正義曰三傳皆無其說不知何故乃復賈逵云刺緩朝見辭失所不諱罪己賈雖爲此解於傳無文不可從故杜不言劉炫謂公以六月即位此年便即往朝於事未爲緩也晉人何以辭之若以緩見。遣當。退謝罪何

由此後更無謝處空言罪己經無孫謝自罪之狀復安在乎晉若以緩致辭必當要有譴責何由明年會次復得依常班序乃復之意不可縣知○二月辛卯邾子穿卒再同盟穿音川疏注再同盟○正義曰穿以昭二年即位十一年盟于祲祥二十六年于鄟陵皆魯邾俱在是再同盟也○夏四月○秋葬邾莊公六月乃葬緩○冬仲孫何忌及邾子盟于拔。拔地闕○拔皮八反

傳三年春二月辛卯邾子在門臺門上有臺臨廷閽以缾水沃廷邾子望見之怒閽曰夷射姑旋焉旋小便○廷音庭下並同缾步丁反本又作瓶命執之見其不潔執射姑弗得滋怒自投于牀。廢于鑪炭爛遂卒廢墮也○鑪力吳反炭他旦反墮徒火反先葬以車五乘殉五人欲藏中。之絜故先內車及殉別爲便房蓋其遺命○先悉薦反又如字乘繩證反殉辭俊反藏才浪反疏。注欲藏至遺命○正義曰以人從葬謂之殉邾子好絜以人爲殉欲備地下埽除若令與柩同入恐其汚履藏內欲其藏中之絜故先內車及殉別爲便房處之傳言此事意在非責邾子若是葬者自爲則非莊公之罪無爲輒說此事故云蓋其遺命也邾子隊鑪而卒不應得有遺命疑其是遺命者禮國君。位而爲。椑初立卽營死事當是平素之時先有此命葬者奉行之莊公卞急而好潔。故及是卞躁疾也○卞皮彥反好呼報反下文及注同躁早報反秋九月鮮虞人敗晉師于平中平中晉地獲晉觀虎恃其勇也爲五年士鞅圍鮮虞張本○冬盟于郯郯卽拔也○郯音談脩邾好也公卽位故脩好○蔡昭侯爲兩佩與兩裘佩佩玉也以如楚獻一佩一裘於昭王昭王服之以享蔡

侯蔡侯亦服其一子常欲之弗與三年止之唐成公如楚有兩肅爽馬子常欲之成公唐惠侯之後肅爽駿馬名○肅如字又所六反爽音霜駿音俊【疏】注成公至馬名○正義曰宣十二年傳有唐惠侯故云唐惠侯之後也釋畜於馬无肅爽之名爽或作霜賈逵云色如霜紈馬融說肅爽鴈也其羽如練高首而脩頸馬似之天下稀有故子常欲之杜以馬名臨時所作本意不可得知故直云駿馬名弗與亦三年止之唐人或相與謀請代先從者許之飲先從者酒醉之竊馬而獻之子常子常歸唐侯自拘於司敗竊馬者自拘○從才用反下同飲於鴆反拘九于反【疏】請代至許之○正義曰謂請楚楚許之也知非請唐侯者若唐侯許之自合養馬何須言飲先從者竊馬以獻乎曰君以弄馬之故隱君身隱憂約也○弄魯貢反棄國家羣臣請相夫人以償馬必如之相助也夫人謂養馬者○相息亮反夫音扶注同償市亮反唐侯曰寡人之過也二三子無辱皆賞之蔡人聞之固請而獻佩于子常子常朝見蔡侯之徒命有司曰蔡君之久也官不共也言楚所以禮遣蔡侯之物不共備故○共音恭注同明日禮不畢將死遣蔡侯之禮蔡侯歸及漢執玉而沈曰余所有濟漢而南者有若大川自誓言若復○渡漢當受禍明如大川○沈音鴆復扶又反蔡侯如晉以其子元與其大夫之子爲質焉而請伐楚爲明年會召陵張本○質音致

經四年春王二月癸巳陳侯吳卒无傳未同盟而赴以名癸巳正月七日書二月從赴【疏】注癸巳至從赴○正義曰杜以

長曆校之知癸巳是正月七日故云書二月從赴也知非日誤者以崩薨之事皆以赴爲文故平王崩赴以庚戌陳侯卒赴以甲戌己丑杜依大例而言故云從赴劉炫以爲諸侯五月而葬下云六月葬陳惠公則陳侯卒在二月以爲日誤而規杜氏今知非者但諸侯雖五月可葬春秋之時或緩或速无復常準此陳侯之葬事。既。无傳何知必五月而葬妄以杜爲失其義非也

○三月公會劉子晉侯宋公蔡侯衛侯陳子鄭伯許男曹伯莒子邾子頓子胡子滕子薛伯杞伯小邾子齊國夏于召陵侵楚

於召陵先行會禮入楚竟故書侵○夏戶雅反召上照反竟音境 疏注於召至書侵○正義曰先言于召陵後言侵楚是於召陵先行會禮也土地名召陵楚地也諸侯既入楚境先行會禮後乃侵之故經書先會後侵也

○夏四月庚辰蔡公孫姓帥師滅沈以沈子嘉歸殺之五月公及諸侯盟于皋鼬

召陵會劉子諸侯總言之也繁昌縣東南有城皋亭復稱公者會盟異處故○公孫姓音生又作生鼬由又反復扶又反處昌慮反 疏注召陵至處故○正義曰書經之例諸侯先會而後盟皆前目而後凡此共盟者還是前會之諸侯前已歷序故於此總言之也劉子雖是王朝之臣而亦有封爵故諸侯之文可以兼劉子也僖二十九年王子虎與諸侯盟于翟泉貶之稱人此劉子得與諸侯盟者楚僭號稱王不事天子諸侯會而侵楚將以尊崇王室傳言劉文公合諸侯是天子勑之使盟也下文書劉卷卒葬魯人弔會依同盟之禮知劉子亦與盟也復稱公者由其會盟異處故也劉炫規杜云會盟異處故復稱公案襄二十五年盟重丘亦是會盟異處何以不言公今刪。定知非者但會盟異處理合稱公重丘不書公史官自略耳以此規杜非也

○杞伯成卒于會

无傳○成音城 疏杞伯成卒于會○正義曰成以昭二十五年即位二十六年盟于郪陵三十二年于翟泉此年于皋鼬魯杞俱在計杜當云三同盟无注者漏脫耳諸侯薨于朝會加一等此既薨於會其禮亦當然

○六

月葬陳惠公傳无○許遷于容城傳无○秋七月公至自會傳无○劉卷卒无傳即劉蚠也劉子奉命出盟召陵死則天王爲告同盟故不具爵○卷音權一音眷免反蚠扶粉反爲于僞反下吳爲蔡同

疏注即劉至具爵○正義曰昭二十二年傳曰單子立劉蚠即此是也世族譜伯蚠劉蚠劉文公劉狄劉卷劉子爲一人王朝公卿卒不赴魯魯不會葬文三年書王子虎卒傳曰來赴弔如同盟禮也彼爲同盟于翟泉故也此亦書卒明爲同盟故也畿內之國不得外交諸侯必非劉邑之臣來赴知是天子爲告也天子告臣略言名封而已不言劉子故書不具爵

○葬杞悼公傳无○楚人圍蔡不服故也○晉士鞅衛孔圉帥師伐鮮虞无傳孔圉孔羈孫士鞅即范鞅○圉魚呂反○葬劉文公傳无○冬十有一月庚午蔡侯以吳子及楚人戰于柏舉楚師敗績師能左右之曰以皆陳曰戰大崩曰敗績吳爲蔡討楚從蔡。計謀故書蔡侯以吳子言能左右之也囊瓦稱人貪以致敗不能死難罪賤之柏舉楚地昭三十一年傳曰六年十二月庚辰吳。其入郢今以十一月者幷數閏○陳直覲反難乃旦反數所主反

疏注師能至數閏○正義曰師能左右之曰以僖二十六年傳例也皆陳曰戰大崩曰敗績莊十一年傳例也吳大蔡小而祭能以吳者吳子爲蔡討楚言蔡能左右之也釋例曰吳雖大國順蔡侯之請自將其衆唯蔡侯之命故亦言以吳子也囊瓦楚之上卿當稱名氏今稱人者貪以致敗又不能死難罪賤之也釋例曰楚之囊瓦貪。珮馬以致討稱人罪賤之也昭三十一年傳言六年十二月庚辰吳其入郢今以十一月與彼期有差殊者長曆推此年閏十月庚辰又是十一月二十九日其月垂盡幷數閏得爲十二月也

楚囊瓦出奔鄭書名惡之○惡烏路反

疏注書名惡之○正義曰文八年宋司城來奔十四年宋子哀來奔傳皆云貴之也不稱名爲貴之是稱名爲惡之

庚辰吳入郢弗地曰入吳不稱子史略文

疏注弗地至略文○正義曰弗地曰入襄十三年傳例

也上文戰稱吳子此言吳入楚不稱子猶成三年鄭伐許昭十二年晉伐鮮虞史略文無義例公羊穀梁以爲吳於戰稱子爲其憂中國故進而稱爵及其入郢君舍于君室大夫舍于大夫室反爲夷狄之行故貶而稱吳左氏無此義故杜異而顯之

傳四年春三月劉文公合諸侯于召陵謀伐楚也文公王官伯也晉人假王命以討楚之久留蔡侯故曰文公合諸侯 疏 注文公至諸侯○正義曰劉子是天子大臣故言王官伯也往年蔡侯如晉請晉耳不請天子今稱劉文公合諸侯知是晉人告王假王命以討楚王使劉子會之故言劉文公合諸侯以示稟於王命假王威也 晉荀寅求貨於蔡侯弗得言於范獻子曰國家方危諸侯方貳將以襲敵不亦難乎水潦方降疾瘧方起中山不服中山鮮虞○潦音老瘧魚略反 棄盟取怨無損於楚晉楚同盟伐之爲取怨 而失中山不如辭蔡侯吾自方城以來楚未可以得志晉敗楚侵方城在襄十六年 祇取勤焉乃辭蔡侯晉人假羽旄於鄭鄭人與之析羽爲旌王者遊車之所建鄭私有之因謂之羽旄借觀之○祇音支旄音毛析星歷反下放此 疏 注析羽至觀之○正義曰周禮司常掌九旗之名物全羽爲旞析羽爲旌道車載旞斿車載旌鄭玄云全羽析羽皆五采繫之於旞旌之上所謂注旄於干首也凡九旗之帛皆用絳道車象路也王以朝夕燕出入斿車木路也王以田以鄙是其析羽爲旌王者遊車之所建也釋天云注旄首曰旌李巡曰以旄牛尾著旌首者也孫炎曰析五采羽注旌上亦有旄縿據彼文言之則羽毛者有五色鳥羽又有旄牛尾也言全羽析羽者蓋有全取其翅或析取其翮故有全析二名也繫此鳥羽牛尾於干首猶自別有絳爲旄縿縣之於干今之旗鬍猶然此傳直言羽耳注不引全羽而以析羽解之者以全羽尊於析羽鄭人所有未必尊貴故以析羽解之計羽旄所用其費

无多晉人自應有之而襄十四年范宣子假羽毛於齊此又假羽旄於鄭者或當制作巧異故聞而借觀之明日或旆以會或賤者也繼旐
曰旆令賤人施其旆執以從會示卑鄭○旆步貝反旐音兆令力呈反下欲令蔡同疏注或賤至卑鄭○正義曰鄭玄注論語云或云或云言有人不顯其名而
略稱爲或是或爲賤者也繼旐曰旆釋天文也郭璞曰帛續旐末爲燕尾者然則旐謂旂身旆謂旂尾晉令賤人建此羽旄施其旐旆於下執之以從其會本
謂其美而就鄭借觀之既得其物令賤人服用之是示其卑侮鄭也鄭是列國而晉卑侮之諸侯於是知晉輕蔑心皆怨恨故晉於是乎失諸侯晉於
是乎失諸侯傳言晉無禮所以遂弱將會衛子行敬子言於靈公子行敬子衛大夫曰會同難難得
宜嘖有煩言莫之治也嘖至也煩言忿爭○嘖仕責反一音責爭爭鬬之爭疏注嘖至至忿爭○正義曰嘖至賈逵云然是相傳訓
也易繫辭云聖人有以見天下之嘖謂見其至深之處嘖亦深之義也謂至於會時有煩亂忿爭之言無才辨者則莫之能治也其使祝佗從
祝佗大祝子魚○佗徒何反從才用反下師從旅從同大音泰下大祝大卜大史大原同公曰善乃使子魚子魚辭曰臣展
四體以率舊職猶懼不給而煩刑書若又共二共二職○共音恭注同徼大罪也且夫祝
社稷之常隸也隸賤臣也○徼古堯反夫音扶社稷不動祝不出竟官之制也社稷動謂國遷○竟音境下同
疏注社稷動謂國遷○正義曰周禮大祝云大師宜于社造于祖設軍社及軍歸獻于社則前祝天子之祝如此則諸侯之祝官亦然也然則彼軍行唯有
社无稷今社稷俱動故知謂國遷也國遷唯在竟內得云祝不出竟者詩稱公劉遷豳大王來岐及春秋杞都陳留而遷緣陵及許遷于析之屬並是離棄本
國遠適它土故有出竟之事劉以社稷動謂軍行而規杜非也君以軍行祓社釁鼓師出先事祓禱於社謂之宜社於是殺牲以血塗鼓

鼙爲釁鼓○祓音弗徐音廢釁許靳反鼙步西反本又作鞞【疏】注師出至釁鼓○正義曰釋天云起大事動大衆必先有事乎社而後出謂之宜是軍師將出必有祭社之事也周禮女巫掌祓除釁浴則祓亦祭名故知祓社卽宜社是也說文云釁血祭也是殺牲以血塗鼓鼙爲釁鼓此皆祝官掌之祝奉以從奉社主也○從如字又才用反【疏】祝奉以從○正義曰禮軍行必以廟主社主從軍而行尚書甘誓云用命賞于祖弗用命戮于社孔安國云天子親征必載遷廟之祖主及社主行有功則賞祖主前示不專也不用命奔北者則戮之於社主前社主陰陰主殺親祖嚴社之義也是軍行必載社主行故祝官奉社主以從於是乎出竟若嘉好之事謂朝會○好呼報反君行師從二千五百人卿行旅從五百人臣無事焉公曰行也及皐鼬將盟【疏】若嘉至事焉○正義曰此會因而侵楚衞侯當以軍行而云臣無事者晉本以會召諸侯傳言將會是赴會之時未知將侵伐也但諸國既集師衆自多故因得行侵耳將長蔡於衞欲令蔡先衞歃○長丁丈反令力呈反先悉薦反下文先衞同歃所洽反又所甲反衞侯使祝佗私於萇弘曰聞諸道路不知信否若聞蔡將先衞信乎萇弘曰信蔡叔康叔之兄也蔡叔周公兄康叔周公弟【疏】注蔡叔至公弟○正義曰史記管蔡世家云武王同母兄弟十人母曰大姒文王正妃也其長子曰伯邑考次曰武王發次曰管叔鮮次曰周公旦次曰蔡叔度次曰曹叔振鐸次曰郕叔武次曰霍叔處次曰康叔封次曰聃季載如彼文則蔡叔周公弟也今以蔡叔爲周公兄者以僖二十四年傳富辰言文之昭十六國蔡在魯上明以長幼爲次賈逵等皆言蔡叔周公兄故杜從之馬遷之言多辟謬故不用史記爲說先衞不亦可乎子魚曰以先王觀之則尚德也昔武王克商成王定之選建明德以藩屏周故周公相王室以尹天下尹正也○蕃方元反相息亮反

於周爲睦睦親厚也以睦戚德見親厚分魯公以大路。大旂魯公伯禽也此大路金路錫同姓諸侯車也交龍爲旂周禮同姓以封○分扶問反下並同路本亦作輅音路下皆同旂其依反錫星歷反疏注魯公至以封○正義曰周禮巾車云金路建大旂以賓同姓以封鄭玄云金路以金飾諸末大旂九旗之畫交龍者以賓以會賓客同姓以封謂王子母弟以功德出封若魯衛也交龍爲旂司常文也以夏后氏之璜璜美玉名○夏戶雅反下皆同璜音黃疏注璜美玉名○正義曰夏后氏所寶歷代傳之知美玉名也哀十四年傳云向魋出於衛地公文氏攻之求夏后氏之璜焉則璜非一也尚書旅獒及魯語皆云古者分同姓以珍玉展親則先王不以玉賜向魋向魋自規求得之也鄭玄注周禮云半璧曰璜封父之繁。弱封父古諸侯也繁弱大弓名○父音甫下武父同封父國名繁扶元反疏注封父至弓名○正義曰鄭玄云古者伐國遷其重器以與同姓此繁弱封父之國爲之不知何時滅其國而得之也孔叢云楚王張繁弱之弓載。忘歸之矢以射蛟於雲夢是繁弱爲弓名也殷民。六族條氏徐氏蕭氏索氏長勺氏尾勺氏使帥其宗氏輯其分族將其類醜醜衆也○索素各反下同勺市灼反下同輯音集又七入反以法則周公用卽命于周卽就也使六族就周受周公之法制是使之職事于魯共魯公之職事○共恭下文以共王職同以昭周公之明德昭顯也疏使帥至明德○正義曰使六族之長各自帥其當宗同氏輯合也合其所分枝屬族屬也將其族類人衆以法則周公令其移家居魯用就受周公之命是以使之共職事于魯以昭周公之明德也下賜殷。民七族亦是使之法則康叔令共職事于衛也賜唐叔及懷姓九宗亦然分之土田倍敦陪增也敦厚也○陪本亦作倍同步回反疏陪敦○正義曰陪是加增之義敦厚釋詁文也言既封爲大國。地方五百里又分以土田更增彼寬厚爲七百里也明堂位云封周公于曲阜地方七百里鄭玄云公之地方五百里加魯以四等之附庸方百里者二十四井五五二十五積四十九開方之得七百里鄭玄周禮大司徒注云凡諸侯爲牧正帥長及有德者乃有附庸公無附庸侯附庸九同伯附庸七同子附庸五同男附庸三同進則取焉退則歸焉魯於周法不得有附庸故言錫之也地方七百里者包附庸以大言之附庸二十四言德兼此四等矣是增厚魯國之事也

祝宗卜史大祝宗人大卜大史凡四官**備物典策**。典策春秋之制○策本又作冊亦作筴或作笧皆初革反**官司彝器**官司百官也彝器常用器○彝羊之反疏祝宗至彝器○正義曰祝宗接神之官大卜主卜大史主書與此四等官人使之將歸於魯也服虔云備物國之職物之備也當謂國君威儀之物若今。繖扇之屬備賜魯也杜不解備物則與典策爲一也備物典策謂史官書策之典若傳之所云發凡之類賜之以法使依法書時事也官司彝器謂百官常用之器蓋鐏罍俎豆之屬具賜魯也**因商奄之民**商奄國名也與四國流言或迸散在魯皆令卽屬魯懷柔之○迸彼諍反令徐力呈反疏注商奄至柔之○正義曰書傳云武王殺。以繼公子祿父及管蔡流言奄君謂祿父曰武王死成王幼周公疑此百世之時請舉事然後祿父及三監叛是奄與四國流言也昭九年傳云蒲姑商奄吾東土也此復云因商奄之民則商奄是東方之國近魯之地也昭元年傳云周有徐奄杜以彼奄與此商奄爲一故土地名奄商奄。二名共爲一國此注言商奄國名以商奄二字爲國名也詩稱四國流言毛傳以四國爲管蔡商奄則商奄各自爲國奄則此奄是也商謂紂子祿父下云管蔡啓商是名祿父爲商也然則毛言商奄爲二杜言商奄爲一杜言四國流言亦謂管蔡祿父與商奄爲四也商奄郎四國之一言與者據民與四國之君流言故言與也或者據奄君道三國爲亂故言與總稱四國非。爲商奄外別有四國也言封魯於少皞之墟則商奄非魯地也非魯地而言因其民是誅商奄之日民或迸散在魯皆命使卽屬於魯令魯懷柔之玄鄉以爲三監與商爲四國奄在外故言與四國**命以伯禽**伯禽周公世子時周公唯遣伯禽之國故皆以付伯禽疏注伯禽至伯禽○正義曰詩魯頌說封魯之事云王曰叔父建爾元子俾侯于魯是伯禽爲周公世子也魯世家云周公相成王使其子伯禽代就封於魯文十三年公羊傳曰周公何以稱太廟于魯封魯公以爲周公也周公拜乎前魯公拜乎後曰生以養周公死以爲周公主然則周公之魯乎曰不之魯也封魯公以爲周公則周公曷爲不之魯欲天下之一乎周也其意言周公聖人若使之魯則恐天下迴心向之故不使之魯也以周公身不適魯唯遣伯禽之國故傳皆言分魯公不言分周公也傳言命以伯禽於體例命以康誥命以康誥則伯禽亦似策命篇名今杜云唯遣伯禽之國故皆以付伯禽則伯禽非是誥誓篇名若必是誥誓當云命以魯誥既爲國君不得與君牙伯冏同類也劉炫云伯禽猶下命以康誥是伯禽爲命書似書序穆王命君牙爲周大司徒作君牙即以君牙爲篇與此同也

而封於少皞之虛少皞虛曲阜也在魯城內○少詩照反注及下同皞胡老反虛起居反注及下皆同【疏】注少皞至城內○正義曰此注少皞之虛即曲阜是也曲阜在魯城內則魯之所都正在少皞虛矣昭二十九年注窮桑少皞之號窮桑地在魯北與此異者賈逵云少皞居窮桑登爲帝蓋未爲帝居魯北既爲帝乃居魯也

分康叔康叔衞之祖

以大路少帛綪茷旃旌少帛雜帛也綪茷大赤取染草名也通帛爲旃析羽爲旌○綪七見反茷步具反又音吠旃章然反【疏】注少帛至爲旌○正義曰周禮司常云通帛爲旜雜帛爲物鄭玄云通帛謂大赤從周正色無飾雜帛者以帛素飾其側白殷之正色大赤是通帛知少帛是雜帛也釋草云茹藘茅蒐郭璞曰今之蒨也可以染絳則綪是染赤之草茷即旆也爾雅繼旐曰旆旐是旆身旆是旆尾尾猶用赤則通身皆赤知綪茷是大赤大赤即今之紅旗取染赤之草爲名也蓋王以通帛雜帛並賜衞也然則大赤是旃也於綪茷之下更言旃者茷言旆尾旃言旆身圓其文故具言耳若其不然旌是大于之所建旗皆有旌少帛旃旆之後何須更復言旌明是圓其文故重言之

大呂鐘名【疏】鐘名○正義曰周鑄無射魯鑄林鐘皆以律名名鐘知此大呂沽洗皆鐘名也其聲與此律相應故以律名名焉

殷民七族陶氏

施氏繁氏錡氏樊氏饑氏終葵氏封畛土略自武父以南及圃田之北竟畛塗所徑也略界也武父衛北界圃田鄭藪名○陶徒刀反繁步何反錡魚綺反畛之忍反一音真圃布五反本亦作甫同塗音徒徑音經藪素口反【疏】注畛塗至數名○正義曰周禮遂人云夫間有遂遂上有徑十夫有溝溝上有畛百夫有洫洫上有塗千夫有澮澮上有道萬夫有川川上有路……

數名○正義曰周禮遂人云夫間有遂廣深各二尺遂上有徑容車馬也十夫有溝廣深四尺溝上有畛容大車百夫有洫廣深八尺洫上有塗容乘車一軌千夫有澮廣二尋深二仞澮上有道容二軌萬夫有川川上有路容三軌畛是路故為塗所徑也桓十二年公會鄭伯盟于武父杜云陳留濟陽縣東北有武父城彼是鄭地與此武父非一也土地名云傳曰封畛土略自武父以南則武父衛之北竟也非河南武父其地闕無處故直云衛北界也釋地十藪鄭有圃田郭璞曰今滎陽中牟縣西圃田澤是也衛之南竟至此澤畔取於有閻之土以共王職有閻衛所受朝宿邑蓋近京畿○近附近之近下近戎同取於相土之東都以會王之東蒐為湯沐邑王東巡守以助祭泰山○相息亮反蒐所求反守手又反【疏】取於至東蒐○正義曰土地名有閻之土與相土之東都其地皆闕無其處言共王職猶魯之許田蓋近京畿也會王東蒐則為從王巡守助祭泰山為湯沐之邑若鄭之祊田蓋近泰山也王巡守者諸侯為王守土天子以時出巡行之今言蒐則王之巡守亦因田獵以教習兵士聃季授土聃季周公弟司空○聃乃甘反【疏】注聃季至司空○正義曰富辰言文之昭聃季在魯下史記大姒十子聃季最少是周公弟也周禮司空主土司徒主民知聃季授土為司空也下陶叔授民為司徒也陶叔授民陶叔司徒命以康誥而封於殷虛康誥周書殷虛朝歌也皆啓以商政疆以周索皆魯衛也啓開也居殷故地因其風俗開用其政疆理土地以周法索法也○疆居良反注及下同【疏】注皆魯至法也○正義曰王制云凡居民材必因天地寒煖燥溼廣谷大川異制民生其間者異俗脩其教不易其俗齊其政不易其宜是言王者布政當順民俗而施之也此民

習商之政爲日已久還因其風俗開。道以舊政也衛居殷虛開以商政可矣魯亦開以商政者王者所法不過二代夏在衛西魯在衛東夏政非魯所及與衛大同以殷之餘民有六族將其醜類以郎事于魯故與衛皆啓以商政也疆理土地以周法則三代經界法皆有異其異未盡聞也索之爲法相傳訓耳考工記量器銘曰時文思索允臻其極鄭亦以索爲法

分唐叔唐叔晉之祖以大路密須之鼓密須國名闕鞏甲名○鞏九勇反沽。洗鐘名○沽音孤洗息典反懷姓九宗職官五正懷姓唐之餘民九宗一姓爲九族職官五正五官之長○長丁丈反下文乃長同

疏注懷姓至之長○正義曰懷姓居在晉地而不言殷民知是唐之餘民衛同也言懷姓九宗則皆姓懷矣知一姓而有九族也職官五正杜云五官之長則謂五官之長子孫耳曲禮云天子之五官曰司徒司馬司空司士司寇鄭玄云此殷時制也然則殷時五官居在唐地世爲貴族以賜唐叔使主領之所以榮寵唐叔也殷之五官不必皆在唐地但有三官四官亦得總五言之劉炫云職官五正職主也正長也主官事者有五長分九宗爲五官使主之此九宗蓋宗有一人數少者當宗不足立官幷之爲五使五官領此九宗或以爲於懷姓之內立五正使分主九宗未知誰是故備言之或以爲五官之長謂如昭二十九年蔡墨所云五行之官長也是天子之大臣非唐之遺民然姓而有五也幷賜唐叔豈天子得以五行官長賜諸侯哉

命以唐誥而封於夏虛。唐誥誥命篇名也夏虛大夏今大原晉陽也啓以夏政亦。因夏風俗開用其政疆以戎索大原近戎而寒不與中國同故自以戎法三者皆叔也而有令德故昭之以分物不然文武成康之伯猶多而不獲是分也唯不尙年也管蔡啓商惎間王室惎毒也周公攝政管叔蔡叔開道紂子祿父以毒亂王室○惎音忌閒閒廁之閒道音導王於是乎殺管叔而蔡蔡叔周公稱王命以討二叔蔡放也○蔡蔡叔上素達反注同下蔡叔如字以

車七乘徒七十人(與蔡叔車徒而放之○乘繩證反)其子蔡仲改行帥德周公舉之以爲己卿士(爲周公臣○行下孟反)見諸王而命之以蔡(命爲蔡侯○見賢遍反)其命書云王曰胡無若爾考。之違王命也(胡蔡仲名)**疏**(文武至尚年○正義曰文武成康皆以處長而立未。得更有兄伯封爲諸侯而云伯猶多者以叔年稚於伯仲處叔)而得分多明其長者無所得伯是兄弟之長故舉伯以爲言所云猶多者甚言之耳歷檢書傳文武成康未有兄爲諸侯者幼者分物多長者無所得此唯爲不尚年故也○管蔡至命也○正義曰書序云蔡叔既沒王命蔡仲踐諸侯位作蔡仲之命其經云。惟周公位冢宰正百工羣叔流言乃致辟管叔于商囚蔡叔于郭鄰以車七乘降霍叔于庶人三年不齒蔡仲克庸。祗德周公以爲卿士叔卒乃命諸王邦之蔡王若曰小子胡惟爾率德改行克慎厥猷肆予命爾侯于東土往卽乃封敬哉爾尚蓋前人之愆惟忠惟孝率乃祖文王之彝訓無若爾考之違王命傳之此言皆述書意而爲之辭唯增言徒七十人耳孔安國云郭鄰中國之外地名亦不知何方地名也○注惎毒也○正義曰惎毒間亂賈逵云然是相傳訓也道祿父作亂將以害周若毒螫然故云毒亂王室也○注周公至放也○正義曰蔡仲之命篇云周公乃致辟管叔于商因蔡叔于郭鄰蔡則是周公誅之矣而此言王者周公稱王命以討之書序云成王既伐管叔蔡叔是稱王命之文也說文云𥼶散之也從米殺聲然則𥼶字殺下米也𥼶爲放散之義故訓爲放也隸書改作已失字體𥼶字不復可識寫者全類蔡字至有爲一蔡字重點以讀之者今定本作蔡非也○注爲周公臣○正義曰孔安國云明王之法誅父用子言至公周公圻內諸侯二卿治事是爲周公圻內采邑之卿也

若之何其使蔡先衞也武王之母弟八人周公爲太宰康叔爲司寇聃季爲司空五叔無官豈尚年哉(五叔管叔鮮蔡叔度成叔武霍叔處毛叔。聃也)**疏**(母弟八人○正義曰上言十人而此云八者伯)

邑考已死不數武王故八人〇康叔爲司寇〇正義曰尚書蘇公爲司寇此言康叔者爲蘇公出封爲國康叔替之〇注五叔〇正義曰史記云聃季載杜云

毛叔聃又不數叔振鐸者杜以振鐸非周公同母故不數之或杜別有所見不以管蔡世家爲說 曹文之昭也文王子與周公異母〇昭上饒

反說文作紹 晉武之穆也武王子 曹爲伯甸非尚年也以伯爵居甸服言小〇甸徒練反 疏曹文至尚年〇正義

曰於昭穆曹是晉之叔父也晉爲大國多受分物曹爲伯爵而在甸服非是尊尚年長也桓二年傳云晉甸侯也晉亦在甸唯侯伯之爵異耳言爲伯甸連言

之耳於甸無升降也鄭玄云曹今濟陰定陶也去王城八百里東都之畿方六百里半之三百里侯服五百里定陶在畿外故爲在甸服言其小也今將

尚之是反先王也晉文公爲踐土之盟衛成公不在夷叔其母弟也猶先蔡踐土

召陵二會經書蔡在衛上霸主以國大小之序也子魚所言盟歃之次 其載書云王若曰晉重文公〇重直龍反 魯申僖公

衛武叔武 蔡甲午莊侯 鄭捷文公〇捷在接反 齊潘昭公〇潘普安反 宋王臣成公〇宋王臣如字本或作壬如林反

莒期兹丕公也齊序鄭下周之宗盟異姓爲後〇丕普悲反 藏在周府可覆視也吾子欲復文武之略略道

也〇覆芳服反 疏藏在周府〇正義曰言周家府藏之內有此載書在也本或爲盟府由僖五年傳藏於盟府涉彼而誤耳 而不正其德將

如之何萇弘說告劉子與范獻子謀之乃長衛侯於盟反自召陵鄭子大叔未

至而卒晉趙簡子爲之臨甚哀曰黃父之會在昭二十五年〇說音悅爲于僞反下楚爲沈同臨力鴆反父音甫

疏不正其德〇正義曰正長也謂不長其有德者也〇乃長衛侯〇正義曰釋例曰周之宗盟異姓爲後故踐土之盟載書齊宋雖大降於鄭衛匡周而言

指謂王官之宰臨盟者也其餘雜盟未必皆然踐土召陵二會皆蔡在衛上時國次也至盟乃正其高下者敬共明神本其始也是言會以國之大小爲次至盟乃先同姓盟之先同姓者唯謂王官之宰臨盟時耳踐土則王子虎盟諸侯于王庭此盟則劉子在焉故二者先同姓其餘雜盟亦以國之大小爲次故襄二十七年宋之盟晉楚爭先若其皆先同姓則楚不得競也以此知餘盟不然

夫子語我九言曰無始亂無怙富無恃寵無違同無敖禮無驕能以能驕人○語魚據反怙音戶敖五報反

疏九言○正義曰古者一字與二字並爲一言易云伏羲作十言之教曰乾坤震巽坎離艮兌消息乾坤雖是一字亦一出口乃得言之故謂之一言今則一字爲一言三字以上爲一句

無復怒復重也○復扶又反注同無謀非德非所謀也無犯非義傳言鬭子能用善言所以遂興○沈人不會于召陵晉人使蔡伐之夏蔡滅沈秋楚爲沈故圍蔡伍員爲吴行人以謀楚楚之殺郤宛也在昭二十七年○員音云伯氏之族出郤宛黨伯州犂之孫嚭爲吴大宰以謀楚楚自昭王即位無歲不有吴師蔡侯因之以其子乾與其大夫之子爲質於吴冬蔡侯吴子唐侯伐楚唐侯不書兵屬於吴蔡○犂力兮反嚭普鄙反乾其連反質音致舍舟于淮汭吴乘舟從淮來過蔡而舍之○舍音赦置也又音捨汭如銳反注同自豫章與楚夾漢豫章漢東江北地名○夾古洽反

疏注豫章至地名○正義曰漢書地理志豫章郡名在江南此在江北者土地名云定二年楚人伐吴師于豫章吴人見舟于豫章而潛師于巢共軍楚師于豫章又伯舉之役吴人舍舟于淮汭而自豫章與楚夾漢此皆在江北淮南蓋後徙在江南之豫章

左司馬戌謂子常曰子沿漢而與之上下沿緣也緣漢上下遮使勿渡○

沿悅全反上時掌反遮正奢反我悉方城外以毀其舟以方城外人毀。吳所舍舟還塞大隧直轅冥阨。三者漢東
之隘道○隧音遂冥亡丁反本或作寘之豉反阨於懈反本或作隘音同子濟漢而伐之我自後擊之必大敗之既
謀而行武城黑謂子常黑楚武城大夫曰吳用木也我用革也用軍器不可久也不如速
戰史皇謂子常楚人惡子而好司馬史皇楚大夫司馬沈尹戌○惡烏路反好呼報反若司馬毀吳舟
于淮塞城口而入城口三隘道之總名是獨克吳也子必速戰不然不免乃濟漢而陳自
小別至于大別禹貢漢水至大別南入江然則此二別在江夏界○陳直覲反下文及注同夏戶雅反【疏】注禹貢至夏界○正義曰禹貢
云嶓冢導漾東流爲漢又東爲滄浪之水過三澨至于大別南入于江孔安國云三澨水名入漢大別山名觸山迴南入江如彼文大別在江北小別當近之
小別當在大別之東也何則子常從小別與吳戰退而至大別明其自東而漸西也土地名小別大別皆闕不知所在或曰大別在安豐縣西南傳曰吳既與
楚夾漢然後楚乃濟漢而陳自小別至于大別然則二別近漢之名無緣反在安豐也三戰子常知不可欲奔知吳不可勝史
皇曰安求其事求知政事難而逃之將何所入子必死之初罪必盡說言致死以克吳可以免貪
賄致寇之罪○難乃旦反十一月庚午二師陳于柏舉經所以書戰二師吳楚師闔廬之弟夫槩王晨請
於闔廬曰楚瓦不仁瓦子常名其臣莫有死志先伐之其卒必奔而後大師繼之必
克弗許夫槩王曰所謂臣義而行不待命者其此之謂也今日我死楚可入也

以其屬五千先擊子常之卒子常之卒奔楚師亂吳師大敗之子常奔鄭史皇以其乘廣死以戰死○卒子忽反下同乘繩證反廣古曠反【疏】所謂至入也○正義曰臣見義則行不待君命古有此言故云其此之謂也今日我致死而戰楚可入也吳從楚師及清發清發水名將擊之夫槩王曰困獸猶鬬況人乎若知不免而致死必敗我若使先濟者知免後者慕之蔑有鬬心矣半濟而後可擊也從之又敗之楚人爲食吳人及之奔食而從之敗諸雍澨五戰及郢奔食食者走不陳故不在戰數○澨市制反【疏】注奔食至戰數○正義曰五戰謂濟漢而陳自小別至于大別三戰也柏舉也清發也此已五矣若復數雍澨則爲六也傳例皆陳曰戰奔食而從之則食者走不暇爲陳故不數也己卯楚子取其妹季芊畀我以出涉雎雎水出新城昌魏縣東南至枝江縣入江是楚王西走○芊面爾反楚姓畀必利反世族譜季芊畀我皆平王女也服云畀我季芊之字雎音七餘反下同【疏】季芊畀我○正義曰世族譜季芊與畀我二人皆平王女也服虔云季芊許嫁而字畀我季芊弟也禮婦人許嫁笄而稱字季芊稱字是許嫁也蓋遭亂夫死而改適鍾建耳○注雎水至西走○正義曰土地名雎水出新城昌魏縣南發河山東南經襄陽至南郡枝江縣入江此水在郢都之西楚王辟吳而西走鍼尹固與王同舟王使執燧象以奔吳師燒火燧繫象尾使赴吳師驚却之○鍼之林反燧音遂【疏】注燒火至却之○正義曰賈逵云燧火燧也象象獸也以火繫其尾使奔吳師驚却其衆使王得脫杜用其說也禮有金燧木燧皆取火之物故以燧名火也說文云象長牙鼻南越之大獸也南州異物志云象身倍數牛而目則如豕其鼻長七八尺其所食物皆鼻取之性馴良爲人所養夷人服乘之史記大宛傳曰身毒國其民皆乘

象以戰是象可調馴楚近南邊故有此象王將涉雎吳師來偪故使以火繫象尾令突吳師使驚却之言執燧象者既繫火於尾執而率向吳師乃放之庚
辰吳入郢以班處宮以尊卑班次處楚王宮室子山處令尹之宮子山吳王子夫槩王欲攻之懼
而去之夫槩王入之入令尹宮也言吳無禮所以不能遂克左司馬戌及息而還息汝南新息也聞楚敗故還
敗吳師于雍澨傷司馬先敗吳師而身被創○創初良反初司馬臣闔廬故恥為禽焉司馬嘗在吳為闔廬
臣是以今恥於見禽謂其臣曰誰能免吾首吳句卑曰臣賤可乎司馬曰我實失子可哉
失不知子賢○句古侯反疏我實失子可哉○正義曰言我比來失子不知子有賢行臨難能免吾首女今可守此言哉三戰皆傷曰吾
不用也已句卑布裳剄而裹之司馬已死剄取其首○剄古頂反裹音果疏注司馬已死○正義曰言布裳剄之是司馬傷
而自殺故云已死藏其身而以其首免傳言司馬之忠壯疏注忠壯○正義曰謀毀舟敗吳楚是忠也雖傷猶戰不止是壯也
子涉雎濟江入于雲中入雲夢澤中所謂江南之夢○夢如字又音蒙疏注入雲至之夢○正義曰土地名云南郡枝江縣西有雲
夢城江夏安陸縣東南亦有夢城或曰南郡華容縣東南有巴丘湖江南之夢也郢都在江北雎東王走西涉雎又南濟江乃入于雲中知此在江南昭三年
王與鄭伯田於江南之夢謂此也言江南之夢則江北亦有夢矣司馬相如子虛賦云雲夢者方九百里則此澤跨江南北王寢盜攻之以
戈擊王王孫由于以背受之中肩王奔鄖鍾建負季芉以從鍾建楚大夫○中丁仲反鄖音云從
才用反下同一音如字由于徐蘇而從以背受戈故當時悶絶鄖公辛之弟懷將弒王曰平王殺吾

父我殺其子不亦可乎辛蔓成然之子鬬辛也昭十四年楚平王殺成然○殺如字又申志反下我殺同蔓音萬辛曰君討臣誰敢讎之君命天也若死天命將誰讎詩曰柔亦不茹剛亦不吐不侮矜寡不畏彊禦唯仁者能之詩大雅言仲山甫不辟彊陵弱○茹音汝矜古頑反【疏】柔亦至彊禦○正義曰詩大雅烝民美宣王之詩其章內言仲山甫不茹柔不吐剛也釋言云啜茹也舍人曰啜茹食也檀弓云啜菽飲水啜菽謂食。藜藿也然則茹者噉食之名違彊陵弱非勇也乘人之約非仁也滅宗廢祀非孝也弒君罪應滅。宗動無令名非知也必犯是余將殺女鬬辛與其弟巢以王奔隨吳人從之謂隨人曰周之子孫在漢川者楚實盡之天誘其衷致罰於楚而君又竄之竄匿也○知音智女音汝衷音忠竄七亂反匿女力反【疏】以王奔隨○正義曰桓六年傳曰漢東之國隨為大土地名隨義陽隨縣其國在楚之東也土地名鄖。江夏雲杜縣則是楚之西南吳師猶尚在楚更東來奔隨國者蓋為楚與隨有恩謂可保守故也周室何罪君若顧報周室施及寡人以奬天衷。奬成也○施以豉反君之惠也漢陽之田君實有之楚子在公宮之北隨公宮也吳人在其南子期似王子期昭王兄公子結也逃王而已為王曰以我與之王必免隨人卜與之不吉乃辭吳曰以隨之辟小而密邇於楚楚實存之世有盟誓至于今未改若難而棄之何以事君執事之患不唯一人一人楚王○辟四亦反難乃旦反若鳩楚竟敢不聽命吳人乃退鳩安集也○竟音境鑪。金初官。於子期氏實與隨人要言○要言無以楚王與吳弁欲脫子期鑪本又作鑪金名音慮是也王使見王喜其意欲引見之以比王臣且欲使盟隨人○見賢遍反下注敢見皆同辭曰不敢以約為利此約謂要言也此一時之事非為德舉故辭不敢見亦不肯為盟主○約如字又於妙反王割子期之心以與隨人盟當心前割取血以盟示其至心初。伍員與申包胥友包胥楚大夫○包必交反其亡也謂申包胥曰我必復楚國復報也申包胥曰勉之子能復之我必能與之及昭王在隨申包胥如秦乞師曰吳為封豕長蛇以荐食上國荐數也言吳貪害如。蛇豕○荐在薦反數所角反【疏】注荐數也○正義曰釋言云荐再也再亦數之義也虐始於楚寡君失守社稷越在草莽使下臣告急曰夷德無厭若鄰於君疆場。之患也吳有楚則與秦鄰○草莽舊作茅亡交反今本多作莽莫蕩反下同厭於鹽反疆居良反場音亦逮吳之未定君其取分焉與吳共分。其地○逮音代分扶問反若楚之遂亡君之土也若以君靈撫之世以事君撫存恤也秦伯使辭焉曰寡人聞命矣子姑就館將圖而告對曰寡君越在草莽未獲所伏伏猶處也下臣何敢即安立依於庭牆而哭日夜不絕聲勺飲不入口七日秦哀公為之賦無衣詩秦風取其王于興師脩我戈矛與子同仇與子偕作與子偕行○勺市灼反又音灼為于偽反仇音求【疏】無衣○正義曰無衣刺用兵也秦人刺其君好攻戰亟用兵而不與民同欲焉其詩云豈曰無衣與子同袍王于興師脩我戈矛與子同仇鄭注云此責康公之言也君豈嘗曰女無衣我與女同袍乎言不與民同欲也下注云君不與我同欲而於王興師則云脩我戈矛與子同仇往伐之刺其好攻戰又云豈曰無衣與子同澤王于興師脩我矛戟與子偕作又云豈曰無衣與子同裳王于興師脩我甲兵與子偕行九頓首而坐無衣三章章三頓首秦師乃出爲明年包胥以秦師至張本

附釋音春秋左傳注疏卷第五十四

春秋左傳注疏卷五十四校勘記　阮元撰盧宣旬摘錄

附釋音春秋左傳注疏卷第五十四 定元年盡四年宋本春秋正義卷三十三石經春秋經傳集解定十第廿七淳熙本岳本定下有公字並盡七年

〔定公〕

〔經元年〕

其義也 宋本其上有是字是也

因以此年爲元年也 閩本監本毛本此字元字誤倒

雖則年初亦統此歲 案隱元年正義則作非

長曆辛巳 齊召南云辛上當有推字

事當使歸伏於天子 宋本毛本伏作決不誤閩本監本作决俗字

其廟即已毀矣 監本毛本即作既非

〔傳元年〕

隕霜殺菽 釋文菽作叔云本或作菽石經初刻作叔廿頭後加說文作尗今字多作菽

晉魏舒合諸侯之大夫于狄泉諸本作狄陳樹華云漢書五行志作翟案水經注穀水篇引同僖廿九年亦作翟翟狄二字古多通用

非義也大事奸義陳樹華云漢書義並作誼

易位以令宋本以下正義六節總入天之所壞注下

若之南鄉宋本監本毛本若作君是也○今依訂正

與周相去千有餘里宋本監本毛本與作與是也

當是荒蕪之地閩本監本毛本是作時

地下寬率宋本率作平是也○今依訂正

欲使三國代宋受功役也宋本淳熙本也下有郳小邾三字

以爲夏車正石經正字改刊

山川鬼神鄭氏注儀禮覲禮引作山川神祇

尚書說命傳說進戒於王云宋本傳作傅不誤王作主非也

萇叔違天毛本叔作宏與諸本不合

諸侯相帥以崇天子 宋本閩本監本毛本帥作率

衆士皆諸問子家子 宋本淳熙本岳本纂圖本閩本監本毛本士作事

季孫至命焉 宋本以下正義七節總入對曰生弗能事節注下

凡從君出而可以入者 閩本監本毛本君作公非也

不敢叔孫成子名 纂圖本毛本成誤臣

諸侯至即位 宋本諸上有注字

榮駕鵞曰 石經淳熙本岳本駕作鴐與葉抄釋文合下同案說文無鴐字錢大昕云依正文當用鴚假借同音則鴐亦通也

知者下云死又惡之 閩本監本毛本云作文

溝而反 閩本監本毛本反作合宋本作溝而二字是也

則公死於外 宋本淳熙本岳本纂圖本監本毛本則作昭是也

平易不從曰簡 案逸周書謚法解從作訾

（經二年）

（傳二年）

桐叛至無忌　宋本此節正義在注文巢大夫之下

故意吳得使之也　宋本無意字是也

故不遂圍巢克之　宋本監本毛本不作下是也

奪之杖以敲之　葉抄釋文敲作毃又或作茅或作㓻案說文攴部有毃云擊頭也

〔經三年〕

若以緩見退　閩本監本毛本退作譴是譴字之誤

當遣謝罪　閩本監本毛本遣作退

冬仲孫何忌及邾子盟于拔　顧炎武云石經拔誤枝案石經此處殘缺炎武所據乃補刻本

〔傳三年〕

自投于牀　淳熙本牀誤狀

欲藏中之絜　纂圖本之誤三

注欲藏至遺命　宋本此節正義在注下躁疾也之下

禮國君位而爲郱　宋本監本毛本君下有卽字郱作椑是也

莊公卞急而好潔　石經潔作絜是也

秋九月　毛本九誤七

注成公至馬名　宋本以下正義二節總入蔡侯如晉節注下

肅爽鴈也　毛本鴈作雁

謂請楚楚許之也　宋本許上有人字

自奮言若復度漢　宋本岳本纂圖本監本毛本度作渡閩本初刻作度後加水旁

〔經四年〕

但諸侯雖五月可葬　宋本可作而是也

事既無傳　毛本既誤作今諸本作無此本作无今改正

今刪是知非者　宋本監本毛本是作定是也

從蔡計謀　纂圖本計誤討

吳其入郢　監本毛本脫其字正義同

貪珮馬以致討　宋本珮作佩是也

猶成三年宋本閩本監本毛本三作二非也

故敗而稱吳宋本閩本監本毛本敗作貶不誤

（傳四年）

注文公至諸侯宋本自此節以下正義至不正其德止總入乃長衛侯於盟句下

晉荀寅求貨於蔡侯弗得言於范獻子曰石經及諸本作於毛本作于非

祇取勤焉石經此處殘缺當是祇字宋本以下作祗取亦非

晉人假羽旄於鄭監本毛本晉上衍注字

掌九旗之名物案周禮作物名

斿車載旌閩本監本斿作游毛本作遊

斿車木路也閩本監本毛本斿作遊非

聖人有以見天下之賾宋本賾作𧶽是也

有頓亂忿爭之言宋本頓作煩是也

其使祝佗從諸本作佗詩下泉正義書舜典正義論語疏引傳並作鮀

則諸侯之祝官亦然也　閩本官作宮亦非浦鏜正誤作宜

先事祓禱於社　宋本淳熙本岳本纂圖本閩本監本毛本先下有有字

不用命奔此者　宋本監本毛本此作北

欲令蔡先衞歃　釋文歃下有也字

選建明德以藩屏周　石經宋本藩作蕃

分魯公以大路大旂　釋文路作輅云本亦作路案經傳多作路無作輅者輅俗路字

封父之繁弱　惠棟云鄭康成曰封父國名荀卿子曰繁弱鉅黍古之良弓也繁亦作蕃上林賦云彎蕃弱文穎曰蕃弱夏后氏良弓之名李善曰蕃與繁古字通

注封父至弓名　毛本弓作國非也

載忌歸之矢　宋本監本毛本忌作忘是也

殷氏六族　宋本岳本纂圖本閩本監本毛本氏作民是也石經民字缺末筆

下賜殷氏七族　宋本氏作民是也

分之土田陪敦　諸本作陪釋文作倍云本亦作陪陳樹華云說文培字注云培敦土田山川也从土咅聲則培乃陪本字作倍非也

地方五百里　宋本地作已非

備物典策　石經策作筴釋文作筴云本又作册亦作策或作篇說見序

若今繖扇之屬　宋本閩本監本毛本繖作繖是也

武王殺以　宋本監本以作紂

二名共爲一國　閩本二字空缺監本毛本作一非也

非爲商奄外別有四國也　浦鏜云爲當謂字誤

則恐天下迴心尙之　諸本尙作向不誤

命以康誥則伯禽亦似策命篇　宋本康作唐是也毛本似誤以

綪茷旃旌　鄭氏禮記雜記注引作蒨旆詩小雅白旆央央正義云茷與旆古今字也故左傳云蒨茷旃旌茷亦旆也石經綪字似改刻疑初刻作蒨字按說文云綪赤繒也是綪爲正字

則綪是染赤之草　毛本綪作蒨

鐘名　淳熙本纂圖本閩本監本毛本鐘作鍾閩監毛正義同

殷氏七族　石經宋本岳本監本毛本氏作民是也

洫上有塗 宋本塗作涂

與北武父非一也 宋本閩本監本毛本北作此是也

其地闕無虛 宋本無下有其字是也

王東巡守 宋本守作狩

寒煖燥濕 毛本煖作暖濕作溼

開道以舊政也 閩本監本毛本道作導案道導古今字

沽洗 閩本沽改姑

命以康誥 宋本淳熙本岳本纂圖本毛本康作唐是也汁同石經唐字改刻初刻亦誤康

亦因夏風俗 監本因字模糊重脩監本誤圍

蔡放也 淳熙本也誤安段玉裁云傳文蔡蔡叔說者謂上蔡字即𥻦字也古音蔡同殺減殺字亦讀入聲

無若爾考之違王命也 淳熙本考誤考

未聞更有兄伯 閩本監本毛本聞作得

惟周公位冢宰 宋本亦作惟閩本監本毛本作唯

蔡仲克庸祗德　宋本監本毛本祗作祇按作祗是也祇乃地祇字

毛叔聃也　陸粲附注云逸周書及史記皆云毛叔名鄭此作聃誤也且聃季是毛叔之弟何容乃取兄名爲封國之號斯必不然矣陶淵明集聖賢羣輔錄作毛叔鄭

於佃無升降也　宋本閩本監本毛本佃作甸是也

晉趙簡子爲之臨　石經之字以下一行計十一字

○乃長衞侯　宋本以下正義二節總入無犯非義注下

匡周而言　閩本監本匡作匡宋本作斥

兵屬於吳蔡　毛本蔡作楚非也

注豫章至地名　宋本以下正義十四節總入秦師乃出注下

在江南此在江北者　閩本監本毛本作此在江南在江北大誤

又伯舉之役　宋本閩本監本毛本伯作柏案穆天子傳注古伯字多從木公羊經又作伯莒

子㳂漢而與之上下　岳本㳂作沿注同

遮使勿渡　宋本渡作度

毀吾所舍舟　宋本岳本纂圖本監本毛本吾作吳是也

還塞大隧直轅冥阨　釋文云冥阨本或作寘隘石經宋本作冥與釋文合惠棟云冥阨九塞之一在楚史記蘇秦傳云塞鄳阨徐廣曰鄳江夏鄳縣棟謂鄳阨即冥阨也墨子非攻篇曰吳闔閭次注林出於冥隘之徑隘即阨傳亦作隘戰于柏舉中楚國而朝當子常不從司馬之計濟漢轉戰至於柏舉其時吳已隘而西楚事不可爲矣

季芊稱字　宋本芊作芉

正義曰壬地名　閩本監本毛本壬作睢亦誤宋本作土是也

以火繫其已　宋本監本毛本已作尾是也

目鼻長七八尺　監本毛本目作其閩本初刻作目後改其是也

使焉却之　正德本閩本焉作馬監本毛本同馬上有驚字宋本作使驚却之是也

言執燧象者　監本毛本執上無言字

執而率向吳師乃放之　宋本率作率是也

司馬先敗吳師而身被創　淳熙本先敗作營征非也

吾不用也已　宋本淳熙本岳本監本毛本不下有可字是也石經此處殘缺

有巴邱胡 宋本監本毛本胡作湖是也

啜菽謂食藜藿也 宋本藜作豆是也

殺君罪應滅宗 淳熙本宗誤字

鄖江夏雲杜縣 閩本監本江誤汪

以弊天衷 淳熙本弊作獎注同

鑪金初官於子期氏 石經宋本鑪作鑢是也與釋文合案漢書古今人表亦作鑢字宋本岳本足利本官作宧淳熙本作宦石經初刻同後改宧是也

初伍員與申包胥友 石經伍字人旁後加非也

言吳貪害如蛇豕 宋本蛇作虵

疆埸之患也 纂圖本閩本監本毛本埸作場非

與吳共分其地 宋本淳熙本岳本纂圖本監本毛本其作楚是也

春秋左傳注疏卷五十四校勘記

杜氏注 孔穎達疏

經五年春王三月辛亥朔日有食之無傳○夏歸粟于蔡蔡為楚所圍。飢乏故魯歸之粟疏注蔡為至之粟○正義曰公羊傳曰孰歸之諸侯歸之曷為不言諸侯歸之離至不可得而序故言我也穀梁傳亦然賈逵取彼為說云不書所會後也杜以傳文唯言周亟矜無資自解魯歸粟之意不言諸侯歸之諸侯或亦歸之要此經所書其意不及諸侯故顯而異之言魯歸之粟○於越入吳於發聲也疏注於發聲也○正義曰公羊傳云於越者何越者何於越者未能以其名通也越者能以其名通也其意言越與於越立文不同事有褒貶左氏無此義越是南夷夷言有此發聲史官或正其名或從其俗越與於越史異辭無義例六月丙申季孫意如卒○秋七月壬子叔孫不敢卒無傳○冬晉士鞅帥師圍鮮虞

傳五年春王人殺子朝于楚因楚亂也終閔馬父之言夏歸粟於蔡以周亟。矜無資。○亟急也亟紀力反注同越入吳吳在楚也○六月季平子行東野東野季氏邑○行下孟反下桓子行同還未至丙申卒于房。陽虎將以璵璠斂璵璠美玉君所佩○璵本又作與音餘璠音煩又方煩反斂力驗反疏注璵璠至所佩○正義曰案說文云璵璠魯之寶玉璵璠是一玉名說文又云瑜美玉與璵璠異也昭公出奔之後平子攝行君事入宗廟佩此玉陽虎以平子嘗佩此玉故將以斂之仲梁懷不與明此玉是君所佩也君之所佩故為美玉也玉藻云公侯佩山玄玉此當時所佩未必是山玄也玉藻又云古之君子必佩玉右徵角左宮羽鄭

玄云徵角在右事也民也可以勞宮羽在左君也物也宜逸仲梁懷弗與懷亦季氏家臣曰改步改玉昭公之出季孫行君事佩璵璠祭宗廟今定公立復臣位改君步則亦當。去。璵璠〇去起呂反【疏】改步改玉〇正義曰步謂行也玉藻云君與尸行接武大夫繼武士中武鄭玄云尊者尚徐接武蹈半迹繼武迹相及也中武迹間容迹是君臣步不同也玉藻又云公侯佩山玄玉大夫佩水蒼玉是君臣玉不同也昭公之出季氏行君事爲君行佩君玉及定公立季氏復臣位故步玉皆改矣陽虎欲逐之告公山不狃不狃曰彼爲君也子何怨焉不狃季氏臣費宰子洩也爲君不欲使僭〇狃女九反爲于僞反注同洩息列反僭子念反【疏】彼爲君〇正義曰家臣謂季氏爲君故注云不欲使僭

既葬桓子行東野桓子意如子季孫斯及費子洩爲費宰逆勞於郊桓子敬之勞仲梁懷仲梁懷弗敬懷時從桓子行輕慢子洩〇勞力報反下同從才用反下從父昆弟皆從王並同子洩怒謂陽虎子。行。之乎行逐懷也爲下陽虎因。桓子起〇申包胥以秦師至秦子蒲子虎帥車五百乘以救楚五百乘三萬七千五百人〇乘繩證反注同子蒲曰吾未知吳道道猶法術使楚人先與吳人戰而自稷會之大敗夫槩王于沂稷沂皆楚地〇沂魚依反吳人獲薳射於柏。舉。薳射楚大夫〇射食亦反又食夜反其子帥奔徒奔徒楚散卒〇卒子忽反以從子西敗吳師于軍祥楚地秋七月子期子蒲滅唐從吳伐楚故九月夫槩王歸自立也以與王戰而敗自立爲。吳王號夫。槩奔楚爲堂谿氏傳終言之〇谿芳兮反下同吳師敗楚師于雍澨秦師又敗吳師吳師居麇麇地名〇麇九倫反下同子期將焚之

子西曰父兄親暴骨焉不能收又焚之不可前年楚人與吳戰多死麇。中言不可幷焚○暴步卜反子期曰國亡矣死者若有知也可以歆舊祀言焚吳復楚則祭祀不廢○歆許金反豈憚焚之焚之而又戰吳師敗又戰于公壻之谿楚地名吳師大敗吳子乃歸囚闉輿罷。闉輿罷請先遂逃歸輿罷楚大夫請先至吳而逃歸言吳唯得楚一大夫復失之所以不克○闉音因輿音餘又作與羊汝反罷音皮復扶又反葉公諸梁之弟后臧從其母於吳不待而歸諸梁司馬沈尹戌之子葉公子高也吳入楚獲后臧之母楚定臧棄母而歸○葉舒涉反從如字又才用反葉公終不正視之不義之○乙亥陽虎囚季桓子及公父文伯文伯季桓子從父昆弟也陽虎欲爲亂恐二子不從故囚之○公父音甫而逐仲梁懷冬十月丁亥殺公何藐藐季氏族○藐亡角反一音彌小反己丑盟桓子于稷門之內魯南城門庚寅大詛逐公父歜及秦遄皆奔齊歜郎文伯也秦遄平子姑壻也傳言季氏之亂○詛莊慮反歜昌欲反遄市專反○楚子入于郢吳師已歸初鬭辛聞吳人之爭宮也曰吾聞之不讓則不和不和不可以遠征吳爭於楚必有亂有亂則必歸焉能定楚。楚王之奔隨也將涉於成臼江夏竟陵縣。有白水出聊。屈山西南入漢○焉於虔反臼其九反屈其勿反又君勿反藍尹亹涉其帑亹楚大夫○藍力甘反亹亡匪反帑音奴不與王舟及寧王欲殺之寧安定也子西曰子常唯思舊怨以敗君何效焉王曰善使復其所吾以志前惡惡過也王賞鬭辛王孫由于王孫圉鍾建鬬巢申包胥王孫賈宋木鬬懷[九子皆從有大功者]王子西曰請舍懷也[以初謀弒王也○舍音捨又音赦弒申志反]王曰大德滅小怨道也[終從其兄免王大難是大德○難乃旦反]申包胥曰吾爲君也非爲身也君既定矣又何求且吾尤子旗其又爲諸[子旗蔓成然也以有德於平王求欲無厭平王殺之在昭十四年○爲君于僞反下爲身同厭於鹽反]遂逃賞王將嫁季芈季芈辭曰所以爲女子遠丈夫也鍾建負我矣以妻鍾建以爲樂尹[司樂大夫○遠于萬反妻七計反]王之在隨也子西爲王輿服以保路國于脾洩[脾洩楚邑也失王恐國人潰散故僞爲王車服立國脾洩以保安道路人○脾婢支反洩息列反]【疏】○王之至脾洩○正義曰王之在隨也國內無王子西以民無所依恐其潰散故僞爲王之車服以安道路之人國于脾洩之地於時子西蓋假稱王矣聞王所在而後從王王使由于城麇[於麇築城]復命子西問高厚焉弗知子西曰不能如辭[言自知不能當辭勿行]【疏】問高厚焉弗知○正義曰子西問由于所築麇城高厚幾何由于不知董遇云問城高厚丈尺也本或有小大者涉下文而誤耳○不能如辭○正義曰敢爲不敢如爲不如古人之語然也僖二十二年傳云若愛重傷則如勿傷愛其二毛則如服焉經傳之文此類多矣城不知高厚小大何知對曰固辭不能子使余也人各有能有不能王遇盜於雲中余受其戈其所猶在袒而視之背曰此余所能也脾洩之事余亦弗能也[傳言昭王所以復國有賢臣也○袒音但]【疏】城不至何知○正義曰王肅斷小大何知爲句注云如是小大何所知也

張。奐古今人論云子西問城之高厚小大而弗知也子西怒曰不能則如辭。能之而不知又何知乎張。奐引。傳爲文小大。上屬。杜雖無注蓋與張同晉士鞅圍鮮虞報觀虎之役也三年鮮虞獲晉觀虎

經六年春王正月癸亥鄭游速帥師滅許以許男斯歸游速大叔子○二月公侵鄭

公至自侵鄭無傳○夏季孫斯仲孫何忌如晉○秋晉人執宋行人樂祁犂稱行人言非其罪○犂力兮反又力之反○冬城中城無傳公爲晉侵鄭故懼而城之○爲于僞反○季孫斯仲孫忌帥師圍鄆無傳何忌不言何。闕文鄆貳於齊故圍之○鄆音運疏季孫至圍鄆○正義曰鄆是魯邑輒曰圍之必是鄆邑叛也三傳並無其事不知何爲而叛明年齊人歸鄆是叛屬齊也

傳六年春鄭滅許因楚敗也○二月公侵鄭取匡爲晉討鄭之伐胥靡也胥靡周地也周儋翩因鄭人以作亂鄭爲之伐胥靡故晉使魯討之匡鄭地取匡不書歸之晉○爲于僞反注同儋丁甘反翩音篇疏。討鄭之伐胥靡○正義曰下注云鄭伐周六邑在魯伐鄭取匡前而此獨云胥靡者此時須顯侵鄭之意故言討鄭之伐胥靡略言之也但鄭伐周事須從下文戍周發之故傳文乃逆指下事爲次也往不假道於衛及還陽虎使季孟自南門入出自東門陽虎將逐三桓欲使得罪於鄰國舍於豚澤衛侯怒使彌子瑕追之彌子瑕衛嬖大夫○豚杜孫反嬖必計反公叔文子老矣文子公叔發輦而如公曰尤人而效之非禮也昭公之難君將以文之舒鼎衛文公之鼎○難乃旦反成

之昭兆寶龜[疏]尤人至非禮○正義曰入其國門非也追伐其師亦非也尤其罪而復效之爲非禮也下云效小人以棄之卽云天將多陽虎之罪則公叔文子知此出入衞門是陽虎之計非魯公使然尤人謂尤陽虎也○文之至昭兆○正義曰賈逵云舒鼎鼎名昭兆寶龜杜依用之蓋衞文公鑄此鼎也其名曰舒不知其故成之昭兆成公新得此龜蓋以灼之出兆兆文分明故名爲昭兆定之鞶鑑鞶帶而以鏡爲飾也今西方羌胡猶然古之遺服○鞶又作盤步丹反又蒲官反鑑古暫反苟可以納之擇用一焉公子與二三臣之子諸侯苟憂之將以爲之質爲質求納魯昭公○質音致注同此羣臣之所聞也今將以小忿蒙舊德蒙覆也無乃不可乎大姒之子大姒文王妃○大音泰姒音似唯周公康叔爲相睦也而效小人以棄之不亦誣乎天將多陽虎之罪以斃之君姑待之若何乃止止不伐魯師○夏季桓子如晉獻鄭俘也獻此春取匡之俘○俘芳夫反陽虎強使孟懿子往報夫人之幣虎欲困辱三桓并求媚於晉故強使正卿報晉夫人之聘○強其丈反注同下皆放此[疏]陽虎至之幣○正義曰聘禮者諸侯使卿聘鄰國之禮也執圭以致君命執璧以致享幣其於夫人則聘用璋享用琮聘君與夫人一使兼致之夫人不別使也傳言報夫人之幣則晉之夫人嘗有聘魯者矣禮法夫人不別遣使則晉之夫人聘者亦爲晉君來聘也經無其事蓋遣大夫來聘名氏不合見經故略之也不言報晉君唯言報夫人者桓子如晉獻鄭俘卽亦報聘晉也桓子報聘卽亦得報夫人也但陽虎欲困辱三桓又欲求媚於晉既使桓子報聘晉君又別遣正卿報晉夫人所以困辱三桓而重晉禮也晉人兼享之賤魯故不復兩設禮明經所以不備書○復扶又反[疏]注賤魯至備書○正義曰若桓子特爲獻俘懿子專爲報聘則經當兩書如晉不合共文晉人亦當兩設享禮

各待一客今乃桓子聘晉君懿子報夫人則似共為一使若賓與介然故晉人兼享之賤魯故不復兩為設禮傳言此者明經所以不備書也不備書謂不各自立文兩書如晉也若然文十八年公子遂叔孫得臣如齊亦是經不備書而怪此不備者彼傳言惠公立故且拜葬也則是魯並命二卿今行兩事雖各有所主而受命俱行故宜共文書之此則桓子獻俘弁亦報聘一卿足以兼之懿子不須行矣陽虎強使之行乃是從後而去去時不同受命宜當別書如晉止為晉人所賤故經不復備書正以傳言強使懿子報夫人之幣知桓子報晉君矣傳言兼享之知其不應兼矣以此明二人不同受命宜應別書略而不備書耳

孟孫立于房外謂范獻子曰陽虎若不能居魯而息肩於晉所不以為中軍司馬者有如先君稱先君以徵其言若欲使晉必厚待之

疏孟孫至先君○正義曰懿子之意不為陽虎求官欲使晉人知陽虎專權為國所患言若不得居魯而息肩於晉示已知陽虎必將作亂而出奔也中軍司馬晉國大夫之最賁者為求此官似若欲使晉厚待之然令晉知其情耳諸言有如皆是誓辭稱先君以徵其言似若欲晉必從之

獻子曰寡君有官將使其人擇得其人鞅何知焉獻子謂簡子曰魯人患陽虎矣孟孫知其釁以為必適晉故強為之請以取入焉欲令晉人聞虎當逃走故強設請託之辭因此言以入晉令晉素知之○釁許靳反為之于偽反令力呈反

疏注欲令至知之○正義曰本意不為陽虎請官欲令晉人知陽虎終必逃走強設託請之辭因此言辭以取入晉之意欲令晉人素知陽虎之必逃

○四月己丑吳大子終纍敗楚舟師終纍闔廬子夫差兄舟師水戰○纍力追反又力軌反夫音扶差初佳反獲潘子臣小惟子二子楚舟師之帥○惟位悲反本又作帷亦如字帥所類反及大夫七人楚國大惕懼亡子期又以陵師敗于繁揚陵師陸軍○惕

(他歷反)【疏】(。注陵師陸軍○正義曰上云舟師水戰此言陵師陸軍南人謂陸爲陵此時猶然釋地云高平曰陸大陸曰阜大阜曰陵是陵陸大小之異名)耳

令尹子西喜曰乃今可爲矣(言知懼而後可治)於是乎遷郢於鄀而改紀其政以定楚國(傳言楚賴子西以安○鄀音若)○周儋翩率王子朝之徒因鄭人將以作亂于周(儋。翩子朝餘黨)鄭於是乎伐馮滑胥靡負黍狐人闕外(鄭伐周六邑在魯伐鄭取匡前於此見者爲。戍周起也陽城縣西南有負黍亭○見賢遍反下文見溷弁注同爲于僞反下同)六月晉閻沒戍周且城胥靡(爲下天王出居姑蕕起)○秋八月宋樂祁言於景公曰諸侯唯我事晉今使不往晉其憾矣樂祁告其宰陳寅(以與公言告之○使所吏反憾戶暗反)陳寅曰必使子往他日公謂樂祁曰唯寡人說子之言子必往陳寅曰子立後而行吾室亦不亡(寅知晉多門往必有難。難故使樂祁立後而行○說音悅難乃旦反下文同)唯君亦以我爲知難而行也見溷而行(溷樂祁子也見於君立以爲後○溷侯溫反又侯困反)趙簡子逆而飲之酒於緜上獻楊楯六十於簡子(楊木名○飲於鴆反楯食允反又音允)陳寅曰昔吾主范氏今子主趙氏又有納焉以楊楯賈禍弗可爲也已(知范氏必怨將得禍○賈音古)然子死晉國子孫必得志於宋(以其爲國死爲于僞反下同)○范獻子言於晉侯曰以君命越疆而使未致使而私飲酒不敬二君不可不討也乃執樂祁(獻子怒祁比趙氏經所以稱行。人○疆居良反使所吏反下同比毗)

志反○陽虎又盟公及三桓於周社盟國人于亳社詛于五父之衢傳言三桓微陪臣專政爲八年陽虎作亂起○亳步各反詛側慮反父音甫衢其俱反○冬十二月天王處于姑蕕姑蕕周地○蕕音由一音由舊反辟儋翩之亂也爲明年單劉逆王起○單音善

經七年春王正月○夏四月○秋齊侯鄭伯盟于鹹衞地○鹹音咸○齊人執衞行人北宮結以侵衞稱行人非使人之罪○使所吏反齊侯衞侯盟于沙沙結叛晉也陽平元城縣東南有沙亭○沙如字又星和反○大雩無傳過也○齊國夏帥師伐我西鄙國夏國佐孫○九月大雩無傳過也疏注過也○正義曰案賈逵云旱也杜言過者杜以春秋旱雩傳皆發之言旱以此傳無旱文故謂之過如賈之所言前既有雩後又有雩旱可知不須發傳若然昭二十五年上辛大雩季辛又雩一月兩雩旱亦可知何須發傳言旱甚也劉以賈言規杜非也蓋時有小旱故傳不言旱未應合雩故杜云過也○冬十月

傳七年春二月周儋翩入于儀栗以叛儀栗周邑○齊人歸鄆陽關陽虎居之以爲政鄆陽關皆魯邑中貳於齊齊今歸之不書虎專之○中丁仲反○夏四月單武公單穆公子劉桓公劉文公子敗尹氏于窮谷尹氏復黨儋翩共爲亂也○復扶又反○秋齊侯鄭伯盟于鹹徵會于衞徵召也衞侯欲叛晉屬齊鄭也諸大夫不可使北宮結如齊而私於齊侯曰執結以侵我欲以齊師懼諸大夫齊侯從之乃盟于瑣瑣即沙也爲明年涉佗捘衞侯手起○瑣素果反佗徒何反捘子對反齊國夏伐我齊叛晉故陽虎

御季桓子公斂處父御孟懿子處父孟氏家臣成宰公斂陽斂力檢反又音廉或音慮點反○將宵軍齊師齊
師聞之隳伏而待之隳毀其軍以誘敵而設伏兵○隳許規反處父曰虎不圖禍而必死而女也○女音汝下
文同疏處父至必死○正義曰齊人設伏待魯若入其伏內是爲禍也虎不謀此禍而欲夜掩齊師女必死處父欲自殺之苫夷。曰虎陷二
子於難苫夷季氏家臣二子季孟○苫始占反難乃旦反不待有司余必殺女虎懼乃還不敗傳言陪臣強能
自相制季孟不敢有心疏不待有司○正義曰言不待掌刑戮之有司余必自殺女也虎見二子以此此言懼之乃還不敗○冬十一月
戊午單子劉子逆王于慶氏慶氏守姑蕕大夫晉籍秦送王己巳王入于王城己巳十二月五
日有日無月疏注己巳至無月○正義曰此年經傳。日少上下無可考驗杜自以長曆校之己巳爲十二月五日館于公族黨氏黨氏
周大夫黨音掌○而後朝于莊宮莊王廟也
經。八年春王正月公侵齊報前年伐我西鄙公至自侵齊無傳○二月公侵齊未得志故三月
公至自侵齊無傳○曹伯露卒無傳四年盟皋鼬○鼬由又反疏注四年盟皋鼬○正義曰露以昭二十八年即位三十二年諸
侯之大夫盟于狄泉魯曹俱在時以未告公而公薨故不書於經杜蓋以此故不數之四年盟皋鼬四年二月陳侯吳卒其年盟于皋鼬自爾以來唯有此盟
耳○夏齊國夏帥師伐我西鄙○公會晉師于瓦瓦衛地將來救魯公逆會之東郡燕縣東北有瓦亭○國
夏戶雅反年末注同瓦顏寡反燕音煙公至自瓦無傳○秋七月戊辰陳侯柳。卒無傳四年盟皋鼬○柳力久反本或

作抑○晉士鞅帥師侵鄭遂侵衛兩事故曰遂○葬曹靖公無傳【疏】靖公○正義曰謚法共以解曰靖○

九月葬陳懷公無傳三月而速葬【疏】懷公○正義曰謚法慈仁短折曰懷○季孫斯仲孫何忌帥師侵衛

○冬衛侯鄭伯盟于曲濮無傳結叛晉曲濮衛地○濮音卜○從祀先公從順也先公閔公僖公也將正二公之位次所順非一親盡故通言先公【疏】注從順至先公○正義曰傳言順祀是從爲順也文二年大事于太廟躋僖公升僖公於閔上閔先爲君退在僖下是逆也今升閔在僖上依其先後是順也廟主先次唯此二公故知從祀先公唯閔僖耳躋僖公指僖言之此不指言升閔者彼所升者上升僖公之一神不得不指言僖公也今從祀之時閔僖俱得正位且以親盡故通言先公此言從祀躋僖公不言逆祀者此從祀因躋僖公之文故得略言從祀至於躋僖公文無所繫不知逆祀何公且見是親廟不可言先公故指僖言之而言躋也然則此以親盡故通言先公下桓宮僖宮災彼亦親盡言桓僖者彼據災之所在須指言其處與此體例不同

○盜竊寶玉大弓盜謂陽虎也家臣賤名氏不見故曰盜寶玉夏后氏之璜大弓封父之繁弱○不見賢遍反璜音黃父音甫【疏】注盜謂至繁弱○正義曰傳言陽虎取寶玉大弓以出是盜謂陽虎也公羊傳曰盜者孰謂謂陽虎也陽虎者曷爲者也季氏之宰也季氏之宰則微者也惡乎得國寶而竊之陽虎專季氏季氏專魯國其說將殺季氏亦與左傳大同春秋之例再命之卿始得名氏書經陽虎季氏家臣以賤名氏不見故書曰盜盜者賤人之稱也此寶玉大弓必是國之重寶歷世掌之故自劉歆以來說左氏者皆以爲夏后氏之璜封父之繁弱成王所以分魯公也公羊傳曰寶者何璋判白弓繡質龜青純彼不知魯有先王分器繆爲言耳且所盜無龜知其並是妄也

傳八年春王正月公侵齊門于陽州攻其門士皆坐列言無鬬志曰顏高之弓六鈞顏高

魯人三十斤爲鈞六鈞百八十斤古稱重故以爲異。強○鈞音均稱尺證反強其丈反【疏】注顏高至異強○正義曰漢書律曆志云量者龠合升斗斛也本起黃。鍾之龠以子穀秬黍中者千有二百實其龠合龠爲合十合爲升十升爲斗十斗爲斛而五量嘉矣權者銖兩斤鈞石也本起黃鍾之重。一龠容千二百黍重十二銖兩之爲兩十六兩爲斤三十斤爲鈞四鈞爲石而五權謹矣由此而言龠之所容重十二銖合龠爲合兩之爲兩則合重一兩。升重十兩斗重百兩斛重千兩計六鈞有一百八十斤合爲二千八百八十兩於量爲重兩斛八斗八升計今人用弓此亦未爲彊矣而魯人傳而觀之故杜以爲古稱重故以爲異強計古稱亦準黃鍾之重爲之而得重於。今者權量之起本自黃鐘而世俗不同每有改易傳稱齊舊四量陳氏皆加一焉是其不必常依古也近世以來或輕或重魏齊斗稱於古二而爲一周。隋斗稱於古三而爲一則古時亦當然杜言古者謂此顏高之時爲古耳非言自古稱皆重也

皆取而傳觀之陽州人出顏高奪人弱弓籍丘子鉏擊之與一人俱斃子鉏齊人斃仆也○傳直專反鉏仕居反與一人俱斃婢世反顏高與一人俱爲子鉏所擊而仆仆音赴又蒲北反孫炎云前覆曰仆偃且射子鉏中頰殪子鉏死○且如字射食亦反下同中丁仲反下同頰古協反殪於計反死也言顏高雖爲子鉏所擊偃仆且射子鉏中頰而死言其善射也一讀且音子餘反云偃且人姓名也檢世族譜無此人一讀者非也【疏】俱斃至頰殪○正義曰釋言云斃仆也孫炎曰前覆曰仆吳越春秋稱要離謂吳王夫差曰臣迎風則偃背風則仆然則仆是前覆偃是卻倒此顏高被擊而仆乃轉而仰且射子鉏猶死言其善射之功然也

顏息射人中眉顏息魯人退曰我無勇吾志其目也以自矜師退冉猛僞傷足而先猛魯人欲先歸其兄會乃呼曰猛也殿會見師退而猛不在列乃大呼詐言猛在後爲殿傳言魯無軍政○呼火故反注同殿丁電反注同

○二月己丑單子伐穀城劉

子伐儀栗討儋翩之黨穀城在河南縣西○單音善儋丁甘反翩音篇辛卯單子伐簡城劉子伐盂以定王室傳終王室之亂○盂音于○趙鞅言於晉侯曰諸侯唯宋事晉好逆其使猶懼不至今又執之是絕諸侯也將歸樂祁士鞅曰三年止之無故而歸之宋必叛晉執樂祁在六年○好呼報反使所吏反獻子私謂子梁獻子范鞅子梁樂祁曰寡君懼不得事宋君是以止子子姑使溷代子。溷樂祁子○溷侯溫反又侯困反子梁以告陳寅陳寅曰宋將叛晉是棄溷也不如待之留待勿以子自代樂祁歸卒于大行大行晉東南山○大音泰行戶郎反一音衡士鞅曰宋必叛不如止其尸以求成焉乃止諸州州晉地爲明年宋公使樂大心如晉張本○公侵齊攻廩丘之郛郛郭也○廩力甚反郛芳夫反主人焚衝衝戰車○衝昌容反說文作幢云陷陣車也或濡馬褐以救之馬褐馬衣○濡人于反褐戶葛反遂毀之毀郛主人出師奔攻郛人少故遣後師走往助之

疏。主人出師奔○正義曰賈逵以爲主人出魯師奔走而卻退言魯无戰備也劉炫云杜亦不勝舊今杜必異於賈以爲後師奔走往助之者若如賈言魯師奔走則是被敗而還下傳陽虎何得云猛在此必敗明其於時不敗故猛得逐廩丘之人是賈言非也

陽虎僞不見冉猛者曰猛在此必敗。陽州之役猛先歸之言若在此必復敗○復扶又反猛逐之顧而無繼僞顚逐廩丘人虎曰盡客氣也言皆客氣非勇○客苦百反○苫越生子將待事而名之苫越苫夷○苫戎占反○陽州之役獲焉名之曰陽州欲自比僑如○僑其驕反○夏齊國夏

高張伐我西鄙報上二侵晉士鞅趙鞅荀寅救我救不書齊師已去未入竟○竟音境疏注救不至入竟○正義曰
春秋諸侯相救皆書於經此救亦當書之不書者齊師聞晉來。救已去魯地晉師未入魯竟不成爲救故不書也公會晉師于瓦瓦是衛地公往衛地會晉師
是其未入竟也公會晉師于瓦范獻子執羔趙簡子中行文子皆執鴈魯於是始尚羔
獻子士鞅也簡子趙鞅也中行文子荀寅也禮卿執羔大夫執鴈魯則同之今始知執羔之尊也卿不書禮不敵公史略之○行戶郎反疏注禮卿至略之
○正義曰禮卿執羔大夫執鴈周禮大宗伯文也魯則同之蓋命卿與大夫俱執鴈今見士鞅執羔始知執羔之尊於是方始尚羔令卿執之記禮廢之久也
傳言於是始尚羔必往前不執羔矣但往前所執難知先儒各以意說賈逵云周禮公之孤四命執皮帛卿三命執羔大夫再命執鴈魯廢其禮三命之卿皆
執皮帛至是乃始復禮尚羔案周禮禮記皆言卿執羔大夫執鴈並以爵斷不依命數賈何以。討命高下妄稱禮乎傳言始尚羔者當謂舊賤羔而今尊之耳
若本僭孤禮皆執皮帛當云始復用羔不得云尚也若改僭從禮得名爲尚則初獻六羽何以不言始尚六佾也以尚言之足知魯卿舊執非皮帛矣鄭衆云
天子之卿執羔大夫執鴈諸侯之卿當天子之大夫故傳曰唯卿爲大夫當執鴈而執羔僭天子之卿也魯人效之而始尚羔記禮所從壞案禮傳及記天子
之臣與諸侯之臣所執無異文也周禮掌客凡諸侯之禮上公及侯伯之下皆云卿相見以羔是臣諸侯之卿執羔不執鴈又士相見者諸侯之臣相見之禮也
經曰下大夫相見以鴈上大夫相見以羔是諸侯之卿必執羔矣安在於諸侯之卿當天子之大夫乎是則。背明文而用肺腸也天子諸侯之臣所異者士相
見之禮羔鴈皆云飾之以布而曲禮云飾羔鴈者以繢鄭玄云此爲諸侯之臣與天子之臣異也然則天子之臣衣之以布而又畫之諸侯之臣則用布不畫
所異唯此而已其執不爲異也傳文之乖於禮者爵是卿也皆當執羔趙鞅荀寅不應執鴈此是當時之失失於偪下以晉卿失於偪下魯卿不應僭上益明

賈言魯卿舊執皮帛非其義矣魯人於是始知執羔爲尊或亦效晉唯上卿一人獨執羔耳未必即能如禮諸卿皆執羔也此經言公會晉師不言公會士鞅僖二十九年傳曰在禮卿不會公侯會伯子男可也故杜云卿不書禮不敵公史略之劉炫云案宣元年會晉師于棐林伐鄭杜云趙盾稱師取於師會故稱師何知此非亦以師會故稱師而云禮不敵公略稱師乎今知不然者以宣元年諸侯俱在又文連伐鄭故言師會此則公之獨會晉師又無征伐之事故以爲卿不書禮不敵公史略之劉以此與宣元年並取於師會以規杜氏非也○晉師將盟衛侯于鄟澤。自瓦還就衛地盟○鄟音專又市轉反本亦作剸音同趙簡子曰羣臣誰敢盟衛君者前年衛叛晉屬齊簡子意欲摧辱之涉佗成何曰我能盟之○二子晉大夫○佗徒何反衛人請執牛耳盟禮尊者涖牛耳。主次盟者衛侯與晉大夫盟自以當涖牛耳故請。[疏]注盟禮至故請。○正義曰盟用牛耳卑者執之尊者涖之請執牛耳請使晉大夫執牛耳周禮戎右云盟則贊牛耳鄭玄云謂尸盟者涖割牛耳取血助爲之尸盟者執之襄二十七年傳曰諸侯盟小國固必有尸盟者是小國主備辦盟具宜執牛耳哀十七年傳曰公會齊侯盟于蒙孟武伯問於高柴曰諸侯盟誰執牛耳季羔曰鄫衍之役吳公子姑曹發陽之役衛石魋武伯曰然則彘也鄫衍吳爲盟主不知盟禮當令小國執牛耳而自使其臣執之濮陽宋魯衛三國衛爲小蒙則齊魯三國魯爲小皆是以小國執牛耳而尊者涖之以主次同盟者今衛侯與晉大夫盟自以當爲盟主宜涖牛耳故請晉大夫使執之成何曰衛吾溫原也焉得視諸侯言衛小可比晉縣不得從諸侯禮○焉於虔反將歃涉佗捘衛侯之手及捥。捘擠也血至捥○歃所洽反捘子對反捥烏喚反擠多計反一音子禮反說文云排也[疏]注捘擠也○正義曰說文云推排也排擠也捘是推排之意故爲擠也昭十三年傳言擠于溝壑謂被推入坑也衛侯怒王孫賈趨進賈衛大夫曰盟以信禮也信猶明也有如衛君其敢不唯禮是事而受此盟也言晉無禮不欲受其盟衛侯欲叛晉而患諸大夫王孫賈使次于郊大夫問故問不入故公以晉詬語之詬恥也○詬呼豆反語魚據反且曰寡人辱社稷其改卜嗣寡人從焉使改卜他公子以嗣先君我從大夫所立大夫曰是衛之禍豈君之過也公曰又有患焉謂寡人必以而子與大夫之子為質為質於晉○質音致注及下同大夫曰苟有益也公子則往羣臣之子敢不皆負羈絏以從將行王孫賈曰苟衛國有難工商未嘗不為患使皆行而後可欲以激怒國人○絏息列反從才用反下說從弟下從者同難乃旦反激古狄反公以告大夫乃皆將行之行有日有期日公朝國人使賈問焉曰若衛叛晉晉五伐我病何如矣皆曰五伐我猶可以能戰賈曰然則如叛之病而後質焉何遲之有乃叛晉晉人請改盟弗許○秋晉士鞅會成桓公侵鄭圍蟲牢報伊闕也桓公周卿士不書監帥不親侵也六年鄭伐周闕外晉為周報之○監古銜反為于僞反下同遂侵衛討叛○九月師侵衛晉故也為魯晉討衛○季寤季桓子之弟○寤五故反公鉏極公彌曾孫桓子族子公山不狃費宰○狃女九反皆不得志於季氏叔孫輒無寵於叔孫氏輒叔孫氏之庶子叔仲志不得志於魯志叔孫帶之孫皆為國人所薄故五人因陽虎陽虎欲去三桓以季寤更季氏代桓子○去起呂反更音庚舊古孟反下皆同以叔孫輒

更叔孫氏代武叔己更孟氏陽虎自代懿子冬十月順祀先公而祈焉將作大事欲以順祀取媚辛卯禘于僖公辛卯十月二日不於太廟者順祀之義當退僖公懼於僖神故於僖廟行順祀○禘大計反疏○禘于僖公○正義曰釋例曰大祭于太廟以審定昭穆謂之禘禘于太廟禮之常也各於其宮時之為也雖非三年大祭而書禘用禘禮也然則禘者審定昭穆之祭也今為順祀而禘于僖公則是并取先公之主盡入僖廟而以昭穆祭之是為周禘禮也計禘禮當于太廟今就僖廟為禘者順祀之義退僖升閔懼於僖公之神故於僖廟行禘禮使先公之神偏知之禮祭尊可以及卑後世之主宜上從太廟而食今從上世之主下入僖廟祀之當時所為非正禮也昭二十五年禘于襄公義亦然也壬辰將享季氏于蒲圃而殺之戒都車曰癸巳至都邑之兵車也陽虎欲以壬辰夜殺季孫明日癸巳以都車攻二家○圃布五反成宰公斂處父告孟孫曰季氏戒都車何故孟孫曰吾弗聞處父曰然則亂也必及於子先備諸與孟孫以壬辰為期處父期以兵救孟氏壬辰先癸巳一日○先癸悉薦反陽虎前驅林楚御桓子虞人以鈹盾夾之陽越殿越陽虎從弟○鈹普皮反盾食允反又音允夾古洽反殿丁見反將如蒲圃桓子咋。咋暫也○咋仕詐反謂林楚曰而先皆季氏之良也爾以是繼之欲使林楚免己於難以繼其先人之良○難乃旦反下同疏而先至繼之○正義曰而女也言女先祖以來皆為季氏忠良之臣女今不良反以是殺我之事繼續之對曰臣聞命後後猶晚。陽虎為政魯國服焉違之徵死死無益於主桓子曰何後之有而能以我適孟氏乎對曰不敢愛死懼不免主桓子曰往也言必往孟氏選圉人之壯者三百人以爲公期築室於門外寶欲以備難不欲使人知故僞築室於門外因得聚衆公期孟氏支子○圉魚呂反爲于僞反林楚怒馬及衢而騁騁馳也○騁勑領反陽越射之不中築者闔門季孫既得入乃閉門○射食亦反下同中丁仲反闔戶臘反有自門間射陽越殺之陽虎劫公與武叔武叔叔孫不敢之子州仇也○劫居業反仇音求以伐孟氏公斂處父帥成人自上東門入魯東。城之北門與陽氏戰于南門之內弗勝又戰于棘下城內地名陽氏敗陽虎說甲如公宮取寶玉大弓以出舍于五父之衢寢而爲食其徒曰追其將至虎曰魯人聞余出喜於徵死何暇追余。徵召也陽虎召季氏於蒲圃將殺之今得脫必喜故言喜於召死○說本又作稅同他活反得脫徒活反又他活反疏注徵召至召死○正義曰徵召也釋言文陽虎召季孫欲殺之今既得脫魯人歡喜季孫免於召死之事何暇追我劉炫云。陽虎召。孫欲殺之則召季孫爲召死季孫得脫必大喜魯人聞我出去喜於召死言人人皆喜於季孫從者曰嘻速駕公斂陽在嘻歎聲○嘻許其反公斂陽請追之孟孫弗許畏陽虎陽欲殺桓子欲因亂討季氏以強孟氏孟孫懼而歸之不敢殺子言辨舍爵於季氏之廟而出子言季寤辨猶周徧也徧告廟飲酒示無懼○言辨音遍注徧同舍如字陽虎入于讙陽關以叛叛不書略家臣○讙音歡○鄭駟歂嗣子大叔爲政歂駟乞子子然也爲明年殺鄧析張本○歂市專反析星歷反

經九年春王正月○夏四月戊申鄭伯蠆卒無傳四年盟皐鼬○蠆勑邁反疏注四年盟皐鼬○正義曰蠆以

昭二十九年即位三十二年大夫盟于狄泉以未告公而公薨故不數○得寶玉大弓弓。玉國之分器得之足以為榮失之足以為辱故重而書之○分扶問反○六月葬鄭獻公無傳三月而葬速疏獻公○正義曰謚法博聞多能曰獻○秋齊侯衛侯次于五氏五氏晉地不書伐者諱伐盟主以次告疏注五氏至次告○正義曰傳言齊侯伐晉夷儀乃與衛侯次于五氏次既告則伐亦應告故杜以為諱伐盟主直以次告知非不告伐故不書者若全不告魯容可不以伐告今既以次告魯何意告次不告伐明以衛新叛晉又魯與晉親故恥以伐告唯告次耳劉炫以為不告伐故不書而規杜氏非也○秦伯卒無傳不書名未同盟○冬葬秦哀公無傳

傳九年春宋公使樂大心盟于晉且逆樂祁之尸辭僞有疾乃使向巢如晉盟且逆子梁之尸巢向戌曾孫○向舒亮反子明謂桐門右師出子明樂祁之子溷也右師樂大心子明族父也右師往到子明舍子明逐使出門去曰吾猶衰絰而子擊鍾。何也忿其不逆父喪因責其無同族之恩○衰七雷反絰田結反下同右師曰喪不在此故也既而告人曰己衰絰而生子余何故舍鍾。己子明也○舍音捨子明聞之怒言於公曰右師將不利戴氏樂氏戴公族不肯適晉將作亂也不然無疾乃逐桐門右師逐之在明年終叔孫昭子之言○鄭駟歂殺鄧析而用其竹刑鄧析鄭大夫欲改鄭所鑄舊制不受君命而私造刑法書之於竹簡故。云竹刑疏注鄧析至竹刑○正義曰昭六年子產鑄刑書於鼎。今鄧析別造竹刑明是改鄭所鑄舊制若。用君命遣造則是國家法制鄧析不得獨專其名知其不受君命而私造刑書書之於竹謂之竹刑駟歂用其刑書則其法可取殺之不為作此書也下云棄其邪可也則鄧

析不當私作刑書而殺蓋別有當死之罪駟歂不矜免之耳君子謂子然於是不忠苟有可以加於國家者

棄其邪可也加猶益也棄不責其邪惡也○邪似嗟反注同【疏】君子至可也正義曰周禮小司寇以八辟麗邦法附刑罰三曰議賢之辟四曰議能之辟鄭玄云賢謂有德行者能謂有道藝者春秋傳曰夫謀而鮮過能訓不倦者叔向有焉社稷之固也猶將十世宥之以勸能者今壹不免其身以棄社稷不亦惑乎是賢能之人當明其罪狀可赦則赦之今鄧析制刑有益於國即是有能者殺有能之人是不忠之臣君子謂子然於是為不忠也國之臣民誠有可以加益於國家者取其善處棄其邪惡可也雖知其邪當棄而不責所以勸勉人使學為善能也

靜女之三章取彤管焉詩邶風也言靜女三章之詩雖說美女義在彤管彤管赤管筆女史記事規誨之所執○彤徒冬反邶音佩說音悅【疏】詩邶至所執○正義曰邶風靜女之篇也於時衛君無道夫人無德衛人欲得貞靜之女以配國君易去無德之夫人也詩有三章其一章云靜女其姝俟我於城隅其二章云靜女其孌貽我彤管彤管者筆赤管也必用赤者示其以赤心正人也古者后夫人必有女史執赤管之筆記妃妾善惡彤管之法所以規誨人君也靜女三章之詩雖說美女之事事之常耳無可特善彤管記事乃是婦人之大法本錄靜女詩者止為彤管之言可取故全篇取之不棄上下之二章也其女史所書之事毛傳有其略也毛傳云古者后夫人必有女史彤管之法史不記過其罪殺之后妃羣妾以禮御於君所女史書其日月授之以環以進退之生子月辰則以金環退之當御者以銀環進之著於左手既御著於右手事無大小記以成法

竿旄何以告之取其忠也詩鄘風也錄竿旄詩者取其中心願告人以善道也言此二詩皆以一善見采而鄧析不以一善存身○竿旄音干下音毛鄘音容【疏】注詩鄘至存身○正義曰詩鄘風干旄之篇也於是衛文公之臣子多好善賢者樂告以善道也其詩言大夫之好善者乘駟馬建干旄就賢者諮國事焉云孑孑干旄在浚之郊素絲紕之良馬四之彼姝者子何以畀之

孑孑干。旄在浚之都素絲組之良馬五之彼姝者子何以予之孑孑干旌在浚之城素絲祝之良馬六之其末句云彼姝者子何以告之姝順貌也賢者見其好善美其共順言己寡知復何以告之自恨無可告。之明其無所吝惜本錄。干旄。之詩者取其中心願告人以善道彼二詩皆以一善見采而鄧析不以一善存身故君子引二詩以譏子然也故用其道不棄其人詩云蔽芾甘棠勿翦勿伐召伯所茇詩召南也召伯決訟於蔽芾小棠之下詩人思之不伐其樹茇草舍也○芾方味反召音邵注同茇畔末反【疏】詩云至所茇○正義曰詩召南甘棠之篇也蔽芾小貌甘棠杜也茇草舍也召伯之聽獄訟不重煩勞百姓止舍小棠之下而聽斷焉國人被其德說其化故愛其樹彼蔽芾然小者甘棠之樹也勿得翦削之勿得斫伐之此乃是召伯舍息之處思其人猶愛其樹況用其道而不恤其人乎子然無以勸能矣傳言子然嗣大叔為政鄭所以衰弱○夏陽虎歸寶玉大弓無益近用而。祇為名故歸之○祇音支書曰得。器用也凡獲器用曰得器用者謂物之成器可為人用者也得用焉曰獲謂用器物以有獲若麟為田獲俘為戰獲○麟本又作驎呂辛反俘芳夫反【疏】。凡獲至曰獲○正義曰器用者謂器物可為人用凡獲此器物之用者謂之為得也得用者謂將此器用以得於物焉謂之為獲劉炫以為得用焉田獲謂得此可用為器之物謂之為獲若麟之皮角之屬以杜解為非今知不然者案春秋書獲唯有因俘因俘不可以為器物除因俘之外唯有獲麟麟為靈獸帝王所重不可以鳳羽麟皮以飾器物劉以麟皮亦堪為器而規杜氏非也六月伐陽關討陽虎也陽虎使焚萊門陽關邑門○萊音來師驚犯之而出奔齊請師以伐魯曰三加必取之三加兵於魯齊侯將許之鮑文子諫曰臣嘗為隸於施氏矣施氏魯大夫文子鮑國也成十七年齊人召而立之至今七十四歲

於是文子九十餘矣蓋魯未可取也上下猶和衆庶猶睦能事大國大國晉也而無天菑若之
何取之陽虎欲勤齊師也齊師罷大臣必多死亡己於是乎奮其詐謀夫陽虎
有寵於季氏而將殺季孫以不利魯國而求容焉求自容○菑音災罷音皮親富不親仁君
焉用之君富於季氏而大於魯國茲陽虎所欲傾覆也魯免其疾而君又收之
無乃害乎齊侯執陽虎將東之陽虎願東陽虎欲西奔晉知齊必反己故詐以東爲願○焉於虔反傾本又作頃音
傾覆芳服反乃囚諸西鄙盡借邑人之車鍥其軸麻約而歸之鍥刻也欲絶追者○鍥苦結反軸音逐
載蔥靈寢於其中而逃蔥靈輜車名○蔥初江反或音忽輜側其反說文云衣車也疏注蔥靈輜車名○正義曰說文云輜軿衣
車也前後有蔽賈逵云蔥靈衣車也有蔥有靈然則此車前後有蔽兩旁開蔥可以觀望蔥中豎木謂之靈今人猶名蔥木爲靈子其內容人臥故得寢於其
中而逃追而得之囚於齊又以蔥靈逃奔晉適趙氏仲尼曰趙氏其世有亂乎受亂
人故疏其世有亂乎○正義曰言其當世將有亂也○秋齊侯伐晉夷儀爲衛討也○爲于僞反下同疏注爲衛討也○正義
曰往年衛侯叛晉叛晉必當事齊下文衛侯會之知是爲衛討也齊敝無存之父將室之辭以與其弟也無存齊人室之爲
取婦曰此役也不死反必娶於高國高氏國氏齊貴族也無存欲必有功取卿相之女○娶七住反相息亮反還先登
求自門出死於霤下既入城夷儀人不服故鬬死於門屋霤下也○霤力又反東郭書讓登登城非人所樂故讓衆使後而

己先登○樂如字又五孝反犂彌從之曰子讓而左我讓而右使登者絕而後下恐書先下故又謪以
讓之下入城也○犂力兮反謪古穴反【疏】使登者絕而後下○正義曰言使登城人絕皆上訖然後與書下遂自下亦讓書而先下書左彌先
下書從彌言左行彌遂自先下亦讓也書與王猛息戰訖共止息猛曰我先登書斂甲曰曩者之難今
又難焉斂甲起欲擊猛○曩乃黨反嚮難乃旦反猛笑曰吾從子如驂之靳靳車中馬也猛不敢與書爭言己從書如驂馬
之隨靳也傳言齊師和所以能克○驂七南反騑馬也靳居覲反本或作如驂之有靳非也爭爭鬭之爭又如字【疏】如驂之靳○正義曰詩云兩服齊首
兩驂鴈行鄭云兩服中央夾轅者然則古人車駕四馬夾轅二馬謂之服兩首齊其外二馬謂之驂首差退說文云靳當膺也則靳是當胷之皮也驂馬之首
當服馬之胷胷上有靳故云我之從子如驂馬當服馬之靳杜言靳車中馬也言靳是中馬之駕具故以靳表中馬詩云騏騮是中騧驪是驂是名服馬為中
馬也晉車千乘在中牟救衛也今滎陽有中牟縣迴遠疑非也○乘繩證反【疏】此注今滎至非也○正義曰此中牟在晉竟內也趙世
家云獻侯即位治中牟漢書地理志云河南郡有中牟縣趙獻侯自耿徙此又云三家分晉河南之中牟魏分也杜言今滎陽有中牟縣謂此河南之中牟也
晉世分河南為滎陽郡中牟屬焉此地乃在河南計非晉竟所及故云迴遠疑非也又三家分晉中牟屬魏則非趙得都之趙獻侯治中牟亦非河南之中牟
也此言晉車在中牟哀五年趙鞅伐衛圍中牟論語佛肸為中牟宰與趙獻侯所都中牟或當是一必非河南中牟當於河北別有中牟但不復知其處耳有
臣瓚者不知其姓或云姓傅作漢書音義云臣瓚案河南中牟春秋之時在鄭之疆內及三卿分晉則為魏之邦土趙界自漳水以北不及此也春秋衛侯如
晉過中牟案此之中牟非衛適晉之次也汲郡古文曰齊師伐趙東鄙圍中牟此中牟不在趙之東也案中牟當在温水之上瓚言河南中牟非此中牟誠如

其語謂此中牟當在温水之上不知其所案據也衛侯將如五氏齊侯在五氏將往助之卜過之龜焦衛至五氏道過中牟
畏晉故卜龜焦兆不成不可以行事也衛侯曰可也衛車當其半寡人當其半敵矣衛侯怒晉甚不復顧卜欲
以身當五百乘〇復扶又反乃過中牟中牟人欲伐之衛褚師圃亡在中牟曰衛雖小其君
在焉未可勝也齊師克城而驕其帥又賤城謂夷儀也帥謂東郭書〇褚中呂反帥所類反注同〔疏〕注城謂至
郭書〇正義曰杜見傳言帥賤則云是東郭書劉炫云案上伐夷儀乃齊侯親兵所陳東郭書之事非是將帥杜何知帥謂東郭書若東郭書爲帥則人無不
識何故云晳幘而衣貍製齊侯使視之乃知夫子也且書若爲帥被晉之敗何故君以爲功而更受賞乎今知劉難非者以此云克城而驕其帥又賤文既相
連止是一事克城謂克夷儀其帥則克城之帥上克城之事郭書先登故知郭書爲帥身先士卒也僖二十三年晉侯親自敗狄而郤缺將將成十六年楚子
親戰鄢陵而子反爲主今齊侯雖伐夷儀郭書何妨別爲元帥戎事上下同服故逢丑父得與齊侯易位郭書雖爲元帥軍衆之內齊侯容或不辨齊侯賞其
先登之功不責其後敗之罪故以爲帥謂東郭書劉據此諸事以爲更有別帥而規杜非也遇必敗之不如從齊乃伐齊師
敗之獲齊車五百乘事見哀十五年〇見賢遍反齊侯致禚媚杏於衛三邑皆齊西界以荅謝衛意〇禚諸若反媚武冀反杏戶
猛反齊侯賞犂彌犂彌辭曰有先登者臣從之晳幘而衣貍製晳白也齒上下相值製裘也〇晳星
歷反幘音策又音責說文作齰音義同衣於既反貍力之反製音置〔疏〕注晳白至裘也〇正義曰詩君子偕老之篇說夫人之美云揚且之晳晳是面白之
名故爲白也說文云齰齒相值也言齒長而白上下之齒相當也說文云製裁也衣貍製謂著貍皮也裁皮著之明是裘矣故以製爲裘也月令孟冬天子始

裘傳言秋齊侯伐夷儀周之秋末寒而衣裘者哀二十七年傳言陳成子衣製杖戈文在秋上製亦裘也然則在軍之服或臨時所須不可以寒暑常節約之

公使視東郭書曰乃夫子也吾貺子貺賜也○貺音況公賞東郭書辭曰彼賓旅也言彼與我若賓主相讓旅俱進退乃賞犂彌齊師之在夷儀也齊侯謂夷儀人曰得敝無存者以五家免給其五家令常不共役事○令力呈反共音恭疏注給其至役事○正義曰一人得之則以五家給所得者令常不共國家役事服虔云是時齊克夷儀而有之既爲齊有故齊得優其傜役也然夷儀故邢都也邢滅入衛後乃屬晉自齊而伐夷儀其入晉竟深矣不必永爲齊有當時暫得之耳

乃得其尸公三襚之襚衣也比殯三加襚深禮厚之○襚音遂比必利反疏注襚衣至厚之○正義曰送死之禮衣服曰襚故以襚爲衣也公三襚之則明三時與衣自死至殯有襲與小斂大斂比殯三加衣也無存舊是賤人蓋初以士服次大夫服次卿服也下與之犀軒犀軒是卿車明三襚終以卿服與之犀軒與直蓋犀軒卿車直蓋高蓋疏注犀軒至高蓋○正義曰說文云軒曲輈也謂軒車有蕃蔽也下云齊侯斂諸大夫之軒邢意茲乘軒意茲非卿也傳稱曹朝乘軒者三百人詩毛傳云大夫以上赤芾乘軒大夫以乘軒矣指言卿車者言以貴者賞之也魚軒以魚皮爲飾犀軒當以犀皮爲飾也考工記車人爲蓋不言有曲此云直蓋或時有曲直故云直蓋高蓋亦謂車蓋也而先歸之坐引者以師哭之停喪車以盡哀也君方爲位而哭故挽喪者不敢立○挽音晚親推之三齊侯自推喪車輪三轉○推如字又他回反

附釋音春秋左傳注疏卷第五十五

春秋左傳注疏卷五十五校勘記　阮元撰盧宣旬摘錄

附釋音春秋左傳注疏卷第五十五 定五年盡九年

〔經五年〕

飢之 閩本監本飢作饑

〔傳五年〕

夏歸粟于蔡以周亟矜無資 石經資字下後人旁增也字書武成正義引作歸粟於蔡以賙急矜無資也似一本有也字

卒于房 顧炎武云房疑即防字古阝字作𨸏脫其下而爲防字漢仙人唐公房碑可證也漢書汝南郡吳房孟康曰本房子國而史記項羽紀封揚武爲吳防侯字亦作防漢書武帝紀濟川王明廢遷防陵常山王勃廢徙房陵一卷之中字體不同又防房二字相通之一證陳樹華云漢書溝洫志宣防塞兮萬福來後云自塞宣房後一篇之中防房互見又後漢書光武紀南擊新市真定元氏防子注云房子屬常山郡防與房古字通用文選月賦徘徊房露李善注防露蓋古曲也文賦曰寤防露與桑間據此則房之爲防審矣

注璵璠至所佩 宋本以下正義三節總入子行之乎注下

則亦當法與璠也 宋本淳熙本岳本纂圖本閩本監本毛本法作去與作璵是

子行之乎 石經子字起一行計九字子行之三字改刊

爲下陽虎囚桓子起 淳熙本桓作相避所諱

吳人獲薳射於柏舉 監本柏作栢

自立爲吳王號夫槩 諸本作吳此本誤作異今改正按廣韻唐韻引作夫溉又未韻既字下姓也吳王夫既之後是本又作既也

多死麇申 宋本淳熙本岳本纂圖本監本毛本申作中是也

因闔輿罷 石經初刻作與後改輿釋文云本又作與

楚王之奔隨也 石經楚字旁增非唐刻也

江夏竟陵縣有臼水 宋本淳熙本纂圖本有上有西字

出聊屈山 淳熙本屈誤出

且吾尤子旗 淳熙本吾誤吳

王之至脾洩 宋本以下正義四節總入余亦弗能也注下

國內無王 宋本王作主

子西問高厚焉 石經高厚下後人旁增大小二字陳樹華云據正義不當有是也

本或有小大者 閩本監本毛本作大小非也

祖而視之背宋本岳本纂圖本監本毛本視作示石經此處缺案示古皆作視淳熙本祖誤祖

張免古今人論云宋本監本毛本免作奐

能之而不知宋本監本毛本能作城閩本同

張奐引辭爲文此本奐字模糊閩本空缺據宋本監本毛本補辭字宋監毛三本作傳

小大上屬此本上字模糊閩本同據宋本監本毛本補

杜雖無注此本杜字模糊閩本空缺據宋本監本毛本補

報觀虎之役也石經宋本淳熙本足利本役作敗是也

〔經六年〕

何忌不言何闕文山井鼎云闕文上異本有史字非也

〔傳六年〕

討鄭之伐胥靡宋本以下正義三節總入若何乃止注下

尤其罪而復效之宋本閩本監本毛本罪作非是也

下云效小人以弃之此本效字實缺據宋本閩本監本毛本補

門是陽虎之計宋本門作明是也

蓋衞文公鑄此鼎也宋本蓋作鑿非也

苟可以納之宋本無以字非也

陽虎至之幣宋本以下正義四節總入請以取入焉注下

後晉人兼享之宋本監本毛本後作故是也

旦拜葬也宋本監本毛本旦作且是也

令行兩事宋本令作今是也

上爲晉人所賤宋本監本毛本上作止是也

獲潘子臣小惟子北宋刻釋文惟作帷云本又作惟石經此處缺呂覽作小帷子與釋文合

子期又以陵師敗于繁揚石經揚字殘缺宋本作楊亦非案襄四年傳作繁陽

注陵師陸軍宋本此節正義在於是乎節注下

因鄭人將以作亂于周岳本脫以字

儋翩子朝餘黨宋本淳熙本岳本纂圖本閩本監本毛本翩作翩是也

爲戍周起也 宋本戍誤戍

寅知晉多門往必有難難 〔補〕各本晉下有政字無下難字

經所以稱行人 淳熙本人誤行

〔經七年〕

陽平元城縣東南有少亭 宋本淳熙本岳本纂圖本監本毛本少作沙不誤宋本縣作在非也

夏國佐孫 淳熙本孫作縣非也

九月大雩 大雩二字此本實缺據石經宋本淳熙本岳本纂圖本閩本監本毛本補

無傳過也 此本無過二字實缺據宋本淳熙本岳本纂圖本閩本監本毛本補

注過也 宋本此節正義在經文冬十月之下

杜以春秋旱雩 此本秋誤欲雩字實缺閩本同據宋本監本毛本補改

傳皆發之言旱 此本傳皆發之四字實缺閩本同據宋本監本毛本補

前既有雩後又有雩 此本前既有雩後又六字實缺閩本同據宋本監本毛本補

上辛大雩季辛又雩 此本上辛大雩季辛又七字實缺據宋本閩本監本毛本補

劉以賈言規杜非也　此本劉以賈言規杜六字實缺閩本同監本空缺劉以二字毛本亦脫依宋本補正

蓋時有雩旱　宋本監本毛本雩作小是也

冬十月　纂圖本閩本監本毛本亦脫此三字據石經宋本淳熙本岳本補

〔傳七年〕

中二於齊　宋本淳熙本岳本纂圖本監本毛本二作貳是也

共爲亂也　淳熙本共誤其

處父至必死　宋本以下正義二節總入不待有司節注下

苫夷　釋文夷作荑

注己巳至無月　宋本此節正義在而後朝于莊宮注下

此年經傳日少　此本日誤曰閩本同據宋本監本毛本改

〔經八年〕　宋本春秋正義卷三十四石經春秋經傳集解定下第廿八岳本定下有公字並盡十五年

陳侯柳卒　釋文云柳本或作抑

家臣賤名氏不見　淳熙本臣誤目

共以解曰靖 宋本監本毛本解下有信字浦鏜正誤作共己鮮言曰靖依今本逸周書謚法解改

璋制白 宋本監本毛本制作判與公羊傳文合

〔傳八年〕

古稱重故以爲異強 宋本強作彊

顏高至異強之下 宋本強作彊下同以下正義二節總入注文傳言魯無軍政

一龠容千二百黍 此本一字空缺據宋本閩本監本毛本補

本起黃鐘之龠 閩本監本毛本鐘作鍾下同

斗重十兩 宋本監本毛本斗作升是也

而得重於今者 宋本閩本監本毛本今作令是也

周隨斗稱 閩本監本毛本隨作隋非

子姑使溷代子 顧炎武云石經代誤伐是也

主人出師奔 宋本此節正義在注欲自比僑如之下

楊州之役 宋本淳熙本岳本纂圖本閩本監本毛本楊作陽是也

注救不至入竟宋本以下正義二節總入注文更略之之下

齊師聞晉來殺宋本監本毛本殺作救是也

買何以討命高下妄稱禮乎宋本監本毛本討作討

是則皆明文而用胏腸也宋本毛本皆作背是也

晉師將盟衛侯于鄟澤淳熙本鄟作剸與北宋刻釋文合

二子晉大夫宋本大作人非也

王次盟者宋本淳熙本岳本纂圖本監本毛本王作主是也正義同

故請宋本淳熙本足利本請下有之字是也

注盟禮至故請下宋本無故字請下有之字以下正義二節總入遂侵衛注

鄟行之役宋本毛本行作衍不誤

當今小國執牛耳宋本監本毛本今作令是也

蒙則齊魯三國宋本三作二不誤

官位牛耳宋本閩本監本毛本官位作宜涖是也

涉佗捘衞侯之手及捥 石經初刻作腕後改捥諸本同惠棟云史記樊於期偏袒搤捥索隱曰捥古腕字史記多古文今人知者鮮矣說詳左傳補注

昭中三年 宋本閩本監本毛本中作十是也

王孫賈趨進 淳熙本趨作趍俗字

其改卜嗣 淳熙本改誤攺

必以而子與大夫之子爲質 淳熙本與上衍厚字

有期日 纂圖本期誤其

秋晉士鞅會成桓公侵鄭 淳熙本桓誤栢

監帥不親侵也 足利本帥作師

禘于僖公 宋本以下正義三節總入注文叛不書略家臣之下

禮之當也 宋本監本毛本當作常是也

各於其宮 閩本監本毛本於作以非也

計禘傳當于大廟 宋本監本毛本傳作禮是也

放於僖廟行禘禮 宋本閩本監本毛本放作故不誤

桓子咋謂林楚 諸本作咋石經初刻作乍後加口旁案錢大昕云咋暫也孟子今人乍見孺子趙岐訓乍為暫乍暫聲相近疑經注皆無口旁後人妄增梁履繩云咋字經典罕見左傳果有此字五經文字何以不收也

後猶晚 宋本淳熙本岳本足利本晚下有也字

魯東階之北門 補各本階作城

將殺之 宋本足利本將下有欲字是也

故言喜於召死 宋本於誤放

陽虎召孫欲殺之 監本毛本脫陽字孫上有季字宋本作陽虎召季孫欲殺之是也

（經九年）

弓玉國之分器 諸本作玉此本誤王今改正

（傳九年）

而子擊鍾何也 石經宋本岳本纂圖本毛本鍾作鐘下同葉抄釋文亦作鐘

故云竹刑 宋本淳熙本岳本云作言

注鄧析至竹刑　宋本以下正義五節總入思其人節注下

令鄧析別造竹刑　宋本令作令是也

則鄧析不當私作刑書　補各本當作爲

若用君命遣造　宋本用作其非也

周禮大司寇　宋本大作小是也

四曰議能之法　宋本法作辟是也

夫謀而不過　宋本監本毛本不作鮮不誤

以賢能者　宋本賢作勸不誤

亦不惑子　宋本閩本監本毛本子作乎是也

當明其罪狀　宋本明作議是也

役有能之人　宋本監本毛本役作殺是也

明之臣民　宋本監本毛本明作國是也

女史記事規誨之所執　此本女字模糊史誤反據宋本淳熙本岳本纂圖本閩本監本毛本補正

易非無德之夫人也 宋本監本毛本非作去

篇有三章 此本篇字實缺據宋本補閩本監本毛本作詩非也

靜女其變 此本靜字實缺女誤詩變誤變據宋本閩本監本毛本補正

進御之法 此本進御二字實缺據宋本補閩本監本毛本改作彤管按作進御與毛傳合

事之常耳 此本事字實缺閩本同據宋本監本毛本補

本錄靜女詩者 此本女誤之詩字實缺據宋本補正閩本監本毛本詩作云

止爲彤管之言可取 此本止字實缺據宋本補閩本監本毛本作特

其女史所書之事 此本其女二字實缺據宋本閩本監本毛本補

古者后夫人必有女史 此本史字實缺據宋本閩本監本毛本補

以禮御於君所 此本所字實缺據宋本閩本監本毛本補

女史書其日月 諸本作女此本誤其今改正

則以金環進之 宋本閩本進作退是也

錄竿於詩者 宋本淳熙本岳本纂圖本監本毛本於作旃是也又按詩作干旃左傳作竿旃詩用正字左傳用假借字也

注詩鄘至存身 諸本作存此本誤有今改正

詩鄘風干旄之篇也 宋本閩本監本作干此本誤于今改正毛本作竿亦非

孑孑干旄 宋本閩本監本毛本旄作旟是也

一明其無所吝惜 宋本監本毛本一作之屬上讀

本錄干旄之詩者 閩本監本作干此本誤于今改正毛本作竿亦非宋本無之字

而祇爲名故歸之 宋本纂圖本監本毛本祇作祗足利本作秖亦非淳熙本作秖與葉抄釋文合

書曰得器用也 石經得字重段玉裁曰此得字不當重石經非也傳言以其爲器用故謂之得細玩下文則器用上不宜有得字

凡獲至曰獲 宋本以下正義三節總入注文受亂人故之下

載葱靈 毛本葱作蔥注及下同惠棟云尚書大傳云未命爲士不得有飛軨鄭康成注云如今窻車也軨與靈古字通

今人猶名葱木爲靈子 毛本葱誤二字按傳之葱字卽說文之囪字在牆曰牖在屋曰囪或作窗此假蔥爲之

其内容人師 宋本監本毛本師作臥是也

又以葱靈逃奔晉 石經宋本淳熙本岳本纂圖本監本毛本奔下有宋遂奔三字

仲尼曰 毛本尼誤氏

注爲衞討也 宋本以下正義九節總入親推之三注下

如驂之靳 釋文云本或作如驂之有靳非也詩小戎釋文說文繫傳引並作如驂之有靳

然則古人車馬四馬 監本毛本上馬字作用淳熙本作駕是也

說文云靳當膺也 段玉裁校本膺作胸

有臣費者 宋本閩本監本毛本費作瓚是也

在鄭之彊內 宋本閩本監本毛本彊作疆不誤

趙界自漳水以此 宋本閩本監本毛本此作北是也

卜過之龜焦 說文焦作𤏡按九經字樣收𤏡焦二字云上說文下省今傳作焦蓋省文也

畏晉故于 宋本岳本纂圖本監本毛本于作卜是也淳熙本卜字模糊

晢幘而衣貍製 閩本亦誤晢宋本監本毛本作晳是也諸本作製此本誤裂今改正

而郤缺將將 宋本閩本監本毛本上將字作爲

戎事上衣同服 宋本衣作下是也

故逄五父得與齊侯易位 宋本毛本五作丑是也

齊侯容或不辨此本齊字模糊依宋本閩本監本毛本補閩監辨作辯

齊侯賞犂彌犂彌辭曰淳熙本脫下犂彌二字

晳幘晳宋本从白是也幘說文引作䶜齒相值也按䶜正字幘假借字

白也齒上下相值補各本齒上應有幘字

故齊得優其僞役也監本毛本僞作爲亦非宋本作傜案作傜是也

軒曲旃也宋本旃作斾是也

春秋左傳注疏卷五十五校勘記

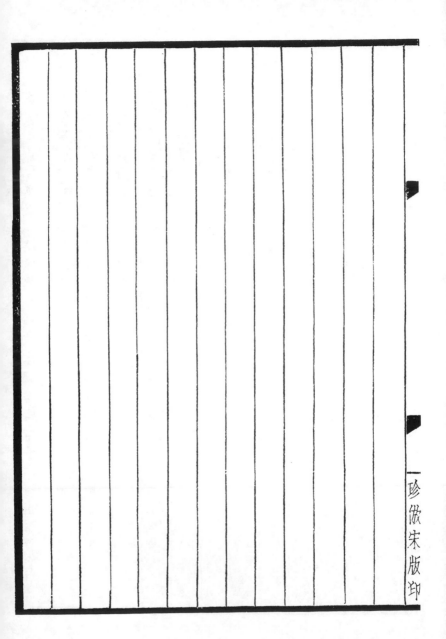

附釋音春秋左傳注疏卷第五十六 定公十年盡十五年

杜氏注　孔穎達疏

經十年春王三月及齊平平前八年再侵齊之怨○夏公會齊侯于夾谷平故○夾古洽反又古協反二傳作頰谷古木反公至自夾谷無傳○晉趙鞅帥師圍衛○齊人來歸鄆讙龜陰田三邑皆汶陽田也泰山博縣北有龜山陰田在其北也會夾谷孔子相齊人服義而歸魯田○鄆音運讙火官反汶音問相息亮反

疏注三邑至魯田○正義曰傳言孔丘使茲無還揖對齊要令反汶陽之田乃與之盟齊人為是歸此三邑知三邑皆汶陽田也土地名汶水出泰山萊蕪縣西南經濟北至東平須昌縣入濟則汶水發源東北而西南流也水北曰陽此三邑皆在汶水北近齊齊因陽虎出奔取為己有今服義而歸魯也僖元年公賜季友汶陽之田季氏世脩其德不應失其采邑則此汶陽之田當為季氏采地今復有此三邑者汶水之北皆名汶陽其地多矣蓋季氏私邑之外別有此田也龜山名也山北曰陰田在龜山北其邑即以龜陰為名故云三邑

○叔孫州仇仲孫何忌帥師圍郈郈叔孫氏邑○郈音后字林下溝反○秋叔孫州仇仲孫何忌帥師圍郈○宋樂大心出奔曹傳在前年春書名罪其稱疾不適晉宋公子地出奔陳貪弄馬以距君命書名罪之也○弄魯貢反○冬齊侯衛侯鄭游速會于安甫無傳安甫地闕○叔孫州仇如齊○宋公之弟辰暨仲佗石彄出奔陳暨與也宋公寵向魋不聽辰請辰忿而將大臣出奔虛請自忿稱弟示首惡也仲佗石彄皆為國卿不能匡君靜難而為辰所牽帥出奔稱名亦罪之也○暨其器反佗徒何反彄苦侯反魋大回反難乃旦反

疏

注暨與至之也○正義曰暨與也釋詁文凡大夫出奔書名皆是罪惡故杜其爲罪之狀解其書名之由佗既出奔辰爲之請請而不許是虛其請也公唯
不許而已未嘗責其妄請不被追遂自忿出奔是辰之罪也釋例曰宋辰率羣卿以背宗國披大邑以成叛逆故以首惡稱弟是言稱弟示首惡也杜知是首
惡者以其特云宋公之弟辰暨仲佗石彄是辰牽率仲佗石彄故云首惡也若不爲首惡當如昭二十二年宋華亥向寧華定出奔楚不須暨字以間之
傳十年春及齊平○夏公會齊侯于祝其實夾谷夾谷即祝其也孔丘相相會儀也○相息亮反注
同犂彌言於齊侯曰孔丘知禮而無勇若使萊人以兵劫魯侯必得志焉萊人齊所
滅萊夷也○劫居業反疏注萊人至夷也○正義曰襄六年齊侯滅萊萊東萊黃縣是也地在東邊去京師大遠孔丘謂之裔夷之俘言是遠夷囚俘知
是滅萊所獲此人是其遺種也齊不自使齊人而令萊人劫魯侯者若使齊人執兵則魯亦陳兵當之無由得劫公矣使此萊。夷望魯人不覺出其不意得伺
閒執之齊侯從之孔丘以公退曰士兵之以兵擊萊人兩君合好而裔夷之俘以兵亂
之裔遠也○好呼報反下之同裔以制反俘芳夫反非齊君所以命諸侯也裔不謀夏夷不亂華俘不干
盟兵不偪好於神爲不祥盟將告神犯之爲不善○夏戶雅反偪彼力反疏裔不至亂華○正義曰夏。也中國有禮儀之大故稱夏
夏有服章之美謂之華華夏一也萊是東夷其地又遠裔不謀夏言諸夏近而萊地遠夷不亂華言萊是夷而魯是華二句其旨大同各令文相對耳於
德爲愆義於人爲失禮君必不然齊侯聞之遽辟之辟去萊兵也○愆去連反遽其據反辟婢亦反又音
避注同去起呂反將盟齊人加於載書曰齊師出竟而不以甲車三百乘從我者有如

此盟如此盟詛之禍○竟音境乘繩證反詛側據反孔丘使茲無還揖對無還魯大夫○還音旋曰而不反我汶陽之田吾以共命者亦如之須齊歸汶陽田乃當共齊命於是孔子以公退賤者終其事要盟不絜故略不書○共音恭注同要一遙反

疏注須齊至不書○正義曰齊魯既平當兩相從意齊人既令魯以三百乘從魯不可即拒故須齊歸汶陽之田乃當共齊三百乘之命則得汶陽之田足當三百乘也賈逵云不書盟諱以三百乘從齊師其意以宣七年盟于黑壤而不書經傳言晉侯之立也公不朝又不使大夫聘晉人止公于會公不與盟不書盟諱之也緣彼有諱謂此亦諱案此會孔丘相反汶陽之田以共齊命孔丘意也得其三邑而以三百乘從之爲相當矣於魯不爲負何以諱其盟即以三邑田少不足以當三百乘孔丘不應唯令反此而已令令反此共命必其足以相當何以諱其從齊也若三百乘從齊必是可諱孔丘爲相義不能拒則孔丘爲有罪矣何貴乎聖人也故杜以爲於是孔子以公退賤者終其事要盟不絜故略不書釋例曰夾谷之會齊侯劫公孔丘以義叱之以兵威之將盟又使茲無還責侵田拒齊之享屈。疆國正典儀此聖人之大。司也徒以二君雖會而兵刃相要二國微臣共終盟事故賤而不書非所諱也舊說同於黑壤之辱爲負仲尼也

齊侯將享公孔丘謂梁丘據曰齊魯之故吾子何不聞焉故舊典事既成矣會事成而又享之是勤執事也且犧象不出門嘉樂不野合犧象酒器犧尊象尊也嘉樂鍾磬也○犧許宜反又息河反注同

疏注犧象至磬也○正義曰周禮司尊彝云春祠夏禴祼用雞彝鳥彝其朝踐用兩獻尊其再獻用。兩象尊鄭衆云獻讀爲犧犧尊飾以翡翠象尊以象鳳皇阮諶三禮圖犧尊畫牛以飾象尊畫象以飾當尊腹上畫牛象之形王。肅以爲犧尊象尊爲牛象之形背上負尊魏大和中青州掘得齊大夫子尾送女器爲牛形而背上負尊古器或當然也周禮大司樂云雲門之舞冬。日。至於地上之圜丘奏之若樂六變則天神皆降可得

而禮矣咸池之舞夏日至於澤中之方丘奏之若樂八變則地祇皆出可得而禮矣圜丘方丘皆是野澤二者並是大祭必當備設尊俎而云嘉樂不野合犧象不出門者彼是禮之大者自可依禮而行尊得出門樂得野合此言不出門不野合者謂。享燕正禮當設於宮內不得違禮而行妄作於野耳非謂祭祀之大禮也諸侯相見之禮享在廟燕在寢不得行於野僖二十八年晉侯朝王于踐土王享醴命之宥襄十年宋公享晉侯於楚丘請以桑林十九年公享晉六卿于蒲圃二十七年鄭伯享趙孟于垂隴如此之類春秋多矣或特賞殊功或長敬大國皆權時之事非正禮也此時齊魯𢿱國釋怨和平未有殊異之歡無假非常之事孔子知齊懷詐慮其掩襲託正禮以拒之故言不野合

饗而既具是棄禮也若其不具用秕。稗也秕穀不成者稗草之似穀者言享不具禮穢薄若秕稗○秕音鄙字林音比又必履反稗皮賣反用秕稗君辱棄禮名惡子盍圖之夫享所以昭德也不昭不如其已也乃不果享孔子知齊侯懷詐故以禮齊距之○盍戶獵反下同

人來。歸鄆讙。龜陰之田陽虎九年以此奔齊經。文倒者次魯事

[疏]注陽虎至魯事○正義曰八年陽虎入于讙陽關以叛九年伐陽關陽虎奔齊其時虎以讙去鄆與龜陰亦從之皆爲齊所取至今始歸之歸田之經在趙鞅圍衛之後與傳文倒者傳次魯事進此歸田於上令與盟事相援故也

○晉趙鞅圍衛報夷儀也前年齊爲衛伐晉夷儀故伐衛以爲報○爲衛于僞反初衛侯伐邯鄲午於寒氏邯鄲廣平縣也午晉邯鄲大夫寒氏即五氏也前年衛人助齊伐五氏○邯音寒鄲音丹城其西北。而守之宵熸午衆宵散○城其西北而守之一本或作城其西北隅熸子潛反

[疏]。城其西北而守之○正義曰築城於其西北之地而守之也本或北下有隅昭二十五年傳。陷西北隅以入又云登西北隅以塗涉。彼而誤耳今定本有隅誤

及晉圍衛午以徒七十人門於衛西門殺人

於門中曰請報寒氏之役衛開門與午鬬涉佗曰夫子則勇矣然我往必不敢啓門亦以徒七十人旦門焉步左右皆至而立如植至其門下步行門左右然後立待如立木不動以示整○佗徒何反植市力反一音值疏以徒至如植○正義曰涉佗以徒七十人旦往門焉涉佗先至步行門之左右然後其徒皆至而立如植木然日中不啓門乃退反役晉人討衛之叛故曰由涉佗成何捘衛侯手故於是執涉佗以求成於衛衛人不許晉人遂殺涉佗成何奔燕君子曰此之謂棄禮必不鈞言必見殺不得與人等詩曰人而無禮胡不遄死涉佗亦遄矣哉詩鄘風遄速也○遄市專反○初叔孫成子欲立武叔公若藐固諫曰不可藐叔孫氏之族○藐音邈又亡小反成子立之而卒公南使賊射之不能殺公南叔孫家臣武叔之黨○射食亦反下及注同公南爲馬正使公若爲郈宰武叔既定使郈馬正侯犯殺公若不能其圉人曰武叔之圉人吾以劍過朝公若必曰誰之劍也吾稱子以告必觀之吾僞固而授之末則可殺也僞爲固陋不知禮者以劍鋒末授之○鋒芳逢反疏注僞爲至授之○正義曰少儀說以器物授人之禮云刀卻刃授穎削授拊凡有刺刃者以授人則辟刃鄭玄云穎鐶也拊謂把辟刃不以正鄉人也是禮授刀劍當以鋒刃自鄉而授其鐶今圉人僞爲固陋不知禮者以劍鋒末授之欲因推而殺之使如之公若曰爾欲吳王我乎見劍向己逆呵之鱄諸殺吳王亦用劍刺之○向許亮反亦作嚮呵呼多反刺七亦反疏使如之○正義曰言使爲如此之計而欲殺之遂殺公若

侯犯以郈叛 犯以不能副武叔之命故叛叛而以圍告廟故書圍 疏 注犯以至書圍○正義曰昭十三年南蒯以費叛注云不書不告廟八年陽虎叛注云叛不書略家臣此侯犯以郈叛不書者亦爲不告廟略家臣也不書叛而書圍輿動大衆以圍告廟故書圍也然則九年伐陽關討陽虎亦應書而不書者蓋師少不告廟故不書 武叔懿子圍郈弗克秋二子及齊師復圍郈弗克叔孫謂郈工師駟赤 工師掌工匠之官○復扶又反 曰郈非唯叔孫氏之憂社稷之患也將若之何對曰臣之業在揚水卒章之四言矣 揚水詩唐風卒章四言曰我聞有命○在揚水卒章本或作揚之水卒章 疏 注揚水至有命○正義曰唐詩揚之水刺晉昭公也昭公分國以封沃沃彊盛昭公微弱國人將叛而歸沃焉其三章云揚之水白石粼粼我聞有命不敢以告人注云聞曲沃有善政命不敢以告人鄭箋云不敢以告人而去者畏昭公謂己動民心 叔孫稽首 謝其受己命 駟赤謂侯犯曰居齊魯之際而無事必不可矣 无所服事 子盍求事於齊以臨民不然將叛侯犯從之齊使至駟赤與郈人爲之宣言於郈中 詐爲齊使言也○使所吏反注同爲之于僞反下注爲齊同 曰侯犯將以郈易于齊齊人將遷郈民 謂易其民人 衆兇懼 不欲遷○兇音凶一音凶勇反 駟赤謂侯犯曰衆言異矣 不與始同 子不如易於齊與其死也猶是郈也而得紓焉何必此 言以郈民易取齊人與郈无異勝於守郈爲叛人所殺○紓音舒 齊人欲以此偪魯必倍與子地 言非徒得民又將得齊地○偪彼力反倍步罪反 且盍多舍甲於子之門以備不虞侯犯曰諾乃多舍甲焉侯犯請易於齊齊

有司觀郈將至駟赤使周走呼曰齊師至矣郈人大駭介侯犯之門甲以圍侯犯駟赤將射之僞爲侯犯射郈人○呼火故反介音界侯犯止之曰謀免我侯犯請行許之郈人許之駟赤先如宿宿東平無鹽縣故宿國侯犯殿每出一門郈人閉之閉其後門○殿丁見反及郭門止之曰子以叔孫氏之甲出有司若誅之誅責也羣臣懼死駟赤曰叔孫氏之甲有物吾未敢以出物識也赤還救侯犯也○識申志反又如字犯謂駟赤曰子止而與之數數甲以相付○數色主反注同駟赤止而納魯人侯犯奔齊齊人乃致郈致其名簿也爲下武叔如齊傳○簿步古反

○宋公子地嬖蘧富獵地宋景公弟辰之兄也○嬖必計反蘧其居反獵力輒反十一分其室而以其五與之與富獵也公子地有白馬四。公嬖向魋魋欲之向魋司馬桓魋也公取而朱其尾鬣以與之與魋也○鬣力輒反爾雅舍人注云馬鬉也鬉子工反疏。朱其尾鬣○正義曰爾雅舍人注云鬣鬉也地怒使其徒扶魋而奪之魋懼將走公閉門而泣之目盡腫母弟辰曰子分室以與獵也而獨卑魋亦有頗焉子爲君禮禮辟君也○扶勑乙反腫章勇反頗普多反不過出竟君必止子公子地。出奔陳公弗止辰爲之請弗聽辰曰是我迋吾兄也迋欺也○竟音境辰爲于僞反下猶爲同迋求往反又古況反吾以國人出君誰與處冬母弟辰暨仲佗石彄出奔陳佗仲幾子彄褚師段子皆宋卿衆之所望故言國人○褚張呂反○武叔聘于齊謝致郈也經書辰奔在聘後者從告齊侯享之曰子叔孫若使郈在君之他竟寡人何知焉屬與敝邑際故敢助君憂之以致郈德叔孫○屬音燭對曰非寡君之望也所以事君封疆社稷是以以猶為也○疆居良反敢以家隸勤君之執事夫不令之臣天下之所惡也君豈以為寡君賜言義在討惡非所以賜寡君○惡烏路反十一年傳注皆同一音如字

經十有一年春宋公之弟辰及仲佗石彄公子地自陳入于蕭以叛蕭宋邑稱弟例在前年疏注蕭宋邑○正義曰莊十二年宋萬弒閔公蕭叔大心者宋蕭邑大夫也平宋亂立桓公宋人嘉之以蕭邑封叔為附庸宣十二年楚子滅之復為宋邑故辰等今入之以叛也○夏四月○秋宋樂大心自曹入于蕭入蕭從叛人叛可知故不書叛○冬及鄭平平六年侵鄭取匡之怨叔還如鄭涖盟還叔詣曾孫○還音旋還叔詣曾孫案世族譜叔還是叔弓曾孫此云叔詣誤也疏注還叔詣曾孫○正義曰世族譜云叔還叔弓曾孫也又世本云叔弓生定伯閱閱生西巷敬叔叔生成子還還為叔弓曾孫杜云叔詣曾孫轉寫誤耳

傳十一年春宋公母弟辰暨仲佗石彄公子地入于蕭以叛秋樂大心從之大為宋患寵向魋故也惡宋公寵不義以致國患○冬及鄭平始叛晉也魯自僖公以來世服於晉至今而叛故曰始

經十有二年春薛伯定卒無傳四年盟皋鼬疏注四年盟皋鼬○正義曰定以昭三十二年即位其年大夫盟于狄泉以未告

公而公薨經明文故不數無○夏葬薛襄公傳無○叔孫州仇帥師墮郈墮毀也患其險固故毀壞其城○墮許規
反注及下傳同壞音怪又戸怪反疏注墮毀至其城○正義曰昭十三年南蒯以費叛連年伐而不克十年侯犯以郈叛一年再圍而不克良由其城險
固家臣數以背叛仲由爲季氏宰進計季孫防其後患令墮三都以是故毀壞其城慮其拒之故帥師而往公羊傳曰孔子行乎季孫三月不違曰家。無藏甲
邑無百雉之城於是帥師墮郈帥師墮費左氏不言孔子之計當是仲由自立此謀但。傳稱費人襲魯而仲尼在焉是仲尼知其事謂墮之爲是故不禁也釋
例曰三都彊盛以奪三家之權陪臣執政下陵上替故仲由墮之而仲尼不禁帥師登臺僅。不皆克直隨事而書以示三家之彊無義例也○衛公
孟彄帥師伐曹彄孟縶子○彄苦侯反縶陟立反疏彄孟縶子○正義曰世族譜云孟縶無子靈公以其子彄爲之後也爲後則爲其子
故云孟縶子此實公孫而不稱公孫者縶字公孟故卽以公孟爲氏劉炫謂公孟生得賜族故彄卽以族告○季孫斯仲孫何忌帥
師墮費○費音秘○秋大雩無傳書過○雩音于○冬十月癸亥公會齊侯盟于黃無傳結叛晉○
十有一月丙寅朔日有食之無傳○公至自黃無傳○十有二月公圍成公至自圍
成無傳國內而書至者成彊若列國興動大衆故出入皆告廟疏注國內至告廟○正義曰成魯邑國內用兵計不應書而出入皆書者爲興動大衆
皆告廟也釋例曰陪臣執命大都耦國仲由建墮三都之計而成人不從故公親圍之雖不越竟動衆興兵大其事故出入皆告於廟
傳十二年夏衛公孟彄伐曹克郊郊曹邑還滑羅殿羅衛大夫○滑于八反殿丁見反下同未出不
退於列未出曹竟。羅不退在行列之後○竟音境行戸郞反其御曰殿而在列其爲無勇乎羅曰與其素

厲寧爲無勇 素空也厲猛也言伐小國當如畏者以誘致之 疏 與其至無勇○正義曰羅以曹國小弱不敢來追衞師而在後爲殿是空設嚴
猛等與其空爲嚴猛寧爲無勇示弱誘之使曹人不憚以爲後圖 ○仲由爲季氏宰 仲由子路 將墮三都 三都費郈成也彊盛
將爲國害故仲由欲毀之 於是叔孫氏墮郈季氏將墮費公山不狃叔孫輒帥費人以襲魯
不狃費宰也輒不得志於叔孫氏 公與三子入于季氏之宮登武子之臺費人攻之弗克入及
公側 至臺下 仲尼命申句須樂頎下伐之 二子魯大夫仲尼時爲司寇○句音劬頎音祈 疏 注仲尼時爲司寇○正義
曰史記孔子世家云定公以孔子爲中都宰一年四方皆則之由中都宰爲司空由司空爲大司寇十年會于夾谷時已爲司寇矣十四年孔子由大司寇攝
行相事是此時仲尼爲司寇 費人北國人追之敗諸姑蔑二子奔齊 二子不狃叔孫輒 遂墮費將墮
成公斂處父謂孟孫墮成齊人必至于北門 成在魯北竟故 且成孟氏之保障也無成
是無孟氏也子僞。不知。 佯不知。○障之尚反又音章子僞不知並如字一本僞作爲佯本亦作陽音同 我將不墮。冬十
二月公圍成弗克。
經十有三年春齊侯衞侯次于垂葭 二君將使師伐晉次垂葭以爲之援○葭音加 ○夏築蛇。淵囿 無傳
書不時也○囿音又 ○大蒐于比蒲 無傳夏蒐非時○蒐所求反比音毗 ○衞公孟彄帥師伐曹 無傳 ○晉。趙
鞅入于晉陽以叛 書叛惡可知 ○冬晉荀寅士吉射入于朝歌以叛 吉射士鞅子○射食亦反又食

夜反朝如字晉趙鞅歸于晉韓魏請而復之故曰歸言韓魏之強猶列國【疏】注韓魏至列國○正義曰成十八年傳例曰凡去其國諸侯納之曰歸此傳稱韓魏以趙氏爲請故趙鞅得稱歸韓魏非諸侯亦從諸侯納之例者韓魏之彊猶列國也釋例曰韓魏有耦國之彊陳蔡有復國之端故晉趙鞅楚公子比皆稱歸從諸侯納之例言非晉楚之所能制也○薛弒其君比無傳稱君。無道

傳十三年春齊侯衛侯次于垂葭實郹。氏垂葭改名郹氏高平鉅野縣西南有郹亭○郹古闃反【疏】。注垂葭至郹亭○正義曰釋例曰經書所改之名則傳以實明之許遷于夷實城父齊侯衛侯次于垂葭實郹氏之比是也則是先名郹氏後名垂葭而此云垂葭改名郹氏者杜意以爲垂葭是新改之名本是郹氏也故以結之與釋例不違劉炫以杜注自違釋例以爲地無新舊之異止是一地二名若如劉言案許遷于夷實城父經書夷齊侯衛侯次于垂葭實郹氏經書垂葭許遷于析實白羽以此準之經應書析不應書白羽公會齊侯于祝其實夾谷經應書祝其不應書夾谷杜以文同事異故以新舊明之劉不細尋經傳以規杜過非也使師伐晉將濟河諸大夫皆曰不可邴意茲曰可意茲齊大夫○邴彼命反又音丙銳師伐河內今河內汲郡傳必數日而後及絳傳告晉○傳張戀反又直專反注同數所主反絳不三月不能出河則我既濟水矣乃伐河內齊侯皆斂諸大夫之軒唯邴意茲乘軒以其言當○當丁浪反○齊侯欲與衛侯乘共載○乘繩證反下同與之宴而駕乘廣載甲焉使告曰晉師至矣齊侯曰比君之駕也寡人請攝以己車攝代衛車○廣古曠反比必利反乃介而與之乘驅之或告曰無晉師乃止傳言齊侯輕所以不能成功○介音界輕遣政反【疏】齊侯至乃

止○正義曰齊侯輕脫欲得與衛侯同乘先與之宴飲而先駕乘廣於門外豫於廣車之上而載甲焉飲未終而使人告曰晉師至矣齊侯謂衛侯曰比及君之駕至以來君既未有兵車寡人請以己車攝代衛車與君同乘齊侯乃著甲而與衛侯共乘驅之而行或告無晉師乃止傳載此者言齊侯之輕所以不能成功

晉趙鞅謂邯鄲午曰歸我衛貢五百家吾舍諸晉陽午許諾十年趙鞅圍衛衛人懼貢五百家鞅置之邯鄲今欲徙著晉陽晉陽趙鞅邑○著丁略反歸告其父兄父兄皆曰不可衛是以爲邯鄲言衛以五百家在邯鄲常爲是故與邯鄲親○爲于僞反注同一音如字而寘諸晉陽絕衛之道也不如侵齊而謀之侵齊則齊當來報欲因懼齊而徙則衛與邯鄲好不絕○寘之豉反好呼報反乃如之而歸之于晉陽欲如是謀而後歸衛貢趙孟怒召午而囚諸晉陽趙鞅不察其謀謂午不用命故囚之使其從者說劍而入涉賓不可涉賓午家臣不肯說劍入欲謀叛○從才用反說他活反注同乃使告邯鄲人曰吾私有討於午也二三子唯所欲立午趙鞅同族別封邯鄲故使邯鄲人更立午宗親疏○注午趙至宗親○正義曰世族譜趙衰趙夙之弟也衰生盾盾生朔朔生武武生成成生鞅其家爲趙氏夙孫穿穿生旃旃生勝勝生午其家爲耿氏計衰至鞅凡至午皆六代今俗所謂五從兄弟是同族也別封邯鄲世不絕祀故使邯鄲人更立午之宗親遂殺午趙稷涉賓以邯鄲叛稷趙午子夏六月上軍司馬籍秦圍邯鄲邯鄲午荀寅之甥也荀寅范吉射之姻也壻父曰姻荀寅子娶吉射女疏○注壻父至射女○正義曰釋親云女子子之夫爲壻壻之父爲姻知荀寅子娶吉射女也而相與睦故不與圍邯鄲將作亂作亂攻趙鞅○不與音預又如字董安于聞

之安于趙氏臣【疏】董安于○正義曰史記云安于性緩常佩弦以自急者即此是也告趙孟曰先備諸趙孟曰晉國有命始禍者死爲後可也安于曰與其害於民寧我獨死懼見攻必傷害民請以我說趙孟不可晉國若討可殺我以自解說秋七月范氏中行氏伐趙氏之宮趙鞅奔晉陽晉人圍之范皐夷無寵於范吉射而欲爲亂於范氏皐夷范氏側室子○行戶郎反梁嬰父嬖於知文子文子荀躒○知音智文子欲以爲卿韓簡子與中行文子相惡簡子韓起孫不信也中行文子荀寅也○惡如字又烏路反下同【疏】文子欲以爲卿○正義曰既欲以爲卿則當去范中行二氏乃始得立言此者明文子欲爲亂以去之魏襄子亦與范昭子相惡襄子魏舒孫曼多也昭子士吉射○曼音萬故五子謀。五子范皐夷梁嬰父知文子韓簡子魏襄子將逐荀寅而以梁嬰父代之逐范吉射而以范皐夷代之荀躒言於晉侯曰君命大臣始禍者死載書在河爲盟書沈之河○躒力狄反沈如字又音鴆今三臣始禍而獨逐鞅刑已不鈞矣請皆逐之冬十一月荀躒韓不信魏曼多奉公以伐范氏中行氏弗克二子將伐公齊高彊。曰三折肱知爲良醫高。彊齊子尾之子昭十年奔魯遂適晉○三如字又息暫反折之設反肱古弘反唯伐君爲不可民弗與也我以伐君在此矣三家未睦三家知韓魏可盡克也克之君將誰與若先伐君是使睦也弗聽遂伐公國人助公二子敗從而伐之丁未荀寅士吉射奔朝歌韓魏以趙氏爲請〔經所以書趙鞅歸〕十二月辛未趙鞅入于絳盟于公宮。〔傳錄晉衰亂〕○初衛公叔文子朝而請享靈公〔欲令公臨其家○令力呈反〕退見史鰌而告之〔史鰌史魚。○鰌音秋〕史鰌曰子必禍矣子富而君貪其及子乎文子曰然吾不先告子是吾罪也君既許我矣其若之何史鰌曰無害子臣可以免〔言能執臣禮〕富而能臣必免於難上下同之〔言尊卑皆然○難乃旦反下注同〕戍。也驕其亡乎〔戍文子之子〕富而不驕者鮮吾唯子之見驕而不亡者未之有也戍必與焉〔與禍難○鮮息淺反與音預注同〕及文子卒衛侯始惡於公叔戍以其富也公叔戍又將去夫人之黨〔靈公夫人南子黨宋朝之徒○惡烏路反去起呂反朝如字〕**疏**。注靈公至之徒○正義曰傳於明年始云衛侯爲夫人南子召宋朝此年言夫人之黨杜已云宋朝之徒者靈公之召宋朝又在前矣明年爲宋人歌而發端非明年始召之 夫人愬之曰戍將爲亂〔爲明年戍來奔傳○愬音素〕

經十有四年春衛公叔戍來奔衛趙陽出奔宋〔陽趙黶孫書名者親富不親仁○黶於減反〕**疏**。注陽趙黶孫○正義曰案世本懿子兼生昭子舉舉生趙陽兼即黶也 ○二月辛巳楚公子結陳公孫佗人帥師滅頓以頓子牂歸○夏衛北宮結來奔。〔亦黨公叔戍皆惡之○佗吐何反又徒河反牂子歸反惡烏路反〕○五月於越敗吴于檇李〔於越越國也使罪人詐吴亂陳故從未陳之例書敗也檇李吴郡嘉興縣南。醉李城○檇音醉依說文從木陳直覲反下同〕

【疏】注於越至書敗○正義曰於越卽越也夷言發聲謂之於越。從。彼俗而名之也傳稱陳于檇李則是皆陳而從未陳之例云敗吳者越使罪人詐吳亂吳之陳使不得用力故從未陳之例書敗也釋例云長勺之役雖俱陳而鼓音不齊檇李之。役。勾。踐患吳之整以死士亂吳雖皆已陳猶以。獨。克。爲。文。舉其權詐也

○吳子光卒未同盟而赴以名

○公會齊侯衞侯于牽魏郡黎陽縣東北有牽城○黎力兮反

公至自會無傳

○秋齊侯宋公會于洮洮曹地○洮吐刀反

○天王使石尚來歸脤。無傳石尚天子之。士石氏尚名脤祭社之肉盛以。脤器以賜同姓諸侯親兄弟之國與之共福○脤市軫反盛音成

【疏】注石尚至共福○正義曰杜以天子上士中士俱稱名氏石尚必是士矣但不知爲是上士爲是中士故注直云士耳必非下士釋例曰王之公卿皆書爵大夫書字元士中士稱名劉夏石尚是也下士稱人公會王人于洮是也杜知然者周禮典命云王之三公八命其卿六命大夫四命大夫既四命則士三命也故鄭玄云王之上士三命中士再命下士一命曲禮云列國之大夫入天子之國曰某士得不以命數當天子之士故稱士也襄二十六年晉韓起聘于周自稱曰晉士起是諸侯之卿與天子之士命數同也以諸侯之卿三命再命皆書名氏大夫一命則稱人知天子上士中士稱名氏下士則稱人也成十三年傳曰國之大事在祀與戎祀有執。膰戎有受脤先儒及杜緣彼傳文知是定例故解此云祭社之肉盛以。脤器以賜同姓諸侯周禮大宗伯云以脤膰之禮親兄弟之國大行人云歸脤以交諸侯之福是以祭肉賜諸侯與之共福也

○衞世子蒯聵出奔宋○蒯古怪反聵五怪反

○衞公孟彄出奔鄭彄書名與蒯聵黨罪之

○宋公之弟辰。○自蕭來奔無傳稱宋公之弟例在十年

○大蒐于比蒲○比音毗

○邾子來會公無傳會公于比蒲來而不用朝禮故曰會

【疏】注會公至曰會○正義曰莊二十三年公及齊侯遇于穀蕭叔朝公就遇處行朝禮故曰朝此就蒐處行會禮而不

用朝禮故曰會也言不用朝禮辨其與蕭叔文異○城莒父及霄無傳公叛晉助范氏故懼而城二邑也此年無冬史闕文○父音甫疏注公叛至闕文○正義曰城邑之由傳無其說以傳稱公會齊侯衛侯謀救范中行氏知爲叛晉之故懼而城此二邑也無冬闕文自是常事特辯此者說公羊者以此城在冬故去冬字何休云是歲孔子由大司寇攝相事齊人饋女樂孔子去言去冬者貶之也或說無冬者坐受女樂令聖人去冬陰臣之象言去冬見無臣也杜以此爲妄說且明城實在秋是非時而城故特辨冬闕

傳十四年春衛侯逐公叔戍與其黨故趙陽奔宋戍來奔終史魚之言○梁嬰父惡董安于謂知文子曰不殺安于使終爲政於趙氏趙氏必得晉國盍以其先發難也討於趙氏文子使告於趙孟曰范中行氏雖信爲亂安于則發之是安于與謀亂也晉國有命始禍者死二子既伏其罪矣敢以告告使討安于○惡烏路反知文音智盍戶臘反難乃旦反與音預趙孟患之安于曰我死而晉國寧趙氏定將焉用生人誰不死吾死莫矣乃縊而死趙孟尸諸市而告於知氏曰主命戮罪人安于既伏其罪矣敢以告知伯從趙孟盟知伯荀躒○爲於虔反莫音暮縊一四反疏安于則至而死○正義曰安于請趙孟先備趙孟不從其言則安于其無罪矣但安于之謀國人聞之梁嬰父懼其知謀恐趙氏彊盛假此事而罪之趙鞅叛而得還不敢違命故安于自縊死耳而後趙氏定祀安于於廟趙氏廟疏祀安于於廟○正義曰禮臣有大功配食於廟周禮司勳云凡有功名者銘書於王之大常祭于大烝司勳詔之倘

書盤庚告其卿大夫云兹予大享于先王爾祖其從與享之孔安國云古者天子錄功臣配食於廟大享烝嘗也天子既有此禮諸侯或亦有之今趙氏祀安于於趙。安氏之廟其意亦如此也○頓子牂欲事晉背楚而絕陳好二月楚滅頓傳言小不事大所以亡○背音佩好呼報反○夏衛北宮結來奔公叔戍之故也○吳伐越報五年越入吳越子勾踐禦之陳于檇李句踐越王允常子○句古侯反陳直覲反○句踐患吳之整也使死士再禽焉不動使敢死之士往輒爲吳所禽欲使吳師爲取之而吳不動使罪人三行屬劍於頸以劍注頸○行戶郎反下同屬之欲反下同又之住反而辭曰二君有治治軍旅臣奸旗鼓犯軍令不敏於君之行前不敢逃刑敢歸死遂自剄也師屬之目越子因而伐之大敗之靈姑浮以戈擊闔廬姑浮越大夫○剄古頂反本又作刎闔戶臘反闔廬傷將指取其一屨其足大指見斬遂失屨姑浮取之○將子匠反屨九具反還卒於陘去檇李七里釋經所以不書滅○陘音刑夫差使人立於庭夫差闔廬嗣子○夫音扶庭本又作廷苟出入必謂己曰夫差而忘越王之殺而父乎則對曰唯不敢忘三年。乃報越後三年哀元年○唯惟癸反舊以求反○晉人圍朝歌公會齊侯衞侯于脾上梁之閒脾。上梁間郎牽○脾婢支反謀救范中行氏●齊魯叛晉故助范中行也析成鮒小王桃甲率狄師以襲晉二子晉大夫范中行氏之黨○鮒音附桃如字本又作姚戰于絳中不克而還士鮒奔周小王桃甲入于朝歌秋齊侯宋公會于洮范氏故也謀殺范氏衛侯為夫人南子召宋朝南子宋女也朝宋公子舊通于南子在宋呼之○為于偽反會于洮大子蒯聵獻盂于齊過宋野蒯聵衛靈公大子盂邑名也就會獻之故自衛行而過宋野○盂音于野人歌之曰既定爾婁豬盍歸吾艾豭婁豬求子豬以喻南子艾豭喻宋朝艾老也○婁力侯反字林作貗力付反豬張魚反盍戶臘反艾五蓋反老也字林作豭音艾三毛聚居者豭音加牡豕也疏會于至艾豭○正義曰此會于洮還是上文會于洮也傳為野人之歌張本故追言衛為夫人南子召宋朝召在遠年非今始召欲說過宋野已隔此語故又本之云齊宋會于洮時大子蒯聵獻盂于齊過宋野而被譏也服虔以會于洮上屬為義言衛侯為夫人南子召宋朝故與宋公會于洮言為召宋朝為此會也然則宋朝是宋之公子衛侯欲召則召何須與宋為會方始召之直言會于洮會上無國名知與何國會而言宋衛乎服不達此勢愚之甚也○注婁豬至老也○正義曰釋獸云豕子豬牝豝牝者謂之豝則豭是豬之牡故以喻宋朝也以婁豬為求子之豬相傳為說耳曲禮人年五十曰艾是艾為老也大子羞之謂戲陽速曰從我而朝少君速太子家臣○戲許宜反少詩照反本亦作小君疏少君○正義曰少君猶小君也君為大君夫人為小君少君見我我顧乃殺之速曰諾乃朝夫人夫人見大子大子三顧速不進夫人見其色啼而走見大子色變知其欲殺己曰蒯聵將殺余公執其手以登臺大子奔宋盡逐其黨故公孟彄出奔鄭自鄭奔齊大子告人曰戲陽速禍余戲陽速告人曰大子則禍余大子無道使余殺其母余不許將戕於余戕殘殺也○戕在良反若殺夫人將以余說余是故許而弗為以紓余死諺

曰民保於信吾以信義也使義可信不必信言○紓音舒諺音彥○冬十二月晉人敗范中行氏
之師於潞獲籍秦高彊二子黨范氏者終景王言籍父無後○潞音路父音甫又敗鄭師及范氏之師于
百泉鄭助范氏故幷敗
經十有五年春王正月邾子來朝○鼷鼠食郊牛牛死改卜牛無傳不言所食處舉死重也改
卜禮也○鼷音兮處昌慮反【疏】鼷鼠食郊牛○正義曰爾雅云色黑而小有毒公羊以爲不言其所食漫也謂所食非一處穀梁注意亦然非杜意也
○二月辛丑楚子滅胡以胡子豹歸○夏五月辛亥郊無傳書過○壬申公薨于高
寢高寢宮名不於路寢失其所○鄭罕達帥師伐宋○齊侯衞侯次于渠蒢不果救故書次○蒢直居反
○邾子來奔喪無傳諸侯奔喪非禮【疏】注諸侯奔喪非禮○正義曰昭三十年傳曰諸侯之喪士弔大夫送葬諸侯親自奔喪會葬皆非禮
公羊亦云奔喪非禮也○秋七月壬申姒氏卒定公夫人○八月庚辰朔日有食之無傳○九月
滕子來會葬無傳諸侯會葬非禮也○丁巳葬我君定公雨不克葬戊午日下昃乃克葬
辛巳葬定姒辛巳十月三日有日無月○昃音側【疏】雨不克葬○正義曰穀梁以爲葬不爲雨止禮也雨不克葬喪不以制也非左氏意○辛
巳葬定姒○正義曰公羊傳云定姒何以書葬未踰年之君也有子則廟廟則書葬公羊此意以爲定姒是妾哀公之母以哀公爲君未踰年故書其卒葬耳
左氏以定姒實是夫人但禮不備不成喪是哀母以否傳無明說○注辛巳至無月○正義曰此年八月庚辰朔二日則辛巳九月不得有辛巳也更盈一周

則六十二日月有一大一小十月己卯朔三日得辛巳是有日無月也○冬城漆○郲庶其邑漆音七疏注郲庶其邑○正義曰襄二十一年郲庶其以漆閭丘來奔莊二十八年傳曰凡邑有宗廟先君之主曰都無曰邑邑曰築都曰城此稱城漆漆本郲邑不得有先君宗廟而稱城者釋例曰若邑有先君宗廟則雖小曰都尊其所居以大之也然則都而無廟固宜稱城城漆是也而。頴氏唯繫於先君之廟患漆本非魯邑因說曰漆有郲之舊廟是使魯人尊郲之廢廟與先君同非經傳意也是言漆是大都自應稱城言庶其邑者意在排舊說

傳十五年春郲隱公來朝郲子益子貢觀焉。郲子執玉高其容仰公受玉卑其容俯玉朝者之贄。○贄音至疏注玉朝者之贄○正義曰曲禮云凡摯天子鬯天子尊無與敵者故執其鬯酒以對神諸侯珪是謂玉為贄也周禮典瑞云公執桓圭侯執信圭伯執躬圭子執穀璧男執蒲璧以朝覲宗遇會同于王諸侯相見亦如之是朝必執玉也子貢曰以禮觀之二君者皆有死亡焉夫禮死生存亡之體也。將左右周旋進退俯仰於是乎取之朝祀喪戎於是乎觀之今正月相朝而皆不度不合法度心已亡矣嘉事不體何以能久嘉事朝禮高仰驕也卑俯替也驕近亂替近疾君為主其先亡乎為此年公薨哀七年以郲子益歸傳○替他計反近附近之近下音同○吳之入楚也在四年胡子盡俘楚邑之近胡者俘取也楚既定胡子豹又不事楚曰存亡有命事楚何為多取費焉二月楚滅胡傳言小不事大所以亡○費芳味反○夏五月壬申公薨仲尼曰賜不幸言而中是使賜多言者也以微知著

知之難者子貢言語之士今言而中仲尼懼其易言故抑之○中丁仲反注同微知著知之難並如字又音智易以豉反○鄭罕達敗宋師于老丘罕達子齹之子老丘宋地宋公子地奔鄭鄭人爲之伐宋欲取地以處之事見哀十二年○齹才何反爲于僞反見賢遍反○齊侯衛侯次于蘧挐謀救宋也○蘧音渠挐女居反又女加反○秋七月壬申姒氏卒不稱夫人不赴且不祔也赴同祔姑夫人之禮二者皆闕故不曰夫人○祔音附疏注赴同至夫人○正義曰夫人初薨赴於同盟之國其辭當云夫人某氏薨是赴則成夫人也禮適妻祔於適祖姑妾祔於妾祖姑若得祔祖姑則亦成夫人矣此赴同祔姑皆是夫人之禮二者皆闕故不曰夫人薨二者。課行一事則得稱夫人故此以不赴兼又不祔。解不稱夫人也葬定公雨不克襄事禮也襄成也雨。而成事。若汲汲於欲葬○葬息羊反葬定姒不稱小君不成喪也公未葬而夫人薨煩於喪禮不赴不祔故不稱小君臣子怠慢也反哭於寢故書葬疏公未至書葬○正義曰傳直言不成喪也不知闕少何事但小君者夫人之號不稱小君與不稱夫人其事同矣故知不成喪者卽不赴不祔是也由不赴不祔夫人之喪禮不成故不稱小君也此定姒實是夫人臣子怠慢不成其禮故書卒不稱薨書葬而不稱小君所以罪臣子也哀十二年孟子卒傳曰不反哭故不言葬小君是由反哭於寢故書葬也○冬城漆書不時告也實以秋城冬乃告廟魯知其不時故緩告從而書之以示譏疏冬城至告也○正義曰書城漆者書其城不以時所書在冬依其文則得時矣故傳辨之云不時告也城實非時知其不可而以時告廟

附釋音春秋左傳注疏卷第五十六

春秋左傳注疏卷五十六校勘記

阮元撰盧宣旬摘錄

附釋音春秋左傳注疏卷第五十六 定公十年盡十五年

（經十年）

以距君命 纂圖本距作拒閩本作距

虛請自怨 諸本作虛請此本誤靈諸今改正

（傳十年）

注萊人至夷也 宋本以下正義五節總入注文次魯事之下

使此萊夷 宋本監本毛本夷作夷是也

正義曰夏也 宋本監本毛本夏下有大字是也

屈疆國 宋本疆作彊是也

此聖人之大司也 補案大司當作大勇各本皆誤

吾子何不聞焉 纂圖本毛本吾作君非也

其再獻用兩象尊 此本兩誤內閩本同據宋本監本毛本改

王肅以爲犧尊象尊　諸本作肅此本誤肖今改正

冬日至　閩本監本日至誤倒

謂亨燕正禮　宋本閩本監本毛本亨作享

用秕稗也　諸本作秕釋文云字林音匕或作粃段玉裁曰當作粃即說文粊字惡米也今說文譌作桒

齊人來歸鄆讙龜陰之田　陳樹華云漢書五行志引來作倈地理志引讙作酄案說文亦作酄

經其倒者次魯事　宋本淳熙本岳本纂圖本毛本其作文是也

城其西北而守之　釋文云一本或作城其西北隅案正義云今定本有隅誤

城其西北而守之　宋本以下正義二節總入詩曰人而無禮節注下

昭二十五年傳　宋本傳下有云字

涉佗而誤耳　毛本涉佗作季氏亦非宋本作涉彼是也

涉佗曰　諸本作佗釋文此處作沱與前不合

注僞爲至授之　宋本以下正義四節總入駟赤止節之下

討陽虎　宋本閩本監本毛本作陽虎此本二字誤倒今乙正

在揚水卒章之四言矣諸本作揚石經初刻作楊是也後改揚釋文云本或作揚之水卒章

唐詩揚之水宋本監本毛本揚作楊

楊之水宋本閩本監本毛本楊作揚

白石鄰鄰監本毛本鄰並作粼宋本作粼是也重脩監本白誤曰

駟赤謂侯犯曰顧炎武云石經赤誤作亦案石經此處及下文皆作赤不誤炎武非也

侯犯將以郈易于齊石經宋本于作於

犯謂駟赤曰石經犯上有侯字

公子地有白馬四諸本作四陳樹華云漢書五行志引作駟師古曰四馬曰駟淳熙本四誤匹

朱其尾鬣宋本此節正義在注文故言國人之下

目盡腫淳熙本目誤月

公子地出奔陳淳熙本地誤也

〔經十一年〕

稱地例在前年宋本岳本足利本地作弟是也

轉寫誤耳閩本監本毛本轉作傳

〔傳十一年〕

〔經十二年〕

家無藏甲按公羊傳無作不

但轉稱費人襲魯宋本閩本監本毛本轉作傳是也

僅不皆克監本毛本不作而字按作不是也謂郈費已克成不克故曰不皆克

〔傳十二年〕

羅不退在行列之後淳熙本羅誤公

仲尼時爲司寇宋本此節正義在冬十二月節下

子僞不知諸本作僞釋文作爲云一本作僞陳樹華云成九年爲將改立君者釋文曰本或作僞將也昭廿五年傳臧昭伯之從弟會爲讒於臧氏而逃於季氏史記作僞讒臧氏匿季氏是皆爲讀僞之證定八年以爲公期築室於門外杜注云不欲使人知故僞築室於門外陸氏雖音于僞反依注似應讀爲僞也此處傳文作爲故杜注云佯不知若本作僞則無煩再注矣案陳說是也

佯不知釋文佯作陽知下有也字按佯陽古多通用

我將不墜石經宋本淳熙本岳本閩本監本毛本墜作隊

公圍成弗克監本克下衍注字

〔經十三年〕

夏築蛇淵囿石經初刻蛇作虵後改正

秋晉趙鞅入于晉陽以叛纂圖本閩本監本毛本脫秋字

稱君無道宋本岳本重君字是也

〔傳十三年〕

實郥氏石經宋本岳本足利本郥作郥與釋文合宋本注及正義並同是也

注垂葭至郥亭宋本以下正義二節總入注文傳言齊侯輕所以不能成功之下

今欲徙著晉陽淳熙本岳本纂圖本監本毛本著作置

注午趙至宗親宋本以下正義四節總入十二月節注下

知文子諸本作文此本誤丈今改正

今三臣始禍諸本作今此本誤令今改正

齊高彊曰 正德本閩本監本彊作疆非注同

傳錄晉襄亂 宋本淳熙本岳本纂圖本閩本監本毛本襄作衰是也

史鰌史魚 足利本魚下有也字

戌也驕 岳本纂圖本監本毛本戌作戍誤下及注並同按凡人名多用戌亥字惟此用戍守字

注靈公至之徒 宋本此節正義在夫人愬之曰節注下

〔經十四年〕

亦黨公叔戌皆惡之 監本此節注文誤入二月辛巳節下脫之字

吳郡嘉興縣南醉李城 陳樹華云史記越世家正義引注南下多有字醉作檇

彼從俗而名之也 宋本彼從作從彼是也

檇李之役 此本役字實缺依宋本閩本監本毛本補

踐患吳之整 宋本勾踐作越人

猶以獨克爲文舉其權詐也 此本克爲文舉四字實缺正德本閩本亦磨滅據宋本補監本毛本誤作未陳例者獨字作從亦非

天王使石尚來歸脤 諸本作賑說文作祳鄭注周禮地官掌蜃引作蜃

石尚天子之士 諸本作士此本誤土今改正

盛以脤器 閩本監本賑作蜃段玉裁校本亦作蜃

祀有執膰 宋本閩本監本毛本膰作膰案傳作膰

盛以脤器 閩本監本賑作蜃是也

○自蕭來奔 諸本無○此本誤衍

此年無冬史闕文 宋本脫文字

（傳十四年）

而告於知氏曰 石經氏字下增范氏二字非唐刻也

安于則至而死 宋本以下正義二節總入注文趙氏廟之下

故安于自縊死耳 閩本監本毛本脫耳字

凡有功名者 宋本無名字是也

今趙氏祀安于於趙安氏之廟 宋本閩本監本毛本無下安字是也

越子勾踐禦之纂圖本閩本監本毛本勾作句釋文同下放此

二年乃報越石經宋本淳熙本纂圖本閩本監本毛本二作三是也

脾上梁間即牽閩本監本毛本脫上字

謀救范中行氏石經氏下有也字

舊通于南子此本脫子字閩本同依宋本淳熙本岳本纂圖本毛本補監本于字模糊子字擠刊

艾豭喻宋朝諸本作豭此本誤豬

會于至艾豭宋本以下正義三節總入諺曰節注之下

此會于佻宋本閩本監本毛本佻作洮是也今改正

故追言衞宋本衞下有侯字是也

非今始召諸本作今此本誤令今改正

服虔以會于洮主屬爲義宋本閩本監本毛本主作上是也

爲此令也宋本監本毛本令作會不誤

逐子豬牝豝閩本監本亦誤逐宋本毛本作豕是也

從我而朝少君　釋文云少君本亦作小君

戕殘殺也　岳本戕誤戕纂圖本殺作賊亦非

〔經十五年〕

爾雅云　浦鏜正誤云雅下當脫注字是也

不於露寢失其所　宋本岳本足利本露作路是也

戊午日下昃　纂圖本監本毛本昃作昊閩本誤旲淳熙本誤昃

雨不克葬　宋本此節正義在乃克葬句下

○辛巳葬定姒　宋本○作疏字以下正義二節總入辛巳葬定姒注下

以爲定姒是妾　毛本姒作姚非

而賴氏唯繫於先君之廟　宋本賴作頼是也

〔傳十五年〕

子貢觀焉　漢書五行志載古文左傳作子贛臧琳云案說文貝部貢獻功也从貝工聲贛賜也从貝䰞省聲是貢贛不同依說文當爲贛贛卽贛之譌體子貢名賜故字子贛作貢者字之省借耳

注玉朝者之贄宋本此節正義在高仰驕也注下

夫禮死生存亡之體也石經之字起一行計十一字

君爲王石經宋本淳熙本岳本纂圖本監本毛本王作主是也

齊侯衛侯次于蘧挐石經于字改刻初刻作於

二者課行一事按課猶試也閩本監本毛本作果非

辭不稱夫人也宋本辭作解是也

兩不成事若汲汲於欲葬宋本淳熙本岳本纂圖本不作而是也纂圖本若誤君

春秋左傳注疏卷五十六校勘記

附釋音春秋左傳注疏卷第五十七 哀元年盡五年

杜氏注　孔穎達疏

哀公○陸曰哀公名蔣定公之子蓋夫人定姒所生敬王二十八年卽位謚法恭仁短折曰哀 疏○同上

經元年春王正月公卽位無傳○楚子陳侯隨侯許男圍蔡隨世服於楚不通中國吳之入楚昭王奔隨。隨人免之卒復楚國楚人德之使列於諸侯故得見經定六年鄭滅許此復見者蓋楚封之○見賢遍反下同此復扶又反 疏注隨世至封之○正義曰僖二十年楚人伐隨自爾以來隨不復見以隨世服於楚爲楚私屬不通於諸侯征伐盟會不齒於列故史不得書之猶如郳滕爲人私屬不序於。宋盟也定四年保護昭王楚得復國楚人感其恩德使隨列於諸侯今楚師諸侯圍蔡令隨在其班次以之告魯故得見經定六年鄭滅許以許男斯歸殺之此時許復見者以許屬楚故疑蓋楚封之當如蔡侯廬陳侯吳受封於楚也世族譜許男斯之後有元公成悼公孫則是楚封。元公爲許男也○鼷鼠食郊牛改卜牛○夏四月辛巳郊無傳書過也不言。所。食非一處○處昌慮反 疏注書過至一處○正義曰桓五年傳例云凡祀啓蟄而郊過則書今以四月始郊已入春分之氣故書過也宣三年郊牛之口傷成七年鼷鼠食郊牛角言其傷食之處此不言所食處者所食非一處也

○秋齊侯衞侯伐晉○冬仲孫何忌帥師伐邾無傳

傳元年春楚子圍蔡報柏舉也在定四年里而栽栽設。板築爲圍壘周。匝去蔡城一里○栽才代反又音再注同說文云築牆長板壘力軌反匝子合反 疏。注栽設至一里○正義曰築牆立板謂之栽栽者豎木以約版也楚慮外人救蔡則於表裏受敵故築圍壘周匝去

蔡城一里以圍之欲置兵其內以攻蔡使外人不得救之廣丈高倍壘厚一丈高二丈○廣古曠反高倍並如字高又古報反注同厚戶豆反夫屯晝夜九日夫猶兵也壘未成故令人在壘裏屯守蔡○屯徒門反夫兵也屯守也令力呈反疏注夫猶至守蔡○正義曰劉炫云杜言夫猶兵也以壘未成故令人在壘裏屯守蔡然則未築壘前兵豈遠城乎壘成之後兵復出壘乎以圍人夜守常事。何言晝夜九日以後兵豈散乎炫以夫屯謂夫役屯聚晝夜不止九日而築壘成耳夫者別有城夫非戰士劉炫以爲丁夫築城晝夜九日杜必以夫爲兵屯守九日者以屯是戍守之名故詩序云屯戍於母家又案傳晉有軘車皆是兵之屯守經籍未有作役之人而爲屯守之號者故杜爲此解劉妄規其失非也如子西之素子西本計爲壘當用九日而成蔡人男女以辨辨別也男女各別係纍而出降○辨扶免反又方免反別彼列反下同纍力維反降戶江反使疆于江汝之間而還楚欲使蔡徙國在江水之北汝水之南求田以自安也蔡權聽命故楚師還○疆居良反疏○注楚欲至師還正義曰服虔云蔡使楚進疆於故江國與汝水之間其意言蔡割地以賂楚也杜不然者以昭七年傳申無宇云先君文王作僕區之法所以封汝哀十七年傳曰彭。仲爽申俘也文王以爲令尹實縣申息朝陳蔡封畛於汝則楚於文王之時其竟已至汝水寧於此役蔡始令楚進疆于江汝之間也且汝水江國不可共文故杜以爲楚使蔡徙其國都於江北汝水之南目擇疆宇欲令遷都近楚爲楚屬國蔡人冀令楚去心雖不肯權宜許之楚還之後蔡更自議已與楚惡不如事吳故請遷于吳以吳爲援蔡於是乎請遷于吳楚既還蔡人更叛楚就吳爲明年蔡遷州來傳○吳王夫差敗越于夫椒。報檇李也檇李在定十四年夫椒吳郡吳縣西南大湖中椒山○夫音扶椒又作梂子消反檇音醉大音泰疏。注夫椒至椒山○正義曰杜於此注以椒爲山名土地名以夫椒爲地名以。戰必在山旁以山表地耳遂入越越子以甲楯五千保于會稽

上會稽山也在會稽山陰縣南○楯食允反又音允會古外反稽古兮反上時掌反使大夫種因吳大宰嚭以行成吳子
將許之伍員曰不可臣聞之樹德莫如滋去疾莫如盡昔有過澆殺斟灌以伐
斟鄩澆寒浞子封於過者二斟夏同姓諸侯襄四年傳曰澆用師滅斟灌○嚭普鄙反員音云去疾起呂反本又作去惡過古禾反國名注及下同澆五
叫反一音五報反下同斟諸林反灌古亂反鄩音尋浞仕捉反夏戶雅反下注皆同疏注澆寒至斟灌○正義曰襄四年傳稱夏之衰也有窮后羿因夏民
以代夏政而用寒浞寒浞殺羿因其室而生澆處澆于過是言澆是寒浞之子封於過也二斟夏同姓諸侯夏本紀文也又襄四年傳云澆用師滅斟灌此言
殺斟灌者王肅云滅殺也古者滅殺尊卑同名其意言殺其君而滅其國故二文各言其一也賈逵云夏后相依斟灌而國故。曰殺夏后相也案下句別言滅
夏后相王解是也滅夏后相夏后相啓孫。也后相失國依於二斟復爲澆所滅○相息亮反注及下注同復扶又反疏注夏后至所滅○正
義曰夏本紀云禹生啓啓生大康大康崩弟仲康立仲康崩子相立是相爲仲康之子啓之孫也書序云大康失邦作五子之歌其經云大康尸位以逸豫乃
畋于有洛之表十旬弗反有窮后羿因民弗忍距于河則大康之時羿已權盛能廢大康矣胤征云唯仲康肇位四海孔安國云羿廢大康而立其弟仲康爲
天子仲康羿之所立也仲康崩子相立蓋亦羿立之矣傳言羿因夏民以代夏政蓋於相時羿始自立爲天子相於是失國依於二斟及澆滅斟灌相復爲澆
所滅后緡方娠。逃出自竇后緡相妻娠懷身也○緡亡巾反娠音震又音身竇音豆歸于有仍后緡有仍氏女生少康
焉爲仍牧正牧官之長○少詩照反長丁丈反惎澆能戒之惎毒也戒備也○惎音忌澆使椒求之椒澆臣逃
奔有虞爲之庖正以除其害虞舜後諸侯也梁國有虞縣庖正掌膳羞之官賴此以得除己害○庖步交反疏注虞舜至己害

○正義曰尚書堯典云有鰥在下曰虞舜又曰釐降二女于嬀汭嬪于虞皇甫謐云嬪于虞因以虞爲氏虞今河東大陽縣西山上虞城是也然則舜有天下其代號虞因本河東大陽之虞及周之興封仲雍之後爲虞國即彼地是也但舜既禪禹禹封舜後爲諸侯雖取虞爲國名未必封於河東虞地而梁國有虞縣其地以虞爲名疑是夏時虞國杜以地名言有者皆是疑辭言有以示不審也庖正當周禮之庖人。用之爲正當。當是食官之長故爲掌膳羞之官也賴此以得除己害得在浞之世不被殺也

虞思於是妻之以二姚思有虞君也虞思自以二女妻少康姚虞姓○妻七計反姚羊昭反而。邑諸綸綸虞邑綸音倫○有田一成有衆一旅方十里爲成五百人爲旅

疏注方十至爲旅○正義曰方十里爲成司馬法文也五百人爲旅夏官序文也田一成衆一旅言食此一成之地其內有爲兵者五百人周禮小司徒云乃井牧其田野鄭衆云井牧者春秋傳所謂井衍沃牧隰皐者也鄭玄云隰皐之地九夫爲牧二牧而當一井今造都鄙授民田有不易有一易有再易通率二而當一是之謂井牧昔夏少康在虞思有田一成有衆一旅一旅之衆而田一成則井牧之法先古然矣杜解一牧隰皐雖與鄭異其授民田二而當一理亦宜然計方十里爲方一里者百方一里有九夫之田則十里容九百夫也其一百夫授上地不易者其四百夫授一易二而當一百夫則得爲五百夫矣

能布其德而兆其謀兆始以收夏衆撫其官職襄四年傳曰靡自有鬲氏收二國之燼以滅浞而立少康○鬲音革燼徐刃反又秦刃反

疏注襄四至少康○正義曰引此傳者言少康能布恩惠以收夏衆以德撫靡故得用靡遺民滅浞而立之

使女艾諜澆女艾少康臣諜候也○女如字又音汝艾五蓋反諜音牒使季杼誘豷豷澆弟也季杼少康子后杼也○杼直呂反豷許器反遂滅過戈復禹之績過澆國戈豷國○過戈並古禾反之績一本作迹祀夏配天不失舊物物事也今吳不如過而越大於少康或將豐之不亦

難乎言與越成是使越豐大必爲吳難○難乃旦反句踐能親而務施施不失人○所加惠賜皆得其人施始豉反下同

親不棄勞推親愛之誠則不遺小勞與我同壤而世爲仇讎於是乎克而弗取將又存之違

天而長寇讎猶。言天與不取○長丁丈反下同疏注猶言天與不取○正義曰吳語云越滅吳吳王請行成越王曰昔天以越賜吳而吳不取是也

後雖悔之不可食已食消也已止也疏後雖至食已○正義曰言悔恨之深結於心腹不可如食之消止姬之衰

也日可俟。也姬吳姓言可計日而待○俟本又作竢音仕介在蠻夷而長寇讎以是求伯必不行矣

弗聽退而告人曰越十年生聚而十年教訓生民聚財富而後教之○介音界伯如字又音霸聚才喻反又如字

疏注生民至教之○正義曰服虔云令少者無娶老婦老者無娶少婦女十七不嫁男二十不娶父母有罪也將生子以告與之餼饋之餼也死者釋其征必哭泣葬埋如其子也孺子遊者必餔歠之也非。手所種夫人所織不用十年不收於國二十年之外吳其爲沼乎謂吳宮室廢壞

當爲汚池爲二十二年越入吳起本○沼之兆反汚音烏三月越及吳平吳入越不書吳不告慶越不告敗

也嫌夷狄不與華同故復發傳○復扶又反○夏四月齊侯衛侯救邯鄲圍五鹿趙稷以邯鄲叛范中行氏之黨也五鹿晉邑○邯音寒鄲音丹○吳之入楚也在定四年使召陳懷公懷公朝國人而問焉曰欲與楚

者右欲與吳者左陳人。從田無田從黨都邑之人無田者隨黨而立不知所。與故直從所居田在西者居右田在東者居。左

逢滑當公而進當公不左不右○滑于八反曰臣聞國之興也以福其亡也以禍今吳未

有福楚未有禍楚未可棄吳未可從而晉盟主也若以晉辭吳若何公曰國勝君亡非禍而何楚爲吳所勝對曰國之有是多矣何必不復小國猶復況大國乎臣聞國之興也視民如傷是其福也如傷恐驚動其亡也以民爲土芥是其禍也芥草也○芥古邁反楚雖無德亦不艾殺其民吳日敝於兵暴骨如莽。草之生於廣野莽莽然故曰草莽○艾魚廢反暴步卜反莽亡黨反而未見德焉天其或者正訓楚也使懼而改過禍之適吳其何日之有言今至陳侯從之及夫差克越乃脩先君之怨秋八月吳侵陳脩舊怨也傳言吳不脩德而脩怨所以亡○齊侯衛侯會于乾侯救范氏也師及齊師衛孔圉鮮虞人伐晉取棘蒲魯師不書非公命也孔圉孔烝鉏曾孫鮮虞狄師賤故不書○圉魚呂反烝之承反鉏仕居反疏注魯師至不書○正義曰杜以經書齊衛伐晉傳言四國伐晉故唯解魯與鮮虞不書意也劉炫以齊衛會乾侯救范氏者師相會因而行伐二君親行告伐不告會也行伐之後魯與鮮虞會之齊衛更遣師與同伐也但齊將卑師衆故稱師衛將尊師少故云孔圉後伐四國並皆不書非獨魯與鮮虞不書也當謂魯師不書非公命餘者不書皆不告義出百塗並得通也今知劉非者杜以傳齊侯衛侯止云會乾侯不言伐晉即云師及齊師衛孔圉鮮虞人伐晉與經齊侯衛侯伐晉文相次當以爲一鮮虞狄師賤故略而不書猶郯之戰唐侯從楚而不書平丘之會狄人從晉而不書之類是也劉以爲孔圉等更別伐晉魯師不書非公命餘者不告故不書而規杜過非也○吳師在陳楚大夫皆懼曰闔廬惟能用其民以敗我於柏舉今聞其嗣又甚焉將若之何子西曰二三子恤不相睦無患吳矣昔闔廬食不二味居不重席室不崇壇平地作室不起壇也○重直龍反壇徒丹反疏食不二味○正義曰謂與在下同其好惡不別二爲美味也器不彤鏤彤丹鏤刻也○彤徒冬反鏤魯豆反宮室不觀觀臺榭○觀古亂反注同榭音謝舟車不飾衣服財用擇不取費選取堅厚不尙細靡○費芳味反在國天有菑癘癘疾疫也○菑音災癘本或作天無菑癘非疫音役疏在國天有菑癘○正義曰在國與在軍相對天有菑癘與下句相連言有菑癘之時親自巡孤寡共其乏困也本或天作無誤耳親巡其孤寡而共其乏困在軍熟食者分而後敢食必須軍士皆分熟食不敢先食分猶偏也○共音恭熟食者分如字一讀以分字連下句偏音遍疏注必須至偏也○正義曰孫武兵書云軍井未達將不言渴軍竈未炊將不言飢故闔閭在軍如良將之法必須軍士皆分熟食然後敢食王不先自食也服虔云以其半分軍士而後自食其餘若單醪注流也杜以分王半食不得偏及軍人且所嘗珍異乃得卒乘與焉王所自食不得分軍士也故顯而異之分猶偏也待偏熟食王乃自食也其所嘗者卒乘與焉所嘗甘珍非常食○卒子忽反乘繩證反與音預勤恤其民而與之勞逸是以民不罷勞死不知曠知身死不見曠棄○罷音皮吾先大夫子常易之所以敗我也易猶反也今聞夫差次有臺榭陂池焉積土爲高曰臺有木曰榭過再宿曰次○陂彼宜反疏注積土至曰次○正義曰釋宮云闍謂之臺郭璞云積土四方也又云有木者謂之榭李巡云臺上有屋謂之榭又曰無室曰榭四方而高曰臺莊三年傳例曰凡師一宿爲舍再宿爲信過信爲次孔安國尙書傳云澤障曰陂停水曰池言夫差所停三日則役民爲此也宿有妃嬙嬪御焉妃嬙貴者嬪御賤者皆內官○嬙本

又作廧或作牆在羊反嬪毗人反【疏】注妃嬙至內官○正義曰曲禮云天子之妃曰后則妃上下通名也釋詁云妃合會對也妃媲也是匹對於夫婦官之最貴者也嬙在妃下次於妃也周禮有九嬪女御以有四名分為三等故言妃嬙貴者嬪御賤者皆婦官之名周禮無嬙蓋後世為之名漢有掖庭王嬙是因於古也

一日之行所欲必成玩好必從珍異是聚觀樂是務視民如讎而用之日新夫先自敗也已安能敗我為二十二年越滅吳起。本○好呼報反夫先自敗也已夫音扶本或作夫差先自敗者非○冬十一。月晉趙鞅伐朝歌討范中行氏

經二年春王二月季孫斯叔孫州仇仲孫何忌帥師伐邾取漷東田及沂西田邾人以賂取之易也○漷火號反又音郭沂魚依反易以豉反癸巳叔孫州仇仲孫何忌及邾子盟于句繹句繹邾地取邑盟以要之○句古侯反繹音亦要以遙反【疏】注句繹至要之正義曰既取其田慮後悔競故共盟以要之伐則三卿盟唯二卿者服虔云季孫尊卿敵服先歸使二子與之盟穀梁傳曰三人伐而二人盟何各盟其得也其意言季孫不得田故不與盟也案十四年小邾射以句繹來奔則句繹小邾地也注言邾地者以傳云伐邾邾人愛其土賂以漷沂之田而受盟被伐受盟則盟在邾地猶若成二年楚人伐我師于蜀公及楚公子嬰齊盟于蜀之類是也邾與小邾國竟相近句繹所屬亦無定準猶齊魯汶陽之田莒魯爭鄆之事一彼一此豈有常乎而劉炫以句繹為小邾地而規杜非也○夏四月丙子衛侯元卒定四年盟皐鼬【疏】注定四年盟皐鼬○正義曰元以昭八年即位三十二年大夫盟于狄泉以未告公而公薨故不數○滕子來朝無傳○晉趙鞅帥師納衛世子蒯聵。于戚【疏】衛世子○正義曰世子者父在之名蒯聵父既死矣

而稱世子者晉人納之以世子告言是正世子以示宜爲君也春秋以其本是世子未得衛國無可褒貶故因而書世子耳○秋八月甲戌晉趙鞅帥師及鄭罕達帥師戰于鐵鄭師敗績皆陳曰戰大崩曰敗績鐵在戚城南罕達子皮孫○鐵天結反陳直覲反○冬十月葬衛靈公無傳七月而葬緩○十有一月蔡遷于州來畏楚而請遷故以自遷爲文

蔡殺其大夫公子駟駟懷土而欺大國故罪而書名

傳二年春伐邾將伐絞絞邾邑○絞古卯反○邾人愛其土故賂以漷沂之田而受盟○初衛侯遊于郊子南僕子南靈公子郢也僕御也○郢以井反公曰余無子將立女蒯聵奔無大子○女音汝不對他日又謂之對曰郢不足以辱社稷君其改圖君夫人在堂三揖在下三揖卿大夫士○揖一入反【疏】注三揖卿大夫士○正義曰周禮司士云孤卿特揖大夫以其等旅揖士旁三揖鄭玄云特揖一一揖之旅衆也大夫爵同者衆揖之三揖者士有上中下鄭衆云卿大夫士皆君之所揖禮春秋傳所謂三揖在下服虔云三揖卿大夫士。士揖庶姓時揖異姓天揖同姓君命祇辱言立適當以禮與。內。外同之今君私命事必不從適爲辱○祇音支適丁歷反下適孫同夏衛靈公卒夫人曰命公子郢爲大子君命也對曰郢異於他子言用意不同且君沒於吾手若有之郢必聞之言當以臨沒爲正且亡人之子輒在輒蒯聵之子出公也靈公適孫乃立輒六月乙酉晉趙鞅納衛大子于戚宵。迷。陽虎曰右河而南必至焉是時河北流過元城界戚在河外晉軍已渡河故欲出河右而南【疏】注是時至而南

○正義曰土地名云河經河內之南界東北經汲郡魏郡頓丘陽平平原樂陵之東南入海是言晉時河所經也春秋之時河未必然故云是時河北流過元
城界與晉時河道異也土地名又云戚頓丘衛縣西戚城在枯河東是春秋時戚在河東也從晉而言河西為內東為外故云戚在河外也是時晉軍已渡河
矣師人皆迷不知戚處陽虎憶其渡處在戚之北河既北流據水所向則東為右故欲出河右而南行也 使大子絻 絻者始發喪之服○絻音問喪
音桑 疏注絻者始發喪之服○正義曰士喪禮既小斂主人括髮袒衆主人免于房鄭玄云括髮者去笄纚而紒也衆主人免者齊衰將袒以免代冠冠服
之尤尊不以袒也又奔喪之。禮至於家入門哭盡哀括髮袒自齊衰以下入門哭盡哀免麻于。序東如彼禮文則主人當括髮齊衰以下乃免此大子絻者禮
不至喪所不括髮故以絻代之耳靈公以四月卒今以六月而大子絻故云絻始發喪之服也遠道不臨喪者不得括髮故始發喪服絻也鄭玄注士喪禮云
免之制未聞舊說以為如冠狀廣一寸喪服小記曰斬衰括髮以麻免而以布此用麻布為之狀如今之著。幓頭矣自項中而前交於額上卻繞紒也 八
人衰絰僞自衛逆者 欲為衛人逆故衰絰成服○衰七雷反絰田結反 告於門哭而入遂居之○秋八
月齊人輸范氏粟鄭子姚子般送之 子姚罕達子般駟弘○般音班 士吉射逆之趙鞅禦之遇
於戚陽虎曰吾車少以兵車之旆與罕駟兵車先陳 旆先驅車也以先驅車益以兵車以示衆○陳直覲
反下注同 罕駟自後隨而從之彼見吾貌必有懼心 晉人先陳鄭人隨之不知其虛實見車多必懼 於是乎
會之 會合戰 必大敗之從之卜戰龜焦 兆不成 樂丁曰詩曰爰始爰謀爰契我龜 樂丁
晉大夫詩大雅言先人事後卜筮○契苦計反又苦結反 疏詩曰至我龜○正義曰詩大雅緜之篇美太王遷岐之事爰於也既見周原之地肥美。可居於

是始集衆人從己者於是與謀議人謀既從於是契灼我龜而卜之言先人謀後卜筮也謀協以故兆詢可也詢諮詢也故兆始納衛大子卜得吉兆言今既謀同可不須更卜○謀協以故兆絕句詢可也思遵反簡子誓曰范氏中行氏反易天明不事君也

疏反易天明○正義曰天有尊卑人有上下下事上臣事君法則天之明道臣不事君是反易天之明道也斬艾百姓欲擅晉國而滅其君寡君恃鄭而保焉今鄭爲不道棄君助臣二三子順天明從君命經德義除詬恥在此行也克敵者上大夫受縣下大夫受郡周書作雒篇千里百縣縣有四郡○艾魚廢反擅市戰反而滅其君滅或作戕音殘詬呼豆反又音茍雒音洛。千里百縣縣方百里縣有四郡郡方五十里

疏經德義○正義曰此經德義與傳經國家詩序經夫婦皆意同也經謂經紀營理之不除君惡則德義廢矣宜經紀德義使不壞也○克敵至受郡○正義曰上大夫下大夫謂於大夫之內分爲上下其上大夫非卿也此言先無田祿者若能克敵得此賞也○注周書至四郡○正義曰周禮小司徒云九夫爲井四井爲邑四邑爲丘四丘爲甸四甸爲縣四縣爲都鄭玄云邑方二里丘方四里甸方八里旁加一里則方十里爲一成縣方二十里都方四十里四都方八十里旁加十里乃得方百里爲一同也如彼文則縣方二十里耳周禮又無郡不可用以解此故引周書解之或曰周書者孔子刪尙書之餘今案其存者其文非尙書之類其作雒篇有此言方千里者爲方百里者百千里百縣則縣方百里計成方十里出車一乘縣方百里則出車百乘也昭五年傳云晉有四十縣遺守四千乘是縣別有百乘與作雒之言合也上大夫受縣縣則爲百乘之家言得進爲卿也縣有四郡則郡方五十里下大夫得此方五十里之采邑士田十萬十萬畝也

疏注十萬畝○正義曰王制云方一里者爲田九百畝方十里者爲方一里者百爲田九萬畝則士田十萬爲方十里有餘庶人工商遂得遂進仕人臣

隸圉免去。廝役○廝役如字字又作斯音同何休注公羊云艾草爲防者曰廝汲水漿者曰役蘇林注漢書云廝取薪者韋昭云析薪曰廝志父

無罪君實圖之志父趙簡子之一名也言己事濟君當圖其賞○志父音甫服云趙鞅入晉陽以畔後得歸改名志父春秋仍舊猶書趙鞅

疏注志父至其賞○正義曰牧誓武王誓衆尙自稱名況以人臣誓衆固當自稱名矣知志父是簡子名也簡子名鞅又名志父者服虔云趙鞅入于晉陽

以叛諸侯之策書曰晉趙鞅以叛既復更名志父或當然也楚公子圍弒君取國改名曰虔經即書虔公子棄疾弒君取國改名曰居經即書居今趙鞅改名

志父經書猶云趙鞅者彼楚子既爲國君臣下以所改之名告於鄰國故得書所改之名趙鞅人臣。家。國不爲之諱仍以趙鞅名告故書鞅也鞅言君實圖之

言己事濟君當謀其賞也簡子言此君當謀其賞者言君當賞其在下副上所誓之言欲使在下信之非欲自求賞也若其有罪絞縊以

戮絞所以縊人物○縊一賜反戮音六桐棺三寸不設屬辟。屬辟棺之重數王棺四重君再重大夫一重○桐棺三寸禮記云夫子制

於中都四寸之棺五寸之椁以斯知不欲速朽也鄭康成注云此庶人之制也案禮上大夫棺八寸屬六寸下大夫棺六寸屬四寸無三寸棺制也棺用難朽

之木桐木易壞不堪爲棺故以爲罰墨子尙儉有桐棺三寸不設屬音燭注同次大棺也辟步歷反注同親身棺也禮大夫無辟重直龍反下同王棺四重禮

記云水兕革棺被之其厚三寸杝棺一梓棺二杝棺辟也梓棺二屬與大棺也被水牛及兕之革爲一重辟爲二重屬爲三重大棺爲四重君再重君謂侯伯

子男侯伯已下無革棺屬與辟爲一重大棺爲再重上公則唯無水革耳兕革與辟爲一重屬爲再重大棺爲三重大夫一重大夫唯屬與大棺爲一重今云

不設辟者時潛耳非正禮也疏注屬辟至一重○正義曰禮喪大記云君大棺八寸屬六寸椑四寸上大夫大棺八寸屬六寸下大夫大棺六寸屬四寸是

屬辟爲棺之重數也大記之文從外向內大棺之內有屬屬之內有椑椑親身之棺鄭玄云椑堅著之意也如記文大夫無椑今簡子自言有罪始不設辟者

鄭玄云趙簡子云不設屬椑時僭也爲時僭日久自言無罪則僭設有罪乃不設耳記言士棺六寸檀弓又云夫子爲中都宰制四寸之棺五寸之椁鄭玄云爲民作制民猶四寸簡子言三寸者亦示其罰之重令制度卑於民也記有。杝棺梓棺。杝謂椵也不以桐爲棺簡子言桐棺者鄭玄云凡棺用能溼之物梓椵能溼故禮法尚之桐易腐壞亦以爲罰也檀弓又云天子之棺四重鄭玄云尚深邃也諸公三重諸侯再重大夫一重士不重又云水兕革棺被之其厚三寸杝棺一梓棺二四者皆周鄭玄云以水牛兕牛之革以爲棺被革各厚三寸合六寸也此爲一重杝棺一所謂椑棺也梓棺二所謂屬與大棺也檀弓之文自內向外水牛之革一也兕牛之革二也二者相襲乃得爲重故以此二者爲一重也又有椑也屬也大棺也此是天子四重爲數五棺爲四重也喪大記之文君有大棺也椑也屬也大夫有大棺也屬也鄭玄注檀弓天子之棺四重以是差之上公革棺不被三重也諸侯無革棺再重也大夫無椑一重也士無屬不重也是上公數四棺爲三重諸侯數三棺爲再重大夫數二棺爲一重士以一棺爲一重也杜之此注惟無上公士耳其言重數與鄭同也若然禮器云天子葬五重諸侯葬三重大夫葬再重以多爲貴也彼重亦當謂棺而其數皆較一者鄭玄云天子葬五重者謂。抗木與茵也葬者。抗木在上茵在下然則茵以藉棺杭爲負土天子及諸侯大夫皆數彼以增棺數故皆多較一也杜言此棺之重數者以明不設屬辟爲罰也

素車樸馬以載柩〇樸普卜反柩其又反

疏素車樸馬〇正義曰素車無飾謂不以翣柳飾車也曲禮云大夫去國爲位而哭乘髽馬鄭玄云髽馬不鬄落也則此樸馬亦謂不鬄落用此以載柩也雜記稱士喪有與天子同者三其終夜燎及乘人專道而行然則柩皆人挽。此。用車馬載者禮言乘人設法許之耳道遠者當用牛馬且此言亦爲罰也

無入于。兆兆葬域

疏無入于兆〇正義曰周禮冢人云凡死於兵者不入兆域鄭玄云戰敗無勇投諸塋外以罰之此言不入兆域亦罰也

下卿之罰也爲衆設賞自設罰所以能克敵〇爲于僞反

甲戌將戰郵無恤御簡子衞太子爲右

郵無恤王良也○郵音尤【疏】注郵無恤王良也○正義曰下云子良授綏是也服虔云王良也孟子說王良善御之事古者車駕四馬御之爲難故爲六藝之一王良之善御最有名於書傳多稱之楚辭云當世豈無騏驥○兮誠無王良之善御見執轡者非其人兮故○駒跳而遠去登鐵上。鐵丘名望見鄭師衆大子懼自投于車下子良授大子綏而乘之曰婦人也言其怯怯去業反○【疏】授大子綏○正義曰曲禮云凡僕人之禮必授人綏論語稱孔子上車必正立執綏而升綏者挽以上車之索故授之使之升也少儀云僕者右帶劍負良綏申之面○拖諸幦鄭玄云面前也幦覆苓也良綏君綏也負之由左肩上入右腋下申之於前覆苓上也簡子巡列曰畢萬匹夫也七戰皆獲有馬百乘死於牖下畢萬晉獻公卿也皆獲有功死於牖下言得壽終○乘繩證反牖羊九反【疏】有馬至牖下○正義曰襄二十七年傳曰唯卿備百邑注云一乘之邑也坊記云家富不過百乘百乘卿之極制也檀弓云飯於牖下小斂於戶內大斂於阼殯於客位祖於庭葬於墓所以即遠也則禮之正法死於牖下羣子勉之死不在寇言有命繁羽御趙羅宋勇爲右三子晉大夫羅無勇麇之。麇束縛也○麇丘隕反注同吏詰之御對曰痁作而伏痁瘧疾也○詰起吉反痁詩占反瘧魚略反衛大子禱曰曾孫蒯聵敢昭告皇祖文王周文王皇大也○禱丁老反一音丁報反【疏】衛大至襄公○正義曰禮於曾祖以上皆稱曾孫此雖並告三祖對文王康叔稱曾孫也晉語說此事於襄公之下又有昭考靈公國語與傳異者多矣此下云無作三祖羞是無昭考也烈祖康叔烈顯也文祖襄公繼業守文故曰文祖蒯聵襄公之孫鄭勝亂從勝鄭聲公名釋君助臣爲從於亂晉午在難午晉定公名○難旦反下注爲難同乃不能治亂使鞅討之。鞅○簡子名蒯聵不敢自佚備持矛焉戎右持矛○佚音逸矛亡侯反敢告無絕筋無折骨無面傷以集大事無作三祖羞集成也○筋居銀反大命不敢請佩玉不敢愛不敢愛故以祈禱疏大命至敢愛○正義曰上言無絕筋無折骨謂軍之士衆無令損傷以成大事此云大命不敢請者謂己之身命不敢私請苟以求生佩玉不敢愛尚書金縢稱周公植璧秉珪以告大王王季文王是禱請用玉也在軍無珪璧故以佩玉鄭人擊簡子中肩斃于車中斃踣也○中肩丁仲反斃婢世反本亦作弊踣蒲北反獲其蠭旗蠭旗旗名○蠭芳恭反大子救之以戈鄭師北獲溫大夫趙羅羅無勇故鄭師雖北猶獲羅大子復伐之鄭師大敗獲齊粟千車趙孟喜曰可矣趙孟簡子也喜大子前怯今更勇○復扶又反傅傁曰雖克鄭猶有知在憂未艾也傅傁簡子屬也言知氏將為難後竟有晉陽之患○傁素口反又作叟有知音智艾魚廢反又五蓋反初周人與范氏田公孫尨稅焉尨范氏臣為范氏收周人所與田之稅○尨武江反稅始銳反為于僞反下文為其注同趙氏得而獻之得尨以獻簡子吏請殺之趙孟曰為其主也何罪止而與之田還其所稅及鐵之戰以徒五百人宵攻鄭師取蠭旗於子姚之幕下獻曰請報主德追鄭師姚般公孫林殿而射前列多死晉前列○幕音莫姚般子姚子般殿丁電反射食亦反趙孟曰國無小言雖小國猶有善射者既戰簡子曰吾伏弢嘔血弢弓衣嘔吐也○弢吐刀反嘔本又作嘔烏口反吐他路反鼓音不衰今日我上也我功為上大子曰吾救主於車退敵於下我右之上也郵良曰我兩靷將絕吾能

止之（止使不絕軜以刃反）○我御之上也駕而乘材兩軜皆絕（材横木明細小也傳言觕子不讓下自伐）【疏】兩軜
至皆絕○正義曰古之駕四馬者服馬夾轅其頸負軛兩驂在旁挽軜助之詩所謂陰軜鋈續是也說文云軜引軸也僖二十八年注云在胸曰軜然則此皮
約馬胸而引車軸也兩軜將絕而能制焉言其御之和也駕而乘材材謂横地細小之木也乘小木而軜絕示其將絕之驗也○吳洩庸如蔡
納聘而稍納師師畢入衆知之（元年蔡請遷于吳中悔故因聘襲之洩息列反一音息引反未詳中丁仲反）○蔡侯告
大夫殺公子駟以說（殺駟以說吳言不時遷駟之爲）哭而遷墓（將遷與先君辭故哭）冬。蔡遷于州來
經三年春齊國夏衛石曼姑帥師圍戚（曼姑爲子圍父知其不義故推齊。使爲兵首戚不稱衛非叛人○曼音萬爲子
于僞反）【疏】注曼姑至叛人○正義曰春秋行兵征伐自非霸。王之命諸國共行皆以主兵爲首此圍戚實出衛意引齊使之助己計應曼姑爲首而序在齊
下者曼姑爲子圍父知其不義推齊使爲兵首故先書齊也穀梁傳曰此衛事也其先國夏何也子。圍父也不是先儒及杜皆同穀梁之說也宋魚石去而復入
據宋之彭城襄元年經書圍宋彭城傳曰非宋地追書也於是爲宋討魚石故稱宋且不登叛人也此蒯聵在戚齊衛圍之與圍宋彭城事類同矣彭城稱宋
此不稱衛者蒯聵據戚與輒爭國非是叛人故不須繫之衛也公羊傳曰齊國夏曷爲與衛石曼姑帥師圍戚伯討也此其爲伯討奈何曼姑受命乎靈公而
立輒以曼姑之義爲固可以距之也輒者曷爲者也蒯聵之子也然則曷爲不立蒯聵而立輒蒯聵爲無道靈公逐蒯聵而立輒然則輒之義可以立乎曰可
其可奈何不以父命辭王父命以王父命辭父命是父之行乎子也不以家事辭王事以王事辭家事是上之行乎下也其意言靈公廢蒯聵不用使之得國
輒不以國與蒯聵是靈公之命行於蒯聵也立爲國君是王事也以國與父是私事也不以國與父是天子之命行於諸侯也如公羊之言則輒義可以距父

圍戚不爲不義而杜言曼姑知其不義則輒不合距父意與公羊異者據左傳公子郢讓國不受然後立輒然則輒之立也以周禮無適子則立適孫緣是以得立耳非有靈公之命使立之也爲輒之義自可讓而不受以己是適孫緣有可立之勢。貪國以距父耳非有靈公之命天子之勅使之距蒯聵也論語說此事云冉有曰夫子爲衛君乎子貢曰諾吾將問之入曰伯夷叔齊何人也曰古之賢人也曰怨乎曰求仁而得仁又何怨乎出曰夫子不爲也孔子意不助輒明是輒爲不義故曼姑自知不義推齊爲主

○夏四月甲午地震無傳○五月辛卯桓宮僖宮災天火曰災

○季孫斯叔孫州仇帥師城啓陽無傳魯黨范氏故懼晉比年四城啓陽今瑯。邪開陽縣○宋樂髡帥師伐曹無傳○髡苦孫反○秋七月丙子季孫斯卒○蔡人放其大夫公孫獵于吳無傳公子駟之黨○冬十月癸卯秦伯卒無傳不書名未同盟○叔孫州仇仲孫何忌帥師圍邾無傳

傳三年春齊衛圍戚求援于中山中山鮮虞○夏五月辛卯司鐸火司鐸宮名○鐸待洛反

疏注司鐸宮名○正義曰僖二十年西宮災書之此不書者西宮公之西宮親近偪君忽被天火故重而書之此司鐸雖。是公小宮在公宮之後非君來往之急又是人火所以輕而不書或可舉廟重以略之

火踰公宮桓僖災桓公僖公廟

疏桓僖災○正義曰傳言火而經書災者司鐸初被人火火越宮而至廟以火踰宮故以災言之

救火者皆曰顧府言常人愛財南宮敬叔至命周人出御書俟於宮敬叔孔子弟子南宮閱周人司周書典籍之官御書進於君者也使待命於宮○閱音悅曰庀女而不在死。庀具也○庀匹婢反女音汝子服景伯至命宰人出禮書景伯子服何也宰人。冢宰之屬以待命命不共有常刑待求之命

○共音恭校人乘馬巾車脂轄校人掌馬巾車掌車乘馬使四匹相從爲駕之易○校戶教反注及下同乘繩證反注及下皆同轄戶瞎反本又作鎋同爲于僞反易以豉反百官官備府庫愼守官人肅給國有火災恐有變難故愼爲備○難乃旦反濟濡帷幕鬱攸從之鬱攸火氣也濡物於水出用爲濟○濟子細反又子禮反注同帷位悲反幕音莫攸音由蒙葺公屋以濡物冒覆公屋○葺七入反一音子入反自大廟始外內以悛悛次也先尊後卑以次救之○悛大全反助所不給有不用命則有常刑無赦公父文伯至命校人駕乘車乘車公車季桓子至御公立于象魏之外象魏門闕命救火者傷人則止財可爲也命藏象魏周禮正月縣教令之法于象魏使萬民觀之故謂其書爲象魏○縣音玄

【疏】注周禮至象魏正義曰周禮大宰云正月之吉始和布治于邦國都鄙乃縣治象之法于象魏使萬民觀治象浹日而斂之鄭玄云正月周之正月吉謂朔日大宰以正月朔日布王治之事於天下至正歲又書而縣于象魏使萬民觀焉凡治有故言始和者若改造云爾鄭衆云從甲至甲謂之浹日凡十日其地官夏官秋官皆有此言地官云布教縣教象夏官云布政縣政象秋官云布刑縣刑象各縣所掌之事爲異其文悉同唯春官不縣者以禮法一頒百事皆足不可又縣故不縣之杜總彼意言縣教令之法彼所縣者皆是教令之事故也由其縣于象魏故謂其書爲象魏命藏其書也彼言朔日縣之十日卽斂之則救火之時其書久已藏矣而此立象魏之外方始命藏此書者象魏是縣書之處見其處而念及其書非始就縣處斂藏之

曰舊章不可亡也富父槐至曰無備而官辦者猶拾瀋也槐富父終生之後瀋汁也言不備而責辦不可得○父音甫槐音懷官辦辦具之辦注並同拾音十瀋尺審反北土呼汁爲瀋於是乎去表之稾表表火道風所向者去其稾積○去起呂反注同稾

古老反注同向許亮反積子賜反道還公宮間除道周。匝公宮使火無相連還本又作環戶關反又音患注同○孔子在陳聞火

曰其桓僖乎言桓僖親盡而廟不毀宜爲天所災疏注言桓至所災○正義曰。禮諸侯親廟四焉高祖之父卽當毀其廟計桓之於哀八世祖也僖六世祖也親盡而廟不毀言其宜爲天所災也所以不毀者服虔云季氏出桓公又爲僖公所立故不毀其廟其意或然公羊傳曰此皆毀廟也其言災何復立也曷爲不言其復立春秋見者不復見也何以不言及敵也其意言哀公更立之不可通於左氏故以爲元不毀耳服虔又云俱在迭毀故不言及杜無說或當同時災無先後故不言及○劉氏范氏世爲婚。姻劉氏周卿士范氏晉大夫萇弘事劉文公爲之屬大夫

故周與范氏趙鞅以爲討責周與范氏六月癸卯周人殺萇弘終違天之禍疏萇弘至萇弘○正義曰文公以定四年卒也爲之屬大夫謂當昭公之世也此時文公已卒萇弘知政以己先事劉子劉氏又與范氏親。既握國權遂與范氏故周人殺之以說於晉○秋季孫有疾命正常曰無死正常桓子之寵臣欲付以。後事故勅令勿從己死○令力呈反南孺子之子

男也則以告而立之南孺子季桓子之妻言若生男告公而立之○孺如住反女。也則肥也可肥康子也季孫卒

康子卽位既葬康子在朝在公朝也南氏生男正常載以如朝告曰夫子有遺言命

其圉臣曰南氏生男則以告於君與大夫而立之今生矣男也敢告遂奔衛康

子請退退辟位也公使共劉視之共劉魯大夫（）共音恭則或殺之矣乃討之討殺者召正常正

常不反畏康子也傳備言季氏家事疏召正常正常不反○正義曰服虔云召而問兒死意然則兒於正常正常去後始死死非正常得知召之復何

所問也當欲問不。立康子之意故正常畏康子不反〇冬十月晉趙鞅圍朝歌師于其南范中行所在荀寅伐其郛伐其北郭圍〇郛芳夫反使其徒自北門入己犯師而出荀寅使在外救己之徒擊趙氏圍之北門因外內攻得出

疏。荀寅至而出〇正義曰荀寅從內伐其北郭之郛又使其救己之。徒自外伐圍郛之北門而入因外內攻故得出也

癸丑奔邯鄲十一月趙鞅殺士皐夷惡范氏也惡范氏而殺其族言遷怒〇惡烏路反注同

經四年春王二月庚戌盜殺蔡侯申賤者故稱盜不言弒其君賤盜也〇盜殺申志反蔡侯申今本皆如此案宣十七年蔡侯申卒是文侯也今昭侯是其玄孫不容與高祖同名未詳何者誤也

疏蔡侯申〇正義曰宣十七年蔡侯申卒是文侯也蔡世家云文侯申生景侯固固生靈侯般般生隱大子今昭侯申是隱大子之子杜世族譜亦然計昭侯是文侯玄孫乃與高祖同名周人以諱事神二申必有誤者俱是經文未知孰誤〇注賤者至盜也〇正義曰公孫辰公孫姓公孫霍雖並是弒君之黨而非弒君之首首是公孫翩翩賤故稱盜不言弒其君者賤此盜也盜賤不得有其君故以盜為文不得言弒其君

蔡公孫辰出奔吳弒君賊之黨故書名〇葬秦惠公傳無〇宋人執小邾子無傳邾子無道於其民故稱人以執〇夏蔡殺其大夫公孫姓公孫霍皆弒君黨〇姓音生又作生或一音性〇晉人執戎蠻子赤歸于楚晉恥為楚執諸侯故稱人以告若蠻子不道於其民也赤本屬楚故言歸〇恥為于僞反〇城西郛無傳魯西郭備晉也〇六月辛丑亳社災無傳天火也亳社殷社諸侯有之所以戒亡國〇亳步各反

疏注天火至亡國〇正義曰傳例曰天火曰災知天火也殷有天下作都于亳故知亳社殷社也蓋武王伐紂以其社班賜諸侯使各各立之所以戒亡國也其社有屋故火得焚之公羊

傳曰蒲社者何亡國之社也社者封也其言災何亡國之社蓋揜之揜其上而柴其下穀梁傳曰亳社者亳之社也亳亡國也亡國之社以爲廟屏戒也其屋亡國之社不得達上也說者以爲立亳社於廟門之外以爲屏蔽使人君視之而致戒也左傳稱間于兩社事當爲然郊特牲亦云喪國之社屋之不受天陽故災其屋也

○秋八月甲寅滕子結卒無傳同盟於皐鼬

○冬十有二月葬蔡昭公無傳亂故是以緩

○葬滕頃公。無傳

傳四年春蔡昭侯將如吳諸大夫恐其又遷也承承音懲蓋楚。言○懲直升反

疏注承音懲蓋楚言○正義曰懲創往年之遷恐其更復遷徙承懲音相近蓋是楚人之言聲轉而字異耳

公孫翩逐而射之入於家人而卒翩蔡大夫○翩音篇射食亦反下同

疏入於家人而卒○正義曰言將如吳已適吳矣翩在路逐而殺之遂入于凡人之家言此者說其非理之意

以兩矢門之衆莫敢進翩以矢自守其門文之鍇後至鍇蔡大夫○鍇音楷又音皆又客駭反曰如牆而進多而殺二人併行如牆俱進○併步頂反鍇執弓而先翩射之中肘鍇遂殺之故逐公孫辰而殺公孫姓公孫盱。盱。鄭霍也○中丁仲反肘竹九反盱況于反

○夏楚人既克夷虎夷虎蠻夷叛楚者乃謀北方左司馬眅申公壽餘葉公諸梁致蔡於負函三子楚大夫也此蔡之故地人民楚因以爲邑致之者會其衆也○眅普版反字林匹姦反葉始涉反函音咸致方城之外於繒關負函繒關皆楚地○繒才陵反曰吳將泝江入郢逆流曰泝○泝音素郢以井反又以政反將奔命焉爲一昔。之期襲梁及霍僞辭當備吳夜結期明日便襲梁霍使不

知之梁河南梁縣西南故城也梁南有霍陽山皆蠻子之邑也單浮餘圍蠻氏蠻氏潰浮餘楚大夫○單音善潰戶內反蠻子
赤奔晉陰地陰地河南山北自上雒以東至陸渾○渾戶門反司馬起豐析與狄戎楚司馬眅也析縣屬南鄉郡析南有
豐鄉皆楚邑發此二邑人及戎狄○析星歷反注同以臨上雒左師軍于菟和菟和山在上雒東也○菟音徒右師軍于
倉野。蒼野在上雒縣。使謂陰地之命大夫士蔑命大夫別縣監尹○監古銜反疏注命大至監尹○正義曰陰地者河南山
北東西横長其間非一邑也若是典邑大夫則當以邑冠之乃言陰地之命大夫則是特命大夫使總監陰地故以爲别縣監尹也以其去國遥遠别爲置監
楚官稱尹故以尹言之曰晉楚有盟好惡同之若將不廢寡君之願也不然將通於少習
以聽命少習商縣。武關也將大開武關道以伐晉○少詩照反又如字士蔑請諸趙孟趙孟曰晉國未寧安能
惡於楚必速與之未寧時有范中行之難○難乃旦反士蔑乃致九州之戎九州戎在晉陰地陸渾者將裂田
以與蠻子而城之以詐蠻子且將爲之卜卜城○爲于僞反下注同蠻子聽卜遂執之與其五大。
夫以畀楚師于三戶今丹水縣北三戶亭○畀必利反與也司馬致邑立宗焉以誘其遺民楚復詐爲
蠻子作邑立其宗主○復扶又反而盡俘以歸○秋七月齊陳乞弦施衞甯跪救范氏陳乞僖子弦。施
弦多○跪其委反庚午圍五鹿五鹿晉邑九月趙鞅圍邯鄲冬十一月邯鄲降荀寅奔鮮虞
趙稷奔臨臨晉邑○降戶江反十二月弦施逆之遂墮臨國夏伐晉取邢任欒鄗逆時。陰

人于壺口入邑晉也欒在趙國平棘縣西北鄗即高邑縣也路縣東有壺口關○墮許規反邢音刑任音壬欒力官反鄗呼洛反郭璞王蒼解詁音曜字林火沃反韋昭呼告反闞駰云讀磽确同時音止盂音于【疏】遂墮臨○正義曰稷初奔臨欲據臨距國今弦施逆稷故納之他邑以臨險固故毀之

會鮮虞納荀寅于柏人晉邑也今趙國柏人縣也弦施與鮮虞會也

經五年春城毗無傳備晉也○毗頻夷反○夏齊侯伐宋無傳○晉趙鞅帥師伐衞○秋九月癸酉齊侯杵臼卒再同盟也○杵昌呂反臼求又反【疏】注再同盟○正義曰襄二十五年崔杼弑莊公而立杵臼昭二十八年盟于鄟陵定四年于臯鼬是再同盟也昭三十二年大夫盟于狄泉未告公而公薨故不數也○冬叔還如齊○閏月葬齊景公無傳

傳五年春晉圍柏人荀寅士吉射奔齊初范氏之臣王生惡張柳朔言諸昭子使爲柏人。爲柏人宰也昭子范吉射。也○惡烏路反下同柳良久反昭子曰夫非而讎乎對曰私讎不及公公家之事也○夫音扶好不廢過惡不去善義之經也臣敢違之及范氏出出柏人奔齊○好呼報反去起呂反張柳朔謂其子爾從主。勉之我將止死王生授我矣授我死節吾不可以僭之遂死於柏人爲吉射距晉戰死○僭子念反後同爲于僞反○夏趙鞅伐衞范氏之故也遂圍中牟衞助范氏故也○齊燕姬生子不成而死燕姬景公夫人不成未冠也○燕於賢反冠古喚反諸子鬻姒之子荼嬖諸子庶公子也鬻姒景公妾荼安孺子○鬻音育姒音似荼音舒又音徒又丈加反嬖必計反諸大夫恐其爲大子也言於公曰君之齒長矣未有大子若之何公曰二三子閒於憂虞則有疾疢亦姑謀樂何憂於無君景公意欲立荼而未發故以此言塞大夫請○長丁丈反閒音閑又音閒厠之閒又如字疢勑覲反本或作疹乃結反樂音洛疏○閒於至無君○正義曰公謂羣臣云若閒暇於憂虞謂國无憂虞事得閒暇則恐有疾疢不得飲樂今既無憂虞又無疾疢亦且謀樂何憂乎無君公疾使國惠子高昭子立荼惠子國夏昭子高張寘羣公子於萊萊齊東鄙邑○寘之豉反羣或作諸萊音來秋齊景公卒冬十月公子嘉公子駒公子黔奔衛公子鉏公子陽生來奔皆景公子在萊者○黔巨廉反又音琴鉏仕居反○萊人歌之曰景公死乎不與埋三軍之事乎不與謀師乎師乎何黨之乎師衆也黨所也之往也稱謚蓋葬後而爲此歌哀羣公子失所○與音預下同埋亡皆反疏○注師衆也黨所也之往也至公子失所○正義曰師衆之往釋詁文也周禮五百家爲黨言其共居一所故以黨爲名是黨爲所也經書閏月葬齊景公長曆閏十一月禮葬乃有謚此歌稱謚明是葬後傳言冬十月者記公子出奔之月其萊人之歌在公子出奔之後杜以文承十月之下故云蓋耳公羊以爲喪以閏數謂通數閏月穀梁云不正其閏也謂喪事不數左氏無傳未知所從○鄭駟秦富而侈嬖大夫也而常陳卿之車服於其庭鄭人惡而殺之子思曰詩曰不解于位民之攸塈子思子產子國參也詩大雅攸所也塈息也○侈昌氏反又尺氏反惡烏路反解佳賣反塈音許器反疏○詩曰至攸塈○正義曰詩大雅嘉樂之篇也言在上者不解惰于其位民之所以得安息駟秦棄位僭上是惰于位也

不守其位而能久者鮮矣商頌曰不僭不濫不敢怠皇命以多福僭差也濫溢也皇暇也言駟秦違詩商頌故受禍○鮮息淺反濫力暫反溢音逸【疏】商頌至多福○正義曰商頌殷武之篇歌成湯之德不僭差不濫溢不敢怠惰而自暇以此之故上天命以多福也詩於怠皇之下更云命于下國封建厥福傳言命以多福不復具引詩文取其意而言之也杜云違詩商頌上言詩下言頌以駟秦於此二詩皆違故言違詩與商頌

附釋音春秋左傳注疏卷第五十七

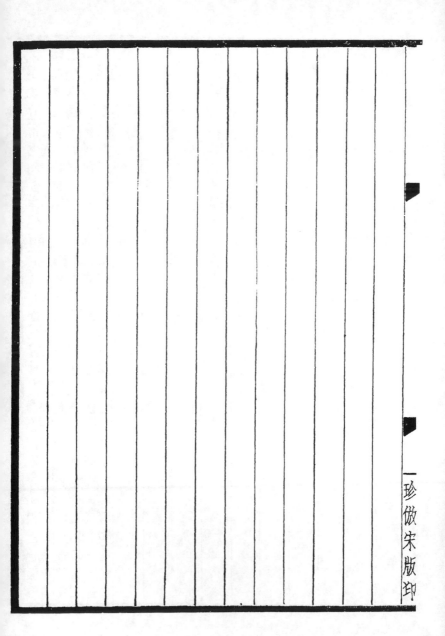

春秋左傳注疏卷五十七校勘記

阮元撰盧宣旬摘錄

附釋音春秋左傳注疏卷第五十七 哀元年盡五年宋本春秋正義卷第三十五石經春秋經傳集解哀上第廿九淳熙本岳本哀下有公字並盡十三年

（哀公）

同上 宋本作正義曰魯世家云哀公名蔣定公之子蓋是夫人定姒所生以敬王二十六年卽位謚法共仁短折曰哀按此古本之最善處坊刻改爲同上以省字

（經元年）

隨人免之 閩本監本人作侯非也

不序於宋盟也 諸本作宋此本誤朱今改正

則是楚封近公爲許男也 宋本近作元是也

不言所食非一處 宋本淳熙本岳本足利本重所食二字與正義合

（傳元年）

報柏舉也 監本柏作栢

栽設板築爲圍壘周匝　宋本纂圖本毛本足利本板作版周匝宋本岳本足利本作周帀與釋文合

注栽設至一里　宋本以下正義三節總入下注爲明年蔡遷州來傳之下

屑言晝夜九日　宋本監本毛本屑作何是也

彭神爽　宋本監本毛本神作仲是也

吳王夫差敗越于夫椒　諸本作椒釋文云又作楙陳樹華云案史記伍子胥傳說苑並作夫湫古字通

注夫椒至椒山　宋本以下正義九節總入三月節注下

以椒必在山旁　宋本椒作戰是也

故曰殺夏后相也　宋本曰作因

夏后相啓孫也　閩本監本毛本脫也字

后緡方娠　詩生民正義引昭元年傳邑姜方震大叔及此后緡方震皆謂有身爲震爾雅釋詁邢昺疏引同是所據本不同也

用之爲正當當是食官之長　宋本監本毛本用作謂○補案此本當字疑誤重

而邑諸綸　閩本監本脫而字

猶言天與不取　淳熙本言誤上

結其心腹宋本其作於是也

日可俟也釋文俟作竢云本又作俟字按竢正字也俟假借字也

言可計日而待岳本日誤月

與之毉宋本毉作醫

非年所種宋本閩本監本毛本年作手是也

陳人從田無田從黨陳樹華曰禮記檀弓正義引傳陳人下多育田二字案二字似以意增也

不知所與淳熙本與作為非也

逢滑當公而進釋文亦作逢滑石經此處殘缺閩本逢誤逄足利本滑作猾

暴骨如莽足利本後人記云莽上有草字案注云草之生於廣野莽莽然故曰草莽此必因注文而誤衍也

食不二味宋本以下正義五節總入一日之行節注下

器不形鏤陸粲附注後錄云形當作彤文相近而譌也惠棟云彤古彫字

本或天作無誤耳監本天作作作天是也

親巡其孤寡而共其乏困石經宋本淳熙本岳本足利本無上其字

孫武兵書云　毛本書作法

將不言飢　閩本監本飢作饑案饑謂穀不熟也與飢餓字有别

必須軍士皆分熟食　宋本熟作孰下同

若單醪注流也　閩本監本毛本單作簞

不足徧及軍人　閩本監本毛本足誤得

死知不曠　石經此處殘缺閩本監本知不字誤倒

過再至曰次　宋本淳熙本岳本纂圖本毛本至作宿不誤

澤彰曰陂　宋本監本毛本彰作鄣是也

宿有妃嬙嬪御焉　釋文云嬙本又作廧或作牆石經初刻作牆後改嬙案錢大昕云說文無嬙字陸氏云云漢隸爿旁字或變从广廧與牆實一字也

爲二十年越滅吳起本　宋本淳熙本足利本脫本字

冬十一月　石經宋本淳熙本岳本足利本無一字

〔經二年〕

納衛世子蒯聵于戚　諸本作聵閩本毛本誤瞶後同

〔傳二年〕

注三揖卿大夫士　宋本以下正義廿節總入兩刺皆絕注下

土揖庶姓　監本閩本毛本土作士非也

與外內同之　纂圖本閩本監本毛本外內誤倒

宵迷　石經初刻作霄後改宵諸本同淳熙本迷誤述

又奔喪之祖　宋本祖作禮不誤

免麻于宇東　宋本監本毛本宇作序是也

狀如今之著幓頭矣　宋本幓作幧是也

肥美呼居　宋本監本毛本呼作可是也

反易天明　石經初刻易誤亦後改正

十里百縣　宋本淳熙本岳本纂圖本毛本十作千不誤

去廝役　釋文廝作斯云字又作廝也按說文無廝字作斯乃古本也

志父趙𩦍子之一名也北宋刻本釋文亦作一監本毛本誤改閩本一字本刻

家國不爲之諱宋本毛本作國家監本二字改刊非原刻也

不設屬辟鄭注禮記喪大記賈公彥疏儀禮士喪禮引並作屬椑

記有杝棺梓棺杝謂椵也閩本監本毛本杝作柂非也下同

謂杭木與茵也監本杭作抗下同按說文抗字或从木作杭儀禮抗木亦作杭此作抗作杭皆可若今人杭州餘杭之字則字本作航而譌改耳

此用車馬載者閩本監本此用誤倒

無入于兆石經宋本于作於

當世豈無騏驥乎宋本乎作兮是也

故駒跳而遠去監本駒誤跔

登鐵上案酈道元注水經河水篇李善注文選長笛賦引上作丘

施諸廦宋本毛本施作杝是也

羅無勇麇之段玉裁案廣韻十八吻麇邱粉切引左傳無勇麇之束縛也蓋傳本作麇字所謂本無其字依聲託事也麇則後人所製俗字十七

準又有𨻰字邱引切則更俗矣

釋君助臣此本助誤時閩本同據宋本淳熙本岳本纂圖本監本毛本改正

鞅鬩子名毛本鬩子誤節公

無折骨無面傷惠棟云鄭司農注周禮大祝云無破骨無面夷案外傳晉惠公韓之誓曰將止無面夷死此求勝之辭故云無面夷

大命至敢愛宋本至下有不字

在軍無珪璧故以佩玉諸本脫玉字據宋本補監本珪作圭

傳傻曰諸本作傻石經此本殘缺釋文云又作叟

公孫尨稅焉閩本監本尨作龍非也

爲范氏收周人所與田之稅淳熙本收作取

我功爲上宋本淳熙本岳本纂圖本足利本無我字

冬蔡遷于州來毛本脫冬字監本空闕

〔經三年〕

故推齊使爲兵首淳熙本使作師案正義本作使

自非霸王之命 閩本亦作王宋本監本毛本作主是也

子圍父也 宋本子下有不字與穀梁合

貪國以距父耳 重修監本貪誤食

今瑯邪開陽縣 纂圖本毛本邪作琊案邪琊古今字

〔傳三年〕

注司鐸宮名 宋本以下正義四節總入孔子在陳節注下

雖易公小宮 宋本監本毛本易作是是也

庀具也 諸本作庀具此本誤宅其今改正

宰人冢宰之屬 宋本冢作家

官人肅給 惠棟云石經似作宜人

猶拾瀋也 淳熙本拾誤洽

於是乎去表之槀 葉抄釋文亦作槀石經宋本岳本作稾从禾是也釋文云古老反

周匝公宮 宋本足利本匝作帀

社諸侯親廟四焉宋本監本毛本社作禮是也

劉氏范氏世爲婚姻淳熙本岳本婚作婚宋本作昏與石經合

至握國權宋本至作既是也

欲付以從事宋本岳本纂圖本監本毛本從作後是也

女也則肥也可監本女改汝

當欲問不立康子之意宋本立作位非也

荀寅至而出宋本此節正義在癸丑奔節注下

又使其救己之徒諸本作徒此本誤徙今改正

（經四年）

葬滕頃公淳熙本滕誤蔡

（傳四年）

蔡昭侯將如吳顧炎武云石經蔡誤作葬案石經此處缺所據乃補刊本

承音懲蓋楚言岳本言下有也字惠棟云承讀爲懲經傳無文詩魯頌曰戎狄是膺荊舒是懲則莫我敢承毛傳曰承止也傳言承者謂

諸大夫皆欲止之也

注承音懲蓋楚言 宋本以下正義二節總入注文盱卽霍也之下

公孫盱 纂圖本閩本監本毛本盱作盱非也注同

爲一昔之期 監本昔誤備

右師軍於倉野 郡國志倉作蒼

蒼野在上雒縣 宋本淳熙本岳本纂圖本閩本監本毛本蒼作倉郡國志引注縣下南字

注命大至監尹 宋本至字作夫別縣三字此節正義在而盡俘以歸之下

少習商縣武關也 郡國志引注縣下有東字

與其五大夫 石經大字起以下兩行皆九字

弦施弦多 諸本作施此本誤弛今改正

逆時 案水經濡水注引作曲逆漢封陳平爲侯卽是地也今諸本作逆時

遂墮臨 宋本此節正義在注弦施與鮮虞會也之下

〔經五年〕

〔傳五年〕

使爲柏人監本凡柏字皆作栢與石經不合下同

昭子范吉射也岳本脫也字

爾從主此本主誤王閩本同據石經宋本淳熙本岳本纂圖本監本毛本改正

諸大夫恐其爲大子也言於公曰君之齒長矣未有大子若之何案惠棟云服虔曰爲子爲大子也荼少故恐立之言君長未有大子一旦不諱當若之何欲齊侯早立也案今本爲子作爲大子疑後人所增杜無注或杜所增也

閔於至無君宋本以下正義二節總入何黨之乎注下

不得飲樂浦鏜正誤飲作歡

景公死乎不與埋淳熙本埋誤理

哀羣公子失所閩本子字空闕

注師衆也黨所也之往也至公子失所宋本作師衆至失所

嬖大夫也閩本監本毛本脫也字

詩曰至攸塈宋本以下正義二節總入不守其位節注下

民之攸塈石經宋本淳熙本岳本塈作塈注同是也

春秋左傳注疏卷五十七校勘記

附釋音春秋左傳注疏卷第五十八 哀公六年盡十一年

杜氏注 孔穎達疏

經六年春城邾瑕無傳備晉也任城亢父縣北有瑕城瑕音遐任音壬亢苦浪反又音剛父音甫○晉趙鞅帥師伐鮮虞○吳伐陳○夏齊國夏及高張來奔二子阿君廢長立少既受命又不能全書名罪之也○長丁丈反少詩照反○叔還會吳于柤無傳○柤莊加反○秋七月庚寅楚子軫卒未同盟而赴以名○軫之忍反史記作珍字○齊陽生入于齊為陳乞所逆故書入疏注為陳乞所逆故書入○正義曰成十八年傳例曰凡去國國逆而立之曰入此為陳乞私逆既入而立之故依例書入也齊陳乞弒其君荼弒荼者朱毛與陽生也而書陳乞所以明乞立陽生而荼見弒則禍由乞始也楚比劫立陳乞流涕子家懼老皆疑於免罪故春秋明而書之以為弒主○弒荼音試下皆同疏注弒荼至弒主○正義曰實非陳乞弒荼而書乞弒其君者以荼死由乞故書乞弒也此與楚公子比鄭公子歸生俱非弒君之首春秋顯而書之以為弒君之主所以惡此三人釋例曰諸懷賊亂以為心者故不容於誅也若鄭之歸生齊之陳乞楚公子比雖本無其心春秋之義亦同大罪是以君子慎所以立也是說罪之之意○冬仲孫何忌帥師伐邾無傳○宋向巢帥師伐曹無傳

傳六年春晉伐鮮虞治范氏之亂也四年鮮虞納荀寅于柏人○吳伐陳復脩舊怨也元年未得志故也○復扶又反楚子曰吾先君與陳有盟不可以不救乃救陳師于城父陳盟在昭十三年○

父音甫疏注陳盟在昭十三年○正義曰昭十三年無楚與陳盟之事於時楚既滅蔡使棄疾爲蔡公子干子皙之入也傳稱朝吳奉蔡公召二子而盟
于鄧依陳蔡人以國是與陳人盟更許復其國其年平王卽位更封陳是與盟也○齊陳乞僞事高國者高張國夏受命立荼陳乞
欲害之故先僞事焉每朝必驂乘焉所從必言諸大夫言其罪過乘繩證反○曰彼皆偃蹇將棄子
之命偃蹇驕敖○偃約免反蹇紀晚反敖五報反皆曰高國得君得君寵也必偪我盍去諸固將謀子子
早圖之圖之莫如盡滅之需事之下也需疑也○偪音逼盍戶臘反去起呂反下同需音須一音懦弱持疑也疏
°需事之下也○正義曰需是懦弱之意懦弱持疑不能決斷是爲事之下者勸其決斷而盡殺之及朝則曰彼虎狼也見我在
子之側殺我無日矣請就之位欲與諸大夫謀高國故求就之又謂諸大夫曰二子者禍矣恃
得君而欲謀二三子曰國之多難貴寵之由盡去之而後君定既成謀矣盍及
其未作也先諸作而後悔亦無及也大夫從之夏六月戊辰陳乞鮑牧牧鮑圉孫○難
乃旦反鮑牧州牧之牧及諸大夫以甲入于公宮昭子聞之與惠子乘如公戰于莊敗高國
敗也莊六軌之道○乘繩證反國人追之國夏奔莒遂及高張晏圉弦施來奔°晏°圉嬰之子圉施不書非卿○圉
圉魚呂反○秋七月楚子在城父將救陳卜戰不吉卜退不吉王曰然則死也再敗
楚師不如死前已敗於柏舉今若退還亦是敗疏°注前已至是敗○正義曰劉炫言卜不吉謂戰當敗再敗當謂今伐更敗也杜言退還亦

是敗非也以規杜氏今知劉非者杜言退還亦是敗者以傳卜退不吉是不得好退是雖欲退還亦必敗也故云退還亦是敗但文不委悉劉以爲退還謂是好退而還以規杜非也棄盟逃讎亦不如死死一也其死讎乎命公子申爲王不可則命公子結亦不可則命公子啓申子西結子期啓子閭皆昭王兄五辭而後許將戰王有疾庚寅昭王攻大冥卒于城父大冥陳地吳師所在○辭本又作辤說文云辭不受也受辛宜辭也辤籀文冥亡丁反子閭退曰君王舍其子而讓羣臣敢忘君乎從君之命順也從命許立○舍音捨立君之子亦順也二順不可失也與子西子期謀潛師閉塗逆越女之子章立之而後還潛師密發也閉塗不通外使也越女昭王妾章惠王是歲也有雲如衆赤鳥夾日以飛三日楚子使問諸周大史周大史曰其當王身乎日爲人君妖氣守之故以爲當王身雲在楚上唯楚見之故禍不及他國○夾古洽反大音泰下同【疏】問諸周大史○正義曰服虔云諸侯皆有大史主周所賜典籍故曰周大史一曰是時往問周大史杜以問周大史於文自明故不煩釋若縈之可移於令尹司馬縈禳祭○縈音詠禳如羊反王曰除腹心之疾而寘諸股肱何益不穀不有大過天其天諸有罪受罰又焉移之遂弗縈初昭王有疾卜曰河爲祟王弗祭大夫請祭諸郊王曰三代命祀祭不越望諸侯望祀竟內山川星辰○寘之豉反夭於表反焉於虔反祟息遂反竟音境【疏】不穀至移之○正義曰言己若無大罪天其妄夭之乎必是身有大罪天乃下罪有罪受罰又焉移之江漢雎章楚之望也四水

在楚界○睢七餘反漳音章【疏】注四水在楚界○正義曰。土地名江經南郡江夏弋陽安豐漢經襄陽至夏江安陸縣入江睢經襄陽至南郡枝江縣入江漳經襄陽至南郡當陽入江是四水皆在楚界也禍福之至不是過也不穀雖不德河非所獲罪也遂弗祭孔子曰楚昭王知大道矣。其不失國也宜哉夏書曰惟彼陶唐帥彼天常逸書言堯循天之常道○楚昭王知大道矣本或作天道非夏戶雅反下注同此語在尚書五子之歌書無帥彼天常一句下亦微異有此冀方今失其行亂其紀綱乃滅而亡滅亡謂夏桀也唐虞及夏同都冀州不易地而亡由於不知大道故○行如字又下孟反尚書作厥道乃滅而亡尚書作乃底滅亡【疏】夏書至而亡○正義曰此夏書五子之歌第三章也彼云惟彼陶唐有此冀方今失厥道亂其紀綱乃底滅亡此多帥彼天常一句又字小異者文經篆隸師讀不同故兩存之賈服孫杜皆不見古文。以爲逸書解爲夏桀之時唯王肅云太康時也案王肅注尚書其言多是孔傳疑肅見古文匿之而不言也堯治平陽舜治蒲坂禹治安邑三都相去各二百餘里俱在冀州統天下四方故云有此冀方也又曰允出茲在茲由己率常可矣又逸書言信出己則福亦在己○八月齊郉意茲來奔高國黨陳僖子使召公子陽生召在七月今在八月下記事之次【疏】。注召在至之次正義曰經書陽生入齊文在七月之下知其召在七月也今傳在八月下者欲令下接十月立之是記事之次也郉意茲來奔者自以高國之黨八月來奔耳僖子使召陽生自以七月之時別使人召之非遺意茲召也賈逵以傳文相連謂遺意。來召又怪其日月錯誤云其說未聞杜以此故爲注云高國黨以隔之陽生駕而見南郭且于且于齊公子鉏在魯南郭○且子餘反曰嘗獻馬於季孫不入於上乘故又獻此請與子乘之畏在家人聞其言故欲二人共載以試馬爲辭〇上乘繩證反出萊門而告之故魯郭門也闞止知之先待諸外闞止陽生家臣子我也待外欲俱去〇闞苦暫反公子曰事未可知反與壬也處壬陽生子簡公〇壬而林反戒之遂行戒使無洩言〇洩息列反逮夜至於齊國人知之故以昏至不欲令人知也國人知而不言言陳氏得衆〇令力呈反下同僖子使子士之母養之隱於僖子家內子士母僖子妾與饋者皆入陳僖子又令陽生隨饋食之人入處公宮〇饋其位反冬十月丁卯立之將盟盟諸大夫鮑子醉而往其臣差車鮑點點鮑牧臣也差車主車之官〇差所宜反點之廉反又如字曰此誰之命也陳子曰受命于鮑子遂誣鮑子曰子之命也見其醉故誣之鮑子曰女忘君之爲孺子牛而折其齒乎而背之也孺子荼也景公嘗銜繩爲牛使荼牽之荼頓地故折其齒〇女音汝折之舌反又市列反注同背音佩後年皆同悼公稽首悼公陽生曰吾子奉義而行者也若我可不必亡一大夫言己可爲君必不怨鮑子若我不可不必亡一公子公子自謂也恐鮑子殺己故要之〇要一遙反義則進否則退敢不唯子是從廢興無以亂則所願也鮑子曰誰非君之子乃受盟言陽生亦君之子固可立使胡姬以安孺子如賴胡姬景公妾也賴齊邑安號也去鬻姒荼之母〇去起呂反殺王甲拘江說囚王豹于句竇之丘三子景公嬖臣荼之黨也〇拘音俱說音悅句音鉤竇音豆公使朱毛告於陳子朱毛齊大夫曰微子則不及此然君異於器不可以二器二不匱君二多難敢布諸大夫僖子

不對而泣曰君舉不信羣臣乎（舉皆也○匱其位反難乃旦反）以齊國之困困又有憂（內有饑荒之困）（又有兵革之憂）少君不可以訪是以求長君庶亦能容羣臣乎不然夫孺子何罪毛復命公悔之（悔失言○少詩照反長丁丈反夫音扶孺或作孺同）毛曰君大訪於陳子而圖其小可也（大謂國政小謂殺荼）使毛遷孺子於駘不至殺諸野幕之下葬諸殳冒淳（恐駘人不從故毛駐於野張帳而殺之駘齊邑殳冒淳地名實以冬殺經書秋者史書秋記始事遂連其死通以冬告魯○駘他才反又徒來反幕音莫殳音殊冒亡報反淳音純駐中住反）（疏）（正注實以至告魯正義曰傳言十月立陽生陽生既立之後方遣朱毛殺荼則荼死在冬經書爲秋殺者記陽生初事入齊之始遂連荼死二事通以冬始來告言陽生秋入荼以秋死故並書於秋也）

經七年春宋皇瑗帥師侵鄭○晉魏曼多帥師侵衛○夏公會吳于鄫（鄫今琅邪鄫縣○瑗于眷反鄫本又作繒才陵反）○秋公伐邾八月己酉入邾以邾子益來（他國言歸於魯言來。內。外之辭）○宋人圍曹○冬鄭駟弘帥師救曹

傳七年春宋師侵鄭鄭叛晉故也（定八年鄭始叛）晉師侵衛衛不服也（五年晉伐衛至今未服）○夏公會吳于鄫（吳欲霸中國）吳來徵百牢子服景伯對曰先王未之有也吳人曰宋百牢我（是時吳過宋得百牢○牢力刀反過古禾反）○魯不可以後宋且魯牢晉大夫過十（晉大夫范鞅也在昭

二十一年○後如字又戶豆反吳王百牢不亦可乎景伯曰晉范鞅貪而棄禮以大國懼敝邑故敝邑十一牢之君若以禮命於諸侯則有數矣有常數【疏】吳王百牢○正義曰王制云君十卿祿魯牢晉大夫過十故吳王自謂合得百牢○注有常數○正義曰周禮大行人云上公九牢侯伯七牢子男五牢是常數也若亦棄禮則有淫者矣淫過也周之王也制禮上物不過十二上物天子之牢○上如字一音時掌反注同【疏】注上物天子之牢○正義曰周禮掌客云王合諸侯而饗禮則具十有二牢鄭玄云饗諸侯而用王禮之數者以公侯伯子男盡在是兼饗之莫適用也以莫適用故用王禮是天子之禮十二牢也郊特牲云天子適諸侯諸侯膳用犢諸侯適天子天子賜之禮大牢貴誠之義也如彼記文諸侯共天子之膳唯一犢耳而得有十二牢者若是天子大禮必以十二爲數其餘共王之膳食自用犢爲食耳非謂獻大禮者唯一犢也以爲天之大數也天有十二次故制禮象之今棄周禮而曰必百牢亦唯執事吳人弗聽景伯曰吳將亡矣棄天而背本違周爲背本【疏】棄天而背本○正義曰棄十二之數爲棄天違周禮是背本不與必棄疾於我放棄凶疾來伐擊我乃與之太宰嚭召季康子嚭吳大夫康子使子貢辭大宰嚭曰國君道長蓋言君長大於道路○長丁丈反注及下注同而大夫不出門此何禮也對曰豈以爲禮畏大國也畏大國不敢虛國盡行大國不以禮命於諸侯苟不以禮豈可量也寡君既共命焉其老豈敢棄其國大伯端委以治周禮仲雍嗣之斷髮文身臝以爲飾豈禮也哉有由然也大伯周大王之長子仲雍大伯

弟也大伯仲雍讓其弟季歷俱適荊蠻遂有民衆大伯卒無子仲雍嗣立不能行禮致化故效吳俗言其權時制宜以辟災害非以爲禮也端委禮衣也○共音恭大伯音泰注同斷丁管反贏本又作倮力果反效戶孝反疏注大伯至衣也○正義曰吳世家云大伯及仲雍皆周大王之子而王季歷之兄也季歷賢而有聖子昌大王欲立季歷以及昌於是大伯仲雍二人乃奔荊蠻文身斷髮示不可用大伯之奔荊蠻自號句吳荊蠻義之從而歸之千餘家立爲吳大伯大伯卒無子弟仲雍立是說大伯仲雍適吳之由也魯人不堪吳責故舉吳之上祖以許之二人同時適吳而大伯端委仲雍斷髮者大伯初往未爲彼君故服其本服自治周禮及仲雍民歸稍多既爲彼君宜從彼俗曲禮云君子行禮不求變俗仲雍爲彼人主不能用周人之禮致中國之化故文身斷髮放效吳俗言其權時制宜以辟災害非以爲禮也漢書地理志云越人文身斷髮以辟蛟龍之害應劭曰常在水中故斷其髮文其身以象龍子故不見傷害杜言辟害辟此蛟龍之害大伯之時未有周禮言治周禮者謂治其本國。岐周之禮非周公所制禮也贏以爲飾者贏其身體以文身爲飾也端委禮衣者王肅云委貌之冠玄端之衣也此傳言大伯端委仲雍斷髮史記云二人皆文身斷髮然則文身斷髮自辟害耳史記以爲示不可用二人亡去遠適荊蠻則周人不知其處何以須示不可用也皆馬遷繆耳反自鄫以吳爲無能爲也棄禮知其不能霸也○季康子欲伐邾乃饗大夫以謀之子服景伯曰小所以事大信也大所以保小仁也背大國不信大國吳也伐小國不仁民保於城城保於德失二德者危將焉保二德信與仁也○焉於虔反孟孫曰二三子以爲何如怪諸大夫不言故指問之惡賢而逆之孟孫賢景伯欲使大夫不逆其言惡猶安也○惡音烏注同對曰禹合諸侯於塗山執玉帛者萬國諸大夫對也諸侯執玉附庸執帛塗山在壽春東北疏。注諸侯至執帛

○正義曰周禮大宗伯云以玉作六瑞以等邦國公執桓圭侯執信圭伯執躬圭子執穀璧男執蒲璧是諸侯執玉也典命云諸侯之適子未誓於天子以皮帛繼子男是世子執帛也知附庸執帛者以世子既繼子男附庸君亦繼子男公之孤四命以皮帛視小國之君附庸無爵雖不得同於子男其位不卑於世子與公之孤也諸侯出子各稱朝附庸君亦稱朝是與世子相似故知執帛也且附庸是國此言執玉帛者萬國國而執帛唯附庸耳知附庸執帛也案尚書有三帛公之孤諸侯世子附庸君此唯言附庸者以傳云禹合諸侯又云執玉皆據君身言之故不數世子及孤也下云萬國故唯據附庸言之王制云不能五十里者不合於天子附於諸侯曰附庸鄭玄云不合謂不朝會也小城曰附庸附庸者以國事附於大國未能以其名通也如彼云附庸不得朝會而禹會萬國有附庸者附庸不得特達天子耳禹會諸侯諸國盡至附庸從其所附之國共見天子故有執帛者言萬國者舉盈數耳鄭玄注尚書以爲數正滿萬國案益稷州十有二師鄭以爲每一師領百國州十有二師則每州千二百國畿外八州總九千六百國其餘四百國在畿內州得有千二百國者以唐虞土方萬里九州之內地方七千里七七四十九爲方千里者四十九其一爲畿內餘四十八八州分之州各有千里之方六以千里之方二爲方百里之國二百又以千里之方二爲七十里之國四百又以千里之方二爲五十里之國八百總爲一千四百國去其方五十里之國二百。是州別千二百國也鄭玄云畿內四百國者皆謂五十里國也杜云諸侯執玉附庸執帛是與鄭異也尚書傳云百里之方三爲國七有奇以百里之方。二爲百里之國一又以百里之方一爲七十里之國。二有奇知者但方百里者爲方十里者百若方七十里之國唯有七七四十九是爲七十里之國二仍有十里之方二在又以百里之方一爲五十里之國四是百里之方三爲國七七有奇則千里之方三爲國七百有奇有百里之方二在

今其存者無數十焉唯大不字小小不事大也言諸侯相伐古來以然○數所主反知必危何故不言知伐邾必危自當言今不言者不危故也大夫以荅孟孫

所怪且阿附季孫魯德如邾而以衆加之可乎孟孫忿荅大夫今魯德無以勝邾但欲恃衆可乎言不可疏注孟孫至不可
○正義曰傳於異人之言更應加曰今無曰者作傳略之論語之文此類多矣雖魯上無曰要言與大夫對反不得爲大夫之辭故以爲孟孫忿荅大夫也服
虔以上二句亦爲孟孫之言謂諸大夫誠知伐邾必危何故不早言也杜以上屬爲便唯以此句爲孟孫言耳不樂而出季孟意異佞直不同故罷
饗○樂音岳一音洛秋伐邾及范門邾郭門也猶聞鍾。聲邾不禦寇禦魚呂反○大夫諫不聽茅成子請
告於吳成子邾大夫茅夷鴻不許曰魯擊柝。聞於邾言以近○柝音託以兩木相擊以行夜也字又作榛同聞音問又如字
疏魯擊柝聞於邾○正義曰易繫辭云重門擊柝以待暴客鄭玄云手持兩木以相。敲是爲擊柝守備警戒也吳二千里不三月不
至何及於我且國內豈不足言足以距魯成子以茅叛高平西南有茅鄉亭師遂入邾處其公
宮衆師晝掠虜掠取財物也○晝音中救反掠音亮邾衆保于繹繹邾山也在鄒縣北○繹音亦鄒側留反師宵掠以
邾子益來益邾隱公也晝夜掠傳言康子無法獻于亳社以其亡國與殷同囚諸負瑕負瑕故有繹負瑕魯邑
高平南平陽縣西北有瑕丘城前者魯得邾之繹民使在負瑕故使相就以辱之邾茅夷鴻以束帛乘韋自請救於吳
無君命故言自○乘繩證反下及注同曰魯弱晉而遠吳馮恃其衆馮依○馮皮冰反注同而背君之盟辟
君之執事辟陋○辟匹亦反注同以陵我小國邾非敢自愛也懼君威之不立君威之不
立小國之憂也若夏盟於鄫衍鄫衍即鄫也鄫盟不書吳行夷禮禮儀不典非所以結信義故不錄秋而背之成

求而不違言魯成其所求無違逆也四方諸侯其何以事君且魯賦八百乘君之貳也貳敵也魯以八百乘之賦貢於吳言其國大邾賦六百乘君之私也爲私屬以私奉貳唯君圖之吳子從之爲明年吳伐我傳

○宋人圍曹鄭桓子思曰宋人有曹鄭之患也不可以不救桓諡冬鄭師救曹侵宋初曹人或夢衆君子立于社宫社宫社也疏。或夢衆君子○正義曰曹人夢見多人不識姓名故唯云衆君子也服虔云衆君子諸國君。妾耳而謀亡曹曹叔振鐸請待公孫彊許之振鐸曹始祖○鐸待洛反注同彊其良反旦而求之曹無之戒其子曰我死爾聞公孫彊爲政必去之及曹伯陽即位好田弋曹鄙人公孫彊好弋獲白鴈獻之且言田弋之說說之因訪政事大說之有寵使爲司城以聽政夢者之子乃行彊言霸說於曹伯曹伯從之乃背晉而奸宋宋人伐之晉人不救築五邑於其郊曰黍丘揖丘大城鍾邘爲明年入曹傳也梁國下邑縣西南有黍丘亭○好呼報反下同弋以職反繳射也之說如字說之音悅下大說同霸說如字一音始銳反奸音干揖音集一音於入反邘音于疏好田弋○正義曰周禮司弓矢云矰矢用諸弋射鄭玄云結繳於矢謂之矰矰高也可以弋飛鳥說文云繳生絲也謂用生絲爲繩繫矢以射鳥也

經八年春王正月宋公入曹以曹伯陽歸曹人背晉而奸宋是以致討宋。公既還而不忍褚師之詬怒而反兵一舉滅曹滅非本志故以入告○褚中呂反詬呼豆反疏注曹人至入告○正義曰傳例曰不有其地曰入案傳宋實滅曹而有之經書爲入故杜原其事而

解之○吳伐我○夏齊人取讙及闡不書伐兵未加而魯與之邑闡在東平剛縣北○讙音歡闡尺善反疏取讙及闡○正義曰公羊穀梁以為賂齊謂前年魯伐邾取邾子益益是齊甥畏齊故賂之非左氏意也○歸邾子益于邾○秋七月○冬十有二月癸亥杞伯過卒無傳未同盟而赴以名○過古禾反疏杞伯過卒○正義曰世族譜云僖公過悼公曾孫案悼公祖文公以昭六年卒父平公以昭二十四年卒悼公以定四年卒未應有曾孫可以授之國也杞世家僖公過是悼公之子疑譜誤○齊人歸讙及闡不言來命歸之無官使也○使所吏反疏注不言至使也○正義曰定齊人來歸鄆讙龜陰田此不言來故解之

傳八年春宋公伐曹將還褚師子肥殿子肥宋大夫○殿子練反下注同曹人詬之不行詬詈辱也不行殿兵止也○詬本又作詢呼豆反詈力智反師待之公聞之怒命反之遂滅曹執曹伯及司城彊以歸殺之終曹人之夢○吳為邾故將伐魯問於叔孫輒問可伐否輒故魯人○為于偽反下注為之同疏問於叔孫輒○正義曰定十二年叔孫輒與公山不狃帥費人以襲魯兵敗奔于齊後自齊奔吳吳子令問之叔孫輒對曰魯有名而無情有大國名無情實伐之必得志焉退而告公山不狃不狃亦故魯人○狃女九反公山不狃曰非禮也君子違不適讎國違奔亡也疏君子至讎國○正義曰謂有故而去者也本國於己無大讎怨己無報怨之心則違而不適讎國武王數紂之罪以告眾云撫我則后虐我則讎若父本無罪而枉被誅殺如伍員之徒志在復讎適國亦可矣不得以此言格之也若父以罪而受誅者如闞辛之徒本自不合怨君故辛亦不敢怨也未臣而有伐之奔命焉死之可也未臣所適之國若有伐本國者則可

還奔命死其難○難乃旦反疏注未臣至其難○正義曰既臣之後則身是新君之臣性命非復己有故不復得爲舊君死節也若未有臣服則舊君之恩未絕故可還奔舊君之命死其難也言奔命則有命乃奔之若命不及亦不當還所託也則隱曾所因託則爲之隱惡○曾在增反且夫人之行也不以所惡廢鄉不以其私怨惡棄其鄉黨之好○夫音符行下孟反又如字惡烏路反又如字注同好呼報反下文好焉同今子以小惡而欲覆宗國不亦難乎輒魯公族故謂之宗國○覆芳服反若使子率子必辭王將使我子張疾之子張輒也疏若使子率○正義曰率謂在軍前引道率領先行非爲軍之將帥也故不狃云子辭王將使我以其知魯道者唯此二人故也王問於子洩子洩不狃○洩息列反又作泄對曰魯雖無與立緩時若無能自立必有與斃急則人人知懼皆將同死戰○斃婢世反諸侯將救之未可以得志焉晉與齊楚輔之是四讎也。與魯而四夫魯齊晉之脣脣亡齒寒君所知也不救何爲三月吳伐我子洩率故道險從武城故由險道欲使魯成備○子洩率絕句故道險絕句初武城人或有因於吳竟田焉僑田吳界○竟音境僑其驕反拘鄫人之漚。菅者曰何故使吾水滋。鄫人亦僑田吳滋濁也○拘音俱下同漚烏豆反菅古顏反滋音玄本亦作玆子絲反字林云黑也及吳師至拘者道之以伐武城克之鄫人教吳必可克○道音導王犯嘗爲之宰澹臺子羽之父好焉國人懼王犯吳大夫故嘗奔魯爲武城宰澹臺子羽武城人孔子弟子也其父與王犯相善國人懼其爲內應○澹待甘反應應對之應疏及吳至人懼○正義曰杜意拘者道之以伐武城克之謂語吳人云若伐武城必可克之吳人王犯嘗爲武城之宰與澹臺子羽之父相善國人懼者謂武城邑。懼子羽爲吳內應劉炫以爲實克武城今知非者以下傳始云王犯嘗爲之宰國人懼是未得武城故知此克之是鄫人教吳之語劉以爲伐武城克之者實克武城國人懼者懼其害魯若然吳師既來伐魯是顯然行兵不須云王犯與子羽之父相善魯已受害何須云國人始懼傳既云王犯嘗爲之宰文繼武城之下是爲武城之宰澹臺子羽又是武城之人皆據武城而言故知恐爲武城內應傳載瀝嘗事者說來伐武城之由劉妄生異見而規杜非也懿子謂景伯若之何對曰吳師來斯與之戰何患焉且召之而至

又何求焉言犯盟伐邾所以召吳吳師克東陽而進舍於五梧明日舍於蠶室三邑魯地公賓庚公甲叔子與戰于夷獲叔子與析朱鉏。公賓庚公甲叔子并析朱鉏爲三人皆同車傳互言之○析星歷反注及下同獻於王王曰此同車必使能國未可望也同車能俱死是國能使人故不可望得。明日舍于庚宗遂次於泗上微虎欲宵攻王舍微虎魯大夫○泗音四私屬徒七百人三踊於幕庭於帳前設格令士試躍之○屬音燭幕亡博反格更百反令力呈反躍羊灼反卒三百人有若與焉卒終也終得三百人任行有若孔子弟子與在三百人中○與音預注同任音壬及稷門之內三百人行至稷門。或謂季孫曰不足以害吳而多殺國士不如已也乃止之吳子聞之一夕三遷畏微虎。○三息暫反吳人行成求與魯成將盟景伯曰楚人圍宋易子而食析骸而爨在宣十五年○骸戶皆反本又作骨爨七亂反猶無城下之盟我未及虧而有城下之盟是棄國也吳輕而遠不能久將歸矣請少待之弗從景

伯負載。造於萊門以言不見從故負載書將欲出盟○虧去危反輕遣政反載如字或音戴造七報反萊音來【疏】注以言至出盟○正義曰劉炫云載書盟主所制自當吳人爲之何由復出魯國又載書數簡之文耳何須負之且諸言載書未有單稱載者以爲負載器物欲往質於吳以規杜今杜知負載是負載書者以周禮司盟掌盟載之事故傳云士莊子爲載書此上有將盟之文下即云負載之事故知是載書也劉以負載謂背負器物然則景伯魯之大夫親自負物不近人情而規杜過非也乃請釋子服何於吳吳人許之以王子姑曹當之而後止釋舍也魯人不以盟爲。了欲因留景伯爲質於吳既得吳之許復求吳王之子以交質吳人不欲留王子故遂兩止○質音致下同復扶又反吳人盟而還不書盟恥吳夷○齊悼公之來也在五年季康子以其妹妻之即位而逆之季魴侯通焉魴侯康子叔父○妻七計反魴音房女言其情弗敢與也齊侯怒夏五月齊鮑牧帥師伐我取讙及闡或譖胡姬於齊侯胡姬景公妾○曰安孺子之黨也六月齊侯殺胡姬傳言齊侯無道所以不終齊侯使如吳請師將以伐我乃歸邾子齊未得季姬故請師也吳前爲邾討魯懼二國同心故歸邾子○爲于僞反○邾子又無道吳子使大宰子餘討之子餘大宰嚭○囚諸樓臺栫之以棘栫。雍也○栫本又作荐在薦反雍於勇反使諸大夫奉大子革以爲政革邾大子桓公也爲十年邾子來奔傳○秋及齊平九月臧賓如如齊涖盟賓如臧會子。齊閭丘明來涖盟明閭丘嬰之子也盟不書諱略之【疏】注。明閭至略之○正義曰魯以淫女見伐喪邑又屈服求盟是可恥之事二盟皆不書者諱其惡而略之且逆季姬以歸嬖季姬魴侯所通者○

鮑牧又謂羣公子曰使女有馬千乘乎(有馬千乘使爲君也鮑牧本不欲立陽生故諷動羣公子○女音汝乘繩證反)
(注及下同諷方鳳反)公子愬之公謂鮑子或譖子子姑居於潞以察之(潞齊邑○愬音素潞音路)若有
之則分室以行若無之則反子之所出門使以三分之一行半道使以二乘及
潞麋。之以入遂殺之(麋亦束縛○麋丘隕反)○冬十二月齊人歸讙及闡季姬嬖故也
經九年春王二月葬杞僖公(無傳而葬速)三月○宋皇瑗帥師取鄭師于雍丘(書取覆而敗之)
(雍丘縣屬陳留○雍於勇反)【疏】(注書取覆而敗之○正義曰莊十一年傳例曰覆而敗之曰取某師釋例曰覆者謂威力兼備若羅網之所掩覆一軍皆
見禽制故以取爲文專制之辭也案傳鄭師圍宋雍丘宋皇瑗復於鄭師之外築壘使合表裏受敵無處可逃子姚救之又大敗而宋師乃號令使有能者無
死是其合軍盡禽敵人制其死命是於例正合書取也)○夏楚人伐陳○秋宋公伐鄭○冬十月
傳九年春齊侯使公孟綽辭師于吳(齊與魯。平故辭吳師○綽昌灼反本又作卓同)吳子曰昔歲寡人
聞命今又革之不知所從將進受命於君(爲十年吳伐齊傳)○鄭武子賸之嬖許瑕求
邑無以與之(賸罕達也瑕武子之屬○賸以證反)請外取許之(瑕請取於他國)故圍宋雍丘宋皇瑗圍鄭
師(許瑕師)每日遷舍(作壘塹成輒徙舍合其圍○壘力軌反塹七豔反)壘合鄭師哭子姚救之大敗(子姚武子
賸也)二月甲戌宋取鄭師于雍丘使有能者無死(惜其能也)以郟張與鄭羅歸(鄭之有能者○)

郟古洽反又音甲○夏楚人伐陳陳即吳故也○宋公伐鄭報雍丘。疏宋公伐鄭○正義曰虛舉經文者爲下趙鞅救鄭起弁以終上取鄭師之事也○秋吳城邗溝通江淮於邗江築城穿溝東北通射陽湖西北至末口入淮通糧道也今廣陵。韓江是○邗音寒射食亦反又音亦○晉趙鞅卜救鄭遇水適火水火之北疏遇水適火○正義曰服虔云北南行適火卜法橫者爲土立者爲木邪向經者爲金背經者爲火因北而細曲者爲水占諸史趙史墨史龜皆晉史史龜曰是謂沈陽火陽得水故沈可以興兵兵陰類也故可以興兵利以伐姜不利子商姜齊姓子商謂宋伐齊則可敵宋不吉史墨曰盈水名也子水位也趙鞅姓盈宋姓子水盈坎乃行子姓又得北方水位疏注趙鞅至水位○正義曰秦本紀秦伯翳之後爲嬴姓也趙世家云趙氏之先與秦同祖其伯翳後世爲盈泄蜚廉有子二人一曰惡來其後爲秦一曰季勝其後爲趙今卜趙鞅伐宋故以嬴子二姓爲占也名位敵不可干也二水俱盛故。言不可干炎帝爲火師神農有火瑞以火名官姜姓其後也水勝火伐姜則可史趙曰是謂如川之滿不可游也既盈而得水位故爲如川之滿不可馮游言其波流盛○游音由馮皮冰反鄭方有罪不可救也鄭以嬖寵伐人故以爲有罪救鄭則不吉不知其他救鄭則當伐宋故不吉也陽虎以周易筮之遇泰☷☰乾下坤上泰之需☵☰乾下坎上需泰六五變○需音須疏遇泰之需○正義曰乾下坤上泰乾爲天坤爲地地在上天在下象曰天地交泰泰者大也天地交合萬物大通故名此卦爲泰乾下坎上需象曰需須也言雲在天上須散而爲雨故名此卦爲需曰宋方吉不可與也不可與戰泰六五曰帝乙歸妹以祉元吉帝乙紂父。五爲天子故稱帝乙陰而得中有似王者嫁妹得如其願受福祿而大吉○祉音恥【疏】注不可至大吉○正義曰泰六五曰帝乙歸妹以祉元吉易之文也既引其文
又解其意帝乙紂父殷本紀文也易之爻位五爲天子故於六五之爻稱帝乙也其象曰以祉元吉中以行願六是陰爻也五是上體之中居天子之位陰而
得中有似王者嫁妹得如其願受福祿而大吉王弼云婦人謂嫁曰歸泰者陰陽交通之時也女處尊位履中居順降身應二感以相與用中行願不失其禮
帝乙歸妹誠合斯義履順居中行願以祉盡夫陰陽交配之宜故元吉也杜說與彼同案易稱高宗伐鬼方者實伐之帝乙婦妹者實嫁之其女有賢德名聞
昭著故得載之易象但書典散亡不知嫁與何人爲誰之妻 微子啓帝乙之元子也宋鄭甥舅也 宋鄭爲昏姻甥舅之
國宋爲微子之後今卜得帝乙。卦故以爲宋吉【疏】宋鄭甥舅○正義曰宋鄭異姓必嫁娶往來或可時實有親故爲甥舅輒言甥舅者言其。昏姻勢敵敵則
無以相傾宋有福鄭必衰言鄭不可助也 祉祿也若帝乙之元子歸妹而有吉祿我安得吉焉乃止
吉在彼則我伐之爲不吉 ○冬吳子使來儆師伐齊 前年齊與吳謀伐魯齊既與魯成而止故吳恨之反與魯。伐齊○儆音景
經十年春王二月邾子益來奔【疏】。邾子益來奔○正義曰八年歸邾子益于邾傳云邾子。又無道吳子使大宰子餘討之囚
諸樓臺榯之以棘蓋將歸吳而因之今言來奔當是自吳逃而來適魯傳稱齊甥也遂奔齊經不復書其奔齊者凡諸來奔既至魯而更復奔他國者已去其
位略賤之不復書齊慶封亦是也 ○公會吳伐齊 書會從不與謀○與音預【疏】注書會。至與謀○正義曰往年吳來儆師是與我謀也而
從不與謀者與謀者謂彼此和同計謀然後共伐則是我爲伐主故言及某同行不與謀者謂彼心自定遣來召我則彼爲伐主我往會之故言會某伐某今
吳伐齊之意已定儆師者來召魯耳於例止當言會故從不與謀之文 ○三月戊戌齊侯陽生卒 以疾赴故不書弒○弒申志反

疏注以疾至書弒○正義曰傳稱齊人弒悼公赴于師則陽生被弒矣而經書卒是以疾死赴也襄七年鄭伯髡頑卒于鄭傳稱子駟使賊夜弒僖公而以瘧疾赴于諸侯知此亦以疾死赴故不書弒也八年臧賓如如齊涖盟齊閭丘明來涖盟是再同盟故赴以名杜不言略之○夏宋人伐鄭無傳○晉趙鞅帥師侵齊○五月公至自伐齊無傳○葬齊悼公無傳○衛公孟彄自齊歸于衛無傳書歸齊納之○彄苦侯反疏注書歸齊納之○正義曰定十四年衛公孟彄出奔鄭自鄭奔齊故今自齊歸衛也成十八年傳例曰凡去其國諸侯納之曰歸此書自齊歸知是齊納之○薛伯夷卒無傳赴以名故書疏注赴以名故書○正義曰定十三年薛弒其君比此夷當代爲君爾。來未同盟而赴以名故書○秋葬薛惠公無傳○冬楚公子結帥師伐陳○吳救陳季子不書陳人來告不以名疏注季子至以名○正義曰傳稱延州來季子救陳即是季札也札以襄二十九年來聘書名則此亦宜書名今不書者陳人來告不以名也

傳十年春邾隱公來奔齊甥也故遂奔齊終子貢之言公會吳子邾子郯子伐齊南鄙師于鄎鄎齊地邾郯不書兵并屬吳不列於諸侯○郯音談鄎音息并必政反○齊人弒悼公赴于師以說吳○弒申志反吳子三日哭于軍門之外徐承帥舟師將自海入齊齊人敗之吳師乃還承吳大夫○夏趙鞅帥師伐齊經書侵以侵告大夫請卜之趙孟曰吾卜於此起兵謂往歲卜伐宋不吉利以伐姜故。令興兵事不再令。再令瀆也卜不襲吉襲重也○重直龍反又直用反行也於是乎取犂及轅犂一

名隰濟南有隰陰縣祝阿縣西有轅城○犂力兮反又力之反轅音袁一音于眷反隰音習本或作隰音同疏注犂一名隰○正義曰犂即犂丘也二十三年傳稱齊晉戰于犂丘知伯親禽顏庚庚即涿聚也二十七年陳成子召顏涿聚之子晉曰濕之役而父死焉是犂一名隰毀高唐之郭侵及賴而還○秋吳子使來復儆師伐齊未得去故爲明年吳伐齊傳○復扶又反○冬楚子期伐陳陳即吳故吳延州來季子救陳謂子期曰二君不務德二君吳楚而力爭諸侯民何罪焉我請退以爲子名務德而安民乃還季子吳王壽夢少子也壽夢以襄十二年卒至今七十七歲壽夢卒季子已能讓國年當十五六至今蓋九十餘○夢音蒙少詩照反疏注季子至十餘○正義曰襄昭之傳稱延州來季子者皆是季札也此說務德安民是大賢之事亦當是札故計其年言雖老猶能將兵也孫毓以爲季子食邑於州來世稱延州來季子猶趙氏世稱知伯延州來季子或是札之子與孫也

經十有一年春齊國書帥師伐我○夏陳轅頗出奔鄭書名貪也○頗破可反又普多反○五月公會吳伐齊○甲戌齊國書帥師及吳戰于艾陵齊師敗績獲齊國書公與伐而不與戰艾陵齊地○艾五蓋反與伐音預下同○秋七月辛酉滕子虞母卒無傳赴以名故書之疏注赴以名故書之正義曰四年滕子結卒虞母代結爲君爾來未同盟來赴故書也○冬十有一月葬滕隱公無傳○衛世叔齊出奔宋書名淫也

傳十一年春齊爲郎故郎在前年爲于僞反○國書高無丕帥師伐我及清清齊地濟北盧縣東有清

亭〇平音普悲反季孫謂其宰冉求冉求魯人孔子弟子曰齊師在清必魯故也若之何求曰一
子守二子從公禦諸竟季孫曰不能自度力不能使二子禦諸竟〇守手又反從才用反禦魚呂反亦作御竟音境度待
洛反求曰居封疆之間封疆竟內近郊。地〇疆居良反季孫告二子二子叔孫孟孫也二子不可求曰若
不可則君無出一子帥師背城而戰不屬者非魯人也屬臣屬也言不戰為不臣魯之羣室
衆於齊之兵車羣室都邑居家一。室敵車優矣子何患焉二子之不欲戰也。宜政在季
氏言二子恨季氏專政故不盡力〇二子之不欲戰也宜絕句當子之身齊人伐魯而不能戰子之恥也大
不列於諸侯矣季孫使從於朝使冉求隨己之公朝俟於黨氏之溝黨氏溝朝中地名〇黨音掌武叔
呼而問戰焉問冉求對曰君子有遠慮小人何知懿子強問之對曰小人慮材而
言量力而共者也言。子所問非己材力所及故不能言〇強其丈反共音恭武叔曰是謂我不成丈夫也知冉
求非己不欲戰故不對〇不成丈夫也本或作大夫非是退而蒐乘蒐閱〇蒐所求反乘繩證反閱音悅孟孺子洩帥右師孺子
孟懿子之子武伯彘〇孺而住反彘直利反顏羽御邴洩為右二子孟氏臣〇邴音丙又彼命反冉求帥左師管周
父御樊遲為右樊遲魯人孔子弟子樊須〇父音甫季孫曰須也弱。有子曰就用命焉。雖年少能用命有子
冉求也〇少詩照反季氏之甲七千冉有以武城人三百為己徒卒步卒精兵〇卒子忽反注同〇老幼

守官次于雩門之外南城門也○雩音于五日右師從之五日乃從言不欲戰公叔。務人務人公爲昭公子
見保者而泣保守城者曰事充繇役煩○繇本或作傜同音遙政重賦稅多上不能謀士不能死何以
治民吾既言之矣敢不勉乎既言人不能死己不敢不死師及齊師戰于郊齊師自稷曲稷曲
郊地名師不踰溝樊遲曰非不能也不信子也請三刻而踰之與衆三刻約信如之衆從
之樊遲言如言乃踰溝師入齊軍冉求之師右師奔齊人從之逐右師陳瓘陳莊涉泗二陳齊大夫○瓘古
奐反泗音四孟之側後入以爲殿之側孟氏族也字反○殿丁練反抽矢策其馬曰馬不進也不欲伐善
○抽勑留反策初革反本或作筴林不狃之伍曰走乎不狃魯士五人爲伍敗而欲走不狃曰誰不如我不如誰而欲
走○誰不如如字一音而庶反注同曰然則止乎不狃曰惡賢言止戰惡足爲賢皆无戰志○惡音烏注同徐步而死
徐行而死言魯非无壯士但季孫不能使師獲甲首八十冉求所得齊人不能師不能整其師宵諜曰齊人遁
諜間也○諜音牒遁徒困反間間廁之間冉有請從之三季孫弗許孟孺子語人曰我不如顏羽而
賢於邴洩二子與孟孺子同車○語魚據反子羽銳敏子羽顏羽銳。請也敏疾也言欲戰我不欲戰而能默心雖
不欲口不言奔○默本亦作嘿亡北反洩曰驅之言驅馬欲奔公爲與其嬖僮。汪錡。乘皆死皆殯皆俱也○
嬖必計反僮本亦作童音同汪烏黃反錡魚綺反乘繩證反孔子曰能執干戈以衛社稷可無殤。也時人疑童子當

殤○殤音商至十九歲為殤八歲疏注時人至當殤○正義曰喪服大功章云子女子子之長殤中殤傳曰何以大功未成人也年十九至十六為長殤十五至十二為中殤十一至八歲為下殤不滿八歲以下皆為無服之殤其於服也長殤中殤降成人一等下殤降二等此汪錡蓋長殤也時人疑其當降服又葬殤之禮亦異成人檀弓云周人以殷人之棺槨葬長殤以夏后氏之堲周葬中殤下殤以有虞氏之瓦棺葬無服之殤是其異於成人也冉有用

矛於齊師故能入其軍孔子曰義也言能以義勇不書戰不皆陳也不書敗勝負不殊○矛亡侯反陳直覲反○夏

陳轅頗出奔鄭初轅頗為司徒賦封田以嫁公女。封內之田悉賦稅之有餘以為己大器

長器。鍾鼎之屬國人逐之故出道渴其族轅咺進稻醴粱糗腶脯焉糗乾飯也○咺況阮反稻醴音禮以稻米為醴酒粱糗起九反以粱米為之一音昌紹反腶脯丁亂反字亦作鍛加薑桂曰脯也疏注稻醴粱糗腶脯○正義曰周禮酒正辨五齊之名二曰醴齊鄭玄云醴猶體也成而汁滓相將如今之恬酒矣則醴是濁酒也月令命作酒。云秫稻必齊是以稻為醴也釋草云虋赤苗芑白苗郭璞曰今之赤粱粟。白粱粟皆好穀也內則鄭玄注云腶脩捶脯施薑桂也喜曰何其給也對曰器成而具具此醴糗曰何不吾諫對

曰懼先行恐言不從先見逐○為郊戰故公會吳子伐齊欲以報也○為于偽反五月克博壬申

至于嬴博嬴齊邑也二縣皆屬泰山○嬴音盈中軍從王吳中軍胥門巢將上軍王子姑曹將下軍

展。如將右軍三將吳大夫齊國書將中軍高無丕將上軍宗樓將下軍陳僖子謂其

弟書爾死我必得志書子占也欲獲死事之功宗子陽與閭丘明相厲也相勸厲致死子陽宗樓也桑掩。

胥御國子國子國書公孫夏曰二子必死亦勸勉也夏戶雅反○將戰公孫夏命其徒歌虞殯
虞殯送葬歌曲示必死○殯必刃反【疏】。歌虞殯○正義曰賈逵云虞殯遣殯歌詩杜云送葬歌曲並不解虞殯之名禮啓殯而葬葬。卽下棺反日中而虞蓋
以啓殯將虞之歌謂之虞殯歌者樂也喪者哀也送葬得有歌者蓋挽引之人爲歌聲以助哀今之挽歌是也舊說挽歌漢初田橫之臣爲之據此挽歌之有
久矣晉初荀顗制禮以吉凶不雜送葬不宜有歌去之。摯虞。駮之云詩云君子作歌惟以告哀葬之有歌不爲害也復存之陳子行命其徒
具含。玉子行陳逆也具含玉亦示必死○行如字又戶郎反含戶暗反本又作唅公孫揮命其徒曰人尋約吳髮短
約繩也八尺爲尋吳髮短欲以繩貫其首○揮許韋反東郭書曰三戰必死於此三矣三戰夷儀五氏與今使問弦
多以琴弦多齊人也六年奔魯問遺也○遺唯季反【疏】使問弦多以琴○正義曰禮以物遺人謂之問二十六年衛出公使以弓問子贛論語云
問人於他邦皆是也曰吾不復見子矣言將死戰陳書曰此行也吾聞鼓而已不聞金矣鼓以進軍
金以退軍不聞金言將死也○傳言吳師彊齊人皆自知將敗【疏】注鼓以至退軍○正義曰周禮大司馬教大閱之禮云中軍以鼙令鼓鼓人皆三鼓車徒
皆作鼓行鳴鐲車徒皆行及表乃止鳴鐃且卻鄭注云凡進軍退軍鼓鐸同其所異者癈鐲而鳴鐃耳如鄭此言則進退皆有金鼓而杜云鼓以進軍金以退
軍者周禮是教戰之法其臨敵之時欲戰則先擊鼓以動之欲退則先擊金以靜之故長勺之役公將鼓之是欲戰擊鼓也此傳云吾聞鼓而已不聞金矣是
欲退擊金也○甲戌戰于艾陵展如敗高子齊上軍敗國子敗胥門巢吳上軍亦敗○王卒助之大
敗齊師獲國書公孫夏閭丘明陳書東郭書革車八百乘甲首三千以獻于公

公以兵從故以勞公○卒子忽反乘繩證反從才用反又如字勞力報反將戰吳子呼叔孫叔孫武叔州仇曰而事何也問何職對曰從司馬從吳司馬所命王賜之甲劍鈹曰奉爾君事敬無廢命叔孫未能對衛賜進賜子貢孔子弟子○鈹普悲反疏衛賜○正義曰子貢衛人故稱衛賜曰州仇奉甲從君而拜拜受之公使大史固歸國子之元歸於齊也元首也吳以獻魯寘之新篋褽之以玄纁褽薦也○寘之豉反篋苦協反褽音尉別本作褽以玄纁許云反本亦作勳加組帶焉寘書于其上曰天若不識不衷何以使下國言天識不善故殺國子○組音祖衷音忠

○吳將伐齊越子率其衆以朝焉王及列士皆有饋賂吳人皆喜唯子胥懼曰是豢吳也夫豢養也若人養犧牲非愛之將殺之○饋其位反或作餽賂音路豢音患夫音扶諫曰越在我心腹之疾也壤地同而有欲於我欲得吳夫其柔服求濟其欲也不如早從事焉從事擊之得志於齊猶獲石田也無所用之石田不可耕越不爲沼吳其泯。矣使醫除疾而曰必遺類焉者未之有也盤庚之誥曰其有顛越不共則劓殄無遺育無俾易種于茲邑盤庚商書也顛越不共從橫不承命者也劓割也殄絕也育長也俾使也易種轉生種類○沼之兆反泯亡軫反盤步干反誥古報反共音恭注同劓魚器反殄大典反俾必耳反種章勇反注同從子容反長丁丈反疏注盤庚至種類○正義曰彼文云顛越不恭暫遇姦。宄我乃劓殄滅之無遺育無俾易種于茲新邑此傳字少於彼引之略也孔安國云顛殞越隊也不恭不奉上命孔言隕隊謂受上命而隊失之杜言從橫不承命

謂其人性自顛越從橫不肯承命意小異也刑名以截鼻爲劓劓是割也殄絕育長俾使皆釋詁文也易謂轉易無使轉生種類不令更有惡子孫也是

商所以興也今君易之將以求大不亦難乎弗聽使於齊屬其子於鮑氏爲王

孫氏私使人至齊屬。其子改姓爲王孫。欲以辟吳禍○使所吏反屬音燭注及下同反役王聞之使賜之屬鏤以死艾陵

役也屬鏤劍名○鏤力俱反又力侯反將死曰樹吾墓檟檟可材也吳其亡乎三年其始弱矣盈

必毀天之道也越人朝之伐齊勝之盈之極也爲十三年越伐吳起○檟古雅反木名疏將死○正義曰吳語云子胥將死曰而縣吾目

於。吳門以見越人之入吳國之亡也遂自殺王慍曰孤不使大夫得有見也乃使取申胥之尸盛。之鴟夷而投之於江賈逵云鴟夷革囊也○秋季

孫命脩守備曰小勝大禍也齊至無日矣善有備○守手又反○冬衛大叔疾出奔宋疾卽

齊也初疾娶于宋子朝子朝宋人仕衛爲大夫○朝如字其娣嬖娣所娶女之娣子朝出出奔孔文子使疾

出其妻而妻之疾使侍人誘其初妻之娣寘於犂犂衛邑○妻之七計反犂力兮反而爲之一

宮如二妻文子怒欲攻之仲尼止之遂奪其妻或淫于外州外州人奪之軒以

獻外州衛邑軒車也以獻於君恥是二者故出衛人立遺使室孔姞遺疾之弟孔姞孔文子之女疾之妻○姞其乙

反又其吉反疾臣向魋爲宋向魋臣○魋徒回反納美珠焉與之城鉏城鉏宋邑宋公求珠魋不與由

是得罪及桓氏出出在十四年城鉏人攻大叔疾衛莊公復之聽使還使處巢死焉殯

於鄭葬於少禘終言疾之失所也巢鄭少禘皆衛地○鄭音云少詩照反禘大計反初晉悼公子憖亡在衛使其
女僕而田僕御田獵○憖魚覲反一作整征領反大叔懿子止而飲之酒懿子大叔儀之孫○飲於鴆反遂聘之
生悼子悼子大叔疾○聘匹政反悼子即位故夏戊為大夫夏戊悼子之甥○夏戶雅反下同戊音茂悼子亡衛
人翦夏戊翦削其爵邑孔文子之將攻大叔也訪於仲尼仲尼曰胡簋之事則嘗學
之矣胡簋禮器名夏曰胡周曰簋○簋音軌疏°注胡簋至曰簋○正義曰胡簋行禮所用之器故以胡簋言禮事論語衛靈公問曰俎豆之事意亦
同也明堂位說四代之器云有虞氏之兩敦夏后氏之四璉殷之六瑚周之八簋如記文則夏器名璉殷器名瑚而包咸鄭玄等注論語賈服等注此傳皆云
夏曰胡杜亦同之或別有所據或相從而誤甲兵之事未之聞也退命駕而行曰鳥則擇木木豈能
擇鳥以鳥自喻疏甲兵至聞也○正義曰對靈公軍旅之事未之學也其意亦與此同軍旅甲兵°亦治國之具也此以文子非禮欲國內用兵靈公空
問軍陳故並不荅非輕甲兵也文子遽止之曰圉豈敢度其私訪衛國之難也圉文子名度謀也○遽其據反
度待洛反注及下同難乃旦反將止仲尼止魯人以幣召之乃歸於是自衛反魯樂正雅頌各得其所疏魯人至乃歸○正義
曰孔子世家云季康子使公華公賓公林以幣迎孔子孔子歸是也○季孫欲以田賦丘賦之法因其田財通出馬一疋牛三頭今欲別其
田及家財各為一賦故言田賦○別如字一音彼列反疏°注丘賦至田賦○正義曰司馬法方里為井四井為邑四邑為丘丘出馬一匹牛三頭四丘為
甸甸乃有馬四匹牛十二頭是為革車一乘今用田賦必改其舊但不知若°為用之賈逵以為欲令一井之間出一丘之稅井別出馬一匹牛三頭若其如此

則一丘之內有一十六井其出馬牛乃多於常一十六倍且直云用田賦何知使井爲丘也杜以如此則賦稅大多非民所能給故改之舊制丘賦之法田之所收及家內資財。井共一馬三牛今欲別其田及家資各爲一賦計一丘民之家資令出一馬三牛又計田之所收更出一馬三牛是爲所出倍於常也舊田與家資。官賦今欲別賦其田故言欲以田賦也

使冉有訪諸仲尼。仲尼曰丘不識也三發（三發問）卒曰（卒終）也

子爲國老待子而行若之何子之不言也仲尼不對（不公荅）而私於冉有曰君子之行也（行政事）度於禮。施取其厚事舉其中斂從其薄如是則以丘亦足矣（丘十。六井出戎馬一疋牛三頭是賦之常法〇施尸豉反斂力豔反）若不度於禮而貪冒無厭則雖以田賦將又不足且子季孫若欲行而法則周公之典在若欲苟而行又何訪焉弗聽（爲明年用田賦）

傳〇冒亡北反一音莫報反厭於鹽反

附釋音春秋左傳注疏卷第五十八

春秋左傳注疏卷五十八校勘記　阮元撰盧宣旬摘錄

附釋音春秋左傳注疏卷第五十八　哀公六年盡十一年

〈經六年〉

任城亢元父縣北有郱婁城　郡國志引注郱作瑕是也

叔還會吳于柤　石經此處殘缺吳字以下一行計十一字

楚子軫卒　釋文云軫史記作珍

注爲陳乞所逆故書入　宋本作注爲陳至書入

所以明乞立陽生而荼見弒　諸本作荼此本誤荼正義同今改正

楚比劫立　淳熙本比誤此

故不容於誅也　監本毛本作固非也

〈傳六年〉

師于城父　閩本監本于誤干

陳盟在昭十一年　宋本淳熙本岳本纂圖本閩本監本毛本一作三是也今正

需事之下也宋本此節正義在國人追之節注下

晏圍嬰之子宋本淳熙本岳本足利本晏圉作圉晏是也

前已敗於柏舉纂圖本監本毛本舉誤人

注前巳至是敗宋本以下正義五節總入又曰節注下

江漢睢漳北宋刻釋文亦作睢石經誤睢家語水經注並引作沮李善注文選登樓賦云睢與沮同

正義曰土地名宋本土作此

楚昭王知大道矣諸本作大道釋文云本或作天道非

以爲逸書宋本以上有故字是也

注召在至之次宋本以下正義二節總入葬諸殳冒淳注之下

謂遣意來召宋本意下有茲字

嘗獻馬於季孫纂圖本閩本監本毛本於作于非

戒使無曳言宋本淳熙本岳本纂圖本閩本監本毛本曳作洩釋文同按當作泄

差車王車之官宋本淳熙本岳本纂圖本監本毛本王作主不誤今依改

使胡姬以安孺子如賴史記齊世家田完世家十二諸侯年表漢書古今人表並作晏孺子陳樹華云安與晏古字通也

內有飢荒之困毛本飢作饑

〔經七年〕

夏公會吳于鄫釋文鄫作繒云一本作鄫陳樹華云穀梁史記吳世家魯世家孔子世家並作繒是所據本有異也

鄫今琅邪鄫縣纂圖本閩本監本毛本邪作琊

內外之辭岳本纂圖本監本毛本內外作外內

〔傳七年〕

君若以禮命於諸侯石經禮字改刻初刻誤體

吳王百牢宋本以下正義五節總入注文棄禮知其不能霸也之下

莫適用也宋本毛本適作敵字按此適音的主也作敵者誤

棄天而背本石經棄字起一行計十一字

放棄凶疾宋本放作其非也

蓋言君長大於道路宋本淳熙本足利本無蓋字

臝以爲飾釋文云臝本又作倮與王符潛夫論引合按當作臝爲正

謂治其本國岐周之禮宋本閩本監本岐作歧是也今依改

注諸侯至執帛宋本以下正義三節總入注文爲明年吳伐我傳之下

以玉作六瑞宋本監本毛本六作五誤也

去其方五十里之國二百宋本百下有里字

以百里之方一宋本一作二是也今改

又以百里之方一爲七十里之國二浦鏜正誤二下依王制正義補又以百里之方一爲五十里之國四十四字

猶聞鍾聲石經宋本岳本纂圖本閩本監本毛本鍾作鐘

魯擊柝聞於邾釋文云柝字又作㯓同案說文作㯓

手持兩木以相敲案周禮正義引鄭注敲作毃是也今依改

平陽縣西北有瑕邱城監本城誤縣

或夢衆君子宋本以下正義二節總入注文有黍邱亭之下

衆君子諸國君妾耳 閩本妾字模糊宋本監本作妄是也

（經八年）

宋公旣還 纂圖本閩本監本毛本公作人非也

夏齊人取讙及闡 諸本作讙漢書地里志引作酄說文亦作酄

闡在東平㓻縣北 宋本淳熙本岳本足利本㓻作剛是也閩本空缺纂圖本監本毛本誤劉案顧景范方輿紀要云應劭曰剛城故闡邑也戰國時爲齊之剛邑秦昭王卅六年取齊剛壽即此漢置剛縣屬泰山郡後漢屬濟北國晉曰剛平水經注云又西南過岡縣北是也後訛剛爲堽今有堽城壩此本作㓻亦形相近而誤陳樹華云東平當作茌平不知茌平別是一縣非郡名也晉志東平郡有剛平

未同盟而赴以名 宋本未誤來

無官使也 宋本淳熙本岳本纂圖本足利本官作旨葉抄釋文同文十五年正義引作指使

正義曰定十年 十年二字此本脫閩本同據宋本毛本補監本初刻亦脫後擠刊

（傳八年）

曹人詬之 釋文云詬本又作詢案說文作詬从言后聲訽下云詬或从句

執曹伯 石經伯下有陽字與李善注運命論同

問可伐否宋本淳熙本岳本足利本否作不是也案古書之不後人多改爲否

問於叔孫輒宋本以下正義六節總入吳人盟而還注下

兵敗奔齊於後自齊奔吳此本實缺齊於二字據宋本補閩本監本毛本二字誤倒於作于

君子至雖國宋本至字作違不適

如鬭辛之徒宋本閩本監本毛本鬭作鬬重脩監本作國非也

告有伐本國者宋本岳本纂圖本閩本監本毛本告作若是也今依改

與晉而四宋本淳熙本岳本纂圖本監本毛本晉作魯是也

拘鄫人之漚菅者惠棟云鄭康成注考工記引作渥菅釋文云渥烏豆反與漚同

何故使吾水滋說文引作水茲葉抄釋文同云本亦作滋字按依說文則滋乃水名左傳字不从水

謂武城邑懼子羽爲吳內應宋本邑下有人字

令知非者宋本閩本監本毛本令作今是也今依改

獲叔子與析朱鉏釋文亦作鉏纂圖本閩本監本毛本誤組

故不可望得足利本記云得下異本有魯國二字非也

三百人行至稷門一監本毛本一作内盧文弨校本云疑作下亦非案一字乃衍宋本淳熙本纂圖本足利本竝無一字

長徵虎淳熙本岳本足利虎下有也字

弗從景伯負載造於萊門惠棟曰鄭詩箋云載猶戴也謂負戴器物劉光伯說是也

魯人不以盟爲了毛本了作子非也

梈之以棘釋文梈作𣗳注同云本又作梈惠棟云說文云以柴木壅也从木存聲本又作洊釋文作𣗳音在薦反

梈壅也釋文亦作雍岳本監本毛本擁非也

賓如臧會子〇淳熙本〇作也亦衍文宋本岳本纂圖本閩本監本毛本作臧會子無〇是也

注明閭至略之宋本此節正義總入冬十二月節之下

麇之以入諸本作麇此本作麇今改正

（經九年）

（傳九年）

齊與魯平重脩監本平誤乎

宋公伐鄭宋本以下正義六節總入乃止句注下

西北至宋口入淮宋本宋作末是也案毛誼父六經正誤云西北至末口末作末誤然則毛氏所見南宋監本已不作末口矣

今廣陵韓江是監本毛本韓作邗

炎帝爲火師淳熙本炎上衍故字

立爲天子宋本淳熙本立作五案正義亦作五山井鼎云足利本云立字異本作五所謂異本多不可信此云作五不誤

今卜得帝乙卦宋本乙下有之字

言其昏姻勢敵閩本監本毛本昏作婚

反與魯謀伐齊此本無謀字閩本同據諸本補閩本毛本與作爲非也

〔經十年〕

邾子益來奔宋本以下正義二節總入注又書會從不與謀之下

邾子又無道宋本又作人非也

注書會至與謀宋本至作從不二字

來未同盟而赴以名閩本監本毛本來作夷

〔傳十年〕

故令與兵宋本淳熙本岳本足利本令作今

再令瀆也淳熙本瀆誤賣

注犂一名隰宋本此節正義在毀高唐之郭節之下

犂卽犂丘也宋本犂丘作黎丘下同

知伯親禽顏庚宋本毛本同與廿三年傳合閩本監本禽作擒

二十七年宋本年下有傳字

世稱知伯宋本世字上有世稱趙孟知氏六字

〈經十一年〉

滕子虞母卒淳熙本岳本閩本母作毋案六經正誤云作母誤與國本作母

〈傳十一年〉

齊北盧縣宋本淳熙本岳本足利本齊作濟是也

竟內近郊之地纂圖本閩本監本毛本脫之字

一室敵車此本一字空闕據石經宋本淳熙本岳本纂圖本閩本監本毛本補

二子之不欲戰也宜石經宜字下後人旁增哉字非也
言子所問纂圖本于上衍君字
有子曰就用命焉劉原父春秋權衡云案有子當作子有子有者冉求字也仲尼門人字多云子某者不得云有子也
公叔務人正德本閩本監本叔誤孫毛本作務亦非
銳請也宋本淳熙本岳本纂圖本監本毛本請作精是也
公爲與其嬖僮汪錡乘釋文僮作童云本亦作僮案說文童子字作僮禮記作與鄰重汪踦鄭注云重當爲童春秋傳曰童汪踦
可無殤也石經殤字改刊初刻誤傷
注時人至當殤宋本至作疑童子三字此節正義在冉有用矛節注下
以夏后氏之堲周葬中殤毛本堲誤壄
封內之田悉賦稅之纂圖本監本毛本悉誤忌
長器鍾鼎之屬宋本岳本長作大鍾作鐘淳熙本足利本亦作大是也今依改
稻醴梁糗腵脯宋本此節正義在曰何不吾諫節注下
月令命作酒云浦鏜正誤云作酒二字疑大酋之誤

白粱粟宋本白作好非也

展如將右軍纂圖本監本毛本展誤辰

桑掩胥御國子石經掩字起一行計九字

歌虞殯宋本以下正義六節總入齊至無日矣注下

葬卽下棺監本毛本卽作則非也

擊虞駿之云宋本監本毛本擊作摯駿作駁是也

陳子行命其徒具含玉釋文云含本又作唅初學記引同

吳其泯矣石經宋本泯作泜避所諱

暫遇姦宄重脩監本宄誤宼

屬其子改姓爲王孫欲以辟吳禍岳本以字在其字上

而縣吾自於吳門宋本閩本監本毛本自作目不誤案國語吳語吳作東

盛之鴟夷監本毛本之作以與今國語同

注胡簋至曰簋宋本以下正義三節總入魯人以幣召之注下

以治國之具也 宋本以作亦是也今改正

季康子使公華公賓公林 宋本亦作華是也閩本監本毛本誤葉

注邱賦至田賦 宋本此節正義在若不度於禮節注下

但不知若爲用之 監本毛本爲作何

井共一馬三牛 宋本井作幷

舊田與家資官賦 宋本監本毛本官作同是也今改正

使冉有訪諸仲尼 岳本諸作於

度於禮 石經度字起一行計九字

施取於厚 石經宋本淳熙本岳本纂圖本監本毛本於作其是也

邱十六井 淳熙本六誤大

附釋音春秋左傳注疏卷第五十九 哀十二年盡十五年

杜氏注　孔穎達疏

經十有二年春用田賦直書之者以示改法重賦【疏】注直書至重賦○正義曰用田賦者用田之所收以為賦令之出牛馬也依實直書之以示改常法重賦斂成元年作丘甲甲是造作之物故言作馬牛賦稅以充之非造作之物且譏其賦不譏其作故書用言舊不用而今用之○夏五月甲辰孟子卒魯人諱娶同姓謂之孟子春秋不改所以順時○娶本或作取七喻反又如字【疏】注魯人至順時○正義曰論語云君取於吳為同姓謂之吳孟子是魯人常言稱孟子也坊記云魯春秋去夫人之姓曰吳其死曰孟子卒是舊史書為孟子卒及仲尼修春秋以魯人已知其非諱而不稱姬氏諱國惡禮也因而不改所以順時世也魯春秋去夫人之姓曰吳春秋無此文坊記云然者禮夫人初至必書於策若娶齊女則云夫人姜氏至自齊此孟子初至之時亦當書曰夫人姬氏至自吳同姓不得稱姬舊史所書蓋直云夫人至自吳是去夫人之姓直書曰吳而已仲尼修春秋以犯禮明著全去其文故今經無其事○公會吳于橐皐橐皐在淮南。逡遒縣東南○橐章夜反一音託逡音峻又七倫反遒音囚又音巡○秋公會衛侯宋皇瑗于鄖鄖發陽也廣陵海陵縣東南有發繇。亭○繇音遙【疏】注鄖發陽也○正義曰十七年傳云孟武伯問於高柴曰諸侯盟誰執牛耳季羔曰發陽之役衛石魋指此會也知鄖即發陽一地二名也○宋向巢帥師伐鄭○冬十有二月螽周十二月今十月是歲。置閏而失不置雖書十二月實今之九月司曆誤。一月九月之初尚溫故得有螽○螽音終

傳十二年春王正月用田賦終前年事○夏五月昭夫人孟子卒昭公娶于吳故不

書姓諱娶同姓故謂之孟子若宋女疏。注諱娶至宋女○正義曰諱娶同姓不得謂之吳女宋是子姓長女字。孟。故惠公元妃謂之孟子今亦稱孟子者全改其本若言此夫人是宋國之長女也釋例曰經書孟子卒傳言昭公娶于吳故不書姓此爲昭公加諱不復繫吳改其姓號傳因而弗革也論語謂之吳孟子蓋時人常言非經傳正文也而賈氏以爲言孟子若言吳之長女也稱吳長女既不異於同姓且娶同姓長之與少未聞其異無所爲別也死不赴故不稱夫人不稱夫人故不言薨不反哭故不言葬小君反哭者夫人禮也以同姓故不成其夫人喪疏注反哭至人喪○正義曰禮既葬日中自墓反虞於正寢所謂反哭於寢反哭者是夫人之正禮也季氏以同姓之故不成其夫人之喪不爲反哭故不書葬所以懲臣子之過也釋例曰若昭之孟子者以同姓爲闕生革其姓過而知悔也然吳之大伯下及魯昭於親遠矣所諱在於名義而已居夫人之位。籍小君之尊已三世矣季氏當國而不爲之服至令仲尼釋己之經國朝不成其喪以世適夫人不書於策此季氏之咎也杜言不書於策謂不以夫人之禮書於經也

孔子與弔適季氏季氏不絻放經而拜孔子始老故。與弔也絻喪冠也孔子以小君禮往弔季。孫不服喪故去經從主節制○與弔音預注同絻音問經大結反去其呂反疏注孔子至節制○正義曰杜以孔子與弔明其已去臣位若在臣位則服小君之喪不得云與弔而已故云孔子始老始老者謂始致事也劉炫云按十六年仲尼卒哀公誄之子貢譏云生不能用則是哀公不用仲尼爲臣也又世家。及。諸書無云仲尼仕於哀公杜焉得云孔子始老乎今知不然者以上十一年傳稱仲尼在衛魯人以幣召之是召之而來當以任用故冉有云子爲國老待子而行後乃致事故孟子之喪而來與弔若哀公全不能用何須以幣召之但哀公不用其言故云生不能用於傳文上下理甚符同劉以爲不仕哀朝以規杜過非也喪服齊衰三月章曰爲舊君君之母妻傳曰爲舊君者孰謂也仕焉而已者也何以服齊衰三月言與民同也君之母妻則。不。名也鄭玄云仕焉而已者謂老。苦有。廢疾而

致仕者也爲小君服者恩深於民也是其服與民同不服臣爲小君之服故與常弔也禮齊衰之喪始死而絻以至於成服絻以代吉冠故以絻爲喪冠也孔子以季孫當服臣爲小君之禮故以小君禮往弔季氏傳言適季氏謂適季氏哭位故杜言往弔謂就其哭位也季孫既不服喪孔子不得。服弔服故去絰從主節制也大夫之弔服。弁絰鄭玄云弁絰者如爵弁而素而加環絰大如緦之絰纏而不。糾也曲禮云凡非弔喪非見國君無不荅拜者鄭玄云喪賓不荅拜不自賓客也禮弔無拜法而此言孔子放絰而拜者記言喪賓不荅拜謂喪主既拜賓賓不荅拜耳其初見主人。或弔者先拜據此傳文必有拜法記無其事記不具耳

○公會吳于橐皐吳子使大宰嚭請尋盟尋鄫盟公不欲使子貢對曰盟所以周信也周固故心以制之制其義玉帛以奉之奉贄明神○贄音至言以結之結其信明神以要之要以禍福○要一遙反注同寡君以爲苟有盟焉弗可改也已若猶可改日盟何益今吾子曰必尋盟若可尋也亦可寒也。尋重也寒歇也○重直龍反歇許謁反疏○注尋重也寒歇也○正義曰少牢有司徹云乃尋尸俎鄭玄云尋溫也引此若可尋也亦可寒也則諸言尋盟者皆以前盟已寒更溫之使熱溫舊即是重義故以尋爲重傳意言若可重溫使熱亦可歇之使寒故言寒歇不訓寒爲歇也乃不尋盟○吳徵會于衛初衛人殺吳行人且姚而懼謀於行人子羽子羽衛大夫。○且子餘反子羽曰吳方無道無乃辱吾君不如止也子木曰吳方無道子木衛大夫國無道必棄疾於人吳雖無道猶足以患衛爲衛患也往也長木之斃無不摽也摽擊○斃婢世反摽敷蕭反又普交反國狗之瘈無不噬也瘈狂也噬齧也○狗音苟瘈吉世反噬市制反

猘五結反本或作瘈[疏]長木至噬也○正義曰長木喻吳國大也狗瘈喻吳失道也國狗猶家狗言家畜狂狗必猘人也而況大國乎秋

衛侯會吳于鄖公及衛侯宋皇瑗盟盟不書畏吳竊盟[疏]注盟不至竊盟○正義曰畏吳竊盟恐吳知之故不敢書於策也成二年公及楚人秦人云云盟於蜀傳曰卿不書匱盟也於是乎畏晉而竊與楚盟故曰匱盟彼以畏晉竊盟故諸侯之卿皆貶而稱人此亦畏吳竊盟宜應貶此三國經遂沒而不書者彼以晉是盟主諸侯不應背晉故貶諸侯之卿以成晉為霸主此吳以夷禮自處不合主諸侯之盟故與吳盟者悉皆不書是不與吳為盟主也既不與吳則。三國私盟於義可許不合貶責但魯自不書仲尼亦從而不書之耳釋例曰諸侯畏晉而竊與楚盟而貶其卿所以成晉為盟主也吳之疆大始於會鄫終於黃池凡三會三伐三盟唯書會伐而不書盟者吳以盟主自居而行其夷禮禮儀不典則盟神不蠲非所以結信義昭明德故不錄其盟不與其成為盟主也既不與吳之為盟主則宋魯衛三國私盟可許故無貶文是其說也杜言三會三伐三盟者七年會于鄫十二年會于橐皐十三年會于黃池是三會也八年吳伐我十年公會吳伐齊十一年齊國書及吳戰于艾陵是三伐也七年傳云夏盟于鄫衍八年傳云吳人盟而還十三年傳云秋七月辛丑盟吳晉爭先是三盟也而卒辭吳盟吳人藩衛侯之舍藩籬○藩方元反注及下同籬力知反子服景伯謂子貢曰夫諸侯之會事既畢矣侯伯致禮地主歸餼侯伯致禮以禮賓也地主所會主人也餼生物○餼許氣反[疏]注侯伯至生物○正義曰侯伯諸侯之長謂盟主也侯伯為主則諸侯之從己者皆為賓致禮禮賓當謂有以禮之或設飲食與之宴也地主所會之地主人也當歸生物於賓禮牲生曰餼服虔云致賓禮於地主傳言吳不行禮於衛衛非地主以相辭也各以禮相辭讓今吳不行禮於衛而藩。其君舍以難之難苦困也○難乃旦反子貢見大宰。乃請束錦以行以賂吳○盍音戶獵反語及衛故若本不為衛請者○為于僞反大宰嚭曰寡君願事衛君衛君之來也緩寡君懼故將止之止執子貢曰衛君之來必謀於其衆其衆或欲或不是以緩來其欲來者子之黨也其不欲來者子之讎也若執衛君是墮黨而崇讎也墮毀也○墮許規反注及下皆同夫墮子者得其志矣且合諸侯而執衛君誰敢不懼墮黨崇讎而懼諸侯或者難以霸乎大宰嚭說乃舍衛侯衛侯歸效夷言子之尙幼子之公孫彌牟○說音悅下同舍音捨釋也又音赦效戶教反曰君必不免其死於夷乎執焉而又說其言從之固矣出公輒後卒死於越○冬十二月螽季孫問諸仲尼仲尼曰丘聞之火伏而後蟄者畢火心星也火伏在今十月○蟄直力反今火猶西流司曆過也猶西流言未盡沒知是九月曆官失一閏釋例論之備

疏注猶西至之備○正義曰月令季夏之月昏火星中詩云七月流火毛傳云流下也謂昏而見於西南漸下流也周禮司爟云季秋內火是九月之昏火始入十月之昏則伏。矣猶西流者言其未盡沒是夏九月也經書十二月則是夏。十月曆官失一閏故以九月爲十月釋例長曆言諸儒皆以爲。時實周之九月而書十二月謂之再失閏若如其言乃成三失非但再也今以長曆推春秋此十二月乃夏之九月實周之十一月也此年當有閏而今不置閏此爲失一閏月耳十二月不應螽故季孫怪之仲尼以斗建在戌火星尙未盡沒據今猶見故言猶西流明夏之九月尙可有螽也季孫雖聞仲尼此言猶不卽改明年十二月復螽於是始悟十四年春乃置閏欲以補正時曆也傳於十五年書閏月蓋置閏正之欲明十四年之閏於法當在十二年也

○宋鄭之

間有隙地焉隙地。閒。田○隙去逆反間音閑又一本作間地一音如字曰彌作頃丘玉暢嵒戈錫凡六邑○彌亡支反
又亡爾反頃苦穎反又音傾暢勑亮反一本作王暢嵒五咸反戈古禾反錫音羊一音星歷反子產與宋人爲成曰勿有是俱棄
之及宋平元之族自蕭奔鄭在定十五年鄭人爲之城嵒戈錫城以處平元之族○爲之于僞反九
月宋向巢伐鄭取錫殺元公之孫遂圍嵒十二月鄭罕達救嵒丙申圍宋師此事
經在十二月蠡上今倒在下更具列其月以爲別者丘明本不以爲義例故不皆齊同○倒丁老反別如字又彼列反疏注此事至齊同○正義曰杜以
此與經別故言丘明不以爲義例故使文不齊同劉炫以爲傳說當時事耳更倒本隙地之事載其日月使與明年相接今知不然者案宣二年壬申朝于武
宮是十月五日下乃云冬趙盾爲旆車之族彼注云壬申是十月五日也既有日而無月冬又在壬申下明傳文無較例彼既無倒本其事與後年相接足知
此亦不爲倒本其事使九月在十二月之下明傳因簡牘舊文或日月前後不以爲例若以倒敘其事爲後年張本案傳之上下凡倒敘事爲後年張本者唯
道事之所由不具載其日月劉以此而規杜過非也

經十有三年春鄭罕達帥師取宋師于嵒書取覆而敗之○夏許男成卒無傳○成音城本或作戊
○公會晉侯及吳子于黃池陳留封丘縣南有黃亭近濟水夫差欲霸中國尊天子自去其僭號而稱子以告令諸侯故史承而
書之○近附近之近去起呂反僭子念反疏注夫差至書之○正義曰七年會吳于鄫十二年會吳于橐皋皆不稱子此稱吳子故解之夫差欲霸中國尊
天子而自號爲王則諸侯不服故去僭號自稱吳子以告令諸侯故諸侯之策承而書曰吳子吳語說此事云晉侯命董褐告吳王曰今君奄王東海以淫名

聞于天下君有短垣而自踰之況蠻荊則何有於周室夫命圭有命固曰吳伯
不曰吳王諸侯是以敢辭夫諸侯無二君而周無二王君若無卑天子而曰吳
公孤敢不順從君命吳王許諾是其去僭號也於此會去王號耳其於吳國猶稱王不改也　○楚公子申帥師伐陳無傳○於
越入吳○秋公至自會無傳○晉魏曼多帥師侵衛無傳○葬許元公無傳○九月螽
無傳書災○冬十有一月有星孛于東方無傳平旦衆星皆沒而孛乃見故不言所在之次○孛步內反見賢遍反【疏】注平
旦至之次○正義曰公羊傳曰孛者何彗星也其言于東方何見。于旦也杜用彼說衆星皆沒故不言所在之次　○盜殺陳夏區夫無傳
稱盜非大夫○夏戶雅反區烏侯反　○十有二月螽無傳前年季孫雖聞仲尼之言而不正曆失閏至此年故復十二月螽實十一月○復扶
又反

傳十三年春宋向魋救其師救前年圍嵒師鄭子賸使徇曰得桓魋者有賞魋也逃歸
遂取宋師于嵒獲成讙郜延二子宋大夫○徇似俊反讙火官反郜古報反又古毒反以六邑爲虛。空虛之名不有
○爲虛並如字或音墟非　○夏公會單平公晉定公吳夫差于黃池平公周卿士也不書尊之不與會○單音善不
與音預　○六月丙子越子伐吳爲二隧。隧道也○隧音遂注同疇無餘謳陽自南方二子越大夫○
謳烏侯反　先及郊吳大子友王子地王孫彌庸壽於姚自泓上觀之觀越師泓水名○泓烏宏反
彌庸見姑蔑之旗姑蔑越地今東陽大末縣○蔑亡結反旗音其大音泰孟康云大音闥　曰吾父之旗也彌庸父爲越所

獲故姑蔑人得其旌旗不可以見讎而弗殺也大子曰戰而不克將亡國請待之彌庸不
可屬徒五千屬會也○屬音燭注同王子地助之乙酉戰彌庸獲疇無餘地獲謳陽越子
至王子地守丙戌復戰大敗吳師獲大子友王孫彌庸壽於姚地守故不獲○守手又反下注
同復扶又反丁亥入吳吳人告敗于王王惡其聞也惡諸侯聞之○惡烏路反注同自剄七人於幕。
下以絕口○剄古頂反○秋七月辛丑盟吳晉爭先爭歃血先後○歃所洽反又所甲反吳人曰於周室我
為長吳。為大伯後故為長○長丁丈反注並同大音泰晉人曰於姬姓我為伯為侯伯趙鞅呼司馬寅寅晉
大夫曰日旰矣旰晚也○旰古旦反大事未成二臣之罪也大事盟也二臣鞅與寅建鼓整列二臣死
之長幼必可知也疏。趙鞅至知也○正義曰如此傳文則趙鞅先欲與吳戰也吳語云吳晉爭長未成邊遽仍至以越亂告吳王懼乃合
大夫而謀曰無會而歸與會而先晉孰利王孫雄先對曰二者莫利必會而先之乃為吳王設計布陳雞鳴乃定去晉軍一里昧明王乃秉枹鳴鼓三軍皆譁
聲動天地於是晉軍大駭乃令。董褐請事賈逵等皆云董褐司馬寅也如彼文則吳請先戰國語各記其國之事言有彼此故其文不同○注二臣鞅與寅○
正義曰杜以鞅呼寅與語明其同憂國事故以二臣為鞅與寅也劉炫以為吳晉二臣今知不然者以趙鞅呼司馬寅自相與語云建鼓整列二臣死之皆是
鞅寅自謂故知二臣鞅與寅也鞅既不共吳臣對論曲直何得以二臣為吳晉之臣劉以為吳晉之臣而規杜氏非也○建鼓○正義曰建立也立鼓擊之與
戰也大射禮云建鼓在阼階西鄭玄云建猶樹也以木貫而載之樹之跗也彼謂立之於地所謂殷人楹鼓與此別也對曰請姑視之反

曰肉食者無墨墨氣色下今吳王有墨國勝乎國爲敵所勝大子死乎且夷德輕不忍久
請少待之少待無與爭○輕遣政反疏反曰至死乎正義曰吳語說此事云董褐既致命乃告趙鞅曰臣觀吳王之色類有大憂小則嬖妾適子
死不然則國有難大則越入吳將毒不可與戰主其許之說與此傳小異乃先晉人盟不書諸侯恥之故不錄疏乃先晉人正義曰吳語說此事
云吳公先歃晉侯亞之與此異者經書公會晉侯及吳子傳稱公會單平公晉定公吳夫差吳皆在下晉實先矣經據魯史策書傳采魯之舊牘魯之所書必
是依實國語之書當國所記或可曲筆直己辭有抑揚故與左傳異者多矣鄭玄云不可以國語亂周公所定法傳玄云國語非丘明所作凡有共說一事而
二文不同必國語虛而左傳實其言相反不可強合也傳吳人將以公見晉侯子服景伯對使者曰王合諸
侯則伯帥侯牧以見于王伯王官伯侯牧方伯○見晉如字又賢遍反使所吏反以見賢遍反伯合諸侯則侯帥
子男以見于伯伯諸侯長疏王合至於伯○正義曰曲禮云五官之長曰伯是職方也九州之長入天子之國曰牧於外曰侯職方者二伯
各主一方州長者州牧各主一州周禮所謂八命作牧九命作伯是也王合諸侯則伯帥侯牧當如康王之誥太保帥西方諸侯畢公帥東方諸侯以見於王
也計當盡帥諸侯獨言帥侯牧者舉尊而言其實盡帥之也伯合諸侯則侯帥子男侯謂牧也牧帥諸國之君見於伯也亦當盡帥在會諸侯獨云子男舉小
爲言其實亦見在會者盡帥以見伯也自王以下朝聘玉帛不同故敝邑之職貢於吳有豐於晉
無不及焉以爲伯也今諸侯會而君將以寡君見晉君則晉成爲伯矣。敝邑將
改職貢魯賦於吳八百乘若爲子男則將半邾以屬於吳半邾三百乘○豐芳中反乘繩證反下及

注同而如邾以事晉如邾六百乘疏故敝至伯也○正義曰言共職貢於吳有豐於晉○無有不及晉時以吳爲伯故也○魯賦至事晉○正義曰七年。傳茅夷鴻請救於吳云魯賦八百乘君之貳也邾賦六百乘君之私也今魯賦八百乘以貢於吳以吳爲伯故也吳今帥魯以見於晉則吳爲州牧魯爲子男晉成伯矣邾是子爵以六百乘貢吳邾以吳爲伯故也魯既以晉爲伯吳爲牧牧卑於伯則將半邾三百乘以屬於吳而如邾六百乘以事於晉也且執事以伯召諸侯而以侯終之何利之有焉吳人乃止既而悔之謂景伯欺之將因景伯景伯曰何也立後於魯矣何景伯名將以二乘與六人從遲速唯命遂因以還及戶牖戶牖陳留外黃縣西北東昏城是○從才用反牖音酉謂太宰曰魯將以十月上辛有事於上帝先王。季辛而畢何世有職焉有職於祭事疏魯將至而畢○正義曰七月辛丑盟因景伯以還今景伯稱十月當謂周之十月周之十月非祭上帝先公之時且祭禮終朝而畢無上辛盡於季辛之事景伯以吳信鬼皆虛言以恐吳耳自襄以來未之改也魯襄公若不會祝宗將曰吳實然言魯祝宗將告神云景伯不會坐爲吳所因吳人信鬼故以是恐之○坐才臥反恐丘勇反且謂魯不共而執其賤者七人何損焉大宰嚭言於王曰無損於魯而祇爲名適爲惡名○共音恭祇音支不如歸之乃歸景伯吳申叔儀乞糧於公孫有山氏申叔儀吳大夫公孫有山魯大夫舊相識曰佩玉縈兮余無所繫之。縈然服飾備也己獨無以繫佩言吳主不恤下○縈而捶反又而水反旨酒一盛兮余與褐之父睨之一盛一器也睨視也褐寒賤之人言但得視不得飲○盛音成又市政反注同褐戶葛反父如字又

音甫晚反疏注一盛至得飲〇正義曰酒盛於器故謂一器爲一盛說文云睆邪
五計反疏視也詩云無衣無褐何以卒歲鄭玄云褐毛布也人之貴者無衣賤
者無褐是褐者寒賤人之衣服也言我與彼褐
之父但得共邪視之不得飲之告己之乏飲也對曰粱則無矣麤則有之若登
首山以呼曰庚癸乎則諾軍中不得出糧故爲私隱庚西方主穀癸北方主水
傳言吳子不與士共飢渴所以亡〇麤本又作麄七
奴反呼對曰至則諾〇正義曰食以稻粱爲貴故以粱表精若求粱米之飯
火故反疏則無矣麤者則有之若我登首山以叫呼庚癸乎女則諾軍中不得
出糧與人故作隱語爲私期也庚在西方穀以秋熟故以庚主穀癸在北方居
水之位故以癸主水言欲致餅弁致飲也土地名首山闕不知其處當在吳所
營軍
之旁王欲伐宋殺其丈夫而因其婦人以宋不會黃池故言吳子悖惑〇殺其
丈夫直兩反又作大夫誤悖補內反
大宰嚭曰可勝也而弗能居也乃歸冬吳及越平終伍員
之言疏吳及越平正義曰
言吳不能報越求
與之平終伍員所
謂三年始弱也

經。十有四年春西狩獲麟麟者仁獸聖王之嘉瑞也時無明王出而遇獲仲尼
傷周道之不興感嘉瑞之無應故因魯春秋而脩中
興之教絕筆於獲麟之一句所感而作固所以爲終也冬獵曰狩蓋虞人脩常
職故不書狩者大野在魯西故言西狩得用曰獲〇狩手又反麟呂辛反又力
珍反瑞獸也解見詩音瑞常注麟者至曰獲〇正義曰公羊傳曰麟者仁獸
恚反應應對之應中丁仲反疏也何休云一角而戴肉設武備而不爲害所以
爲仁也鄭玄詩箋云麟角之末有肉示有武而不用釋獸云麠麏身牛尾一角
李巡曰麟瑞應獸名孫炎曰靈獸也京房易傳曰麟麏身牛尾狼額馬蹄有五
采腹下黃高丈二廣雅云麒麟狼頭肉角含仁懷義音中鍾呂行步中規折旋
中矩遊必擇土翔必有處不履生蟲不折生草不羣不旅不入陷穽不入羅網

文章斌斌說文云麒仁獸從鹿其聲麟大牝鹿也從鹿粦聲公羊傳曰麟有王者則至無王者則不至孝經援神契云德至鳥獸則麒麟臻是公言麟爲聖王之嘉瑞也此時無明王麟出無所應也出而遇獲失其所以歸也夫以靈瑞之物輱軻若是聖人見此能無感乎所以感者以聖人之生非其時道無所施言無所用與麟相類故爲感也仲尼見此獲麟於是傷周道之不興感嘉瑞之無應故因魯春秋文加褒貶而脩中興之教若能用此道則周室中興故謂春秋爲中興之教也春秋編年之書不待年終而絕筆於獲麟之一句者本以所感而作故所以用此爲終也釋天云冬獵爲狩周之春夏之冬故稱狩也桓四年公狩于郎莊四年公及齊人狩于禚禚郎二者公親行皆書公狩此狩不書公卿者蓋是虞人賤官自修常職公卿不行故不書狩者名氏此狩常事本不合書書之爲獲麟故也傳稱狩于大野大野之澤在魯國之西故言西狩得用曰獲定九年傳例也杜以獲麟之義唯此而已先儒穿鑿妄生異端公羊傳曰有以告者曰有麏而角者孔子曰孰爲來哉孰爲來哉反袂拭面涕沾袍曰吾道窮矣說公羊者云麟是漢將受命之瑞周亡天下之異夫子知其將有六國爭彊秦項交戰然後劉氏乃立夫子深閔民之離害故爲之隕泣麟者太平之符聖人之類又云麟得而死此亦天告夫子將沒之徵也案此時去漢二百七十有餘年矣漢氏起於匹夫先無王迹前期三百許歲天已豫見徵兆其爲靈命何大遠乎言既不經事無所據苟佞時世妄爲虛誕故杜氏序云至於反袂拭面稱吾道窮亦無取焉蓋賤其虛誣鄙其妖妄故無所取之也說左氏者云麟生於火而遊於土中央軒轅大角之獸孔子作春秋春秋者禮也脩火德以致其子故麟來而爲孔子瑞也奉德侯陳欽說麟西方毛蟲金精也孔子作春秋有立言西方兌爲口故麟來許慎稱劉向尹更始等皆以爲吉凶不並瑞災不兼今麟爲周異不得復爲漢瑞知麟應孔子而至鄭玄以爲脩母致子不如立言之說密也賈逵服虔潁容等皆以爲孔子自衛反魯考正禮樂脩春秋約以周禮三年文成致麟麟感而至取龍爲水物故以爲脩母致子之應若然龍爲水物以其育於水耳麟生於火豈其產於火乎孔子之作春秋門徒盡知之矣丘

明親承聖旨目見獲麟丘明何以不言弟子何以不說子思孟軻去聖尤近荀卿著書尊崇孔德麟若應孔子而來著書無容不述何乃經傳羣籍了爾不言以其既妖且妄故杜悉無所取

○小邾射以句繹來奔射小邾大夫句繹地名春秋止於獲麟故射不在三叛人之數自此以下至十六年皆魯史記之文弟子欲存孔子卒故并錄以續孔子所脩之經○射音亦句古侯反繹音亦

【疏】此注射小至之經○正義曰此文與邾庶其黑肱莒牟夷文同知射是小邾大夫以句繹之地來奔魯也其事既同其罪亦等傳稱庶其等爲三叛人不通數此爲四叛人者以春秋之經止於獲麟獲麟以上褒貶是仲尼之意此雖文與彼同而事非孔意故不數也若然魯史書此舊與彼同則竊地顯名史先然矣而昭三十一年傳盛論書三叛人名懲不義也其善志也杜言書曰故書皆是仲尼新意案此類彼則彼是舊文言新意者仲尼所脩有因有革因者雖是仲尼因舊舊合仲尼之心因而不改即是新意所以彼傳歸功脩者謂之善志爲傳所以脩之既定乃成爲善也故釋例終篇杜自問而釋之云丘明之爲傳所以釋仲尼春秋仲尼春秋皆因舊史策書義之所在則時加增損或仍舊史之無或改舊史之有雖因舊文固是仲尼之書也丘明所發固是仲尼之意也是其說也公羊穀梁之經皆至獲麟而盡左氏之經更有此下事者自此以下至十六年皆是魯史記事之正文也仲尼所脩脩此記也此上仲尼脩記此下是其本文弟子欲存孔子卒故因經之末并錄魯之舊史以續孔子所脩之經記仲尼卒之月日示後人使知之耳賈逵亦云此下弟子所記但不言是魯之舊史耳

○夏四月齊陳恆執其君寘于舒州○寘之豉反

【疏】陳恆執其君○正義曰成十七年晉欒書執晉厲公亦先執後弒與此事同彼不書者或此告彼不告且此非孔子所脩不可以爲例也

○庚戌叔還卒無傳

○五月庚申朔日有食之無傳

○陳宗豎出奔楚無傳○豎上主反

○宋向魋入于曹以叛曹宋邑○向舒文反魋徒回反

○莒子狂卒無傳○狂其廷反

○六

月宋向魋自曹出奔衛宋向巢來奔○齊人弒其君壬于舒州疏齊人弒其君壬○正義曰宣四年傳例曰凡弒君稱君君無道也稱臣臣之罪也發凡言例是周公舊典此魯史不書陳恆之名蓋依凡例以齊君無道故○秋晉趙鞅帥師伐衛無傳○鞅於丈反○八月辛丑仲孫何忌卒○冬陳宗豎自楚復入于陳陳人殺之無傳○復扶又反○陳轅買出奔楚無傳○有星孛無傳不言所在史失之○孛步內反○饑無傳

傳十四年春西狩於大野叔孫氏之車子鉏商獲麟大野在高平鉅野縣東北大澤是也車子微者鉏商名○鉏仕居反疏注大野至商名○正義曰巨訓大也由其旁有大澤故縣以鉅野爲名其澤在曲阜之西故稱西狩不書地者得常不書也賈逵云周在西明夫子道繫周服虔云言西者有意於西西明夫子有立言立言之位在西方故著於西也按此澤實在魯西舊史因書西耳仲尼不改舊史何以得示己意若其本實東狩仲尼不得輒改爲西以己意之所示妄改魯之狩處雖則下愚知其不可豈有斯人而爲斯事以此立說何妄之甚杜以車子連文爲將車之子故爲微者鉏商是其名也家語說此事云叔孫氏之車士曰子鉏商王肅云車士將車者也子姓鉏商名今傳無士字服虔云車車士微者也子姓鉏商名以子爲姓與杜異○以爲不祥以賜虞人時所未嘗見故怪之虞人掌山澤之官疏以爲至虞人○正義曰家語云子鉏商采薪於大野獲麟焉折其前左足載而歸叔孫以爲不祥棄之於郭外使人告於孔子孔子曰麟也然後取之王肅云傳曰狩此曰采薪時實狩獵鉏商非狩者采薪而獲麟也傳曰以賜虞人此云棄之於郭外棄之於郭外所以賜虞人也然肅意欲成彼家語令與經傳符同故強爲之辭冀合其說要其文正乖不可合也今傳言狩而獲麟非采薪者也鉏商不是狩者麟非狩之所獲何以書爲狩乎以賜虞人虞人當受之矣棄郭外非賜人之辭不得棄之以爲賜人也公羊傳

曰西狩獲麟何以書記異也何異爾非中國之獸也然則孰狩之薪采者也薪采者則微者也曷爲以狩言之大之也曷爲大之爲獲麟大之也則公羊之意當時實無狩者爲大麟而稱狩也家語雖出孔家乃是後世所錄取公羊之說。飾之以成文耳不可與左氏合也○仲尼觀之曰麟也然後取之言魯史所以得書獲麟○【疏】注言魯至獲麟○正義曰若舉國不識則無由得書傳說仲尼觀之言魯史所以得書獲麟由仲尼辨之故也服虔云仲尼名之曰麟明麟爲仲尼至也然則麟非常見魯人所疑仲尼聖者所言必信故魯從而取之此則愚民之信聖也服虔以仲尼名之即云爲仲尼至然則防風之骨肅慎之矢季氏之。墳羊楚王之萍實皆問仲尼而後知豈爲仲尼至也○小邾射以句繹來奔曰使季路要我吾無盟矣子路信誠故欲得與相要誓而不須盟孔子弟子既續書魯策以繫於經丘明亦隨而傳之終於哀公以卒前事其異事則皆略而不傳故此經無傳者多○要於妙反又一遙反注同使子路子路辭季康子使冉有謂之曰千乘之國不信其盟而信子之言子何辱焉對曰魯有事于小邾不敢問故死其城下可也彼不臣而濟其言是義之也由弗能濟成也○乘繩證反年內同○【疏】使子至弗能○正義曰季孫之意以小邾射不信千乘之國而信子路之言是其重子路過於一國子路當以爲榮不宜恥與言約子路之意魯伐小邾非己能禁將令己言不信不可與射約也又射是竊地叛臣臣之罪惡者也而子路與之相要便是以射爲義恥與不義交好故辭而不能也○齊簡公之在魯也闞止有寵焉簡公悼公陽生子壬也闞止子我也事在六年○闞苦暫反○及即位使爲政陳成子憚之驟顧諸朝成子陳常心不安故數顧之○憚大旦反驟仕救反數所角反諸御鞅言於公鞅齊大夫曰陳闞不可並也君其擇焉擇用

一人弗聽子我夕夕視事陳逆殺人逢之陳逆子行陳氏宗也子我逢之遂執以入執逆至朝陳氏方睦
欲謀齊國故宗族和使疾而遺之潘沐備酒肉焉使詐病因內潘沐幷得內酒肉潘米汁可以沐頭○遺唯季反潘芳袁反注皆
同沐音木汁之十反饗守囚者醉而殺之而逃子我盟諸陳於陳宗失陳逆懼其反為患故盟之疏盟諸
陳於陳宗○正義曰陳宗陳氏宗主謂陳成子也盡集陳氏宗族就成子家盟也初陳豹欲為子我臣豹亦陳氏族使公孫
言己言己介達之○介音界媒介也亦因也己有喪而止既而言之既終喪也曰有陳豹者長而上僂
肩背僂○長如字又丁丈反僂力主反望視目望陽事君子必得志得君子意欲為子臣吾憚其為人也
恐多詐故緩以告子我曰何害是其在我也使為臣。他。日與之言政說遂有寵謂
之曰我盡逐陳氏而立女若何對曰我遠於陳氏矣言己疏遠○說音悅女音汝遠如字又于萬反且
其違者不過數人違不從也○數所主反何盡逐焉遂告陳氏子行曰彼得君弗先必禍
子子行舍於公宮子行逃而隱於陳氏今又隱於公宮夏五月壬申成子兄弟四乘如公成子之兄弟昭
子莊簡子齒宣子夷穆子安。廩丘子意茲。芒。子盈惠子得凡八人二人共一乘○廩力甚反芒音亡疏注成子至一乘○正義曰案世本僖子生昭子莊簡
子齒宣子其夷穆子安廩丘子鑿茲芒子盈惠子得子我在幄幄帳也聽政之處○幄於角反處昌慮反出逆之遂入閉門成子
入反閉門不納子我侍人禦之子我侍人○禦本亦作御魚呂反子行殺侍人素。在內故得殺人公與婦人飲酒

于檀臺成子遷諸寢徙公使居正寢○檀大丹反公執戈將擊之疑其欲作亂大史子餘曰非不利也將除害也言將爲公除害○大音泰將爲于僞反下文逆爲余請下注爲公同成子出舍于庫以公怒故聞公猶怒將出曰何所無君子行抽劍曰需事之賊也言需疑則害事○需音須誰非陳宗言陳氏宗族衆多【疏】誰非陳宗○正義曰子行稱國內之人誰非陳宗言陳氏宗族衆多力足成事何爲畏子我欲出奔所不殺子者有如陳宗言子若欲出我必殺子明如陳宗【疏】所不至陳宗○正義曰子行慮其必出故以殺子懼之陳宗謂陳之先人此稱有如陳宗由定六年孟懿子謂范獻子曰所不以陽虎爲中軍司馬者有如先君彼注云稱先君以徵其言此亦然也服虔云陳宗先祖鬼神也乃止子我歸。屬。徒攻闈與大門闈宮中小門大門公門也○屬之欲反闈音韋【疏】注闈宮至門也○正義曰釋宮云宮中之門謂之闈孫炎曰宮中相通小門也成子在公宮內知大門公門也計闈在宮內必是得入大門乃得至闈今言攻闈與大門皆不勝者公宮非止一門蓋從別門而入兵得至闈故與大門並攻也、皆不勝乃出陳氏追之失道於弇中適豐丘弇中狹路豐丘陳氏邑○弇於檢反又音淹狹音洽豐丘人執之以告殺諸郭關齊關名成子將殺大陸子方子方子我臣陳逆請而免之以公命取車於道子方取道中行。人車及耏衆知而東之知其矯。命奪車逐使東○耏音而矯本又作橋居表反出雍門齊城門也○雍於用反陳豹與之車弗受曰逆爲余請豹與余車余有私焉事子我而有私於其讎何以見魯衛之士傳言陳氏務施○施式豉反東郭賈奔衛賈卽子方庚辰陳恆執公于舒

州公曰吾早從鞅之言不及此悔不誅陳氏○宋桓魋之寵害於公特寵驕盈公使夫人
驟請享焉而將討之夫人景公母也數請享飲欲因請討之○數所角反未及魋先謀公請以鞌易薄鞌向
魋邑薄公邑欲因易邑爲公享宴而作亂○鞌音安公曰不可薄宗邑也宗廟所在乃益鞌七邑而請享公焉
爲喜於受賜以日中爲期家備盡往甲兵之備公知之告皇野曰余長魋也少長育之皇野司馬子仲
○長丁丈反注同少詩照反今將禍余請卽救司馬子仲曰有臣不順神之所惡也而況人
乎敢不承命不得左師不可左師向魋兄向巢也○惡烏路反請以君命召之左師每食擊鍾。
聞鍾聲公曰夫子將食既食又奏奏樂公曰可矣以乘車往曰迹人來告主迹禽獸者○
迹子亦反【疏】注主迹禽獸者○正義曰周禮夏官迹人掌邦田之政凡田獵者受令焉鄭玄云迹之言跡知禽獸之處也曰逢。澤有介麋。
焉地理志言逢澤在熒。陽開封縣東北遠疑非介大也○介音界麋九倫反獐也本又作麋亡悲反【疏】注地理至大也○正義曰漢書地理志云開封
縣逢。澤在東北或曰宋之逢澤也臣瓚案汲郡古文梁惠王。發逢忌之藪以賜民今浚儀縣有逢。忌。陂是也土地名宋都睢陽計去開封四百餘里非輕行可
到故杜以遠疑非也蓋於宋都之旁別有近地名逢澤也介大也釋詁文案方言畜無耦曰介杜云大者逢澤大處不應唯有一麋若迹人止告一麋不應公
喚左師俱獵故以介爲大劉炫以爲一麋而規杜氏非也公曰雖魋未來得左師吾與之田若何皇野稱公命君
憚告子難以遊戲煩大臣○難乃旦反下文及注同野曰嘗私焉嘗試也君欲速故以乘車逆子與之

乘至公告之故拜不能起司馬曰君與之言使公與要誓公曰所難子者上有天下有先君言雖誅魋要不負言使禍難及子對曰魋之不共宋之禍也敢不唯命是聽司馬請瑞焉瑞符節以發兵【疏】注瑞符節以發兵○正義曰周禮典瑞云牙璋以起軍旅以治兵守鄭衆云牙璋瑑以爲牙牙齒兵象故以牙璋發兵若今時以銅虎符發兵也彼用牙璋天子之法諸侯於其封內亦自以瑞發兵其物無文以言之以命其徒攻桓氏桓氏向魋其父兄故臣曰不可司馬故臣與桓魋無怨者其新臣曰從吾君之命遂攻之子頎騁而告桓司馬子頎桓魋弟桓司馬卽魋也○頎音祈騁勑領反司馬欲入入攻君子車止之車亦魋弟曰不能事君而又伐國民不與也祇取死焉向魋遂入于曹以叛哀八年宋滅曹以爲邑○祇音支六月使左師巢伐之欲質大夫以入焉巢不能克魋恐公怒欲得國內大夫爲質還入國○質音致注及下同不能亦入于曹取質不能得大夫故入曹劫曹人子弟而質之欲以自固魋曰不可既不能事君又得罪于民將若之何乃舍之舍曹子弟○舍音赦又音捨注同民遂叛之向魋奔衞向巢來奔宋公使止之曰寡人與子有言矣不可以絶向氏之祀辭曰臣之罪大盡滅桓氏可也若以先臣之故而使有後君之惠也若臣則不可以入矣司馬牛致其邑與珪焉而適齊牛桓魋弟也珪守邑符信向魋出於衞地公文氏攻之公文氏衞大夫求夏后氏之璜焉與之他玉而奔齊陳

成子使爲次卿司馬牛又致其邑焉而適吳示不與魋同○夏戶雅反璜音黃吳人惡之而反趙簡子召之陳成子亦召之卒於魯郭門之外阬氏葬諸丘輿阬氏魯人也泰山南城縣西北有輿城。錄其卒葬所在愍賢者失所○惡烏路反阬苦庚反或音岡輿音余○甲午齊陳恆弒其君壬于舒州壬簡公也孔丘三日齊而請伐齊三公曰魯爲齊弱久矣子之伐之將若之何對曰陳恆弒其君民之不與者半以魯之衆加齊之半可克也公曰子告季孫孔子辭辭不告○三日齊側皆反本又作齋伐齊三如字又息皆反退而告人曰吾以從大夫之後也故不敢不言嘗爲大夫而去故言後

疏孔丘至告人○正義曰論語錄此事與此小異彼云沐浴而朝此云齊而請彼云公曰告夫三子此云公曰子告季孫禮齊必沐浴三子季孫爲長各記其一故不同耳彼於退而告人之下又云之三子告此無文者傳是史官所錄記其與君言耳退後別告三子唯弟子知之史官不見其告故傳無文也

○初孟孺子洩將圉馬於成洩孟懿子之子孟武伯也圉畜養也成孟氏邑○洩息列反圉魚呂反成宰公孫宿不受曰孟孫爲成之病不圉馬焉病謂民貧困○爲于僞反孺子怒襲成從者不得入乃反成有司使孺子鞭之恨恚故鞭成有司之使人○從者才用反使所吏反注同恚一瑞反秋八月辛丑孟懿子卒成人奔喪弗內袒。免哭于衢聽共弗許請聽命共使○內如字又音納袒音但免音問衢其俱反共音恭注同懼不歸不敢歸成爲明年成叛傳

經十有五年春王正月成叛○夏五月齊高無丕出奔北燕無傳○丕普悲反○鄭伯伐宋無傳○秋八月大雩無傳○雩音于○晉趙鞅帥師伐衛○冬晉侯伐鄭無傳○及齊平魯與齊平○衛公孟彄出奔齊無傳○彄苦侯反

傳十五年春成叛于齊武伯伐成不克遂城輸以偪成○夏楚子西子期伐吳及桐汭宣城廣德縣西南有桐水出白石山西北入丹陽湖○汭如銳反陳侯使公孫貞子弔焉弔為楚所伐及良而卒良吳地將以尸入聘禮若賓死未將命則既斂于棺造於朝介將命○斂力驗反下同造七報反下文同介音界下文注皆倣此【疏】注聘禮至將命正義曰聘禮文也服虔云在牀曰尸在棺曰柩禮稱既斂於棺傳言將以尸入者記言對文耳散則可以通隱元年傳曰贈死不及尸注云尸未葬之通稱也案聘禮賓入竟而死遂也主人為之具而殯介攝其命君弔介為主人主人歸禮幣必以用介受賓禮無辭也不饗食此謂入竟未至國都賓死其禮如此聘禮又云若賓死未將命則既斂于棺造於朝介將命鄭注云未將命謂俟間之後也此謂賓已至朝主人將欲行禮賓請間之後賓死以柩造朝以尸將事今公孫貞子卒於竟內依禮唯可以尸而入殯於賓館不合以柩造朝以尸將事今上介芉尹云以尸將事者以吳人不納故芉尹引禮深以辯之杜以傳有以尸將事故引聘禮斂于棺造于朝介將命以釋之其實貞子當殯於館不得以造尸將事也吳子使大宰嚭勞且辭曰以水潦之不時無乃廩然隕大夫之尸廩然傾動貌○勞力報反潦音老廩力甚反隕于敏反下同以重寡君之憂寡君敢辭上介芉尹蓋對蓋陳大夫貞子上介○上直用反下注同寡君敢辭上介絕句芉音于付反曰寡君

聞楚爲不道荐。伐吳國荐重也○荐在徧反滅厥民人寡君使蓋備使弔君之下吏備猶副也
○備使所吏反蓋芋尹蓋辭同無祿使人逢天之慼大命隕隊。絕世于良絕世猶言棄。世廢日共積廢行
道之日以共具。殯斂所積聚之用○共音恭注同積子賜反又如字注同殯必刃反聚才喻反又如字一日遷次一日便遷次不敢留君命今
君命逆使人曰無以尸造于門是我寡君之命委于草莽也且臣聞之曰事死
如事。生禮也於是乎有朝聘而終以尸將事之禮朝聘。道。死。以尸行事○莽亡黨反疏於是至之禮○
正義曰上注所引者是聘賓終以尸將事之禮聘禮又云聘。遭喪入竟則遂也不郊勞不筵几主人畢歸禮賓唯饔餼之受是聘而遭喪之禮也其朝禮雖亡
賓終及主遭喪必亦有禮文六年季文子聘於晉求遭喪之禮是也又有朝聘而遭喪之禮遭所聘之喪若不以尸將
命是遭喪而還也無乃不可乎以禮防民猶或踰之今大夫曰死而棄之是棄
禮也其何以爲諸侯主謂主盟也先民有言曰無穢虐。士虐士死者備使奉尸將命苟我
寡君之命達于君所雖隕于深淵則天命也非君與涉人之過也吳人內之傳言
芋尹蓋知禮○內如字又音納○秋齊陳瓘如楚瓘陳恆之兄子玉也○瓘古喚反過衛仲由見之仲由子路○過古禾
反曰天或者以陳氏爲斧斤既斲喪公室而他人有之不可知也其使終饗之
亦不可知也饗受也○斲陟角反喪息浪反下并注皆同若善魯以待時不亦可乎何必惡焉仲由事孔

子故爲魯言〇故爲于僞反下爲衛爲請並同子玉曰然吾受命矣子使告我弟弟成子也〇冬及齊平子
服景伯如齊子贛爲介見公孫成公孫成成宰公孫宿也曰人皆臣人而有背人之心況
齊人雖爲子役其有不貳乎言子叛魯齊人亦將叛子〇背音佩疏。曰人至貳乎〇正義曰人皆臣人謂凡人皆臣事於人當
一心事上。今公孫成而有背人之心謂背魯適齊況他國齊人雖爲子役豈有不學子而爲叛貳乎言必效子而爲叛貳故杜云言子叛魯齊人亦將叛子也
子周公之孫也多饗大利猶思不義利不可得而喪宗國將焉用之喪宗國謂以邑入齊
使魯有危亡之禍〇焉於虔反成曰善哉吾不早聞命傳言仲尼之徒皆忠於魯國陳成子館客使景伯子贛就館
曰寡君使恆告曰寡君願事君如事衛君言衛與齊同好而魯未肯〇好呼報反景伯揖子贛而
進之對曰寡君之願也昔晉人伐衛在定八年齊爲衛故伐晉冠氏喪車五百在定九年
冠氏陽平館陶縣〇冠如字又古喚反〇因與衛地自濟以西禚媚杏以南書社五百二十五家爲一社籍書而
致之〇濟子禮反禚諸若反吳人加敝邑以亂在八年齊因其病取讙與闡亦在八年寡君是以寒
心若得視衛君之事君也則固所願也成子病之乃歸成病其言也公孫宿以其兵
甲入于嬴嬴齊邑〇嬴音盈〇衛孔圉取大子蒯聵之姊生悝孔圉孔文子也蒯聵姊孔伯姬〇圉魚呂反蒯
苦怪反聵魚怪反悝苦回反孔氏之豎渾良夫長而美孔文子卒通於內通伯姬〇渾戸門反長丁丈反又如

字大子在戚孔姬使之焉使良夫詣大子所○使之所吏反又如字○大子與之言曰苟使我入獲國服冕乘軒三死無與冕大夫服軒大夫車三死死罪三○無與音預與之盟為請於伯姬良夫為大子請閏月良夫與大子入舍於孔氏之外圃圃園○圃布五反昏二人蒙衣而乘二人大子與良夫蒙衣為婦人服也○乘繩證反下及注同寺人羅御如孔氏孔氏之老欒寧問之稱姻妾以告自稱昏姻家妾○欒力丸反姻音因遂入適伯姬氏既食孔伯姬杖戈而先大子與五人介輿豭從之介被甲輿豭豚欲以盟○杖直亮反又音丈豭音加被皮寄反【疏】輿豭○正義曰豭是豕之牡者傳稱諸侯盟誰執牛耳則盟當用牛此用豕者鄭玄云人君用牛伯姬迫孔悝以豭下人君耳然則蒯聵自謀取國寧復降下人君於時迫促難得牲耳牲不備牛如孟任割臂以盟莊公楚昭王割子期之心以盟隨人此及明年大子疾輿豭為盟皆臨時偪切難以禮論也迫孔悝於廁強盟之孔氏專政故劫孔悝欲令逐輒○迫孔悝本又作叔悝廁初吏反強其丈反劫居業反令力呈反遂劫以登臺欒寧將飲酒炙未熟聞亂使告季子季子子路也為孔氏邑宰○炙章夜反下同【疏】注季子至邑宰○正義曰論語稱子路為季路則字季故呼為季子也使告季子則季子在外下云食焉不辟其難是食孔氏之祿故知為孔氏邑宰召獲駕乘車召獲衛大夫駕乘車言不欲戰○召上照反注同行爵食炙奉衛侯輒來奔季子將入遇子羔將出子羔衛大夫高柴孔子弟子將出奔【疏】召獲至食炙○正義曰丘明為傳雖詳於當時而此太煩碎計欒寧飲酒無可記錄又此句顛倒辭義不允若倒此一句則上下各自相連當是後來誤耳曰門已閉矣季子曰吾姑至焉且欲至門

子羔曰弗及不踐其難言政不及己可不須踐其難○難乃旦反注及下皆同季子曰食焉不辟其難謂食孔氏祿【疏】子羔至辟其難○正義曰子羔謂季子將欲救君故言政不及己不當踐其難季子欲救孔悝故言食其祿焉不辟其難子羔遂出子路入及門公孫敢門焉守門曰無入爲也。言輒已出無爲復入○復扶又反季子曰是公孫。求利焉而逃其難由不然利其祿必救其患有使者出乃入因門開而入○使所吏反曰大子焉用孔悝雖殺之必或繼之言己必繼孔悝爲難攻大子○焉於虔反且曰大子無勇若燔臺半必舍孔叔大子聞之懼下石乞盂黶敵子路二子蒯聵黨敵當也○燔音煩舍音捨又如字盂音于黶於減反以戈擊之斷纓子路曰君子死冠不免不使冠在地○斷丁管反結纓而死孔子聞衛亂曰柴也其來由也死矣孔悝立莊公。莊公蒯聵也莊公害故政欲盡去之故政輒之臣○去起呂反先謂司徒瞞成曰寡人離病於外久矣子請亦嘗之歸告褚師比欲與之伐公不果比褚師聲子爲明年瞞成奔起○瞞莫干反褚中呂反

附釋音春秋左傳注疏卷第五十九

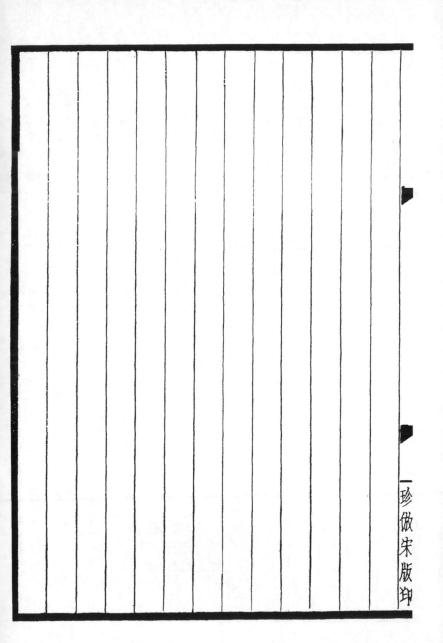

春秋左傳注疏卷五十九校勘記　阮元撰盧宣旬摘錄

附釋音春秋左傳注疏卷第五十九　哀十二年盡十五年宋本春秋左傳正義卷第三十六

〔經十二年〕

橐皋在淮南逡遒縣東南　郡國志逡作浚

廣陵海陵縣東南有發繇亭　宋本岳本足利本亭作口淳熙本亭字改刊初刻似亦作口也

是歲置閏　宋本淳熙本岳本纂圖本閩本監本毛本歲下有應字是也

司曆誤一月　宋本一作十非也

〔傳十二年〕

注諱娶至宋女　宋本以下正義三節總入孔子與弔節注下

宋是子姓長女字孟　重脩監本字孟誤音盡

籍小君之尊　浦鏜正誤籍作藉

故與弔也　纂圖本監本毛本與作為非也

季孫不服喪　纂圖本閩本監本毛本孫誤氏

又世家又諸書監本毛本下又字作及宋本同是也宋本諸作語非
君之母妻則不名也宋本不名作小君與儀禮喪服傳合
謂老苦有廢疾而致仕者也宋本苦作若案廢疾之廢當作癈
孔子不得服弔服宋本上服字誤成
大夫之弔服弁經諸本作弁此本誤牟今改正
纏而不糾也宋本糾作以非
或弔者先拜此本或字模糊依宋本改閩本監本毛本誤成
若可尋也諸本作尋儀禮有司徹篇鄭注引作燖俗字
注尋重也寒歇也宋本以下正義四節總入從之固矣注下
子羽衛大夫岳本夫下有也字
則三國私盟考文三作二誤
而藩其君舍以難之諸本作藩此本誤籓今改
子盍見大宰石經宰下有嚭字

十月之昏則伏矣 此本矣字模糊據宋本改閩本監本毛本作火誤也

則是夏九月 宋本九作十是也

言諸儒皆以爲時 此本時字模糊據宋本補閩本監本毛本作冬

隙地閒田 宋本岳本閒作閑釋文云閑田一本作閑地

鍚 石經宋本岳本纂圖本閩本監本毛本錫作鍚是也下同監本鄭取錫誤鄭取錫

十二月鄭罕達救嵒丙申圍宋師也 石經二字以下十字皆改刻因初刻脫月字

更具列其月以爲別者 淳熙本具作其非也

明傳文無較例 重脩監本較誤較

（經十三年）

七年會吳于鄫 重脩監本鄫誤鄭

見于旦也 宋本同與公羊傳合閩本監本毛本于作乎

（傳十三年）

空虛之名不有 岳本足利本名字作各按各是也各不有者宋鄭皆不有之如子產所約也

越子伐吳爲二隧 顧炎武云隧即古隊字按傳文隊多訓爲道隊乃古之墜字絕不相涉今俗語謂衆若干爲一隊則非古人語言

不可以見讎而弗殺也 石經弗字改刻初刻誤不

自剄七人於幕下 淳熙本幕誤募

吳爲大伯後 淳熙本爲誤後

趙鞅至知也 宋本以下正義十二節總入注文終伍員之言之下

乃令董褐請事 宋本閩本監本毛本作董此本誤蕫下同今改正

則晉成爲伯矣 石經矣字以下至卷末皆殘缺

七年傳 宋本傳作使

有事於上帝先王 正義曰周之十月非祭上帝先公之時則先王似當作先公惜石經殘缺無以正之

言吳士不恤下 毛本士作主亦誤宋本淳熙本岳本足利本士作王是也

軍中不得出粮與人 閩本監本毛本粮作糧案糧粮古今字

穀以秋孰 閩本監本毛本孰作熟

言欲致餅幷致飲也 宋本餅作飯案盧文弨校云餅乃餅之訛見桓二年釋文餅飰皆同飯

吳所營軍之房 宋本房作旁是也監本毛本誤方

〔經十四年〕石經春秋經傳集解哀下第卅岳本哀下有公字並盡廿七年

音中鐘呂 閩本監本毛本鐘作鍾

案此時去漢二百七十有餘年矣 監本毛本二作三非也續漢志云獲麟至漢二百七十五歲李銳云下三百許歲亦二百之誤

頼容等 宋本監本毛本頼作賴非

子爾不言 宋本監本毛本子作了是也今依改

齊陳恆執其君寘于舒州 惠棟云史記齊世家云田常執簡公于徐州司馬貞曰徐字从人說文作郤並音舒戰國策齊一篇曰楚成王戰勝于徐州高誘曰徐州或作舒州是時徐屬齊案徐舒古字通

陳宗豎出奔楚 諸本作豎此本誤登今改正

莒子狂卒 石經宋本淳熙本岳本狂作狅與葉抄釋文合案錢大昕云考古字書無狅字

〔傳十四年〕

注大野至商名 宋本以下正義三節總入仲尼觀之曰節注下

鉅訓大也閩本監本毛本作鉅此本誤臣今改正宋本作巨案作巨者是

棄郭外宋本郭上有之字

取公羊之說飾之宋本飾作節是也

季氏之墳羊監本毛本墳作羵

盟諸陳於陳宗宋本以下正義五節總入注文悔不誅陳氏之下

使爲臣他日石經臣他二字改刊因初刻誤倒也

廩邱子意茲宋本岳本纂圖本閩本監本毛本廩作廪

芒子盈宋本岳本纂圖本毛本作芒子盈山井鼎云或作子芒盈非

素在內淳熙本在誤任

子我歸屬徒攻闈與大門石經歸下有帥字衍文也屬之欲反屬則不必更言帥矣

子方取道中行人車監本毛本人誤入

知其矯命釋文矯作撟云本又作矯詳釋文校勘記

左師每食擊鍾聞鍾聲石經宋本岳本纂圖本毛本鍾作鐘

注主迹禽獸者宋本以下正義三節總入吳人惡之節注下

逢澤有介麇焉釋文亦作麇云本又作麋石經宋本淳熙本作麋案王應麟困學紀聞昭十四年正義引並作麋逢作逄非

言逢澤在熒陽纂圖本監本毛本熒誤作榮齊召南云熒陽二字似衍文案漢志本文開封逢池在東北或曰宋之逢澤也漢時開封屬河南郡晉始屬熒陽郡似不得以晉時郡名混入漢志也

開封縣逢澤在東北案漢書地理志澤作池

梁惠王廢逢忌之藪案漢志廢作發

今浚儀縣有逢忌陂是也案漢志逢忌陂作逢陂忌澤

牙璋琢以爲牙宋本琢作瑑是也

臣之罪大淳熙本臣誤氏

司馬牛致其邑與珪焉此本與珪二字實缺據石經及諸刻本補

公文氏攻之此本文氏二字實缺依石經及諸刻本補

錄其卒葬所在此本錄字實缺據諸本補

袒免哭于衢淳熙本袒誤祖

〔經十五年〕

齊高無丕出奔北燕 監本丕誤平下同

〔傳十五年〕

遂城輸 此本城字實缺據石經及諸刻本補

宣城廣德縣 諸本作廣此本實缺今補正

聘禮至將命 宋本以下正義二節總入注文傳言芋尹蓋知禮之下

聘禮文也 此本文字實闕閩本同據宋本監本毛本補

深以折之 此本折字實缺據宋本補閩本監本毛本作辯

荐伐吳國 毛本荐作薦非注同

大命隕隊 石經纂圖本閩本監本毛本隊作墜俗字

絶世猶言棄世 纂圖本閩本監本毛本下世字誤也

以共具殯斂所積聚之用 淳熙本殯誤隮

事死如事生禮也 宋本岳本無下事字石經初刻有後刊去

朝聘道死以尸行事　岳本道上有而字死下有則字纂圖本閩本監本毛本死作使非也

又云聘遭喪入竟則遂也　監本毛本遭作禮非也

無穢虐士　淳熙本虐作虛大謬

而有背人之心　石經而下旁有子字非唐刻也本或作人皆臣人子有背人之心

曰人至貳乎　宋本至下有不字此節正義在公孫宿以其節注下

令公孫成而有背人之心　宋本閩本監本毛本令作今是也

自稱昏姻家妾　纂圖本閩本監本毛本昏作婚

輿猳　宋本以下正義四節總入先謂司徒節注下

課得牲耳　監本毛本課作難

若倒此一句　宋本一作二

子羔至辟其難　宋本無辟字

曰無入爲也　淳熙本也誤出

是公孫也　宋本淳熙本岳本纂圖本毛本孫下有也字石經此行雖殘缺然自無入爲也也字起至求利焉利字止計十字亦必有也字也

莊公蒯聵也諸本作瞶此本誤晧今改正

春秋左傳注疏卷五十九校勘記

附釋音春秋左傳注疏卷第六十 哀十六年盡二十七年

杜氏注　孔穎達疏

經十有六年春王正月己卯衛世子蒯聵自戚入于衛衛侯輒來奔書此春皆從告○二月衛子還成出奔宋即瞞成○還音旋○夏四月己丑孔丘卒仲尼既告老去位猶書卒者魯之君臣宗其聖德殊而異之魯襄二十二年生至今七十三也四月十八日乙丑無己丑己丑五月十二日日月必有誤○孔子卒孔子作春秋終於獲麟之一句公羊穀梁經是也弟子欲記聖師之卒故採魯史記以續夫子之經而終於此丘明因隨而作傳終於哀公從此已下無復經矣魯襄二十二年生至今七十三也本或作魯襄二十三年生至今七十二則與史記孔子世家異此本非也

疏注仲尼至有誤○正義曰魯臣見爲卿乃書其卒致事而卒猶尚不書仲尼書卒者魯之君臣宗其聖德殊而異之故特命史官使書其卒耳孔子世家云魯襄公二十二年而孔子生孔子年七十三以魯哀公十六年四月己丑卒杜自以長曆校之四月十八日有乙丑無己丑己丑乃是五月十二日也日月必有誤者劉炫云春秋之例卿乃書卒縱令仲尼不告老例不合書而杜云告老去位猶書卒非也今知不然者案周禮典命云公侯伯之卿三命大夫再命仲尼爲魯大夫夾谷之會攝相事十一年傳云子爲國老是大夫尊者則二命以上準例合書故杜爲此注或可杜爲抑揚之辭以爲仲尼縱未去位例不合書告老去位猶書卒者欲明魯之君臣宗其聖德之甚劉不尋杜旨以爲例不合書而規杜過非也

傳十六年春瞞成褚師比出奔宋欲伐莊公不果而奔衛侯使鄢武子告于周武子衛大夫肸也○

鄍於虔反肸許乙反曰蒯聵得罪于君父君母逋竄于晉晉。以王室之故不棄兄弟寘諸河上河上戚也○逋布吳反竄七亂反寘之豉反天誘其衷獲嗣守封焉使下臣肸敢告執事王使單平公對曰肸以嘉命來告余一人往謂叔父余嘉乃成世復爾祿次敬之哉繼父之世還居君之祿次○衷音忠單音善余嘉乃成世絕句方天之休言天方。授爾以休○休音許虯反注及下同美也弗敬弗休悔其可追傳終蒯聵之事○夏四月己丑孔丘卒公誄之曰旻天不弔不憖遺一老俾屏余一人以在位仁覆閔下故稱旻天弔至也憖且也俾使也屏蔽也○誄力軌反說文云諡也旻亡巾反弔如字又音的憖魚覲反俾必爾反屏必領反煢煢。余在疚。嗚呼哀哉尼父無自律疚病也律法也言喪尼父無以自爲法○煢求營反疚久又反父音甫喪息浪反

疏公誄至自律○正義曰周禮大祝掌作六辭以通上下親疏遠近六曰誄鄭衆曰誄謂積累生時德行以賜之命主爲其辭鄭引此傳是爲賜命之辭也鄭玄禮記注云誄累也累列生時行迹讀之以作諡此傳唯說誄辭不言作諡傳記羣書皆不載孔子之諡蓋唯累其美行示己傷悼之情而賜之命耳不爲之諡故書傳無稱焉至漢王莽輔政尊尚儒術封孔子後爲褒成侯追諡孔子爲褒成宣尼君明是舊無諡也鄭玄禮注云尼父因。且字以爲之諡謂諡孔子爲尼父鄭玄錯讀左傳云以字爲諡遂復妄爲此解

子贛曰君其不沒於魯乎夫子之言曰禮失則昏名失則愆失志爲昏失所爲愆生不能用死而誄之非禮也稱一人非名也天子稱一人非諸侯之名○愆起虔反君兩失之。○六月衛侯飲孔悝酒於平陽東郡燕縣東北有平陽亭

○飲於鴆反重酬之大夫皆有納焉納財賄也醉而送之夜半而遣之夜遣者慚負孔悝不欲令人見○令
力呈反載伯姬於平陽而行載其母俱去及西門平陽門使貳車反祏於西圃。使副車還取廟主西
圃孔氏廟所在祏藏主石函○祏音石圃布五反函音咸【疏】注使副。至石函○正義曰少牢饋食大夫之祭禮其祭無主鄭玄祭法注云惟天子諸侯有主
禘祫大夫不禘祫無主耳今孔悝得有主者當特僭為之非禮也鄭玄駁異義云大夫無主孔悝之反祏所出公之主耳案孔氏姞姓春秋時國唯南燕為姞
姓耳孔氏仕於衛朝已歷多世不知本出何國安得有所出公之主也知是僭為之耳子伯季子初為孔氏臣新登于公
升為大夫請追之遇載祏者殺而乘其車子伯殺載祏者許公為反祏。孔悝怪載祏者久不來使公為反逆之○
許公為如字人姓名反本亦作返音同遇之曰與不仁人爭明無不勝不仁人謂子伯季子也明無不勝言必勝○爭爭鬬
之爭必使先射射三發皆遠許為許為射之殪傳言子伯不仁所以死也○射食亦反下同發如字一音廢遠於萬
反殪於計反或以其車從從公為○從才用反又如字注同得祏於櫜中。孔悝出奔宋○櫜音許楚大子
建之遇讒也自城父奔宋在昭十九年○城父音甫又辟華氏之亂於鄭在昭二十年○華戶化反鄭人
甚善之又適晉與晉。人謀襲鄭乃求復焉鄭人復之如初晉人使諜於子木請
行而期焉請行襲鄭之期子木即建也○諜徒協反子木暴虐於其私邑邑人訴之鄭人省之得晉
諜焉遂殺子木其子曰勝在吳子西欲召之葉公曰吾聞勝也詐而亂無乃害

乎葉公子高沈諸梁也○葉始涉反子西曰吾聞勝也信而勇不爲不利舍諸邊竟使衛藩焉使爲藩屛之衛○竟音境下同藩方元反注同葉公曰周仁之謂信周親也率義之謂勇率行也吾聞勝也好復言言之所許必欲復行之不顧道理○好呼報反而求死士殆有私乎私謀復讎復言非信也期死非勇也期必也子必悔之弗從召之使處吳竟爲白公白楚邑也汝陰褒信縣西南有白亭請伐鄭子西曰楚未節也言楚國新復政令猶未得節制不然吾不忘也他日又請許之未起師晉人伐鄭楚救之與之盟勝怒曰鄭人在此讎不遠矣比子西於鄭人勝自厲劍子期之子平見之曰王孫何自厲也曰勝以直聞不告女庸爲直乎將以殺爾父平以告子西子西曰勝如卵余翼而長之以鳥爲喻○女音汝卵來管反長丁丈反楚國第用士之次第○第大細反我死令尹司馬非勝而誰勝聞之曰令尹之狂也得死乃非我言我必殺之若得自死我乃不復成人○復扶又反子西不悛勝謂石乞石乞勝之徒○悛七全反曰王與二卿士二卿士子西子期皆五百人當之則可矣乞曰不可得也五百人不可得曰市南有熊宜僚者若得之可以當五百人矣乃從白公而見之與之言說告之故辭告欲作亂宜僚辭距之○熊音雄宜僚者本或作熊相宜僚相息亮反說音悅承之以劍不動拔劍指其喉○喉音侯勝曰不爲利諂不爲威惕不洩人言以求媚者

去之吳人伐愼白公敗之汝陰愼縣也○不爲于僞反下同諂勅檢反惕他歷反洩息列反又以制反疏勝曰至去之○正義

曰白公告之知必許其爵位而宜僚辭是不爲利而諂也承之以劍欲刺殺之而宜僚不動是不爲威而懼也如此之人必不是漏泄人言以求媚者也言其

必不泄己謀故舍而去之請以戰備獻與吳戰之所得鎧杖兵器皆備而獻之欲因以爲亂○鎧苦代反杖直亮反疏與吳至爲亂○正義

曰服虔云欲陳士卒甲兵如與吳戰時所入獻捷杜以陳列甲兵士卒以入王宮人情所不許豈當時肯聽之故以爲戰時所得鎧杖兵器皆備具獻之所得

既多欲因獻用之以作亂許之遂作亂秋七月殺子西子期于朝而劫惠王子西以袂掩面

而死慚於葉公○劫居業反袂彌世反子期曰昔者吾以力事君不可以弗終抉豫章以殺人。

而後死以效其多力豫章大木○抉烏穴反石乞曰焚庫弒王不然不濟白公曰不可殺王不祥

焚庫無聚將何以守矣乞曰有楚國而治其民以敬事神可以得祥且有聚矣

何患弗從葉公在蔡蔡遷州來楚幷其地○聚才住反下同方城之外皆曰可以入矣子高曰吾

聞之以險徼幸者其求無饜偏重必離險猶惡也所求無饜則不安譬如物偏重則離敗欲須其饜而討之○徼古堯

反饜於豔反聞其殺齊管脩也而後入管脩楚賢大夫故齊管仲之後聞其殺賢知其可討白公欲以子閭爲

王子閭平王子啓五辭王者子閭不可遂劫以兵子閭曰王孫若安靖楚國匡正王室而後

庇焉啓之願也敢不聽從若將專利以傾王室不顧楚國有死不能不能從○庇必利反

又音秘遂殺之而以王如高府高府楚別府石乞尹門爲門尹圉公陽穴宮負王以如昭夫人之宮公陽楚大夫昭夫人王母越女○圉魚呂反葉公亦至及北門或遇之曰君胡不胄國人望君如望慈父母焉盜賊之矢若傷君是絕民望也若之何不胄乃胄而進又遇一人曰君胡胄國人望君如望歲焉歲年穀也○胄直又反日日以幾冀君來○幾音冀本或作冀若見君面是得艾也艾安也○艾魚廢反一音五蓋反民知不死其亦夫有奮心猶將旌君以徇於國旌表也○夫方于反或音扶奮方問反旌音精徇似俊反而又掩面以絕民望不亦甚乎乃免胄而進言葉公得民心遇箴尹固帥其屬將與白公欲與白公○箴之林反子高曰微二子者楚不國矣二子子西子期也柏舉之敗二子功多棄德從賊其可保乎乃從葉公使與國人以攻白公白公奔山而縊其徒微之微匿也○使與國人與羊汝反一本作使與國人如字與謂與廢也縊一賜反微如字匿也爾雅云匿微也匿女力反【疏】注微匿也○正義曰釋詁云匿微也舍人曰匿藏之微也郭璞曰微謂逃藏也左傳曰其微之是也生拘石乞而問白公之死焉對曰余知其死所而長者使余勿言長者謂白公也○拘音俱長丁丈反注同曰不言將烹乞曰此事克則爲卿不克則烹固其所也何害乃烹石乞王孫燕奔頯黃氏燕勝弟○頯黃吳地○烹普庚反燕烏賢反又烏練反頯求龜反舊求悲反諸梁兼二事二事令尹司馬國寧寧安也乃使寧爲令

尹子西之子子國也使寬爲司馬子期之子而老於葉傳終言之○葉始涉反○衛侯占夢嬖人以能占夢見愛○嬖必計反求酒於大叔僖子僖子大叔遺○大叔音泰不得與卜人比而告公曰君有大臣在西南隅弗去懼害託占卜夢而言○比毗志反去起呂反乃逐大叔遺遺奔晉○衛侯謂渾良夫曰吾繼先君而不得其器若之何國之寶器輒皆將去良夫代執火者而言將密謀屏左右曰疾與亡君皆君之子也召之而擇材焉可也召輒若不材器可得也輒若不材可廢其身因得其器豎告大子大子疾大子使五人輿豭從己劫公而強盟之盟求必立己○豭音加強其丈反且請殺良夫公曰其盟免三死盟在十五年曰請三之後有罪殺之公曰諾哉

傳十七年春衛侯爲虎幄於藉圃。於藉田之圃新造幄幕皆以虎獸爲飾○幄於角反幕武博反成求令名者而與之始食焉大子請使良夫以良夫應爲令名○成絕句應應對之應良夫乘衷甸。兩牡衷甸一轅卿車○乘衷甸時證反說文作佃云中也春秋乘中佃一轅車也牡茂后反

疏。注中甸一轅卿車○正義曰甸即乘也四丘爲甸出車一乘故以甸爲名是古者乘甸同也衛侯本許良夫服冕乘軒則衛侯既入良夫爲大夫矣傳特言乘衷甸兩牡則良夫不合乘之故知爲卿車也兵車一轅而二馬夾之其外更有二驂是爲四馬今止乘兩牡而謂之衷乘者衷中也蓋以四馬爲上乘兩馬爲中乘大事駕四小事駕二爲等差故也知大事駕四者異義古毛詩說天子之大夫皆駕四故詩云四牡騑騑周道倭遲是也如今乘輿有大駕中駕小駕爲行之等差也其諸侯大夫士唯駕二無四二十七年陳成子以

乘車兩馬賜顏涿聚之子士喪禮云賵以兩馬是唯得駕兩無上乘也下文大子數之三罪衷甸不在其數而傳言之者積其奢僭多也紫衣狐裘紫衣君服【疏】注紫衣君服○正義曰賈逵云然杜從之紫衣爲君服禮無明文要此云紫衣言良夫不合服之玉藻云玄冠紫緌自魯桓公始也鄭玄云蓋僭宋王者之後服也管子稱齊桓好服紫衣齊人尚之五素而易一紫孔子云惡紫之奪朱蓋當時人主好服紫衣君既服紫則臣不得僭今傳言紫衣爲良夫之罪明紫是君服良夫僭之故言紫衣君服也大夫狐裘非僭言之者爲袒裘張本至袒裘不釋劍而食食而熱故偏袒亦不敬○袒音但【疏】注食而至不敬○正義曰禮裘上有衣謂之裼玉藻云君衣狐白裘錦衣以裼之如此之類皆是裘上之裼衣也裼衣之上乃有朝祭正服裘上有兩衣也如此兩衣襲則二衣皆重之裼則袒正服露裼衣玉藻云裘之裼也見美也君在則裼盡飾也服之襲也充美也然則在君之所於法唯有露裼衣耳無露裘之時今良夫爲食熱之故偏袒其裘則幷裘亦袒是不敬也劍是害物之器不得近至尊故近君則解劍良夫與君食而不釋劍亦不敬也大子使牽以退數之以三罪而殺之三罪紫衣袒裘帶劍【疏】三罪至帶劍○正義曰三者皆偪僭於君故以此爲三罪衷甸僭卿耳比此爲輕知衷甸非也○三月越子伐吳吳子禦之笠澤夾水而陳越子爲左右句卒句卒鉤伍相著別爲左右屯○禦魚呂反下同笠音立夾居恰反陳直覲反句古侯反注同卒子忽反注及下注同著直略反使夜或左或右鼓譟而進吳師分以御。之越子以三軍潛涉當吳中軍而鼓之吳師大亂遂敗之左右句卒爲聲勢以分吳軍而三軍精卒幷力擊其中軍故得勝也○譟素報反幷如字又必政反○晉趙鞅使告于衛曰君之在晉也志父爲主請君若大子來以免志父不然寡君其曰志父之爲也恐晉

君。爲志父教使不。來衛侯辭以難大子又使椓之椓。訴父欲速得其處○難乃旦反椓中角反處昌慮反夏六月趙
鞅圍衛齊國觀陳瓘救衛國觀國書之子○觀工喚反下陳瓘音同得晉人之致師者子玉使服而
見之釋因服服其本服曰國子實執齊柄。而命瓘曰無辟晉師豈敢廢命欲必敵晉○柄彼命反
子又何辱言不須來致師自將往戰簡子曰我卜伐衛未卜與齊戰乃還畏子玉○楚白公之
亂陳人恃其聚而侵楚聚積聚也○聚才住反注及下注邑聚同積子賜反楚既寧將取陳麥楚子問帥
於大師子穀與葉公諸梁子穀曰右領差車與左史老皆相令尹司馬以伐陳
其可使也言此二人皆嘗輔相子西子期伐陳今復可使○帥所類反相息亮反注及下而相國并注同復扶又反子高曰率賤民
慢之懼不用命焉右領左史皆。楚賤官○率所類反本作帥師下同子穀曰觀丁父鄀俘也武王以爲
軍率楚武王○鄀音若俘芳夫反是以克州蓼。服隨唐大啓羣蠻彭仲爽申俘也文王以爲
令尹實縣申息楚文王滅申息以爲縣○蓼本又作鄝音了朝陳蔡封畛於汝開封畛比至汝水○畛之忍反一音貞
唯其任也何賤之有子高曰天命不謟。謟。疑也○謟本又作滔佗刀反令尹有憾。於陳十五年子西伐
吳陳使貞子弔吳以此爲恨○憾本又作感戶暗反天若亡之其必令尹之子是與君盍舍焉舍右領與左史○盍
戶獵反舍音捨又音赦注同臣懼右領與左史有二俘之賤而無其令德也王卜之武城尹

吉武城尹子西子公孫朝○朝如字使帥師取陳麥陳人御之敗遂圍陳秋七月己卯楚公孫
朝帥師滅陳終鄭禆竈言五及鶉火陳卒亡○鶉音純王與葉公枚卜子良以為令尹枚卜不斥言所卜以令龜
子良惠王弟○枚亡杯反沈尹朱曰吉。過於其志志望也葉公曰王子而相國過將何為過相將為
王也他日改卜子國而使為令尹子國寧也○衛侯夢于北宮見人登昆吾之觀衛有觀在
古昆吾氏之虛今濮陽城中○觀音工喚反注同虛去魚反下文同濮音卜被髮北面而譟曰登此昆吾之虛緜緜
生之瓜緜緜瓜初生也良夫善已有以小成大之功若瓜之初生謂使衛侯得國○被皮義反瓜古華反疏衛侯至而譟○正義曰北宮衛侯之
別宮於是衛侯在南宮夢裏身在北宮見人登昆吾之觀被髮北面而譟北宮在昆吾觀北故此人北面向君而叫譟也余為渾良夫叫天
無辜本盟當免三死而并數一時之事為三罪殺之故自謂無辜○并必政反數所主反公親筮之胥彌赦占之赦衛筮史曰
不害與之邑寘之而逃奔宋言衛侯無道卜人不敢以實對懼難而逃也○難乃旦反下文而難作同衛侯貞卜正卜
夢之吉凶其繇曰如魚竀尾竀赤色魚勞則尾赤繇直又反竀勑呈反○衡流而方羊裔焉橫流方羊不能自安裔水
邊言衛侯將若此魚○衡華盲反又如字方蒲郎反注同裔以制反大國滅之將亡闔門塞竇乃自後踰此皆繇辭○闔
戶臘反竇音豆疏其繇至後踰○正義曰杜以魚勞則尾赤方羊不能自安裔焉謂魚至水邊以喻衛侯將如此是賈逵之說杜用之也鄭衆以為魚勞則
尾赤方羊遊戲喻衛侯淫縱杜不然者以此魚喻衛侯詩云魴魚赬尾王室如燬魚勞則尾赤以勞苦之魚比喻衛侯則方羊為勞苦之狀若其方羊是縱恣

之狀何得比勞苦之魚也劉炫以爲卜繇之辭文句相韻以。裔焉二字宜向下讀之知不然者詩之爲體文皆韻句其語助之辭皆在韻句之下即齊詩云俟我於著乎而充耳以素乎而其王詩云君子陽陽左執簧其樂只且之類是也此之方羊與下句將亡自相爲韻。裔焉二字爲助句之辭。且繇辭之例未必皆韻此云闔門塞竇乃自後踰不與將亡爲韻又一薰一猶十年尚猶有臭不與壞公之。揄爲韻是或韻或不韻理無定準劉以爲裔焉大國謂土地遠焉之大國近不辟矣又以方羊爲縱恣之狀而規杜過非也

冬十月晉復伐衛春伐未得志故○復扶又反入其郛將入城簡子曰止叔向有言曰怙亂滅國者無後不欲乘人之衰○向許丈反怙音戶○衛人出莊公而與晉平。晉。立襄公之孫般。師而還十一月衛侯自鄄入般師出辟蒯聵也○般音班下同鄄音絹初公登城以望見戎州戎州戎邑問之以告公曰我姬姓也何戎之有焉言姬姓國何故有戎邑翦之。削壞其邑聚公使匠久久不休息公欲逐石圃石圃衛卿石惡從子○從才用反未及而難作辛巳石圃因匠氏攻公公闔。門而請弗許踰于北方而隊折股終如卜言乃自後踰○隊直類反折之設反股音古戎州人攻之大子疾公子青踰從公青疾弟戎州人殺之公入于戎州己氏己氏戎人姓○己音紀又音杞初公自城上見己氏之妻髮美使髡之以爲呂姜髢呂姜莊公夫人髢髲也○髡苦存反髢大計反又庭計反髲皮義反既入焉而示之璧曰活我吾與女璧己氏曰殺女璧其焉往遂殺之而取其璧衛人復公孫般師而立之十二月齊人伐衛衛人請平

立公子起起靈公子○女音汝下同其爲於虔反執般師以歸舍諸潞潞齊邑○潞音路○公會齊侯盟于蒙齊侯簡公弟平公。敖也蒙在東莞蒙陰縣西故蒙陰城也○平公敖如字一本作鰲五報反又五刀反莞音官孟武伯相齊侯稽首公拜齊人怒武伯曰非天子寡君無所稽首武伯問於高柴曰諸侯盟誰執牛耳執牛耳尸盟者○相息亮反季羔曰鄫衍之役吳公子姑曹季羔高柴也鄫衍在七年○衍以善反發陽之役衛石魋發陽鄖也在十二年石魋石曼姑之子○魋徒回反鄖音云曼音萬武伯曰然則彘也彘武伯名也鄫衍則大國執發陽則小國執據時執者無常故武伯自以爲可執○彘直例反【疏】注彘武至可執○正義曰依禮小國執牛耳武伯得季羔之言以鄫衍則大國執發陽則小國執小國執之既合古典武伯自以魯是小國故云然則彘也杜以傳有小國大國之執故云據時執者無常劉炫以爲小國恆執牛耳何得云執者無常若如劉意季羔直舉發陽何須云鄫衍之役吳公子姑曹橫規杜過非也○宋皇瑗之子。麇瑗宋右師○瑗于眷反麇九師反有友曰田丙而奪其兄劖。般邑以與之劖。般慍而行告桓司馬之臣子儀克克在下邑不與魋。亂故在○劖仕咸反慍紆問反怒也不與音預子儀克適宋告夫人曰麇將納桓氏公問諸子仲子仲皇野初子仲將以杞姒之子非我爲子爲適子杞姒子仲妻姒音似適子丁歷反○麇曰必立伯也伯非我兄是良材子仲怒弗從故對曰右師則老矣不識麇也言右師老不能爲公亂麇則不可知執之執麇皇瑗。奔晉召之召令還○令力呈反

傳十八年春宋殺皇瑗公聞其情復皇氏之族使皇緩為右師言宋景公無常也緩瑗從子○
緩戶管反從才用反【疏】注言宋至從子○正義曰世族譜瑗皇父充石八世孫緩充石十世孫則為從孫非從子二者必有一誤○巴人伐楚
圍鄾鄾楚邑鄾音憂○初右司馬子國之卜也觀瞻曰如志子國未為令尹時卜為右司馬得吉兆如其志觀瞻
楚開卜大夫觀從之後故命之命以為右司馬及巴師至將卜帥王曰寧如志何卜焉寧子國也○帥所類
反使帥師而行請承承佐王曰寢尹工尹勤先君者也柏舉之役寢尹吳由于以背受戈工尹固執燧象奔
吳師皆為先君勤勞○燧音遂為于偽反三月楚公孫寧吳由于薳固敗巴師于鄾故封子國於析
君子曰惠王知志知用其意○薳于委反析星歷反夏書曰官占唯能蔽志昆命于元龜逸書也官
占卜筮之官蔽斷也昆後也言當先斷意後用龜也○蔽必世反斷也注同尚書能作克克亦能也昆命于元龜本依尚書○斷丁亂反下同【疏】夏書至元
龜○正義曰夏書大禹謨之篇也唯彼能作先耳唯先蔽志昆命于元龜孔安國云帝王立卜占之官故曰官占蔽斷昆後也官占之法先斷人志後命於元
龜言志定然後卜也杜雖不見古文其解亦與孔合周禮謂斷獄為蔽獄是蔽為斷也昆後也釋言文其是之謂乎志曰聖人不
煩卜筮惠王其有焉不疑故不卜也○夏衞石圃逐其君起起奔齊齊所立故衞侯輒自齊
復歸逐石圃而復石魋與大叔遺皆蒯聵所逐
傳十九年春越人侵楚以誤吳也誤吳使不為備○夏楚公子慶公孫寬追越師至冥

不及乃還冥越地○冥亡丁反○秋楚沈諸梁伐東夷報越三夷男女及楚師盟于敖從越之夷三種敖東夷地○敖五刀反種章勇反○冬叔青如京師敬王崩故也言敬王能終其世終萇弘言東王必大克叔青叔還子○敬王崩故也案傳敬王崩在此年世本亦爾世族譜云敬王四十二年崩敬王子元王十年春秋之傳終矣據此則敬王崩當在哀公十七年史記周本紀及十二諸侯年表敬王四十二年崩子元王仁立則敬王是魯哀十八年崩也六國年表起自元王乃本紀皆云元王八年崩子定王介立定王元年是魯哀公之二十七年與杜預世族譜爲異又世本云魯哀公二十年是定王介崩子元王赤立則定王之崩年是魯哀二十七年也衆說不同未詳其正也

【疏】注言敬至大克○正義曰自十六年以來經文已終傳無所解當時之事亦不書記所記者爲終竟前事叔青如周計不應錄爲終萇弘之言故錄之耳萇弘言在昭二十三年此叔青如京師自爲敬王崩未知敬王何年崩也史記十二諸侯年表敬王四十一年孔子卒四十三年敬王崩則敬王崩在他年也周本紀云敬王崩子元王立八年崩子定王立六國年表定王元年左傳盡此則傳以定王元年終矣杜世族譜云敬王三十九年魯哀公十四年獲麟之歲也四十二年而敬王崩敬王子元王十年春秋之傳終矣與史記不同者但史記世代年月事多舛錯故班固以文多牴牾謂此類也案世本敬王崩貞王介立貞王崩元王赤立宋忠注引太史公書云元王仁生貞王介與世本不相應不知誰是則宋忠不能定也又帝王世紀敬王三十九年春秋經終四十四年敬王崩子貞定王立貞定王崩子元王立是世本與史記參差不同良以書籍久遠事多紕繆故杜違史記亦何怪焉劉炫以杜與史記不同而規其過未知劉意能定與否

傳二十年春齊人來徵會夏會于廩丘爲鄭故謀伐晉十五年晉伐鄭○廩力甚反爲于僞反下爲降

同鄭人辭諸侯秋師還（終叔向言晉公室卑）○吳公子慶忌驟諫吳子曰不改必亡弗聽（吳子弗聽）出居于艾（艾吳邑豫章有艾縣○艾五蓋反）遂適楚聞越將伐吳冬請歸平越遂歸欲除不忠者以說于越吳人殺之（言其不量力○說如字又音悅）○十一月越圍吳趙孟降於喪食（趙孟襄子無恤時有父簡子之喪）楚隆曰三年之喪親暱之極也主又降之無乃有故乎（楚隆襄子家臣○暱女乙反）趙孟曰黃池之役先主與吳王有質（黃池在十三年先主簡子質盟信也○質如字）曰好惡同之今越圍吳嗣子不廢舊業而敵之（嗣子襄子自謂欲敵越救吳）非晉之所能及也吾是以爲降楚隆曰若使吳王知之若何趙孟曰可乎隆曰請嘗之（嘗試也）乃往先造于越軍曰吳犯間上國多矣聞君親討焉諸夏之人莫不欣喜唯恐君志之不從請入視之許之告于吳王曰寡君之老無恤使陪臣隆敢展謝其不共（展陳也○造之到反間間廁之閒夏戶雅反共音恭）黃池之役君之先臣志父得承齊盟曰好惡同之今君在難無恤不敢憚勞非晉國之所能及也使陪臣敢展布之王拜稽首曰寡人不佞不能事越以爲大夫憂拜命之辱與之一簞珠（簞小笥○難乃旦反簞音丹笥終嗣反）

【疏】注簞小笥○正義曰鄭玄曲禮注云簞笥盛飯食者圓曰簞方曰笥宣二年趙盾見餓人爲之簞食注云簞笥也不言小此言小笥者以盛珠之器不宜與盛飯器同故

云小耳使問趙孟問遺也○遺唯季反曰勾踐將生憂寡人寡人死之不得矣王曰溺人必
笑吾將有問也以自喻所問不急猶溺人不知所爲而反笑○勾古侯反溺乃歷反史黯何以得爲君子晉史黯云不及
四十年吳當亡吳王感問此也○黯於減反對曰黯也進不見惡時行則行退無謗言時止則止○謗博浪反【疏】對曰
至謗言○正義曰爲時所用進在朝廷言行無愆不見怨惡言人無惡之者時所不用退歸私室則無誹謗之言故得君子之名也杜解進退之由由時可行
則行故有進時可止則止故有退時易艮象曰艮止也時止則止時行則行動靜不失其時其道光明言史黯行如此也王曰宜哉
傳二十一年夏五月越人始來越既勝吳欲霸中國始遣使適魯○使所吏反○秋八月公及齊侯邾
子盟于顧。齊人責稽首。責十七年齊侯爲公稽首不見荅齊地○爲于僞反年末及注同因歌之曰魯人之皋
數年不覺使我高蹈皋緩也高蹈猶遠行也言魯人皋緩數年不知荅齊稽首故使我高蹈來爲此會○皋古刀反數所主反注同覺音
角又古孝反蹈徒報反【疏】注皋緩至此會○正義曰士喪禮始死復魂之辭云皋某復鄭玄云皋長聲也皋者緩聲而長引之是皋爲緩也高蹈高舉足
而蹈地故言猶遠行也此盟于顧顧是齊地行不出竟而言遠者止爲魯不稽首而爲此會雖近猶恨故以遠言之耳唯其儒書以爲二
國憂二國齊邾也言魯據。用禮不肯荅稽首令齊邾遠至○令力呈反是行也公先至于陽穀先期至也○先悉薦反齊
閭丘息曰君辱舉玉趾以在寡君之軍息閭丘明之後羣臣將傳遽以告寡君比其復
也君無乃勤爲僕人之未次次舍也○傳中戀反遽其據反比必利反請除館於舟道舟道齊地辭曰敢

勤僕人不敢勤齊僕爲魯除館

傳二十二年夏四月邾隱公自齊奔越曰吳爲無道執父立子越人歸之大子革奔越邾隱公八年爲吳所囚十年奔齊疏太子革奔越○正義曰革爲邾君十餘年矣仍稱爲太子者承其父歸之下故繫父言之○冬十一月丁卯越滅吳請使吳王居甬東甬東越地會稽句章縣東海中洲也○甬音勇會古外反稽古兮反句九具反如淳音拘韋昭亦音恂洲音州水中可居曰洲辭曰孤老矣焉能事君乃縊越人以歸以其尸歸終。史墨子胥之言。也○焉於虔反縊一賜反疏越滅至以歸○正義曰吳語說此事云越師入吳國圍王宮吳王懼使人行成越王曰昔天以越賜吳而吳不受今天以吳賜越孤敢不聽天之命而聽君之命乎乃不許成因使告吳王曰以民生之不長王其無死寡人其達王於甬句東夫婦三百唯王所安以沒王年夫差辭曰孤之身實失宗廟社稷凡吳土地人民越既有之孤何以視於天下夫差將死使人告於子胥曰使死者無知則已矣若有知也吾其何面目以見員也遂自殺

傳二十三年春宋景曹卒景曹宋元公夫人小邾女季桓子外祖母疏注景曹至祖母○正義曰宋景曹者宋景公之母姓曹氏也昭二十五年傳云季公若之姊爲小邾夫人生宋元夫人生子以妻季平子此曹是平子之妻母故爲桓子外祖母也今康子是桓子之子父之外祖母卒故使冉有弔且送葬婦人多以姓繫夫此以景公見在遣弔景公故繫其子小邾曹姓故稱景曹季康子使冉有弔且送葬曰敝邑有社稷之事使肥與有職競焉肥康子名競遽也○與音預是以不得助執紼使求從輿人求冉有名輿衆也○紼音弗輿音餘曰以肥之得備彌甥也彌遠也康子父之舅氏故稱彌甥疏注彌遠至彌甥○正

義曰彌者增益之義故爲遠也釋親云母之昆弟爲舅謂我舅者吾謂之甥季
桓子爲景公之甥景公爲康子父之舅氏也桓子於景公爲親甥故康子致辭
於景公自以爲彌遠之甥有不腆先人之產馬。使求薦諸夫人之宰薦進也○薦進典反其可以稱旌
繁乎稱舉也繁馬飾繁纓也終樂祈之言政在季氏○繁步干反注同○夏六月晉荀瑤伐齊荀瑤荀躒之孫知伯襄子○知
音智高無㔻帥師御之知伯視齊師馬駭遂驅之曰齊人知余旗其謂余畏而反
也及壘而還將戰長武子請卜武子晉大夫○御魚呂反壘力軌反知伯曰君告於天子而卜之
以守龜於宗祧吉矣吾又何卜焉且齊人取我英丘君命瑤。非敢耀武也治英
丘也治齊取英丘○守手又反祧他彫反以辭伐罪足矣何必卜壬辰戰于犂丘。犂丘隰也○隰音習本亦作濕
齊師敗績知伯親禽顏庚顏庚齊大夫顏涿聚○涿丁角反○秋八月叔青如越始使越也越
諸鞅來聘報叔青也○始使所吏反

傳二十四年夏四月晉侯將伐齊使來乞師曰昔臧文仲以楚師伐齊取穀在僖
二十六年宣叔以晉師伐齊取汶陽在成二年○汶音問寡君欲徼福於周公願乞靈於臧氏
以臧氏世勝齊故欲乞其威靈○徼古堯反臧石帥師會之取廩丘石臧賓如之子軍吏令繕。將進晉軍吏也繕治
戰備○繕市戰反萊章曰君卑政暴萊章齊大夫○萊音來往歲克敵禽顏庚。也今又勝都取廩丘天奉

多矣又焉能進。是躗言也。躗過也○奉扶用反焉於虔反躗戶快反謂過謬之言服云偽不信言也字林作躛云夢言意不慧也音于例反【疏】注躗過也○正義曰服虔云躗偽不信也注云躗過謬言也俱是不實之義各自以意訓耳役將班矣。晉師乃還。餼臧石牛生曰餼○餼許器反大史謝之晉大史○大音泰注同曰以寡君之在行在。車行。間牢禮不度不如禮度敢展謝之終臧氏有後於魯○邾子又無道越人執之以歸終子贛之言而立公子何何亦無道何大子革弟○公子荊之母嬖○荊哀公庶子嬖必計反將以為夫人使宗人釁夏獻其禮宗人禮官也○釁許靳反夏戶雅反對曰無之公怒曰女為宗司立夫人國之大禮也何故無之對曰周公及武公娶於薛武公敖也○女音汝娶七住反下同孝惠娶於商孝公稱惠公弗皇商宋也○孝惠娶於商定公名宋是哀公之父故釁夏為諱而稱商也○稱尺證反又如字自桓以下娶於齊桓公始娶文姜此禮也。則有若以妾為夫人則固無其禮也。公卒立之。而以荊為大子。國人始惡之惡公○惡烏路反注同○閏月公如越得大子適郢適郢越王大子得相親說也○郢以井反適郢越王勾踐大子名說音悅將妻公而多與之地公孫有山使告于季孫季孫懼使因大宰嚭而納賂焉乃止嚭故吳臣也季孫恐公因越討己故懼○妻七計反嚭普美反賂音路

傳二十五年夏五月庚辰衞侯出奔宋衞侯輒也【疏】衞侯出奔宋○正義曰服虔云此下但有適城鉏以鉤越無奔

宋之事其說未聞今杜云城鉏近宋邑蓋衛侯出近宋。境似欲奔宋衛人以奔宋告也 衛侯爲靈臺于藉。圃與諸大夫飲酒焉褚師聲子韈而登席古者見君解韈○圃布五反褚張呂反韈亡伐反足衣也見賢徧反公怒辭曰臣有疾異於人足有創疾創初羊反○若見之君將㱿。之㱿嘔吐也○㱿許角反又許各反嘔於口反吐他故反是以不敢不敢解。韈公愈怒大夫辭之不可共辭謝公公不可解褚師出公戟其手。抵。徒手屈肘如戟形○抵音細肘女九反曰必斷而足聞之褚師與司寇亥乘曰今日幸而後亡恐死以得亡爲幸○公斷丁管反乘時證反之入也奪南氏邑南氏子南之子公孫彌牟而奪司寇亥政公使侍人納公文懿子之車于池。懿子公文要公有怨使人投其車于池水中○要一遙反初衛人翦。夏丁氏在十一年夏戶雅反○以其帑賜彭封彌子彭封彌子彌子瑕○帑音奴彌子飲公酒納夏戊之女嬖以爲夫人其弟期大叔疾之從孫甥也期夏戊之子姊妹之孫爲從孫甥與孫同列○飲於鴆反大音泰從如字又才用反注同疏注期夏至同列○正義曰期是夏戊之子戊是大叔。疾之甥期爲大叔疾姊妹之孫也姊妹之子爲甥姊妹之孫與己之孫尊卑同列男子謂兄弟之孫爲從孫故謂姊妹之孫爲從孫甥少。畜。於公以爲司徒夫人寵衰期得罪公使三匠久公使優狡盟拳彌優狡俳優也拳彌衛大夫使俳優盟之欲。恥辱也○少詩照反優音憂狡古卯反拳音權俳皮皆反而甚近信之故褚師比。韈登席者○近附近之近下注皆同公孫彌牟喪邑者○喪息浪反公文要失車者司寇亥奪政者司徒期因三匠與拳彌以作亂

皆執利兵無者執斤斤工匠所執使拳彌入于公宮信近之故得入而自大子疾之宮譟以
攻公鄄子士請禦之鄄子士衛大夫○譟素報反鄄音絹禦魚呂反後倣此彌援其手曰子則勇矣將若
君何言不可救○援音袁不見先君乎君何所不逞欲先君蒯聵也亂不速奔故爲戎州所殺欲令早去○令力呈反且
君嘗在外矣豈必不反當今不可衆怒難犯休而易間也乃出將適蒲蒲近晉邑○易
以豉反間間廁之間下注內間爲君間皆同彌曰晉無信不可將適鄄鄄齊晉界上邑彌詐不知謀故公信之彌曰齊
晉爭我不可將適泠泠近魯邑○泠力丁反彌曰魯不足與請適城鉏城鉏近宋邑○鉏仕居反以鉤
越越有君宋南近越轉相鉤牽○鉤古侯反本或作拘同注同乃適城鉏彌曰衛盜不可知也請速自我
始乃載寶以歸欺衛君言君以寶自隨將致衛盜請速行已爲先發而因載寶歸衛也公爲支離之卒支離陳名○卒又忽
反陳直覲反因祝史揮以侵衛揮衛祝史○揮音暉衛人病之懿子知之知揮爲內間見子之子之公孫
彌牟文子也請逐揮文子曰無罪懿子曰彼好專利而妄妄不法○好呼報反夫見君之入也
將先道焉若見君有入勢必道助之○道音導注下同若逐之必出於南門而適君所雖知其爲君間不審察私
共評之○評音平又音病夫越新得諸侯將必請師焉揮在朝使吏遣諸其室難而逐之先逐其家○難
乃旦反揮出信弗內再宿爲信○內如字又音納五日乃館諸外里外里公所在遂有寵使如越請

師請師伐衛求入○六月公至自越前年行今還季康子孟武伯逆於五梧魯南鄙也○梧音吾郭重僕爲公僕○重直龍反又直用反見二子曰惡言多矣君請盡之二子不臣之言甚多欲使公盡極以觀之公宴於五梧。武伯爲祝祝上壽酒○祝之六反又之又反注同上時掌反壽音授又音受惡郭重曰何肥也訾毀其貌○惡烏路反訾音紫季孫曰請飲彘也飲罰。也○飲於鴆反注同以魯國之密邇仇讎臣是以不獲從君克免於大行又謂重也肥言重隨君遠行劬勞不宜稱肥○從才用反又如字劬其俱反公曰是食言多矣能無肥乎以激三桓之數食言○激古歷反數所角反○飲酒不樂公與大夫始有惡爲二十七年公孫邾起○樂音洛孫音遜本又作遜

傳二十六年夏五月叔孫舒帥師會越皐如后。庸宋樂茷納衛侯舒武叔之子文子也皐如后庸越大夫樂茷宋司城子納。衛侯輒也○茷扶廢反文子欲納之懿子曰君愎而虐少待之必毒於民愎。狠也○愎皮逼反狠胡懇反乃睦於子矣。民。睦師侵外州大獲越納輒之師出禦之大敗衛師敗掘。褚師定子之墓焚之于平莊之上定子。褚。師。比之。父也平莊陵名也○掘卒勿反又其月反本或作猾胡忽反文子使王孫齊私於皐如齊衛大夫王孫賈之子昭子也曰子將大滅衛乎抑納君而已乎皐如曰寡君之命無他納衛君而已文子致。衆。而問焉曰君以蠻夷伐國國幾亡矣請納

之衆曰勿納曰彌牟亡而有益請自北門出欲以。觀。衆心○幾音譏又音機衆曰勿出重賂越

人申開守陴而納公申重也開重門而嚴設守備欲以恐公使不敢入○陴毗支反重直龍反下同守手又反恐立勇反公不敢

入師還立悼公。悼公蒯聵庶弟公子黚也○黚低廉反疏。注悼公至黚也○正義曰衛世家謂輒爲出公。季父黚殺出公。子而自立是爲

悼公南氏相之以城鉏與越人公曰期則爲此司徒期也○相息亮反疏以城。至。爲。此○正義曰衛侯先居城

鉏以兵侵衛衛人申開守陴衛侯不敢入退還城鉏衛人得以城鉏與越者衛人賂遺於越。雖公所在亦以與之令苟有怨於夫人者

報之夫人期姊也怒期而不得加戮故勑宮女令苦困期姊○令力呈力注同司徒期聘於越爲悼公聘○爲于僞反公攻而

奪之幣期告王越王也王命取之期以衆取之公怒殺期之甥之爲大子者忿期而及

其姊爲夫人者遂復及夫人之子○復扶又反遂卒于越終言之也終效夷言死于夷○宋景公無子取公孫周之

子得與啓畜諸公宮周元公孫子高也得昭公也啓得弟畜養也疏。注周元至養也○正義曰宋世家云景公卒公子得殺大子而

自立是爲昭公昭公者元公之曾孫也昭公父公孫糾糾父公子。褍。秦。褍秦卽元公小子也景公殺昭公父糾故昭公怨賊殺大子而自立其說殺昭公得

立之所由與此不合亦以得爲昭公也未有立焉於是皇緩爲右師皇非我爲大司馬皇懷爲司

徒皇懷非我從昆弟○俾才用反靈不緩爲左師不緩子靈圍龜之後樂茷爲司城茷樂溷之子○溷戶門反又戶困反樂

朱鉏爲大司寇朱鉏樂輓之子○鉏仕居反輓音晚六卿三族降。聽政。三族皇靈樂也降和同也因大尹以達

大尹近官有寵者六卿因之以自通達於君 大尹常不告而以其欲稱君命以令 不告君也 國人惡之司
城欲去大尹左師曰縱之使盈其罪 盈滿也○惡烏路反下注惡其同去起呂反 重而無基能無敝
乎 言。勢重而無。德以爲基必。叛也 冬十月公游于空澤 空澤宋邑 辛巳卒于連中 連中館名○連如字又音輦 大
尹與空澤之士千甲 甲士千人○與如字輿廢也或作輿字非 奉公自空桐入如沃宮 奉公尸也梁國虞縣東南
有地名空桐沃宮宋都內宮名○沃烏毒反 使召六子曰聞下有師君請六子畫 畫計策○畫音獲 六子至
以甲劫之曰君有疾病請二三子盟乃盟于少寢之庭曰無爲公室不利大尹
立啓奉喪殯于大宮三日而後國人知之司城茷使宣言于國曰大尹惑蠱其
君而專。其利令。君無疾而死死又匿之是無他矣。大尹之罪也 言大尹所弒○劫居業反少詩
照反下注同大宮音泰蠱音古匿女力反弒音申志反 得夢啓北首而寢於盧門之外 盧門宋東門北首死象。盧門外失國
也○首手又反注同【疏】注北首死象○正義曰禮運云死者北首生者南鄉故以北首爲死象 已爲烏。而集於其上咮加於
南門尾加於桐門曰余夢美必立 桐門北門○咮張又反烏口 大尹謀曰我不在盟 少寢庭但以君
命盟六卿大尹不盟 無乃逐。我復盟之乎使祝爲載書六子在唐盂 地名○復扶又反盂音于 將盟之
祝襄以載書告皇非我 襄祝名 皇非我因子潞 子潞樂茷○潞音路 門尹得 樂得 左師謀曰民

與我逐之乎皆歸授甲使徇于國曰大尹惑蠱其君以陵虐公室與我者救君者也衆曰與之大尹徇曰戴氏皇氏將不利公室○戴氏即樂氏○徇似俊反與我者無憂不富衆曰無別惡其號令與君無別○別彼列反注同戴氏皇氏欲伐公公謂啓樂得曰不可彼以陵公有罪我伐公則甚焉使國人施于大尹施罪於大尹大尹奉啓以奔楚乃立得司。城爲上卿盟曰三族共政無相害也○衞出公自城鉏使以弓問子贛且曰吾其入乎子贛稽首受弓對曰臣不識也私於使者曰昔成公孫。於陳僖二十八年衛成公奔楚遂適陳○使者所吏反孫音遜本亦作遜下注除孫字皆同甯武子孫莊子爲宛濮之盟而君入。在。僖二十八年○甯乃定反宛於阮反濮音卜獻公孫於衞。齊在襄十四年子鮮子展爲夷儀之盟而君入在。襄二十六年今君。再在孫矣。謂十五年孫魯今又孫宋內不聞獻之親外不聞成。之卿則賜不識所由入也詩曰無競惟人。四方其順。之詩周頌言無強惟得人也疏。詩曰至。順之○正義曰詩周頌烈文之篇。也。競。彊也無彊乎唯得賢人也若得賢人四方諸國皆順從之矣若得其人四方以。爲主。爲主四方而國於何有

傳二十七年春越子使后庸。來聘且言邾田封于駘上然使魯還邾田封竟至駘上○駘他來反又音臺竟音境二月盟于平陽西平陽疏。注西平陽○正義曰宣八年城平陽。此。云盟于平陽土地名云宣八年平陽。東。平。陽。也。泰山有平陽

縣此年平陽。西。平陽也高平南有平陽縣三子皆從季康子叔孫。文子孟武伯皆從。后庸盟○從如字注同從才用反非也康子病之

恥從蠻夷盟言及子贛。思。子貢。曰若在此吾不及此夫不及與越盟○夫音扶武伯曰然何不召

曰固將召之文子曰他日請念言。季。孫。不能用子贛臨難而。思之○難乃旦反○夏四月己亥季康子

卒公弔焉降禮禮不備也言公之多妄○妄亡亮反本又作忘下文放此○晉荀瑤帥師伐鄭次于桐丘鄭

駟弘請救于齊弘駟歂子○歂市專反○齊師將與陳成子屬孤子三日朝屬會死事者之子使朝三日以

禮之○屬音燭注同設乘車兩馬繫五邑焉乘車兩馬大夫服又。加之。五邑。○乘繩證反注文下皆同召顏涿聚之子

晉曰隰之役而父死。焉隰役在二十三年涿中角反隰音習○以國之多難未女恤也。今君命女

以是邑也服車而朝毋廢前勞乃救。鄭及留舒違穀七里穀人不知言其整也留舒齊地

違去也○難乃旦反女音汝下同毋音無及濮雨不涉濮。水。自陳留酸棗縣。傍河東北經濟陰至高平。入。濟○傍蒲浪反濟子禮反下同子

思曰大國在敝邑之宇下是以告急今師不行恐無及也子思國參參七南反○成子衣

製杖戈製雨衣也○子衣於既反製音制杖直亮反又音丈立於阪上馬不出者助之鞭之知伯聞之乃

還畏其得衆心○阪音反一音扶版反曰我卜伐鄭不卜敵齊使謂成子曰大夫陳子陳之自出

陳之不祀鄭之罪也十七年楚獨滅陳非鄭之罪蓋知伯。誣陳子故陳子怒謂其多陵人故寡君使瑤察陳衷焉

衷善也○衷音中謂大夫其恤陳乎若利本之顛瑤何有焉言陳滅己無傷扵成子怒曰多陵

人者皆不在知伯其能久乎中行文子告成子文子荀寅此時奔在齊○行戶郎反曰有自晉師

告寅者將為輕車千乘以厭齊師之門則可盡也成子曰寡君命恆曰無及寡

無畏眾雖過千乘敢辟之乎將以子之命告寡君成子疑其有為晉之心也○輕遣政反厭於甲反又音於

輒反有為于偽反下為鄭同【疏】無及寡○正義曰無陵侮寡少而橫及之也文子曰吾乃今知所以亡自恨己無知君

子之謀也始衷終皆舉之而後入焉謀一事則當慮此三變然後入而行之所謂君子三思○三思息暫反又如字【疏】

君子至入焉○正義曰君子之為謀也思其始思其中思其終三者盡無猜嫌皆可舉而行之然後設言以入前人焉今我三不知而入

之不亦難乎悔其言不可復公患三桓之侈也欲以諸侯去之欲求諸侯師以逐三桓○侈昌氏反又呂氏反

去起呂反下而去同三桓亦患公之妄也故君臣多間間隙也公游于陵阪遇孟武伯於孟

氏之衢曰請有問於子余及死乎問可得壽死否對曰臣無由知之三問卒辭不對公

欲以越伐魯而去三桓秋八月甲戌公如公孫有陘氏有陘氏即有山氏因孫於邾乃

遂如越國人施公孫有山氏以公從其家出故也終子贛之言君不沒於魯○因孫於邾音遜○悼之四年晉

荀瑤帥師圍鄭悼公哀公之子寧也哀公出孫魯人立悼公【疏】注悼公至悼公○正義曰魯世家云哀公奔越國人迎哀公復歸卒於有

山氏子甯立是爲悼公傳稱國人施罪於有山氏不得復歸而卒於其家也馬遷妄耳 未至鄭駟弘曰知伯愎而好勝早
下之則可行也行去也○好呼報反早一本作蚤下戶嫁反 乃先保南里以待之保守也南里在城外 知伯入
南里門于桔柣之門鄭人俘酅魁壘酅魁壘晉士○桔戶佶反柣大結反俘芳夫反酅戶丈反魁苦回反壘力軌反 賂
之以知政欲使反爲鄭 閉其口而死將門將攻鄭門 知伯謂趙孟入之對曰主在此主謂知伯
也言主在此何不自入 知伯曰惡而無勇何以爲子惡貌醜也簡子奔廢敵而立襄子故知伯言其醜且無勇何以立爲子○
敵丁歷反 疏 注簡子至爲子○正義曰趙世家云孤布子卿見簡子簡子徧召諸子相之子卿曰無爲將軍者簡子召子毋卹毋卹至子卿起曰此真將軍
矣簡子曰此其母賤翟婢也奚道貴哉子卿曰天之所授雖賤必貴自是之後簡子盡召諸子與語毋卹最賢乃廢大子伯魯而以毋卹爲大子 對曰
以能忍恥庶無害趙宗乎知伯不悛趙襄子由是惎知伯惎毒也○惎其冀反其安反 遂喪
之知伯貪而愎故韓魏反而喪之史記晉懿公之四年魯悼公之十四年知伯帥韓魏圍趙襄子於晉陽韓魏反與趙氏謀
殺知伯於晉陽之下在春秋後二十七年○喪息浪反 疏 注史記至七年○正義曰晉世家云定公三十三年孔子卒三十七年定公卒則晉定公以魯
哀公二十年卒也又云定公卒子出公鑿立十七年出公奔齊則出公之奔在魯悼公之十年也又云出公既奔知伯立昭公曾孫驕爲晉君是爲哀公哀公
之四年趙襄子韓康子魏桓子共殺知伯是殺知伯當魯悼公之十四年也又六國年表亦云晉哀公四年魯悼公十四年韓魏趙敗知伯於晉陽戰國策說
此事云知伯帥韓康子魏桓子攻趙襄子於晉陽引汾水以灌之城不沒者三版知伯行水魏桓子御車韓康子爲右知伯曰吾今乃知水可以亡人之國汾

水可以灌安邑絳水可以灌平陽安邑魏也平陽韓也魏桓子肘韓康子韓康子躡魏桓子之足其夜趙襄子使張孟談私於韓魏韓魏反與趙合遂殺知伯於晉陽之下而三分其地事在春秋獲麟之後二十七年

附釋音春秋左傳注疏卷第六十

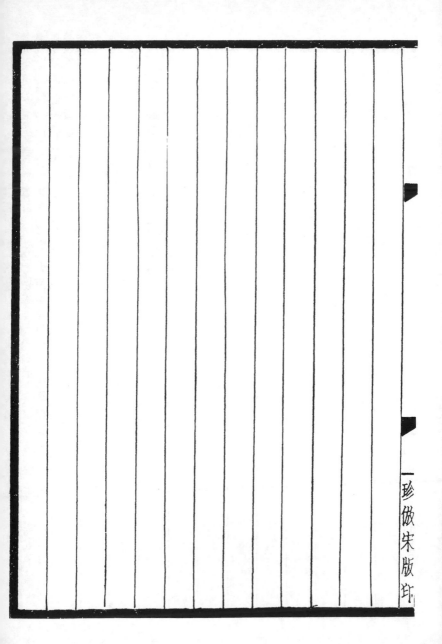

春秋左傳注疏卷六十校勘記

附釋音春秋左傳注疏卷第六十 哀十六年盡二十七年

阮元撰盧宣旬摘錄

〔經十六年〕

魯襄二十二年生至今七十三也 釋文云本或作魯襄二十三年生至今七十二則與史記孔子世家異此本非也

或可杜爲抑揚之辭 監本毛本可作曰

〔傳十六年〕

晉以王室之故 石經晉字後人旁增

言天方受爾以休 淳熙本足利本受作授

煢煢余在疚 鄭司農注周禮大祝引作嬛嬛予在疚說文引作嬛嬛在疚蓋古字通也

嗚呼 諸本作嗚足利本作烏石經此處缺前後皆作烏是也

公誄至自律 宋本此節正義在君兩失之句下

尼父因且字以爲之謚 監本毛本且誤目段玉裁曰且字見儀禮注禮記注公羊傳注古謂伯仲之下一字曰且字如言仲山甫則山甫是且字合仲而爲字蓋且字冠而有之伯仲五十乃稱也各注疏內且誤爲其或爲目此檀弓疏今本皆誤

君兩失之冊府元龜七百九十六引此篇稱余一人非名也君兩失之亡國之風較多五字又引服虔注天子自謂一人非諸侯所當名也然則其所據乃服本也

使副車還取廟主宋本使誤貳

注使副至石函閩本監本毛本副下有車還二字此節正義宋本在孔悝出奔宋句下

許公爲反祏諸本作反釋文作返云本亦作反字按說文返字下出彶篆云春秋傳返从彳今左傳不見有彶字蓋班固所謂多古字古言許慎所謂用古文者盡爲轉寫改易矣

得祏於槖中纂圖本閩本監本毛本槖誤橐

與晉人謀襲鄭案石經此處殘缺顧炎武云晉誤作爲所據非唐刻也

言楚國新復政令監本毛本新誤雖

市南有熊宜僚者石經熊字下後人旁增相字釋文云本或作熊相宜僚案後漢書崔駰傳孔融傳注引傳並有相字因宣十二年傳楚有熊相宜僚爲蕭人所因當涉彼文而誤衍漢書古今人表無相字

救劍指其喉宋本監本毛本救作按亦非宋本岳本纂圖本足利本作拔是也

勝曰至去之宋本以下正義三節總入注文傳終言之之下

抉豫章以殺人而後死 淳熙本人誤之

殺王不祥 石經宋本淳熙本岳本殺作弑

盜賊之矢若傷君 纂圖本矢誤夫

日日以幾 纂圖本下日字作月案毛誼父六經正誤云日日作日月誤釋文幾本或作冀

而又掩面以絕民望 毛本又作父非也

言葉公得民心 毛本公誤先

不言將烹 宋本烹作亨石經初刊同後人妄增四點非是下同

乞曰此事 岳本事下有也字與石經合錢大昕云諸本多無也字蜀大字本興國本建大字本有今從之

王孫燕奔頯黃氏 淳熙本纂圖本閩本監本毛本頯作頯亦非石經宋本岳本作頯不誤注同

諸梁兼二事 石經宋本淳熙本岳本纂圖本足利本諸梁上有沈字是也

〔傳十七年〕

衛侯爲虎幄於藉圃 石經藉字改刊初刻誤籍

良夫乘衷甸兩牡 釋文云說文甸作佃云春秋乘中佃一轅車也玉篇引傳與說文合

注衷甸一轅卿車　宋本以下正義四節總入大子使牽以退注下

服之襲也充美也　毛本襲誤裼

三罪至帶劍　宋本至字作紫衣袒裘四字

吳師分以御之　岳本足利本御作禦與上文合一處兩見不應有異釋文上文禦字作御云下同是也

恐晉君爲志父教使不一　宋本纂圖本亦誤爲淳熙本作請亦非岳本足利本作謂是也宋本淳熙岳纂圖足利五本一字作來不誤

椓許父欲速得其處　宋本淳熙本岳本許作訴是也足利本作詐

國子實執齊柄　陳樹華云史記蔡澤傳索隱引柄作秉又引服虔云秉權柄也是服本作秉

皆楚賤官　宋本楚作是也

是以克州蓼　諸本作蓼石經此處殘缺釋文云本又作鄝

天命不慆　釋文亦作謟云本又作滔案石經此處缺張衡西京賦云天命不滔李善注云滔與謟音義同岳本作謟誤注同

令尹有憾於陳　石經憾字左半殘缺釋文云本又作感是也

言過於其志　石經宋本淳熙本岳本足利本言作吉是也

在古昆吾氏之虛 此本古字模糊依宋本淳熙本岳本纂圖本足利本補閩本監本毛本誤於

良夫善已 宋本岳本足利本善作言

有以小成大之功 纂圖本閩本監本毛本小誤卜淳熙本大作太亦非

若瓜之初生 此本瓜字模糊據諸本改宋本足利本無初字

衛侯至而譟 宋本以下正義二節總入注文此皆繇辭之下

而拚數一時之事 宋本數誤救

懼難而逃也 宋本足利本無也字

如魚竀尾衡流而方羊裔焉大國滅之將亡 錢大昕云杜氏以裔焉連上為句劉炫謂當以方羊為句其說當矣而孔氏曲護杜義辨之甚力然毛詩正義亦出孔氏之手而汝墳正義引傳如魚竀尾橫流而彷徉正與劉氏合

竀赤色 宋本岳本足利本色作也

以裔焉二字宜向下讀之 宋本裔作裛下同

上繇辭之例 宋本上作且不誤

不與攘公之揄為韻 閩本監本揄作揄非也

衛人出莊公而與晉平晉立襄公之孫 石經平晉二字改刻初刻晉誤人

般師而還 石經此處殘缺陳樹華云史記衛世家作班師注引傳文同

削壞其邑聚 岳本削作翦案陳樹華云十一年傳衛人翦夏戊注翦削其爵邑此注句法正相似

公闔門而請 纂圖本閩本監本毛本亦作闔石經此處殘缺宋本淳熙本岳本作閉

平公敖也 釋文敖作敬云一本作驁案史記作驁司馬貞曰世本及譙周皆作敬宋本淳熙本足利本同

宋皇瑗之子麇 閩本毛本子誤于釋文同

而奪其兄酁般邑以與之 宋本閩本監本毛本酁作劖此本下酁字誤作劖字按說文曰酁宋地也从邑毚聲

不與魋亂 宋本淳熙本魋下有之字

皇緩奔晉召之 石經宋本淳熙本岳本纂圖本緩作瑗是也

（傳十八年）

知用其意 足利本意作兵

夏書至元龜 宋本此節正義在注文不疑故不卜也之下

唯彼能作先耳唯先蔽志 段玉裁校本先皆作克

〔傳十九年〕

爲終萇宏之言 諸本作萇此本誤長今改正下同

未知敬王有年崩也 宋本監本毛本有作何是也

故班固以文多牴牾 宋本牴牾作抵捂字按當作抵牾牾从午亦或假梧字爲之

春秋元終 宋本元作經是也

子貞定王立 宋本貞作真下同

未知劉意能定以否 監本毛本以作與

〔傳二十年〕

講歸平越 石經宋本淳熙本岳本纂圖本監本毛本講作請是也

親暱之極也 石經宋本淳熙本岳本纂圖本暱作暱是也釋文同

先主與吳王有質 閩本監本毛本先主誤先王

黃池春十二年 宋本淳熙本岳本纂圖本足利本春作在不誤十二年淳熙本岳本作十三年是也

先王簡子 宋本淳熙本岳本纂圖本王作主

欲敵越救吳 此本敵越救三字空闕據宋本淳熙本岳本纂圖本足利本補閩本監本毛本越作魯非也

請嘗之乃往先造于越軍也 石經初刻脫于字之乃往先造五字重刻因增于字

唯恐君之志不從 石經宋本淳熙本岳本足利本之志作志之不誤

使倍臣隆 石經此處殘缺宋本淳熙本岳本倍作陪是也

注簞小筥 宋本以下正義二節總入王曰宜哉之下無注字

（傳二十一年）

不見莒齊地 補案齊上當有顧字

注皋緩至此會 宋本此節正義在辭曰敢勤僕人注下

言魯據用禮 宋本淳熙本岳本足利本用作周是也

（傳二十二年）

爲吳所囚 淳熙本囚作因非也

故繫故言之 宋本下故字作父是也

終史墨子胥之言也 淳熙本史誤夫無也字宋本足利本亦無也字

以役王年宋本閩本監本毛本役作沒不誤

（傳二十三年）

注景曹至祖母宋本以下正義二節總入注文政在季氏之下

季公若之姊監本毛本姊誤娣

有不腆先人之產馬也顧炎武云石經馬誤焉案石經此處缺炎武所據非唐刻

君命瑤石經瑤字下旁增瑤字非唐刻也

非敢耀武也石經宋本岳本足利本耀作燿

犂邱隰也閩本隰作濕釋文同音習云本又作隰陳樹華云後漢書左原傳注引杜注犂作黎

（傳二十四年）

軍吏令繕石經繕下旁有甲字

禽顏庚閩本監本毛本庚下衍也字

又焉能進石經能字改刻初刻似誤可

是躗言也陳樹華云說文引春秋傳曰噧言疑卽此躗言案錢大昕云杜云躗過也釋文云躗戶快反與噧音河介切相近古文从口从言之字多

相通說文兼收噧譪二字噧訓高氣多言譪訓譀譀又訓誇誇譀義較過尤長然則噧言即僨言亦可作譪言也

注僨過也　宋本此節正義在敢展謝之注下

役將班矣　惠棟云郭璞曰班一作般

在車行　宋本淳熙本岳本纂圖本毛本足利本車作軍閩本監本亦誤車行下衍間字纂圖本毛本同

此禮也則有　石經有字下後人旁增之字

而以荊爲大子　足利本無而字

（傳二十五年）

衛侯出奔宋　宋本以下正義二節總入注文請師伐衛求入之下

此下但有適城鉏以鈎越　宋本毛本鈎作鉤是也

蓋衛侯出近宋境　宋本境作竟是正字

衛侯爲靈臺于藉圃　石經藉字頭改刊初刻誤从竹

君將㱿之　石經本㱿作㱿釋文作㱿案說文㱿字注云歐皃从口𣪊聲春秋傳曰君將㱿之六經正誤云㱿作殼誤

不敢解韤　此本韤字實缺據宋本淳熙本岳本纂圖本足利本補閩本監本毛本亦脫

抵徙手屈肘如戟形 釋文亦作抵是也說詳釋文校勘記宋本淳熙本纂圖本閩本監本毛本足利本誤抵纂圖閩監毛本徙作徒不誤

懿子公文要 淳熙本懿誤談

初衛人翦夏丁氏 毛本翦作剪俗翦字

戊是大叔妾之甥 宋本監本毛本妾作疾是也

少畜於公 石經畜於公三字改刊因初刻公下衍宮字也

欲恥辱也 此本恥字實缺閩本同據宋本淳熙本岳本纂圖本監本毛本補正

韈登席者 宋本岳本韈作韤是也

己爲先發而同載寶歸衛也 宋本足利本同作因是也

雖知其爲君閑 此本雖作評知字實缺閩本監本毛本作評品誤據宋本淳熙本岳本纂圖本足利本改正

私共評之 此本共字實缺評誤知閩本監本毛本作故知亦非據宋本淳熙本岳本纂圖本足利本改正

將必請師焉 諸本作師此本實缺今補正

公宴於五梧 石經梧字改刊

飲罰也宋本淳熙本岳本足利本也作之

后庸石經宋本后作舌廿七年越子使舌庸來聘舌字同段玉裁云當依國語作舌

（傳二十六年）

宋司城子納宋本淳熙本岳本纂圖本足利本納作潞是也

愎狠也宋本淳熙本岳本狠作很與釋文合

民睦二字左傳文師侵外州之上此本實缺據宋本淳熙本岳本纂圖本補閩本監本毛本誤作衛字又誤為傳正文

掘褚師定子之墓釋文云掘本或作搰案玉篇搰字注引作掘褚師定子之墓焚之云本亦作掘師字此本實缺據諸本補石經褚字起一行計十一字

定子褚師比之父也此本師字實缺比誤此父誤又據諸本補改岳本褚作楚非也

文子使之而問焉石經宋本淳熙本岳本纂圖本毛本使之作致衆是也

欲以觀衆心觀衆二字此本實缺閩本同據宋本淳熙本岳本纂圖本監本毛本補

公子黚也宋本黚誤期

悼公至黚也宋本以下正義二節總入遂卒于越注下

季父黜殺出公子而自立此本季字實缺閩本同據宋本監本毛本補閩本子字亦缺

以城至爲此宋本至爲此三字作鉏與越人

雖公所在此本雖字實缺閩本同監本毛本空缺據宋本補

注周元至養也宋本以下正義二節總入無相害也句下

糾父公子耑秦耑秦卽元公小子也耑秦耑三字此本實缺閩本同據宋本監本毛本補宋本耑作端非也

六卿三族降聽政石經初刻降下有以字後改刊

三族皇靈樂也此本也字實缺據宋本淳熙本岳本纂圖本足利本補閩本監本誤者

言勢重而無德以爲基此本勢字實缺據宋本淳熙本岳本纂圖本閩本監本毛本足利本補德毛本誤得

必叛也監本毛本叛作儆宋本淳熙本岳本足利本作敗是也

大尹或蠱其君而專其利監本毛本專作惠非也

令君無疾而死宋本淳熙本岳本纂圖本足利本令作今與石經合

是無他矣纂圖本矣誤也

盧門外失國也宋本淳熙本岳本纂圖本足利本盧作在是也

已爲烏而集於其上　此處石經殘缺宋本淳熙本岳本足利本烏作爲

無乃逐我　諸本作逐此本誤遂今改正

司城爲上卿　諸本作司此本誤可今改正

昔成公孫於陳　石經此孫字及下孫於齊再在孫皆重加辶旁此後人據釋文亦作之字妄改也

盟在僖二十八年　此本盟字實缺據宋本淳熙本岳本纂圖本足利本補閩本監本毛本盟在誤在魯

獻公孫於衛齊　宋本岳本足利本無衛字與石經合

在僖二十六年　宋本淳熙本足利本僖作襄是也

今君再在孫矣　諸本有君字此本實缺今據補

外不闓成之卿　石經初刻成誤城後磨去土旁

無競惟人　諸本作人此本誤民今改正

四方其順之　閩本監本毛本順誤訓顧炎武云石經訓誤作順非也錢大昕云左傳古本作順

詩曰至順之　宋本此節正義在而國於何有之下毛本順作訓

詩周頌烈文之篇也　此本也字實缺據宋本補閩本監本毛本誤作戒

競彊也 此本競字實闕彊誤言據宋本補改閩本監本作飭言也毛本作飾言也並非

四方以爲主 石經初刻以誤之後改正此本主誤王注同

爲主主四方 此本上主字空闕據宋本淳熙本岳本纂圖本足利本補閩本監本毛本皆脫下主字

（傳二十七年）

后庸 石經宋本后作舌是也

注西平陽 宋本此節正義在夏四月注下

此云盟于平陽 此云二字此本實闕據宋本補閩本毛本云作年

宣八年平陽東平陽也 此本東平陽也四字實缺據宋本補閩本監本毛本誤作彼注云今

泰山有平陽縣 此本泰字空缺據宋本閩本監本毛本補

此年平陽西平陽也 此本西平二字空缺據宋本閩本監本毛本補

叔孫文子 諸本作文此本空缺今補正

皆從后庸盟 諸本作后庸此本空缺今補正據石經經傳后當作舌

思子贛 此三字宋本淳熙本岳本纂圖本皆在言及子贛句下係注文此本空缺閩本監本毛本遂脫

言季孫不能用子贛此本季孫不三字實缺能用誤作武伯據宋本淳熙本岳本纂圖本閩本監本毛本補正

臨難而思之諸本作思此本誤逃今改正

又加之五邑此本又加誤作文如五邑二字空缺據宋本淳熙本岳本足利本補監本毛本之下衍以字閩本初刻亦無後擠刊

而父死焉諸本作死此本空缺今補正

今君命女以是邑也宋本作今此本空缺今補正

乃救鄭諸本作救此本空缺今補正

濮水自陳留酸棗縣諸本作水此本誤卜今改正岳本自作在

傍河諸本作傍此本空缺今補正

至高平入濟此本入濟二字空缺閩本同據宋本淳熙本岳本纂圖本監本毛本補

蓋知伯誣陳子諸本作誣此本誤註今改正

多陵人者皆不在石經在下後人妄增矣字

以厭齊師之門諸本作厭石經初刻同後加土字於厭下作壓非是

敢辟之乎石經初刻辟作避後刊去之

無及寡宋本以下正義二節總入不亦難乎注下

欲求諸侯師以逐三桓諸本作逐此本誤遂閩本同今改正

遇孟武伯於孟氏之衢此本衢字實缺據諸本補氏誤作武依宋本淳熙本岳本纂圖本足利本改正

問可得壽死否岳本纂圖本足利本問下有己字得下有以字宋本亦有以字己作所宋本否作不淳熙本岳本亦作不

公欲以越伐魯諸本作越石經此處殘缺此本誤趙今改正

而去三桓淳熙本桓作相避所諱

有陘氏卽有山氏此注文七字在公如公孫有陘氏之下此本實缺依宋本淳熙本岳本纂圖本監本毛本補閩本初刻亦空缺後擠刻陘作陘卽作郎非也

因孫於邾宋本淳熙本岳本於作于與石經合諸本作孫石經初刻同後加辶非也

悼公哀公之子寧也哀公出孫魯人立悼公此注文十七字在晉荀瑤帥師圍鄭下此本實缺依宋本淳熙本岳本纂圖本監本毛本補閩本脫寧也二字魯人立悼公作魯人立之

注悼公至悼公此本下悼公二字空缺依宋本監本毛本補閩本作立之宋本以下正義三節總入遂喪之節注下

正義曰魯世家云此本世誤出家云二字實缺閩本同依宋本監本毛本補正

哀公奔越此本越誤趍閩本同依宋本監本毛本改正

卒於有山氏此本卒誤立於有山氏四字實缺宋本同依宋本監本毛本補

子寧立此本寧字實缺閩本同依宋本監本毛本補

傳稱國人施罪於有山氏此本施字山氏字實缺閩本同依宋本監本毛本補

不得復歸此本歸誤謂閩本同依宋本監本毛本補

馬還妄耳此本妄字實缺閩本同依宋本監本毛本補監毛耳作爾非

行去也此本也誤聲依宋本淳熙本岳本纂圖本改正閩本監本毛本亦誤作聲行字上妄加○遂與音義誤合為一條

鄭魁壘晉士此本魁字誤作正文鄭字脫閩本監本魁作洼字亦非依宋本淳熙本岳本纂圖本毛本改正

欲使反為鄭此本欲使反三字實缺為鄭二字作魁壘今據宋本淳熙本岳本纂圖本監本毛本補正閩本作致賂魁壘

將攻鄭門宋本淳熙本岳本纂圖本足利本無將字

對曰主在此諸本作主此本誤王今改正注同

簡子奔敵子而立襄子宋本淳熙本岳本足利本奔敵作廢嫡而上有伯魯二字纂圖本亦作廢嫡

何以立為子宋本淳熙本岳本纂圖本足利本作何故立以為子

趙世家云孤布子卿見簡子 此本世家云孤布五字實缺卿誤作欲據宋本監本毛本補正

簡子偏召諸子相之 此本偏字實缺相作伯閩本同據宋本監本毛本補正

無爲將軍者 此本無誤師者字實缺閩本同據宋本監本毛本補正

簡子召子毋恤毋恤至 此本簡子召子四字及下毋字實缺閩本同據宋本監本毛本補正

子卿起曰此眞將軍矣 此本子卿起曰此眞將軍八字實缺閩本同據宋本監本補正毛本矣作突非也

此其母賤翟婢也奚道貴哉子卿曰天之所授雖賤必貴自是之後簡子

盡召諸子與語 此本自召字以上實缺閩本同據宋本監本毛本補正

召諸子與語毋恤最賢乃廢大子伯魯而以毋恤爲大子 此本自語字以下實缺閩本同

據宋本監本毛本補

史記晉懿公之四年 此本注文自晉字以下閩本全缺

與趙氏謀殺知伯於晉陽之下 此本自謀字以下實缺據宋本岳本纂圖本監本毛本補淳熙本下字亦缺

注史記至七年 此本七年二字實缺閩本同據宋本監本毛本補

定公三十三年 此本定公二字實缺閩本同據宋本閩本毛本補

三十七年定公卒則晉定公以魯哀公二十年卒也又云此本自卒字以下實缺閩本同據宋本監本毛本補子出公鑿立十七年出公奔齊則出公之奔在魯悼公之十年也此本自鑿字以下實缺閩本同據宋本監本毛本補又云出公既奔知伯立昭公曾孫驕爲晉君是爲哀公此本自出公出字起至是爲爲字止實缺閩本同據宋本監本毛本補哀公之四年趙襄子韓康子魏桓子共殺知伯此本自趙字起至殺字止實缺閩本同據宋本監本毛本補監毛桓子作桓公非也是殺知伯當魯悼公之十四年也又六國年表亦云晉哀公四年此本殺知伯三字悼字也又六國年表亦云晉哀十字實缺據宋本監本毛本補閩本當上衍用字魯悼公十四年韓魏趙敗知伯於晉陽戰國策說此事云此本悼字及自韓至事十五字實缺閩本同云誤去據宋本監本毛本補正知伯帥韓康子魏桓子攻趙襄子於晉陽引汾水以灌之城不沒者三版

知伯行水魏桓子御車韓康子爲右知伯曰此本自知伯帥字康子字之城之字不沒不字知伯曰字外皆實缺閩本同據宋本監本毛本補

吾今乃知水可以亡人之國汾水可以灌安邑絳水可以灌平陽安邑魏也平陽韓也魏桓子肘韓康子韓康子蹶魏桓子之足其夜趙襄子使張孟談私於韓魏韓魏反與趙合遂殺知伯於晉陽之下而三分其地事在春秋獲麟之後二十七年此本自亡人亡字以下實缺閩本同知水水字誤作之據宋本監本毛本補正考文韓康子蹶無韓字是也

春秋左傳注疏卷六十校勘記

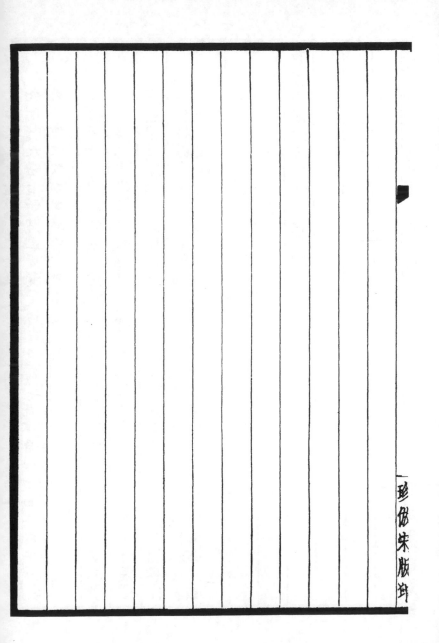

後序宋本正義淳熙經注本明萬曆監本注疏並載此序十行本閩本失刊毛本仍之

大康元年三月吳寇始平余自江陵還襄陽解甲休兵乃申杼段玉裁校本作抒是也舊意脩成春秋釋例及經傳集解始訖會汲郡汲縣有發其界內舊冢者大得古書皆簡編科斗文字發冢者不以爲意往往散亂科斗書久廢推尋不能盡通始者藏在祕監本誤祕府余晚得見之所記大凡七十五卷多雜碎怪淳熙本作恠俗字妄不可訓知周易及紀年最爲分了周易上下篇與今正同別有陰陽說而無彖象文言繫辭疑于時仲尼造之於魯尚未播之於遠國也其紀年篇起自夏殷周皆三代王事無諸國別也唯特記晉國起自殤叔次文侯昭侯以至曲沃莊伯莊伯之十一年十一月魯隱公之元年正月也皆用夏正建寅之月爲歲首編年相次晉國滅獨記魏事下至魏哀王之二十石經二十作廿下同年蓋魏國之史記也推校淳熙本監本校作校哀王二十年大監本誤太歲在壬戌淳熙本戌作戌非是周赧石經赧字右半重刊王之十六年秦昭王之八年韓襄王之十三年趙武靈王之二十七年楚懷王之三十石經三十作卅下同年燕昭王之十三年齊湣釋文

作涽石經作湣王之二十五年也上去孔丘卒百八十一歲下去今大康三年五百八十一歲哀王於史記襄王之子惠王之孫也惠王三十六年卒而襄王立立十六年卒而哀王立古書紀年篇惠王三十六年改元從一年始至十六年而稱惠成王卒即惠王也疑史記誤分惠成之世以爲後王年也哀王二十石經二十作廿似改刊三年乃卒故特不稱謚石經淳熙本監本作謚是也謂之今王其著書文意大似春秋經推此足見古者國史策石經作筞書之常也文淳熙本文誤大稱魯隱公及邾莊公盟于姑蔑即春秋所書邾儀父未王命故不書爵曰儀父貴之也又稱晉獻公會虞師伐虢滅下陽即春秋所書虞師晉師滅下陽先書虞賄故也又稱周襄王會諸侯于河陽即春秋所書天王狩釋文作守云本亦作狩于河陽以臣召君不可以訓也諸若此輩甚多略擧數條以明國史皆承告據實而書時事仲尼脩春秋以義而制異文也又稱衞懿公及赤翟戰于洞澤疑洞當爲泂即左傳所謂熒澤也齊國佐來獻玉磬紀公之甗即左傳所謂賓媚人也諸所記多與左傳符同異於公羊穀梁知此二書近世穿鑿非春秋本

意審矣雖不皆與史記尚書同然參而求之可以端正學者又別有一卷純集疏左氏傳卜筮事上下次第及其文（淳熙本文誤丈）義皆與左傳同名曰師春師春似是抄集者人名也紀年又稱殷仲壬卽位居亳其卿士伊尹仲壬崩伊尹放大甲于桐乃自立也伊尹卽位於（石經淳熙本作放是也）大甲七（石經淳熙本同宋本作十）年大甲潛出自桐殺伊尹乃立其子伊陟伊奮命復其父之田宅而中分之左氏傳伊尹放大甲而相之卒無怨色然則大甲雖見放還殺伊尹而猶以其子爲相也此爲大與尚書敘說大甲事乖異不知老叟之伏生或致昏（釋文作昬）忘將此古（石經將此古三字重刻初刻似脫一字）書亦當時雜記未足以取審也爲其粗有益於左氏故略記之附集解之末焉（正義曰王隱晉書武帝紀大監本作太非康元年諸軍伐吳三月至江陵縣而孫皓面縛詣王濬降杜預先爲荆州刺史鎮襄陽督諸軍伐吳將兵向江陵因東下伐吳吳平又自江陵還襄陽東晳監本作晳非傳云大康元年汲郡民盜發魏安釐王塚宋本監本塚作冢下同得竹書漆字科斗之文科宋本監本有斗字是也文者周時古文也其字頭麤尾細似科斗之蟲故俗名之焉大凡七十五卷晉書有其目錄其六十八卷皆有名題其七卷折簡碎雜不可名題有周易上下經二卷紀年十二卷瑣語十一卷周王遊行五卷說周穆王遊行天下之事今謂之穆天子傳此四部差爲整頓汲郡初得此書表藏祕府詔荀勗和嶠以隸字寫之勗等於時卽已不能盡識其書今復闕落又）

轉寫益誤穆天子傳世閒偏多史記魏世家云哀王二十三年卒子昭王立十九年卒子安釐王立哀王是安釐王之祖故安釐王之冢藏哀王時之書哀王二十一年是赧王之十七年幷下秦韓趙楚燕齊之年皆史記六國年表文也竹書說伊尹傳宋本監本傳作傳非之事與書序大乖杜不見古文唯以書序考工闕本亦衍工字宋本監本作考正是也疑伏生昏忘虛傳此事又疑竹簡雜記未足取審今據古文尚書說伊尹之事與左傳宋本監本作氏是也符同明是竹書不可盡信杜以紀年紀事大似春秋之經知古之史官記事如此爲其有益於左氏令人知左氏不妄故略記之以附集解之末此段十行本閩本誤接前卷正義之末毛本裁之不載

經傳正義都計壹伯肆萬壹阡伍伯
叁拾字

經傳叁拾陸萬字

正義陸拾捌萬壹阡伍伯叁拾字

承奉郎守光祿寺丞 臣 趙安仁書

以上五行明監本分作四行

勘官承奉郎守國子禮記博士賜緋魚袋 臣 李覺

勘官承奉郎守國子春秋博士賜緋魚袋 臣 袁逢吉

都勘官朝請大夫守國子司業柱國賜紫金魚袋臣孔　維
詳勘官登仕郎守高郵軍高郵縣令臣劉若納
詳勘官登仕郎守將作監丞臣潘憲
詳勘官朝請大夫太子右贊善大夫臣陳雅
詳勘官朝奉郎守大理正臣王炳
登仕郎守大理評事臣王煥再校
文林郎守大理寺丞臣邵世隆再校
中散大夫守國子祭酒兼尚書工部侍郎柱國會稽縣
開國男食邑三百戶賜紫金魚袋臣孔　維都校

淳化元年庚寅十月　日

推忠佐理功臣金紫光祿大夫行尚書戶部侍郎參知政事上柱國大原
郡開國侯食邑一千二百戶食實封二百戶臣　沔　等進
推忠佐理功臣金紫光祿大夫行尚書戶部侍郎參知政事上柱國隴西

郡開國侯食邑一千二百戶食實封二百戶臣辛仲甫
起復推忠協謀佐理功臣光祿大夫中書侍郎兼戶部尚書同中書門下
平章事兼修國史上柱國東平郡開國公食邑二千三百戶食實封六百戶臣呂蒙正

自李覺以下至呂蒙正名銜計一十三人乃淳化單疏本舊式慶元庚申吳興沈中賓彙刻經傳正義時附刊於後者也玉海云端拱元年三月司業孔維等奉勑校勘孔穎達五經正義一百八十卷詔國子監鏤版行之易則維等四人校勘李說等六人詳勘又再校十月版成以獻書亦如之二年十月以獻春秋則維等二人校王炳等三人詳校邵世隆再校淳化元年十月版成詩則李覺等五人再校畢道昇等五人詳勘孔維等五人校勘淳化三年四月以獻禮記則胡迪等五人校勘紀自成等七人再校李至等詳定淳化五年五月以獻按王炳孔維邵世隆等銜與玉海合卷末載沈中賓自跋云左氏傳杜氏集解孔氏義疏發揮聖經功亦不細萃爲一書則得失盛衰之跡與夫諸儒之說是非異同昭然具見又云諸經正義既刻於倉臺而此書復刊於郡治合五爲六炳乎相輝是經傳集解義疏萃見一書始於中賓他經如易書周禮則三山黃唐合經注疏三者刻於紹興以前毛詩禮記刻於紹興辛亥閒前此所行各經正義惟有單疏元和惠棟校禮記七十卷本而以爲北宋刻者未核其實黃唐云春秋一書顧力未暇然則至中賓才補其未備跋云合五爲六似卽指黃唐所刻而言後之附釋音本兼義本皆權輿於此又云聞給事中汪公之爲帥也嘗取國子監春秋經傳集解正義以閩蜀諸本俾其屬及里居之彥相與校讎毋敢不恪又自取而觀之小有訛謬無不訂正所謂閩蜀諸本蓋卽岳氏九經三傳沿革例中所據蜀大字舊本蜀學重刻大字本建大字本俗謂無比九經

者是也惜注未詳其名其於此書可謂勤摯中賓分閩浙左適繼其後以承其至刊刻之使宋代善本流傳至今其功亦大矣

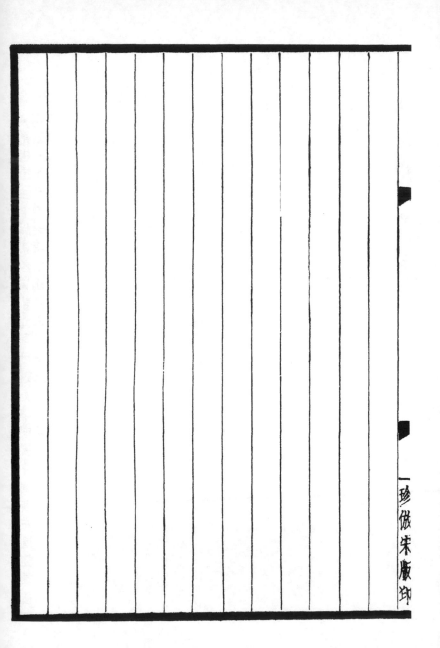

西元二〇二四年三月一日重製一版

春秋左傳正義 冊四（唐孔穎達撰）

平裝四冊基本定價參仟參佰元正
（郵運匯費另加）

發行人 張敏君
發行處 中華書局
臺北市內湖區舊宗路二段一八一巷八號五樓（5FL., No. 8, Lane 181, JIOU-TZUNG Rd., Sec 2, NEI HU, TAIPEI, 11494, TAIWAN）
客服電話：886-8797-8396
公司傳真：886-8797-8909
匯款帳戶：華南商業銀行西湖分行
179100026931
印　刷：維中科技有限公司
海瑞印刷品有限公司

No. N0017-4

國家圖書館出版品預行編目(CIP)資料

春秋左傳正義/(唐)孔穎達撰. -- 重製一版. -- 臺北市 : 中華書局, 2024.03

冊 ; 公分

ISBN 978-626-7349-11-3(全套 : 平裝)

1.CST: 左傳 2.CST: 注釋

621.732 113001481